Introduction to Economics

经济学通论
第三版

卢现祥 廖涵 ◎ 主编

图书在版编目（CIP）数据

经济学通论 / 卢现祥，廖涵主编 . —3 版 . —北京：北京大学出版社，2018.8
（21世纪通才系列教材）
ISBN 978-7-301-29687-5

Ⅰ.①经… Ⅱ.①卢… ②廖… Ⅲ.①经济学—教材 Ⅳ.① F0

中国版本图书馆CIP数据核字（2018）第141925号

书　　　名	经济学通论（第三版）
	JINGJIXUE TONGLUN
著作责任者	卢现祥　廖　涵　主编
责 任 编 辑	孙　昕　徐　冰
标 准 书 号	ISBN 978-7-301-29687-5
出 版 发 行	北京大学出版社
地　　　址	北京市海淀区成府路205号　100871
网　　　址	http://www.pup.cn
电 子 信 箱	em@pup.cn
新 浪 微 博	@北京大学出版社　@北京大学出版社经管图书
电　　　话	邮购部 010-62752015　发行部 010-62750672　编辑部 010-62752926
印 刷 者	北京大学印刷厂
经 销 者	新华书店
	787毫米×1092毫米　16开本　29印张　453千字
	2005年3月第1版　2007年11月第2版
	2018年8月第3版　2019年4月第2次印刷
定　　　价	69.00元

未经许可，不得以任何方式复制或抄袭本书之部分或全部内容。
版权所有，侵权必究
举报电话：010-62752024　电子信箱：fd@pup.pku.edu.cn
图书如有印装质量问题，请与出版部联系，电话：010-62756370

编委会

主　编

卢现祥　廖　涵

编委会（按姓氏拼音排列）

陈国涛　丁际刚　廖　涵　卢现祥　罗小芳

王啸华　吴　强

前　言

《经济学通论》(第三版)是为非经济管理类专业本科生编写的一本通识课程教材,其目的是为了培养学生的经济学思维方式,提升学生在相关知识领域触类旁通、融会贯通的能力。

本教材第一版于2005年出版,并在国内多所高校使用,受到广大师生好评。同时,我们不断深入地进行通识教育理念的学习和探讨,加强本教材和"经济学通论"课程的建设工作。其间多次修订和再版,强化经济学案例和素材的整理与撰写工作。2017年,我们在认真总结十余年"经济学通论"的教学经验,充分吸收国内外同类教材长处的基础上,对本教材又进行了大幅度修订。此次修订着眼于两点:一是强化通识性,在保持现代经济学基本理论框架和原理基础上,注重经济学思维方式的讲解。二是贴近现实,力求以通俗的表述、鲜活的经济学案例和素材,使读者更容易地理解经济学原理和分析方法。

除导论外,本教材由三大部分十一章组成。第一部分是微观经济基础篇,主要讲述消费者、生产者等微观经济主体的决策行为及市场机制;第二部分是宏观经济基础篇,主要分析宏观经济的目标和政策、经济总量之间的关系;第三部分是经济发展与制度篇,这一部分是本次修订新增的内容,也是本教材的特色之一。该部分着重分析经济学为什么要研究制度,制度如何影响经济发展,如何"使制度正确运转"。各篇章具体撰写工作分工为:导论(卢现祥、廖涵);第一、四章(王啸华);第二、三章(陈国涛);第五章（丁际刚）；第六章（吴强）；第七、十章（罗小芳）；第八章（廖涵）；第九、十一章（卢现祥）。

  本书是集体工作的结晶。在编写过程中，全体编者分工协作，认真撰写，同时聘请有着经济学研究专长和丰富教学经验的教师对编写提纲和初稿进行审阅并提出修改建议。我们希望通过教材的使用和教学实践，不断深化通识性教材的编写和教学工作改革，敬请读者对本教材的完善提出宝贵建议。

《经济学通论》编写组

2018年5月

目录

导　论 / 001

　　一、像经济学家一样思维 / 001

　　二、经济学的基本原理 / 008

　　三、经济学的昨天、今天和明天 / 012

　　四、先看一下地图，我们准备出发 / 024

第一部分　微观经济基础

第一章　价格机制的魔力 / 033

　　第一节　资源配置的方式——计划与市场 / 034

　　第二节　需求、供给和价格的决定 / 038

　　　　一、需求 / 038

　　　　二、供给 / 042

　　　　三、市场均衡 / 045

　　第三节　从市场交易中得到了多少好处？ / 048

　　第四节　弹性 / 052

　　　　一、需求弹性 / 052

　　　　二、供给弹性 / 058

　　第五节　"有形之手"的干预 / 059

　　　　一、价格上限政策及其影响 / 060

　　　　二、价格下限政策及其影响 / 065

本章小结 / 069

思考与练习题 / 070

参考文献 / 071

第二章 消费者和生产者的选择 / 073

第一节 消费者的选择 / 074

一、为什么我们总是喜欢买买买？/ 074

二、消费越多我们就越满足吗？/ 077

三、如何成为一个聪明的消费者？/ 080

四、收入或价格变化时我们怎么办？/ 086

第二节 生产者的选择 / 088

一、产品是如何生产出来的？/ 088

二、长期与短期有何区别？/ 094

三、盈利还是亏损？/ 100

本章小结 / 113

思考与练习题 / 114

参考文献 / 115

第三章 市场结构与经济效率 / 117

第一节 不同的市场结构 / 118

一、市场结构的划分依据 / 118

二、完全竞争市场的含义与特征 / 119

三、不完全竞争市场的含义与特征 / 121

第二节 企业如何确定产量和价格以获取利润最大化？/ 126

一、调整产量和价格会发生什么？/ 126

二、企业如何获得最大化的利润？/ 132

三、价格歧视 / 136

第三节 企业的利润能够长期保持吗？/ 140

一、短期内企业一定是盈利的吗？/ 140

二、长期内企业又将如何？/ 143

第四节　一个整体性的比较 / 150

一、不同市场结构的经济效率比较 / 150

二、对垄断的管制 / 153

本章小结 / 159

思考与练习题 / 160

参考文献 / 161

第四章　市场失灵及补救 / 163

第一节　外部性与市场效率 / 164

一、正外部性及其影响 / 164

二、负外部性及其影响 / 166

三、应对外部性问题的措施 / 167

四、环境污染的控制方法 / 171

五、科斯定理 / 175

第二节　公共物品和公共资源 / 182

一、物品的分类 / 182

二、公共物品 / 185

三、公共资源 / 189

本章小结 / 195

思考与练习题 / 195

参考文献 / 197

第二部分　宏观经济基础

第五章　国民收入的衡量与分配指标 / 201

第一节　财富与收入的度量 / 201

一、国民收入核算探源 / 202

二、区分存量和流量 / 204

　　　三、同一经济体中不同的收入指标 / 205

　　　四、国民收入测度的方法：殊途同归？ / 208

第二节　财富与收入中的价格因素 / 212

　　　一、国民收入中的价格因素：名义收入与实际收入 / 212

　　　二、生产与消费的价格显示器：消费者价格指数（CPI）与生产者物价指数（PPI） / 213

　　　三、"妙用"宏观经济指标 / 218

第三节　财富的分配与 GDP 指标的局限性 / 222

　　　一、财富分配差距的测度：基尼系数 / 223

　　　二、GDP包含了什么？没有包含什么？ / 225

　　　三、超越GDP：经济发展新理念和新测度 / 226

本章小结 / 227

思考与练习题 / 228

参考文献 / 229

第六章　总供给、总需求与经济波动 / 230

第一节　总供给 / 231

　　　一、总供给及其影响因素 / 231

　　　二、总供给中的短期和长期 / 233

　　　三、总供给的实现 / 235

　　　四、产能过剩与供给侧结构性改革 / 236

第二节　总需求 / 241

　　　一、消费 / 242

　　　二、投资 / 243

　　　三、政府购买 / 245

　　　四、净出口 / 246

第三节　经济波动 / 251
　　一、经济波动的含义 / 251
　　二、经济波动的分类 / 253
　　三、经济波动的原因 / 255
本章小结 / 263
思考与练习题 / 265
参考文献 / 266

第七章　失业与通货膨胀 / 267
第一节　失业 / 267
　　一、人口与经济增长 / 267
　　二、失业与失业率 / 269
　　三、工资是如何决定的？ / 272
　　四、为什么会失业？ / 278
　　五、失业的成本 / 282
第二节　通货膨胀 / 285
　　一、通货膨胀——"钱不值钱"的经济含义 / 285
　　二、通货膨胀的衡量 / 288
　　三、为什么物价年年都在上涨？ / 288
　　四、谁从通货膨胀中获益？ / 291
　　五、通货膨胀的影响 / 293
第三节　通货膨胀与失业的关系 / 295
　　一、短期失业与通货膨胀的关系 / 295
　　二、长期的菲利普斯曲线 / 297
本章小结 / 299
思考与练习题 / 300
参考文献 / 301

第八章 开放经济理论与政策 / 302

第一节 比较优势与竞争优势 / 302
一、各国之间为何进行分工和贸易？/ 302
二、比较优势下的"贫困化增长"/ 305
三、比较优势与竞争优势之争 / 306

第二节 产品的"全球制造"/ 309
一、国际分工的形式 / 309
二、FDI与跨国公司 / 315

第三节 国际收支与开放经济政策 / 320
一、汇率与汇率制度 / 320
二、解读国际收支平衡表 / 323
三、开放经济的政策工具 / 326

本章小结 / 330
思考与练习题 / 331
参考文献 / 331

第三部分 经济发展与制度

第九章 交易成本与产权 / 335

第一节 交易成本 / 335
一、交易成本是经济制度的运行费用 / 335
二、交易成本的类型和测量 / 339
三、作为一种研究范式的交易成本理论 / 341
四、交易成本的试验和应用 / 343

第二节 产权 / 347
一、产权明晰：市场交易的前提 / 347

二、产权的界定：经济权利和法律权利 / 349

三、为什么产权难以明晰？ / 355

四、产权是经济发展的基础 / 359

本章小结 / 373

思考与练习题 / 374

参考文献 / 375

第十章 契约与企业理论 / 376

第一节 交易与契约 / 376

一、契约——交易的载体 / 376

二、不完全契约——为什么订合同都要留有余地？ / 378

三、不完全契约产生的原因 / 379

四、契约的履行 / 383

五、交易中如何选择契约计划？ / 385

第二节 企业与契约 / 389

一、企业是一系列契约的联结 / 389

二、委托—代理问题 / 390

三、企业内部的权利分配与治理结构 / 392

四、企业的边界在哪？ / 393

本章小结 / 401

思考与练习题 / 402

参考文献 / 402

第十一章 什么样的制度有利于经济发展？ / 403

第一节 到底什么因素决定一国的经济发展？ / 404

一、地理决定论 / 405

二、文化决定论 / 407

　　三、制度决定论 / 411

第二节　贫富逆转与中等收入陷阱 / 415

　　一、何谓"贫富逆转"？ / 415

　　二、贫富逆转是地理原因，还是制度原因？ / 416

　　三、中等收入陷阱 / 423

第三节　制度转型 / 427

　　一、正式制度与非正式制度的冲突 / 428

　　二、政治制度与经济制度的相互性 / 433

　　三、路径依赖 / 440

　　四、生产技术与社会技术 / 443

本章小结 / 449

思考与练习题 / 450

参考文献 / 451

导 论

一、像经济学家一样思维

经济学是一门研究经济事务的科学。艾伯特·爱因斯坦（Albert Einstein）曾指出："全部科学不过是日常思考的精炼而已。"经济学家是如何将人们对经济世界的认识，从事经济活动的方式进行提炼，从而形成科学的思维方式的呢？对此理解是我们认识经济学，学会像经济学家一样思维，继而对自己的行为做出合理决策，获得满意结果的开端。

要学会像经济学家一样思维，我们应当了解经济学的研究对象、研究目标、经济学家的基本思维方式、研究工具以及经济学的学科精神。

（一）经济学研究什么？

经济是人类活动的基础和第一要务。人类的经济活动涉及两个方面的关系，一个是人与自然的关系，另一个是人与人之间的关系。"经济"一词最初的含义是家庭收支的管理，之所以要进行管理就在于我们面对的资源是稀缺的。不仅有形的物质资源是稀缺的，时间、精力等无形资源也是稀缺的。正由于资源具有稀缺性，人们才值得花精力去研究经济问题，研究如何有效率地配置资源，因此，资源的稀缺性是经济学研究的出发点或前提，也是经济学赖以成为一门独立学科的基础。配置稀缺资源实质上是我们面对众多资源时如何进行合理的选择，不同的选择会产生不同的使用成本，也会有不同的结果或收益。我们需要知道怎样的选择能够以尽可能小的成本获得最大化的收益。经济学的精髓之一在于承认稀缺性是一种现实存在，并探究一个社会如何组织才能最有效地利用其资源。这一点，可以说是经济学伟大而独特的贡献。[1] 因此，经济学被认为是一门关于如何选择的学问。

经济活动中所发生的人与人之间的关系被称为生产关系或经济关系，是经济活动不可或缺的组成部分。除非像英国作家丹尼尔·笛福（Daniel Defoe）在他的代表作《鲁滨逊漂流记》（*The Adventures of Robinson Crusoe*）中所描述的情景，鲁滨逊在荒芜的海岛上孤身一人，他每天分配劳作时间以获取生存必需品。在那里不存在人与人之间的经济交往，鲁滨逊的经济活动只限于配置资源。而在人们群居的地方，必然发生人与人之间的关系。稀缺的资源如何进行分配和交换？如何进行分工和协作？生产物如何分配、交换和消费？看似各自独立的生产和消费活动通过什么样的方式连接起来，使得经济活动有条不紊地进行？其中的方式就是人们共同遵守的规则。规则可以是人们在活动中自然形成的，也可以是以正式制度确定的，从而保证经济活动有秩序地进行，正如交通规则确保了千百万辆汽车能够在纵横交错的道路上通畅行驶一样。因此，经济学除了研究如何选择有效率地配置稀缺资源之外，对生产关系以及经济制度的研究也是其重要的内容。合理的制度安排有助于资源配置效率的提升。

经济学发展至今，对于经济学的研究对象一直充满争议。经济学从一开始就定位于研究财富的增长。19世纪70年代之前的经济学被称为古典经济学，当时大多数经济学家在研究财富增长的同时致力于研究生产关系，而让·萨伊（Jean Say）等人却将经济学界定为只是研究财富的学问，将人与人之间的生产关系研究排除在外。卡尔·马克思（Karl Marx）恰恰相反，他从人与物之间关系深刻地洞察到隐藏在其后的人与人之间的关系。这是马克思经济学理论的科学贡献。但是由于方法论的限制，当时的经济学无论是研究生产力还是研究生产关系，都主要采取的是归纳法和抽象演绎法，而没有对提出的理论进行精确的定量分析，对理论的合理性和有效性也只能通过史料和现实案例来证实，经济学的科学性一度得不到自然科学家的认可。19世纪70年代之后，经济学开始引入自然科学的研究范式和方法，经济学的研究对

---

[1]〔美〕保罗·萨缪尔森、威廉·诺德豪斯：《经济学》（第18版），人民邮电出版社2008年版，第4页。

象被确定为研究稀缺资源的配置问题。自此至今,基于一系列公理假设,运用数学方法推理,单纯地研究为追求福利最大化而如何选择以优化资源配置,成为西方主流经济学理论研究的主旋律,生产关系不再是研究的主体内容,西方经济学开始进入新古典时代,新古典经济学成为现代西方主流经济学的基础。现代西方经济学集大成者保罗·萨缪尔森(Paul Samuelson)给出的定义为:经济学研究的是一个社会如何利用稀缺的资源生产有价值的商品,并将它们在不同的人中间进行分配。[1] 约瑟夫·斯蒂格利茨(Joseph Stiglitz)将经济学的研究范围更为简洁地归纳为四个问题:生产什么、生产多少、如何生产、谁来决策?

不可否认,自然科学研究范式的引入大大提升了有关资源配置问题研究的精确性以及验证理论命题的有效性。但是,经济学研究人类的经济活动不可能完全等同于自然科学研究自然界的运行规律,经济活动中所发生的人与人之间的关系是研究经济问题无法绕开的议题,同时,不同的经济关系及其相应的制度安排对经济运行、资源配置效率也具有重要作用。生产力和生产关系是经济学研究无法分离的两个方面。生产什么、谁来决策,看似是人与物之间的关系,是选择问题,但实质上是不同群体、不同阶层甚至不同阶级之间的利益博弈。这些问题首先就取决于采取何种规则和制度安排。只不过自新古典经济学以来,现代西方主流经济学将经济活动的规则或制度安排视为既定的,无须再做变更,并在交易成本为零的严格假定条件下研究人类选择问题。

(二)经济学家如何思考经济问题?

经济学家研究选择问题时所持有的基本理念可以概括为:天下没有免费的午餐;机会成本就是最高的收益;均衡是最优的结果。

经济活动是以投入来获得产出,所投入的资源以及对资源进行生产都是需要付出成本的,除非资源不存在稀缺,我们才可能免费得到,如空气,对此也就无须伤脑筋琢磨如何选择和有效配置。产出是投入的结果,我们总是在不断地对投入成本

---

[1] 〔美〕保罗·萨缪尔森、威廉·诺德豪斯:《经济学》(第18版),人民邮电出版社2008年版,第4页。

与产出进行比较以确定自己的活动是否有意义以及如何进一步改善，人类社会由此得到不断前行和发展。一种资源有着多种用途，意味着我们总是在多个机会之间进行选择，权衡同样的投入在不同的机会或用途中所能获得产出的大小。将资源投入到能够获得最高产出的机会之中才是最合理的选择，而投入到其他机会时则被视为失去最高产出机会的资源使用收益，因此经济学将机会成本定义为资源使用在一种机会而放弃其他机会时所能够获取的最高收益。这一概念是经济学家对人们选择行为合理性的一种提炼，它具有普遍意义。不仅限于经济活动之中，在其他活动中我们的选择行为也应如此。比如，时间是稀缺的，我们可以将既定的时间段选择用于做不同的事，读书、睡觉、看电影，等等，选择对自己最有利的那件事才是最合理的。可见，机会成本不同于会计学中的成本概念，它并不是一种实际发生的、可记录下来的成本数据，而是一种面对选择的思维方式，权衡投入机会和产出结果，是判断人们行为决策合理性的准则。

对个人、企业乃至整个社会，经济活动追求的是收益最大化。经济学家理解的收益最大化并非是越大越好，而是一种均衡。均衡本是物理学中的一个概念，引入到经济学中表示经济中各种对立的、变动着的力量暂时处于一种势均力敌、相对静止的状态。均衡是一种最优状态，它是有约束条件的最优结果。在商品交易中，商品的供给和需求正好相等时市场出清，达到均衡状态，此时既没有商品未被卖出去，也没有需求未得到满足。这是市场运行的最优结果。对全社会来说，经济运行的最优状态是全部资源得到充分利用，没有资源被闲置。经济增长并非越快越好，超过资源的实际供给时所追求的过快增长难以持续；反之，在资源没有达到充分利用时的经济增长无论多高都表明经济增长仍有潜力。因此，经济学研究的目标是实现充分利用的均衡。总之，经济学家正是从人类的种种经济行为和纷繁复杂的经济现象中抽象出这些基本理念，来揭示我们这个世界经济活动的规律性。

（三）用什么基本方法研究经济问题？

对经济活动的研究，现代经济学遵循"观察—假设—理论—验证"的逻辑框架，并采用了大量数理分析方法。理论来源于实践。经济学家通过观察经济现象，分析经验数据资料，包括历史资料，来发现问题；问题是理论研究的先导，针对明确的问题，经济学家借助于抽象的假设来构造理论框架，用以对问题的本质进行逻辑推演，提出理论命题。假设的基本功效在于简化分析问题的前提条件，明确影响问题的关键因素，暂时隔离不重要的因素，这样"可以使解释这个世界更为容易"。对经济活动的分析不同于对自然现象的分析，自然科学往往可以在实验室中借助技术工具和手段来分离各种因素的相互干扰，以集中于所关注的现象。而经济学家则更多的是借助抽象力做出假设来"纯净"分析环境，以此由简单到复杂，由外及里地剖析问题的演化机理。理论命题能否成立需要进行验证。经济学家利用实际资料和数据，或者将理论运用于局部范围的实践来检验理论对现实的解释力，并对经济活动发展前景进行预测。[1] 著名经济学家米尔顿·弗里德曼（Milton Friedman）说过：理论的生命力在于对现实具有解释力和预测力。

现代经济学更倾向于通过构建模型以形成理论分析框架。数学和统计学为建立经济模型提供了很好的工具，大多数经济模型是由方程式组成的模型，是对经济现象或过程的一种数学模拟，但经济模型也可以是一幅幅简洁明了的图形，还可以是说明变量之间逻辑关系的文字。有关数学在经济学研究中的作用存在着争论，但数学方法在证明理论的精确性和有效性方面还是有着不可替代的优势。马克思曾明确指出：一门科学只有成功地运用数学时，才算达到了真正完善的地步。美国经济学家伯兹·艾伦也认为，使用什么数学方法的正当理由必须是，这种方法是为了模型化某个有价值的理论问题并有效地解决它，而不是"滥用"不必要的复杂的数学方法。[2]

为了更为精确地分析经济主体做出选择所产生的效果，边际分析方法在经济学

---

[1] 经济学可否采用实验方法一直存在着争论。争论的焦点是经济学作为一门社会科学，难以像自然科学那样对研究对象和环境进行可人为控制的、可重复性的实验。而从20世纪30年代起，就有一些经济学家探讨经济学的实验方法，后来，美国经济学家弗农·L.史密斯（Vernon L. Smith）通过长期研究，创立起以"价值诱导原则"为核心的实验经济学理论，并因此获得2002年度诺贝尔经济学奖，意味着实验经济学终于得到认同，但由于客观条件限制，经济学实验更多的是出现在课堂教学中，真正成为经济学广泛使用的方法仍有很长的路要走。参见张鸿武、廖涵、王柯英：《经济学实验教程》，经济科学出版社2010年版，导论部分。

[2] 〔美〕伯兹·艾伦：《微观经济理论的未来》，载 Journal of Economic Perspectives，2000年冬季号。

中得到广泛运用。边际分析是指某一变量增加或减少一个单位会引起其他相关变量发生怎样的变化。经济学家对经济活动分析更多地关注的是我们做出的决策将会发生什么，对目标的实现有何效果。边际分析方法能够很好地达到这一研究目的，并且可以采用数学中的导数或微积分原理来对人们的决策效果进行精确分析。

在理论分析和验证中，统计和计量方法的运用越来越受到重视。统计方法早在15世纪就开始被运用于经济问题的研究，统计学在当时被称为"政治算术"，由古典经济学先驱者之一的英国经济学家威廉·配第（William Petty）提出。他运用大量实际统计数据，对比英国、法国、荷兰三国实力，得出英国国力强于法荷两国的结论。威廉·配第的"政治算术"也被公认为是"统计学"的鼻祖。之后，欧洲出现了一批政治算术学者，崇尚对事物的定量分析，探索和发展了描述和说明事物数量关系的各种方法，形成了一大学术派别——"政治算术学派"。经济学在发展过程中，经济学家和统计学家推出了许多经济指标，用于描述和说明经济现象以及经济运行趋势，从而使我们对身边的经济运行有了更为直观的感知和判别，也有助于我们对自己的经济行为做出科学的决策。20世纪30年代建立起来的计量经济学是一门经济学、数学和统计学的交叉学科，几十年来得到快速发展，计量经济方法不断推陈出新，并大量被运用于经济理论建模、估计、验证和预测。计量经济方法最大的优势在于，能够在我们研究主要经济变量同时，将影响经济关系发生变化的随机因素考虑在其中，而且可以利用统计数据测算出反映经济变量之间关系的参数估计值，这就为对经济现象及演变趋势的实证描述和理论解释提供了明确的支撑[1]，也在一定程度上弥补了经济学至今无法广泛采用可控性、重复性实验的不足。尽管计量经济方法日渐烦琐复杂，经济学的分析对数据的质量和数量要求越来越高，但随着大数据时代的到来以及计算机技术的迅速发展，数学方法、统计方法以及计量经济方法运用在经济学研究中日显重要，也变得更为简便易行，并推动着经济理论研究向更为精细化方向发展。

---

[1] 张保法：《经济计量学》，河南人民出版社1992年版，第1章。

(四)经济学的学科精神

任何一门学科都有自身的学科精神,经济学也有自己特定的学科精神。经济学的学科精神可以概括为三个基本精神:效率精神、竞争精神、公共精神。它们体现为经济学家的价值追求。

效率是合理配置稀缺资源以用最小化的成本投入获得最大化的收益。每个人从事经济活动时首先需要考虑资源利用的机会成本,将有限的资源投入到最有利的机会之中,在资源使用过程中还需要不断追求生产方法的创新改进,能够尽可能节约成本,增加产出。一个社会对效率的追求不仅体现在资源配置的技术手段方面,而且更多地体现在如何通过制度安排组织全社会的经济活动,形成良性的经济秩序以达到稀缺资源的充分利用,因此,就社会整体而言,制度效率是经济效率的重要方面。经济学对消费者行为、生产者行为、市场结构、一国的国民收入决定、国际经济交易等等方面的研究无不遵循效率准则而展开。

竞争与效率相生相依。人们为追求各自经济利益最大化而竞争,竞争是效率的推动机制。经济学崇尚自由竞争,自由竞争市场被视为最具效率的市场结构,成为经济学分析经济活动规律的最理想的经济环境,也是判别其他市场结构经济效率高低的标杆。自由竞争蕴含着两个基本含义:一是经济人追求自身的利益最大化;二是竞争在经济人之间自由进行,尽可能少地受到人为的干预。人在社会活动中具有不同的角色,实现不同的目标。角色不同、目标不同,人的行为准则也不相同。经济学将经济活动主体定位于经济人,研究经济人的理性行为,其经济行为的目标是追求自身的利益最大化。理性经济人与资源稀缺性是经济学理论研究的两个基本的假设前提和出发点。经济学自亚当·斯密开创以来,就信奉自由市场机制像一只"看不见的手"调节着经济运行,能够自动地实现资源优化配置和社会福利最大化。虽然在公共品领域、收入分配以及经济周期等方面存在着"市场失灵",因而政府对经济运行的调控具有必要性,但经济学的主旨仍是相信市场的自发调节力量,主张充分自由竞争,反对人为的过度干预。

崇尚自由竞争,认可经济人追求自身利益最大化,并不意味着经济学主张每个人可以不受约束、不择手段的"自私自利"。经济学作为一门经世济民的学说,旨在改善世界的运行,倡导社会良知、公平精神与对现实的批判精神。亚当·斯密在《道德情操论》(*The Theory of Moral Sentiments*)中对人的自利行为有着详细的论述。他认为每个人在追逐财富的竞赛中大可尽其所能地奋力奔走,以求凌驾于竞争者之上。但如果他推挤或绊倒其中的任何一位,那么,旁观者们就会完全停止对他的纵容,因为他违反了公平竞赛的原则。[1] "让我们再次强调,自身利益并非限于狭义的物质利益,它包括服务于公共利益、帮助他人的愿望"。[2] 帕累托最优是经济学评价经济效率和社会福利的一项基本标准,其核心思想是如果一个人的福利若再进一步改善必然以其他人福利恶化为代价,在此点上经济效率达到最优状态。亦即一个人的福利改善会造成其他人福利下降时的经济效率不是最优的。因此,经济学树立的最优标准蕴含着社会良知和公平精神,反对损人利己的自私行为,以科学的标准对社会经济现象和发展趋势进行评判,提供正确的道德准则引领着社会经济进步。同时,经济学家对所研究的每一项原理都力求挖掘出公共政策含义,以人类社会的财富增进和福利改善视为经济学学科存在的意义。

学习经济学,理解经济学,重要的是透视经济学家对经济问题如何思维,如何利用科学的方法进行研究,而不是简单地识记现成的答案。我们应学会像经济学家一样思维,将经济学作为一种方法论,而不是一套结论。约翰·凯恩斯(John Keynes)曾精辟地指出:(好的)经济学理论并不是一些现成的可以用于施政的结论。它不是教条,而是一种方法、一种智力工具、一种思维技巧,有助于拥有它的人得出正确的结论。

二、经济学的基本原理

现代经济学在资源稀缺性和理性经济人两大基本假定前提下,研究选择问题,凝练出经济主体行为和社会经济运行的基本规则,美国经济学家 N. 格里高利·曼昆

---

[1] 〔英〕亚当·斯密:《道德情操论》,中央编译出版社 2008 年版,第 100 页。
[2] 〔美〕米尔顿·弗里德曼:"经济学家与经济政策",《经济影响》,1987 年第 1 期。

（N. Gregory Mankiw）将其总结成三大方面共十大原理。[1]

（一）经济行为主体如何做决策

原理一：选择原理——人们事事时时处处面临交替关系

资源的稀缺性，让我们需要事事时时做出选择。选择意味着我们在面对资源使用的各种机会以及配置数量上进行甄别，以最优地实现自己所追求的目标。选择也意味着放弃，选择一个机会就必须放弃其他的机会，如何做出最优的选择体现着人的智慧。经济学首先要告知我们的是稀缺性资源选择的交替关系的性质，以及选择的科学方式和方法。

原理二：机会成本原理——某种东西的成本是为了得到它而放弃的东西

机会是有成本的。经济学用机会成本来说明选择的合理性。机会成本是在放弃的机会中所能获得的最大收益。尽管机会成本作为一种收益，并非是选择者的实际所得，是一种主观收益，但它却给我们的选择行为确定了评价标准。经济学要告诉我们的是，一项决策应该是在机会成本和所选择的机会的预期收益之间的比较中做出，预期收益高于机会成本则是合理的。我们每个人可能经常会有后悔情绪，后悔就是因为机会成本的存在，我们在反思因选择既有的机会而失去了更有利的其他机会，我们为所选择的机会付出了成本。

原理三：边际原理——理性的标尺

经济生活中很多选择具有累积性，这种累积性是我们对所使用资源的增量调整。我们需要知道增量调整会对成本和收益产生什么样的影响及其程度，经济学采用边际方法进行分析。正如前文所述，边际分析是指某一变量增加或减少一个单位会引起其他相关变量怎样的变化。经济学家对经济活动的分析更多地关注的是我们做出的决策将会发生什么，对目标的实现有何效果。借助数学方法，经济学家可以对增量调整的效果进行精确的分析，而且如果只有一种行动的边际利益大于边际成本，这种行动才有合理性。

---

[1] 〔美〕N. 格里高利·曼昆：《经济学基础》（第 2 版），生活·读书·新知三联书店 2003 年版，第 1 章。

原理四：激励原理——人们会对激励做出反应

理性经济人为追求自身利益最大化会对激励做出反应。反过来讲，当激励的目标与人们的目标耦合时，激励才能更有效地达到预期的效果。激励原理在管理中的作用尤为突出，小到一个团队的管理措施，大到一个社会的公共政策设计，一项政策措施制定都要考虑到对人们行为的影响，既包括直接的影响也包括间接的影响。人们会就政策措施对自身行为的成本与收益的影响做出评估以决策如何应对，有利于降低成本或提高收益的政策措施能起到激励作用；反之则可能使人们的行为与政策目标背道而驰。因此，有效的政策措施应该是以利益"诱导"人们的行为。

（二）经济行为主体如何互相交易

原理五：比较优势原理——贸易能改善个人和国家的经济福利

在自然经济条件下，人们自给自足照样能够生存，为什么我们还要进行分工和贸易呢？经济学揭示出，我们每个人、每个国家都有自己的优势和劣势，优势可能是绝对的，也可能是相对的，一个人或一个国家在做一件事上相对于他人或他国具有更大的优势，就说明有比较优势，即便一个人或一个国家在所有事情上都比他人或他国有优势，也会存在着其中某些优势相对更大、其他优势相对小些。如果我们所选择从事的活动能够发挥自身的比较优势，那么就会有更好的效果。分工可以使各人或各国专门从事自己最擅长的活动，并通过贸易相互交换各自的物品和劳务，相比自给自足能够更有利于提高活动效率，得以享用更为丰富的物品和劳务，从而改善个人和国家的经济福利。

原理六：市场机制原理——市场通常是组织经济活动的一种好办法

社会的经济活动组织方式有多种，最主要的是市场经济和计划经济两种方式。计划经济是政府通过计划来配置资源和调节经济运行，市场经济则是由市场在资源配置中起基础性的作用。计划经济在社会主义国家中一度成为全社会主体的经济体制，但实践证明其在资源配置效率上要劣于市场经济，因而计划经济已逐渐向市场经济转轨。市场经济中价格机制像一只"看不见的手"引导着人们在利己心的驱动下合理配置资源，人们在相互竞争中不断提高效率，财富自然得到增长。亚当·斯密更为"理想"地断定,"看不见的手"能够指导人们在只追求自己利益的情况下能够更有效地促进社会的利益。而事实上,市场由于外部性、市场势力等原因也存在着"失灵",每个人的利益最优化并不能保证整个社会福利一定自然而然地达到最优化。市场并非"万能",但迄今为止仍是组织经济活动的一种好的办法和最为有效的方式。

原理七:政府适度干预原理——政府有时可以改善市场结果

因为"市场失灵"的存在,需要政府对经济运行进行人为的调控,以管理市场机制不能发挥作用的领域以及市场机制可能发生的偏误,如公共品的供给不足、收入分配不均、环境保护不力、经济失衡等等,对此政府的合理干预有助于改善经济运行的效果。但是,政府在管理效率上的不足以及政府与市场在目标偏好上的差异,也使得政府对经济活动的调控存在着缺陷,被称为"政府失灵"。政府干预与市场调节之间的关系一直是经济学争论的焦点问题之一,在许多方面尚难形成一致性的认识,而一点共识是至少不否认政府干预的必要性,反对政府过度干预,市场仍是组织经济活动的基础性方式。绝大多数自由主义经济学家也由原来极力反对政府干预转为提出"谨慎的政府干预"的理论主张。

(三)整体经济如何运行

原理八:生产率原理——一国的生活水平取决于它的生产物品与劳务的能力

经济增长是经济学研究的优先主题。经济学探寻经济增长的主要影响因素,解释不同国家的经济增长及人们的生活水平存在巨大差异的原因。经济学发现,一国的经济增长和生活水平与生产率水平呈正相关关系。生产率是劳动者单位时间内生产物品和劳务的能力,这种能力的高低与生产工具、人力资本投资、技术创新水平等因素密不可分。

原理九:通货膨胀的原理——政府发行货币过多时物价上升

通货膨胀是过多的货币追逐较少商品的结果。当政府发行过多货币时,货币价值必然下降,引起商品和劳务的市场价格上升。一旦价格呈现持续快速的上升就意味着通货膨胀,它不仅降低公众的生活水平,而且导致经济运行的紊乱。恶性的通货膨胀会对一国的社会生产力和经济发展造成严重的破坏,因此,控制与治理通货膨胀成为各国宏观经济政策的基本目标。

原理十:菲利普斯曲线——通货膨胀与失业的短期交替原理

认识通货膨胀的原因和危害并不难,难在政府往往会在实现其他宏观经济目标与控制通货膨胀目标之间要做出权衡取舍。经济学的一个重要原理是,通货膨胀与失业之间存在交替关系,在图形上表现为向右下方倾斜的曲线。这条曲线被称为菲利普斯曲线——以这一原理的发现者菲利普斯名字命名。虽然菲利普斯曲线在经济学家之间仍存在着争议,西方国家在相当长的一段时期内出现过高通货膨胀与高失业率并存的"滞胀"状况,但菲利普斯曲线所体现的通货膨胀与失业之间的交替关系这一思想,对理解经济中的许多发展问题,以及政府对各项经济政策进行权衡取舍和组合是至关重要的。

三、经济学的昨天、今天和明天

自古就有学者研究经济问题。中国历史上许多政治家和商人,如管仲、吕不韦、商鞅、胡雪岩等等,在管理国家经济事务或经商的过程中,对经济问题都有自己独到的见解,给后人以启迪。在欧洲,古希腊、古罗马时期的色诺芬、柏拉图、亚里士多德、加图等人,中世纪的阿奎那都曾著书立说,研究过货币、交换、分工等经济问题。随着资本主义市场经济在欧洲的产生和发展,以推行对外贸易来积累国家财富为主旨的重商主义在16—18世纪的欧洲盛行,成为当时最有影响的经济思想和政策主张。但是,古代的思想家虽然对经济问题多有论述,却未能形成系统的经济学说体系。直到1776年亚当·斯密的《国富论》(*An Inquiry into the Nature and Causes of the Wealth of Nations*)问世,经济学才进入了系统研究并成为一门独立学科的时代。至今,经济学的历史只不过200多年,但发展迅速,经过一代代经济学家的潜心研究和学术积累,经济学的分析范式得到了广泛推崇,经济学已成为最富有影响力的社会科学之一。这里,我们主要概述经济学成为一门独立学科之后的发展历程,以增进我们对经济学的了解。

(一)古典经济学——经济学的开篇

古典经济学形成于17世纪中后期至19世纪70年代的欧洲地区。这段时期的欧洲正处于第一次工业革命和市场经济迅速发展阶段，许许多多经济现象、新出现的经济问题及矛盾冲突需要提供理论解释和解决方案。同时，欧洲文艺复兴运动以后，各种新思想层出不穷，相互交融，这些都推动了古典经济学的产生、形成和发展。从历史角度看，古典经济学对经济学发展的贡献在于将经济理论研究从神学、哲学、艺术等学科中分离出来，成为一门独立的学科。以亚当·斯密、大卫·李嘉图（David Ricardo）、西斯蒙第（Sismondi）、弗朗索瓦·魁奈（Francois Quesnay）、约翰·穆勒（John Mill）为代表的经济学家们建立起以"劳动价值论"为理论基础，"经济自由"为基本理念的古典经济学理论体系。

英国的古典经济学派和法国的重农学派是17—19世纪在欧洲占主流的经济学派。从本质上讲，这两个学派的理论基础和信念基本相同，区别主要是法国的重农学派认为一国的财富只来自于农业部门，农业劳动创造价值，工业部门生产只是把已有的财富重新整合，并不能增加新的财富。英国的古典经济学派则认为生产性劳动都能创造财富和价值。法国重农学派推崇"自然秩序"，认为这是所有人必须遵守的"坚定不移的、不可破坏的，而且一般说来是最优良的"规律，其实质是人们在遵从"自然秩序"下自由地从事经济活动，无须人为干预。法国重农学派对经济学发展的重要贡献来自于"经济表"。"经济表"由该学派的代表性人物魁奈绘制，是对社会总产品和总收入以及工农业两大部门之间交换关系的宏观静态分析，被后来的经济学家称为凯恩斯式的宏观经济学的先驱，对列昂惕夫的投入—产出思想的形成也有着启示作用。马克思评价道，魁奈将再生产过程中的各种复杂关系简洁明了地总结在一张表上，这个尝试在当时是一个极有天才的思想。英国古典经济学派对经济学的开拓性贡献，是以亚当·斯密、大卫·李嘉图、约翰·穆勒为代表的英国经济学家，在融合了牛顿的自然哲学、伦理道德和谐与洛克的政治自由主义思想的基础上，构建起一个明晰的、完整的自由市场经济分析框架和理论体系。其具体贡献体现在：第一，明确了经济学的研究目标是国民财富的增长及其来源；第二，为了更有效率地增加国民财富而延伸出分工、交换、分配及消费，由此构建起研究社会化经济运行的理论系统；第三，大卫·李嘉图运用抽象法让经济学研究更为严谨、简洁，从而形成了统一的经济学逻辑体系，并且这种方法"指出了通向现代经济分析的道路，并产生了最终转化为数学的定理"。也正是这种方法的运用，经济学从此变成了自治的东西，它不依附于除了从它本身思想体系的内部逻辑中产生的原则以外的任何原则[1]；第四，亚当·斯密所建立的供求分析框架和所倡导的经济自由主义，至今仍是现代经济学的理论基础。供求分析已成为经济分析不可或缺的工具；第五，将自然和谐而有秩序的机械装置充分有效地运用于社会和经济关系之中，崇尚自由竞争的市场经济制度，反对政府对经济的人为干预。

古典经济学的发展在欧洲持续了100多年，期间市场经济运行中的新问题不断涌现，各个阶级之间的矛盾交织，代表不同阶级的经济理论相互争论。经济学从整体上讲，无论是从研究方法、理论深度还是科学性等方面来看都处于发展初期。特别值得一提的是，马克思在当时合理地吸收了古典经济学的"劳动价值论"、德国的"唯物辩证法"，以及"空想社会主义"思潮，建立起代表了无产阶级利益的政治经济学理论体系。这一理论体系以科学的劳动价值论深刻地分析了资本主义生产方式的基本矛盾以及由此产生的种种弊端，并以严谨的社会再生产理论揭示了资本主义经济周期的产生、形成和发展。马克思经济理论的基本原理对现代市场经济运行仍具有很强的解释力和预测力，也成为社会主义经济理论和实践的指导思想。在经济学发展史上，马克思的经济理论独树一帜并占有极其重要的地位。到了19世纪中叶，英国经济学家约翰·穆勒将资产阶级古典经济学的主要理论巧妙地综合在一起，构建起以生产、分配、交换、消费四个阶段分析经济运行的古典经济理论体系。这被称为经济学说史上的第一次综合，标志着古典经济学的最终形成。

（二）新古典经济学——"边际革命"

伴随着资本主义经济加速发展，市场经济运行中新问题不断出现，古典经济学理论对现实的适用性显现出极大的局限。第一是古典经济学的劳动价值论着力于研

---

[1] 〔美〕亨利·威廉·斯皮格尔：《经济思想的成长》，中国社会科学出版社1999年版，第270—291页。

究生产或供给，对需求的形成缺乏系统的研究，也难以很好地解释供求规律；第二是对经济学的研究对象在古典经济学内部也有着很大分歧；第三是古典经济学更多地采用经验推演的方法研究经济现象，缺乏精确性和严谨性，经济学的科学性一直得不到认可，被排除在科学范畴之外。19世纪70年代以后，一批欧美经济学家掀起一场"边际革命"，经济学开始进入新古典时代。

边际革命源自于赫尔曼·戈森（Herman Gossen）、阿瑟纳·杜普伊特（Arsene Dupuit）、约翰·屠能（Johann von Thüner）等学者的边际理论。他们将边际方法运用于分析人的经济行为和活动，提出了很多独到的理论和新颖的分析思路。之后，奥地利学派、英国边际学派、瑞士洛桑学派对此进行了创新发展，自然科学的研究范式和方法被大量引入到经济学之中，经济学的研究方向开始发生改变，由探讨财富的性质和来源、人与人之间的生产关系转变为资源配置问题，经济学因此被定位为研究选择的学问。

相较于古典经济学理论，新古典经济学在经济学的研究对象、研究方法以及在研究框架上都发生了重大变革，市场经济发展进程中出现的一些新现象、新问题也被纳入到经济学研究之中，如规模经济、市场竞争的不完全性、社会的经济福利问题等等。1890年英国经济学家阿尔弗雷德·马歇尔（Alfred Marshall）出版了《经济学原理》（*Principles of Economics*）一书，这是一部与《国富论》齐名的巨著，在经济学说史上具有划时代的价值。在该书中马歇尔综合了新古典经济学家们的研究成果，形成了新古典经济学的基本理论体系。马歇尔的这一工作被视为经济学的第二次综合。新古典经济学的基本理论体系包括：第一，经济学研究对象被界定为研究"与获得和使用物质必需品联系密切的那部分私人与社会的行为"[1]。马歇尔认为，经济学家要收集、整理和分析事实，寻找经济现象之间的差别和因果关系。经济学是一种发现事实的工具。与以往的经济学相比，新古典经济学将经济学的研究转向私人与社会的选择行为，以及经济现象之间的因果关系等方面，而人与人之间生产关系的研究逐渐淡出经济学的视野。第二，边际分析法、均衡分析法、静态分

---

[1] 〔英〕阿尔弗雷德·马歇尔：《经济学原理》（上卷），商务印书馆1981年版，第1页。

析法成为经济学的基本研究方法,数学方法、图形图表被大量运用于经济现象的描述和问题的研究。第三,均衡价格理论取代劳动价值论,用于供求和价格决定的分析。第四,效用、生产收益最优化成为消费者需求、生产者供给行为分析的基础。第五,生产要素"四位一体"成为生产收入分配的基本框架,即劳动、资本、土地、企业家才能四大生产要素的供给与需求运动决定其均衡价格,以工资、利息、地租、利润等价格形式在生产要素持有者之间进行生产收入分配。第六,规模经济、市场结构成为经济学的重要研究内容,增强了经济学对现实的解释力。马歇尔对规模经济已有所研究,并提出了内外部经济效应问题,但他基于的市场条件仍是完全竞争市场。在他的研究基础上,英国经济学家琼·罗宾逊(Joan Robinson)、美国经济学家爱德华·张伯伦(Edward Chamberlin)发展起不完全竞争理论,成为至今经济学分析完全竞争、完全垄断、垄断竞争、寡头垄断四种市场结构下经济问题的基本框架。

总体而言,牛顿主义的均衡方法、给定约束下的最优化和方法论上的个人主义是新古典经济学的核心特征。[1] 新古典经济学将供给和需求相结合,以均衡价格论、边际分析方法为核心构筑起消费者、生产者的个体经济决策行为、市场供求均衡实现的分析框架。均衡价格论、效用理论、"四位一体"分配论、市场结构理论成为现代经济学中微观经济分析的方法论和理论基础。

(三)宏观经济学的兴起——"凯恩斯革命"

古典经济学和新古典经济学都主张"经济自由",坚信自由放任的市场力量能够自动调节经济运行,无须政府的人为干预。在他们理想的经济均衡模型中,不存在长期生产相对过剩和大量失业的可能性,但是,现实的经济运行并不如他们所愿,经济危机频发,特别是1929—1933年资本主义世界爆发了历史上最严重的经济危机,新古典经济学对此完全失去解释力,更无法提出有效的治理对策。正是在这样的历史背景下,经济学理论再一次出现了革命性的变化,宏观经济学开始成为一门

---

[1] James P., "Hamiltonian and Technological Dynamics: A Century after Veblen", *Journal of Economic Issues*, 2003, 37(1), pp.123-132.

独立的经济理论体系并发展起来。1936年，英国经济学家凯恩斯发表《就业、利息和货币通论》(*The General Theory of Employment, Interest and Money*)，标志着以分析"有效需求不足"和主张政府干预为理论特征的一种新经济理论的诞生，后人称为"凯恩斯革命"。凯恩斯以有效需求作为理论分析的逻辑起点，采用总量分析方法，建立起以就业、投资与国民收入决定为核心内容的一套宏观经济理论。这一理论直击新古典经济学理论的要害，宣告"供给能够自动创造需求"理论的破产。之后，凯恩斯的追随者发展起以整个国民经济活动作为研究对象，考察经济总量关系的理论学说——宏观经济学，它有别于研究经济个体行为的微观经济学。宏观经济学开始步入经济学的殿堂，成为现代经济学的重要组成部分。

凯恩斯经济学理论可以总结为：(1) 一个社会的有效需求由消费支出和投资支出构成，消费支出决定于收入水平和边际消费倾向，投资支出决定于资本边际效率和利率；(2) 有效需求决定总就业量，失业分为非自愿性失业、自愿性失业和摩擦性失业三种，后两种失业形式与充分就业不悖；(3) 总收入决定于总就业量；(4) 总供给函数主要决定于供给的物质条件，它和边际消费倾向都是相对稳定的，因此就业波动主要是由于投资量的波动；(5) 投资量决定于资本边际效率和利率，资本边际效率决定于预期利润收益及资本资产的重置成本；(6) 利率决定于货币数量和流动偏好状态；(7) "边际消费倾向递减规律"、"资本边际效率递减规律"、"流动性偏好规律"三大心理规律导致"有效需求不足"，市场机制无法自动调节总供给和总需求的均衡，使得以供给相对过剩为特征的经济危机的产生不可避免。在理论分析基础上，凯恩斯提出了政府直接干预经济，以推行赤字财政政策、投资社会化、保护性贸易政策为主要手段来刺激有效需求，实现充分就业的政策主张。

第二次世界大战以后，凯恩斯理论风靡世界，西方主要国家的政府将其作为制定宏观经济政策的指南，在西方经济学界形成了凯恩斯主义学派，宏观经济理论成为经济学的核心内容之一。直到20世纪70年代，西方经济步入"滞胀"阶段，经济萧条与通货膨胀迸发，凯恩斯主义理论开始陷入困境。面对新的经济局势，凯恩斯主义学派进行了种种修改和补充，力图维护和发展以有效需求管理为核心的凯恩斯主义理论。同时，不少反凯恩斯主义理论的经济学派应运而生，其中以货币主义学派、供给学派和理性预期学派为代表，重拾新古典经济学理论，力主自由放任的市场机制，减少政府干预，形成了新自由主义经济理论派别。在至今的几十年间，新自由主义与凯恩斯主义之争成为西方经济理论演进的主旋律，也大大地推动了宏观经济学的发展。

（四）新古典综合与经济学多元化

虽然凯恩斯经济学的以国民收入和支出分析为基础的宏观经济理论取代了新古典经济学的微观经济理论，然而该理论并没有建立自己的微观理论基础。宏观与微观经济密切联系，经济理论研究对其中任何一个方面的缺失都难以对现实经济问题做出合乎逻辑的、完整的分析。许多西方经济学家从20世纪30年代后期就开始探索如何将新古典经济学的微观经济理论与凯恩斯的宏观经济理论综合在一起，到20世纪60年代，以保罗·萨缪尔森为代表的一批经济学家初步完成了这一整合工作，这是继约翰·穆勒、马歇尔之后的"经济学的第三次综合"。这次综合成果集中反映在保罗·萨缪尔森编著的《经济学》（*Economics*）之中。该书至今已修订出版了19次，在《经济学》第六版中，保罗·萨缪尔森明确地将"总收入决定理论的要素与早先的相对价格和微观经济的经典理论相结合"称为"新古典综合"。之后，《经济学》在历次修订中不断地将各种学派的理论以及对新的经济问题的研究成果综合进来，试图建立一个能为各个学派所普遍接受的经济理论体系。虽然，新古典综合这一做法受到其他学派的责难，但《经济学》所构建的以微观经济学、宏观经济学、国际经济学为主体内容的理论框架，占据着西方现代经济学的正统地位。

尽管保罗·萨缪尔森有着美好的愿望，力求将各种理论学说相融合成大一统的经济学体系，但经济学从一开始就充满着争论，众多流派林立，从经济学研究视角、研究方法到具体理论都各表不一。不仅在新古典主义的主流经济学内部存在着各个学派之争，并且还有着一些与主流经济学相对立的学派，他们因循自己的历史传统，自成体系，被称为"异端经济学"，各种理论相互争论推动着经济学的发展。这里，我们主要以新自由主义、新凯恩斯主义以及异端经济学为主线，概述经济学在近几十年的多元化发展格局。

20世纪70年代后,西方经济步入"滞胀"时期,凯恩斯主义的"失业与通胀存在替代关系"命题与"滞胀"现实相悖,政府干预对"滞胀"失效。与此同时,社会主义国家以及一些发展中国家进行经济体制改革,引入市场机制。现实的变化和政府干预理论陷入困境,让西方自由主义势力得到"良机",重新走到经济学前台。各个学派纷纷抛出自己的理论并努力促成政府以及国际组织高层采用他们的政策主张。其中,现代货币主义学派一直充当"凯恩斯革命"的革命者,反对政府干预,坚信市场经济具有内在的自动稳定器,强调中性的货币政策并以控制通货膨胀为主要的政策目标。现代货币主义学派力促国际货币基金组织接受他们的理论,在20世纪70年代末放弃了固定汇率制,转向浮动汇率制。供给学派则重拾"萨伊定律",信仰"自由、平等、冒险、创新",主张政府通过大幅减税和放松对企业的管制以激励企业生产,并引导企业投资于新技术产业。供给学派理论被美国总统里根采纳,他在任的八年中推行"经济复兴计划"来治理"滞胀",因此供给学派理论也被称为"里根经济学"。理性预期学派将"理性预期"引入到经济理论之中,用更为严密的数学形式建立了一套经济理论体系,将总供给的分析和微观经济行为的分析较好地融合起来,对凯恩斯主义的经济理论和政策全盘否定。在方法论上,理性预期学派的代表性人物卢卡斯力主"宏观经济分析微观化",这在经济学方法论上被称为"卢卡斯革命"。理性预期学派的理论一度引起西方经济学的震动,被称为"80年代的新宏观经济学"。上述三个重要学派虽在具体理论和政策主张上有所不同,但都以反凯恩斯主义理论,恢复古典和新古典经济学的经济自由主义传统为己任。只不过面对"市场失灵"而造成的经济周期和市场无法解决的社会经济问题时,他们也无法完全否定政府干预的作用,因此,相比古典时期的完全自由放任的信念,这一时期的经济自由主义以"政府失灵"为由反对政府过度干预,现代货币主义领袖弗里德曼将其称为"新自由主义"。[1]

新自由主义的主要特点包括:一套有利于所有者和股东的新的劳资规则;取消政府对发展与福利的干预;推动金融机构的巨大增长;在金融部门与非金融部门之

---

[1] 〔美〕米尔顿·弗里德曼:《稳定货币方案》,上海人民出版社1991年版,第5页。

间实行一种有利于前者的新型关系；一种新的有利于合并与并购的法律标准；加强中央银行的职能，使政策目标是稳定价格，并出台让边缘的资源渐渐流向中心的新规定。而且，伴随新自由主义而来的新的全球化还包括边缘国家无法承受的债务重负、资本自由流动所引起的灾难。[1]

新自由主义在实践中形成了"华盛顿共识"，它提倡私有化、自由市场、出口带动型经济增长、金融资本流动和金融开放、放松对劳工市场的管制与宏观经济的紧缩政策。在国际政策上，推行强权经济和政治对世界的统治。

新自由主义的种种做法在西方国家也遭到了强烈抨击。批判者认为，新自由主义在不干预的理论托词下，借助政治、经济、军事力量推行他们一套思想体系，对社会生活的每一方面进行了广泛且带有攻击性的干预。它强加一种特定形式的社会经济秩序，该秩序的基础是重点突出金融与国际精英的联盟，还有各国穷人的从属地位与对美国利益的普遍服从。[2]在实践上，推行新自由主义无论在促进经济增长、治理通货膨胀还是减少失业等方面都没有达到预期效果，却加剧了财富向有产者积聚，削减了工人的工资和福利水平，贫富两极分化更加严重。向穷国推行新自由主义造成了穷国债务沉重，贸易条件恶化。他们所强力推行的资本、金融自由化最终导致2008年蔓延世界的金融危机，世界经济陷入长期萧条，至今仍处于艰难恢复之中。

西方主流经济学中各派理论争论的焦点是经济自由还是政府干预。在新自由主义盛行之时，一批青年凯恩斯主义经济学家推出了新凯恩斯主义理论，他们在继续坚持凯恩斯理论的基本信条的基础上，同时对非凯恩斯主义的理论观点兼收并蓄，采用新的分析方法，提出了价格黏性、工资黏性、信贷配给论，对劳动市场、产品市场和货币市场进行研究，试图弥补凯恩斯主义经济学微观基础的不足。新凯恩斯主义的理论被它的拥护者们看成是一种"令人兴奋的""有生气的研究纲要"，成为与新自由主义相对立的一股重要力量。与此同时，以斯蒂格利茨、科斯、诺思为代

---

[1] 〔英〕阿尔弗雷多·萨德-费洛、黛博拉·约翰斯顿：《新自由主义批判读本》，凤凰出版传媒集团、江苏人民出版社2006年版，第13页。
[2] 同上书，第6页。

表的西方学者将信息、制度和社会习俗惯例引入微观经济分析,它为实现自由市场最佳产出而对其出现的偶然甚或制度性缺陷做出经济分析提供了新视角,提出了政府干预经济的合法性,并提供政府政策改善信息流,创造或修正制度,或促进社会习俗让市场运作得更好。这一理论被称为新干预主义。尽管新干预主义与主流的新古典主义没有根本的区别,也并不向新自由主义的核心挑战,但它领导了主流经济学的新发展。

新古典主义占据着现代经济学的主流地位,而自19世纪以来就出现多个派别反对新古典主义经济学一统天下,主张以制度—历史—社会结构作为经济学的分析框架。这些学派因其与主流经济学相对立而被称为"异端经济学"。20世纪90年代以后,异端经济学开始呈现日益活跃的趋势,并成立了国际联盟,倡导一种多元主义的研究格局,抵制经济学研究中的霸权和垄断。异端经济学假定经济学所研究的人是嵌入历史、社会和制度情境的行为人,是"社会人""制度人";经济在本质上是一种历时演化的过程,经济过程具有路径依赖、不确定性和时间不可逆等重要特征;认知、思想、知识、制度和新奇的持续突现等这些质的变化是人类社会发展最为关键的变量;在方法论上,用历史和制度的方法代替数学形式。这些基本理念是异端经济学与新古典主义经济学的根本区别。异端经济学中有一些学派继承了马克思理论传统,如激进政治经济学、后现代马克思主义、美国积累学派、法国调节学派。此外,异端经济学还包括制度学派、奥地利学派、新熊彼特学派、社会经济学、女性主义经济学、生态经济学等等。[1]

(五)经济学研究的新趋势

科学研究永无止境。经济学虽已得到长足的发展,但仍有许许多多的经济问题并没有得到我们清晰的认知;社会经济的演进过程还会不断出现对人类经济活动产生重要影响的新的因素,需要纳入到经济学的分析体系之中。经济学研究会有怎样的新趋势实难一言概之,这里只就已开始受到经济学家重视的一些主要因素来窥视

---

[1] 贾根良等:《西方异端经济学主要流派研究》,中国人民大学出版社2010年版,第1章,第17—46页。

某些迹象。

第一，信息。经济活动中的信息问题和信息活动中的经济问题已成为信息经济学的研究主题。20世纪70年代以来，一批经济学家综合多个学科研究信息不完全和不对称情形下人们的博弈行为和经济决策。随着信息化、网络化时代的到来，互联网正在改变着人们的行为方式，信息的传递、搜寻、甄别，以及人们的决策行为和机制设计都存在着相当大的研究空间。同时，已有的信息经济学的研究尚限于微观经济领域，将信息这一因素内生化于经济模型，并扩展到宏观经济领域，都将是经济学研究的新方向。

第二，制度。新古典经济学以来的西方主流经济学将制度狭义地限定为政治制度，并将经济学的研究方向引向既定的政治制度下人们对资源配置的机械式的经济决策以及交易费用为零的经济活动分析，制度对经济活动的影响被排除在经济学之外。而广义的制度是一种社会博弈规则，是人们所创造的用以限制人们相互交往行为的框架，既包括正式的制度也包括非正式的制度。制度无处不在，受到限制的理性思考、机会主义以及资产专用性决定着人们的交互行为必然存在着交易费用。在这样的真实世界中，制度、产权、法律、规范等变量都会对经济运行产生重要影响。不同的制度安排会具有不同的效率。有关制度和制度因素在社会经济发展中的作用的研究早已有之，并形成了"制度经济学派"。而20世纪60年代以后，新制度经济学派将交易费用作为核心范畴引入经济学，研究制度变迁和创新、制度供给和制度需求及其对经济行为以及效率的影响，形成了不同于新古典研究模式的新范式，成为经济学界的一股重要的新势力。美国经济学家斯蒂格利茨认为，21世纪将是新制度经济学繁荣发达的时代，它将对越来越多的引导经济事务的具体制度安排提出自己的真知灼见，并且为改变这些安排以增强经济效率提供理论基础。经济学对制度的研究已日益受到重视，尤其在体制转型的国家，制度与经济的研究尚有着巨大的空间。从新制度经济学近些年的研究文献看，新制度经济学的发展呈现出以下趋势：一是向公式化、模型化方向发展；二是将新制度经济学的理论和方法运用于经济史的研究；三是注重制度差异的比较研究；四是用制度分析经济效率和经济发展问题。[1]

第三，创新。创新较早由约瑟夫·熊彼特引入到经济学中，形成了熊彼特学派，他们以创新理论解释经济发展。自此之后，创新对经济增长和发展的作用日益受到重视，主流经济学用创新说明技术进步的来源，并内生于经济增长模型，这一理论被称为"内生增长理论"，也有学者称为"创意经济学"。[2] 20世纪80年代以来，熊彼特学派的创新理论进一步扩展和融合到了演化经济学、企业理论、经济结构理论、经济动力学、国际经济学等领域，形成新熊彼特学派，他们将经济学的研究核心由"资源配置"转向"资源创造"，强调多层面、多角度、系统性、协同性的创新研究。主张技术变革和推广的"生产创新"、以技术与制度、组织、结构、管理之间协同为核心的"制度创新"成为研究重点。近年来，新熊彼特学派又提出了"国家创新体系"这一概念，引导了创新理论研究新方向，对许多国家的政策制定也产生了重要影响。国家创新体系的建立模式、路径、监测及比较等等方面的研究都有着极大的深化空间。

第四，生态环境。工业革命以来，人类活动从根本上改变了资源分布和环境状况，在获取巨大财富的同时，资源枯竭、生态环境恶化已直接关系到人类的可持续发展。西方主流经济学虽以资源配置为核心，但生态环境问题对经济增长和发展的影响在其理论框架中一直难见踪影。人口经济学、资源与环境经济学、生态经济学、可持续发展经济学尚处于起步阶段，各种理论之间的关系、研究框架和方法有待于进一步探讨。[3] 进入21世纪，国际社会明确提出"低碳经济"行动纲领，其核心是以技术创新和人类生存发展理念来构建以低能耗、低污染、低排放为基础的经济模式。在此背景下，"碳足迹""低碳技术""低碳生活方式""低碳社会""绿色经济""共享经济"等一系列新概念、新政策应运而生。毫无疑问，有关资源与生态环境、可持续发展等经济理论的研究，并将其切入到经济学框架之中，也必然成为经

---

[1] 卢现祥：《西方新制度经济学》（修订版），中国发展出版社2003年版，第272—275页。
[2] 〔美〕查尔斯·I. 琼斯：《经济增长导论》，北京大学出版社2002年版，第68—83页。
[3] 杨云彦、陈浩：《人口、资源与环境经济学》（第二版），湖北长江出版集团、湖北人民出版社2011年版，第1章，第1—15页。

济学的下一步研究的重要方向。

四、先看一下地图，我们准备出发

本书是为非经济管理类专业的同学了解和学习经济学而编写，我们力求用简洁明了的语言概述经济学的主体内容和基本原理。全书分为3个部分，包括导论共12章。

第一部分是微观经济基础，介绍微观经济学的主要内容。微观经济学研究的是经济个体的行为以及市场机制与结构。这一部分包括第一章到第四章。

第一章是价格机制的魔力。本章重点介绍价格机制作为"看不见的手"如何引导资源配置和调节经济活动；经济学的基本分析框架——供求分析框架；以及政府的微观经济政策会对市场产生怎样的影响。

第二章是消费者和生产者如何进行选择。在这一章我们可以了解消费者根据效用和价格，在收入预算约束下如何做出理性选择；生产者又是如何考虑各种生产要素（劳动、资本）的投入成本，并在既有的支出下实现各种生产要素的最优组合以追求利润最大化。

第三章讨论的是市场结构与经济效率。本章重点介绍经济学将市场结构划分为四种类型，它们各有什么特征；在不同的市场结构下，生产者会有怎样不同的决策行为；不同市场结构的经济效率如何，对消费者和生产者的福利分配产生怎样的影响。

第四章是市场失灵及补救。这一章将概述：外部性的存在是市场失灵的重要原因；对公共产品的供给以及公共资源的使用是市场调节失效的主要领域；外部性存在的原因以及对市场效率的影响，有哪些措施应对外部性，如何解决公地悲剧等。

第二部分是宏观经济基础。这一部分包括第五章到第八章，介绍一国总体经济运行、总供给和总需求构成以及政府的宏观经济政策。

第五章通过国民收入的衡量与分配指标来解密财富的多寡。这一章着重介绍总量经济指标及其衡量方法，对现有的一些经济指标存在的局限性进行讨论。

第六章讨论总供给、总需求与经济波动。本章借助于总供给和总需求分析框架，说明总供给与总产出、价格总水平的关系以及这种关系在短期和长期当中有没有差异；总需求的构成及其与总支出的关系；如何识别经济波动和周期，不同类型的经济波动及其主要驱动力量是什么。

第七章是失业与通货膨胀。本章重点概述：失业分为哪些类型，失业的原因是什么，失业会对劳动者、家庭及社会带来什么样的经济代价；工资如何决定；为什么会发生通货膨胀，有哪些危害；菲利普斯曲线反映失业与通货膨胀之间的交替关系，政府如何权衡取舍。

第八章是开放经济理论与政策。这一章着重分析国与国之间为何进行分工和贸易；比较优势与竞争优势的关系；当今世界分工的主要类型和演进趋势，为什么说我们享用的产品是"全球制造"；各国政府采取哪些政策工具调节对外经济贸易。

第三部分是经济发展与制度。经济发展中的关键问题是制度。制度如何起源，如何影响经济发展，如何"使制度正确运转"，是本部分的重要任务。本部分由第九章至第十一章组成。

第九章为交易成本与产权。本章把交易成本和产权引入经济分析之中，介绍交易成本、产权与经济体系的关系，阐释作为分析范式的交易成本理论和产权理论。

第十章引入了契约与企业理论。本章着重介绍契约理论的基本概念与分析方法，了解契约理论对于企业活动不同于古典经济学的解释。

第十一章探讨了什么样的制度有利于经济发展。这一章运用交易成本、产权、契约、企业等理论分析什么制度决定一国繁荣，什么制度决定一国落后。

相关链接

为什么经济学原理重要？

所谓"理解经济学原理"，就是理解经济学中最简单、最根本的思想。本人认为经济学原理也是经济学者之间最大的共识。经济学者之间有很多争论,观点也不一致。特别是经过媒体的放大和扭曲,就给读者造成很大的误解,以为经济学者之间的分歧是水火不相容的。其实这是不对的。经济学者之间有很多共识,而这些共识的基础就是经济学的一些基本原理。本节想传递一个信息,就是很多经济学基本原理是经济学者的共识;有时候我们过度地注意到了分歧,却忘了其中的共识。

1. 经济学思想是简单的

这个简单怎么理解?它有双向含义。一个方向的含义是说复杂的现象可以用简单的逻辑来说明。中国有句古话叫"大道至简",就是这个意思。学过物理学的人都知道,爱因斯坦是"大道至简"的突出代表,他一直认为,假如你不能用简单的公式来描述世界,你就一定没有抓住本质。他说的是物理世界。物理世界非常复杂,但最后一定要用非常简单的公式来说明。这适用于所有科学,包括社会科学,不然就不叫科学。

另一个方向的含义是,简单的逻辑能够说明很多不同的现象。用简单的道理能够说明很多不同的现象,这才叫好的理论。如果说第一个方向是说简单才能深刻,那么第二个方向就是说简单才具有一般性。英文说"A little knowledge goes a long way",就是说一点点知识,能走得很远很远。非科学家会认为简单是缺点。但是科学家都知道,简单是优点。为什么不少人说经济学比其他社会科学发展得更成熟、更精致?无非是说经济学用的假设更少,推理更简单,但推导出的结论更丰富。

当我们做数学、物理、化学研究的时候,我们的思维方式是西方的思维方式,因为我们的数学、物理、化学全都是从西方学来的。但是我们在讨论社会问题的时候,我们的思维方式受中国传统文化影响就较大,比如,我们容易追求全面,也很崇尚折中。这在操作问题、工程问题上是对的,因为这类问题必须要考虑全面,不能走极端,一定要想办法找到一个折中方案。但是在挖掘科学道理上,你要想挖得深,往往就不能全面。当外国学者听完你的发言,给你的评论是你讲得很全面,这通常意味着你的发言没有什么新意,或者说你讲得不够深刻。

我们还有一种思维方式,就是喜欢用批评假定不符合现实来否定结论。批评假定不符合现实很容易。但是所有科学都要有假定。假定都不等于现实,这是千真万确的。仅仅说假定不符合现实就否定分析是不对的。一个极端的例子,就是米尔顿·弗里德曼的方法论。他说,在自然科学中假定是否符合现实不重要,重要的是推论的结果必须与现实相符合。假定树叶像人一样能使收益最大化,比如,树叶长的形状就是使光合作用最大化。这个假定显然是不符合现实的,树叶又不是人,怎么能做最大化?但是在这个假定下,我能够推断出在不同环境中树叶的形状,在干燥的环境中,在日光短的环境中等等,这些推断与在现实中观察到的现象是一致的。所以他说,假定是否符合现实不重要。

当然,多数经济学家包括本人在内并不认为这个方法论完全适用于经济学,原因是经济学与自然科学有很大的不同,我们很难做可控实验。自然科学可以通过可控实验来检验理论,以至于假定是否符合现实并不那么重要。经济学研究的社会问题中有些能做实验,但很少。当没有办法做可控实验时,一个假定更贴近现实时,人们会更相信由它推导出来的结论。但是,仅仅批评假定不符合现实就否定结论是不够的,还需要进一步分析。

举一个例子来说明简单的理论是好理论。经济增长是我们都关心的问题。经济增长与太多的因素相关,包括经济因素、政治因素、历史因素、文化因素、地理因素、资源因素等等。但是在过去几十年中对我们理解经济增长最有帮助的理论是什么呢?是罗伯特·索洛(Robert Solow)增长模型,可以简单到三个变量:资本的增加、劳动力的增加、创新和技术进步。恰恰是这样一个简单的模型,能够用来分析一百多个国家,上百年的经济发展历史,并且对未来经济增长做出有用的预测。

非常复杂的现象要用非常简单的道理来解释,它的好处就是可以抓住本质性的东西。比如说文化的重要性,在中国人热衷储蓄方面,可以体现在资本积累;在中国人重视教育方面,也可以体现在劳动力的质量;在改革开放方面,也可以体现在新的生产方式，即创新。正因为它简单，它就具有一般性，不仅可以解释美国的经济增长，也可以解释日本的经济增长；不仅可以解释新加坡的经济增长，也可以解释中国的经济增长，甚至还可以预测印度的经济增长。如果把所有的历史细节、文化细节都放在里面，看上去很全面，实际上对理解经济增长没有太大帮助。

2. 经济学原理是根本的

追求最根本的原因很重要。经济学原理就是追根溯源，寻找根本。埃隆·马斯克（Elon Musk）是当代非常富有创造力的企业家，同时涉足航天、电动汽车、新能源等多个领域，有全球影响力。他只念过本科，在宾夕法尼亚大学，读了两个本科专业，一个是商业管理，另一个是物理学。去年本人有机会同他在清华大学经管学院对话。我特别想知道，他的思维方式是怎么形成的。他跟我说，物理学对他影响非常大，但不是任何一个物理学公式，而是他所称为的"物理学第一原理"，就是去追究最原始的假设和根本的道理。我也问他哪门经济学课程最重要。他回答说最重要的是经济学原理。原理课重要的原因就是追溯本源。他说，人类有一个比较懒惰的思维方法，就是用类比去思考。类比也可以创新，但是那个创新通常是边际性的，真正要有革命性的创新必须要追溯本源。这就是他说的物理学第一原理非常重要的原因。

我们经常被问道：你是什么观点。但观点都是结论。大众关注结论，而学者则更关注得出结论的分析过程。我们也经常被问道：你是哪个学派的。就我所了解的经济学界，除了专门研究经济思想史的学者以外，几乎听不到这个问题。为什么？因为它太容易以贴标签的形式结束对话，因为你不再需要追究道理。在今天，即使不同"学派"的经济学者，他们共同认同的基本原理也是很多的。

现在正好是大学的毕业季，有很多毕业典礼演讲。我觉得上一任美联储主席、经济学家伯南克于2003年在普林斯顿大学本科毕业典礼上的演讲非常有意思。他把社会科学各个领域都历数一遍，讲到经济学的时候，他显得很谦虚。他说，经济学并没有太大的预测未来的能力，只是对过去犯过的错误有很好的解释。但是他说，经济学有一个优势，就是认真仔细的经济学分析可以帮助抵御错误观点和政策建议，它们或者是逻辑上完全不通，或者是与经验数据完全不一致。听上去这是一个非常小的优势，但是不要小看它，因为他后面还有这么一句话：在现实中，至少90%的政策建议都是上面两种情况之一。

在我看来，抵御错误观点和政策建议的最重要的出发点就是要把经济学原理理解对。这就是为什么经济学家可以抵御很多错误的观点和政策建议，而非经济学者很难做到。这里的区别很简单，就是要理解经济学原理。

资料来源：钱颖一，"为什么经济学原理重要？"，http://www.kaoder.com/?m=thread8ca=view8cfid=10058cfid=395997，访问时间2018年6月1日。

第一部分

微观经济基础

第一章　价格机制的魔力

房地产市场大概是整个中国最受关注的市场了。近些年来，中国的城市住房价格节节攀升，尤其是大城市的房价，更是高到了令人难以承受的水平，到底是什么原因造成了高房价？有人说是刚需拉动的，那么什么是刚需？也有人说是土地供应和投机造成的。这些说法有道理吗？

面对高企的房价，很多人开始怀念之前的住房分配时代，那时候的城市住房由国家投资建设并统一分配，居民只需支付低廉的租金。但是，那时候普通人的住房情况真的好于今天吗？20世纪90年代末流行的电视剧《贫嘴张大民的幸福生活》告诉我们，那时候的住房情况同样也并不令人满意，因此后来政府启动了住房市场化改革的进程。那么为什么国家计划也不能很好地解决住房问题呢？

住房市场化改革的成绩是不容抹杀的：根据中华人民共和国住房和城乡建设部的统计，1978年中国城镇居民的人均住宅建筑面积仅为6.7平方米，而到了2016年，这一数字已经增加了33平方米。这说明住房市场化改革在促进住房投资和增加住房供给上确实发挥了很大的作用，但同样不可否认的是，高房价也诱发出了很多社会问题。市场运作的结果并不总是令人满意的，这时可能就需要政府的干预了。为了遏制高房价，各级政府出台了各种措施，这些措施是怎样影响房地产市场的？它们会奏效吗？

在这一章，你将会学习到政府的计划和市场机制分别是如何分配资源的，商品的价格是如何决定的以及政府的干预又是如何影响市场的。需要特别说明的是，这些都是经济学中最基础也是最重要的内容，著名经济学家保罗·萨缪尔森（Paul Samuelson）曾打趣说："如果鹦鹉会说供给和需求，那么它也可以成为经济学家。"

虽是玩笑，却很有道理。相信学过了这一章之后，你就可以对房地产市场上存在的问题做出自己的分析和判断了。

第一节　资源配置的方式——计划与市场

现在我们每个人的生活都离不开市场。比如，每个人都要在劳动力市场上找到一份工作以赚取收入，然后凭借这份收入再通过市场购买来满足我们的各种需要。那么市场究竟是什么？这里给出一个初步的定义：所谓市场，指的就是撮合买方和卖方以便达成交易的机制或安排。传统的农村集市是一个市场，现代的商场（shopping mall）也是一个市场，它们都为买者和卖者提供了一个聚合地点以便双方交易，天猫、京东商城等网上购物平台虽然没有提供一个物理地点，但是也为商家和消费者提供了交易的机会，所以它们也是市场。

但是，一个国家或地区有市场存在并不意味着它就是市场经济。市场在人类历史上出现得非常早，而进入市场经济是近代以来才发生的事情，之前的人类历史绝大部分时间都处于自然经济状态。在自然经济状态中，家庭既是一个生产单位也是一个消费单位，男耕女织的内部分工模式使得家庭可以满足人们大部分的基本需求。那时候虽然也存在市场，但绝大部分经济活动不需要经过市场，市场在人们生活中发挥的作用比较有限。[1]进入近代后，这一切都发生了改变，最大的改变是生产和消费分离了：人们生产不再是为了满足自己的需要，而是为了拿到市场上出售；人们需要的各种商品也不再通过自己生产来满足，而主要通过市场购买。正因为如此，市场在现代社会中发挥着基础性的作用。

之所以会发生这种改变，是专业化和分工的缘故。如果我们需要的每件物品都由自己生产的话，那就意味着一个人同时要做很多件事情，这就很难提高生产效率。而专业化和分工之后，每个人只从事范围很狭窄的工作，效率可以提高得很快。与此同时，专业化和分工也使得每个人都需要借助市场交易来满足自己的各种

---

[1] 关于传统中国的市场，可以参考彭凯翔的《从交易到市场：传统民间经济脉络初探》。

需要；专业化和分工程度越高，人们对市场的依赖程度就越高，市场的扩张速度也就越快。市场扩张与专业化和分工相互促进，造就了今天的市场经济体系。

如果生产只是为了满足自己的消费，那么资源配置问题非常容易解决，每个家庭按照自己的喜好利用可得的资源和技术来安排生产就可以了。但是，在现代的市场经济中，人们生产大多是为了满足别人的需求，那么怎么才能知道其他人需要什么东西呢？而且随着专业化和分工程度的提高，这种问题变得越来越复杂了。大家都知道，现代社会不仅在不同产品和服务的提供中存在分工，而且在同一种产品生产中也存在着分工，即使一种简单的产品的生产也被分成了许多环节，每个人都只从事其中非常微小的一个环节。[1]这样生产者和最终的需求者之间的距离也就越来越远，了解最终需求的变化就愈来愈困难了，因而如何把资源配置到不同产品的生产中去就变得非常棘手了。比如轮毂企业需要考虑其所生产轮毂的型号和产量，这取决于市场上对轮胎的需求，轮胎企业也需要考虑轮胎的型号和产量，而这又取决于市场上对各种车辆的需求。这种精细的专业化和分工体系使得资源配置任务变得极为复杂。

怎么解决这一问题呢？人类社会进行了很多实验，20世纪初，很多国家采用了计划经济的手段。计划经济看起来是很有诱惑力的，由政府根据全社会的需求来计划各种产品的生产并调配各种资源。比如在上述的那个例子中，政府首先统计各种车辆的需求，然后据此来制订轮胎和轮毂的生产计划，也就是说，由一个中央计划机关（一般是国家计划委员会）来集中地解决资源配置问题，这样资源配置问题貌似就得到一个通盘的解决了。

但是，正如俗话所说：计划赶不上变化。人们的需求和实际的情况总是变动不居的。仍以汽车为例，假如石油价格暴涨，导致人们对小型和轻型汽车的需求上升，这要求将更多的资源用于生产这类车型。计划经济要怎样应对这一变化呢？首先是汽车销售人员发现了这一情况，随后他们将这一信息逐级上报，中央计划机关收到这样的信息后，重新调整生产计划，要求轮毂厂、轮胎厂和汽车厂重新调整

---

[1] 即便是铅笔这么一种简单的商品，它的生产也涉及了非常复杂的过程和无数多的个人，请参见伦纳德·里德的《铅笔的故事》。

生产计划,并且还要保证调整后的生产计划是相互配合的;此外,每一种产品的生产都需要无数种原材料,生产计划的调整需要重新调配这些原材料,而这又会涉及经济当中许许多多的其他企业。例如,小型轻型车可能需要铝轮毂而非钢轮毂,这就需要中央计划机关也调整铝厂和钢铁厂的生产计划,而铝厂和钢铁厂生产计划的调节又会引起其他企业的计划变动……正所谓牵一发而动全身,仅是一个情况的改变就需要做出如此多、如此复杂的调整,而类似的变动每时每刻都在发生。可以想象,中央计划机关一定会应接不暇、疲于应付。所以,计划经济几乎是一个注定要失败的经济制度,这也是被历史事实证明了的。

计划经济依靠中央计划机关强有力的干预之手来调配资源,而市场经济并没有一个集中的计划,市场经济的特征是分散决策:每一个家庭依据自己的情况购买商品,而每个企业也自主决定生产什么商品。初看起来,这种各自为政的分散决策似乎很难使得家庭的需求和企业的生产匹配起来,但令人惊讶的是,市场很好地完成了这一任务。市场凭借的是价格机制:家庭根据市场上各种产品的价格和收入来制定自己的购买计划,而企业也是根据市场的价格和自身的成本来制定生产计划的。价格充当了调节生产供给和需求的工具:对某种商品的需求增加(减少)会导致价格上升(下降),而这自然就会诱使企业把更多(少)的资源投入其生产过程中去;而若生产某种产品所要耗费的成本提高(下降)了,这就会提高(压低)其价格,这自然会使得人们减少(增加)该产品的购买。所有这一切并不需要某个机关的指令,都是人们依据自身利益自发做出的调整,也正因为如此,亚当·斯密(Adam Smith)把价格机制叫作"看不见的手"(invisible hand)。在人们追逐自身利益的过程中,资源也被配置到最需要的地方了。

价格机制这只"看不见的手"为什么可以完成有形的计划之手不能完成的任务呢?这是因为与政府的计划相比,价格机制有以下两个优点:

第一,价格机制可以更好地解决信息问题。计划经济中政府需要花费大量精力去搜集信息或是要依靠下级的逐层报告,政府汇总分析信息之后再调整计划,接着给企业下达调整生产的指令,这样信息的传播链条长且速度慢。市场经济的特征是分散决策,要知道,信息本来就分散在经济的各个地方的,那些掌握了信息的人可以率先调整，这会引起价格的变动，进而使得其他企业和个人也开始自己的调整，这就绕过了政府这一中间环节，反应链条短而且快捷。再以上述的汽车市场为例，在市场经济中，需求发生改变之后，那些最早发现了这些信息的企业就会捕捉到商机，率先调整自己的生产计划，随后的企业也会逐步跟进，而计划经济中的企业只有接到调整生产计划的指令才开始行动，这对信息的反应自然比较慢。

第二，价格机制还可以很好地解决激励问题。仍以上述的汽车生产为例，即便中央计划机关意识到了需求的改变并下达了调整生产计划的指令，其下属的企业也可能反应迟缓，因为调整生产计划需要一个痛苦的学习和适应阶段，企业可能并没有积极性去很快地完成这一过程，因为他们的报酬并不与此挂钩，或者说，这对他们的报酬影响不大。而在市场经济中，率先做出调整的企业可以获取较高的利润，每个企业都会力争抢先占领商机，这为他们因应需求而变动提供了强大的激励，也使得市场经济的调整速度远远超过计划经济。

正是因为价格机制相比于计划经济有这些优势，所以在20世纪的最后二十多年中，那些实施了计划经济制度的国家也开始向市场经济转轨，现在世界上绝大部分国家都采用市场经济制度。中国1978年开始改革开放，逐步完成了由计划经济向市场经济的转轨过程。计划与市场在资源配置上孰优孰劣，我们对比一下改革开放前的经济情况和改革开放后的经济情况，就可以一目了然。

当然，市场经济或者说价格机制的这种优势也是被人们逐步发现的，在20世纪40年代的计划和市场论战中，奥地利经济学家弗里德里希·冯·哈耶克（Friedrich von Hayek）发表了《知识在社会中的利用》（The Use of Knowledge in Society）一文，首先说明了市场在利用分散的信息上特别有优势。哈耶克还有一个观点，就是如此精巧复杂的市场制度不是某个人有意设计出来的，而是经由人们的不断实践演化而来的。事实也确实如此，因为这一制度的复杂精巧超过了我们的想象。如果留心观察市场完成资源配置的过程，你就不可能不对这一精巧的、然而并非由人类有意设计出来的制度发出赞叹。[1]

---

[1] 推荐阅读约翰·麦克米兰的《重新发现市场：一部市场的自然史》。

第二节 需求、供给和价格的决定

通过上面的介绍,我们已经了解到价格在市场经济中的重要作用。但是价格又是如何决定的呢?古典经济学家提出了劳动价值论的观点,但这个理论过分强调供给方的作用而忽略了需求方,既然价格是在买卖当中产生的,那么应该是需求方和供给方共同决定了价格,因此接下来我们就来看需求方和供给方是如何相互作用决定价格的。

需要指明的是,在考虑价格决定的时候,经济学是从完全竞争市场出发的。除了这种市场之外,现实中的市场还被分为完全垄断市场、垄断竞争市场、寡头垄断市场等结构,它们具有不同的特征。具体内容在第三章有详细介绍。完全竞争市场被视为理想的市场结构,具有四个特征:一是市场中有无数的供给者和需求者,价格在自由交易中自发形成,每一个供给者和需求者都是价格的接受者;二是所有企业生产的产品都是无差异的;三是企业可以自由进入和退出市场;四是信息完全。因此,价格成为供给和需求的最为关键的影响因素,从而有利于进行价格决定的分析。应当承认,现实世界中没有一个市场完全符合上述四个特征,因此这个概念只是作为理论分析的一个起点而已。但是,也应当看到,随着各种信息通信技术和网络的发展,某些产品的市场已经和完全竞争市场越来越接近,比如有关完美信息的假设,过去曾被认为是脱离现实的,但现在网络平台正在为人们提供越来越多的数据和信息。

一、需求

首先来看完全竞争市场中的需求方。这里首先引入一个概念:需求量。**所谓需求量**,指的是市场上的所有消费者在某段时间内愿意并且能够购买的某种商品或服务的数量。这个定义中的"愿意并且能够"特别重要,"愿意"说的是有购买的主观愿望，"能够"说的是有购买能力，既有意愿又有能力才能形成实际的购买力。那么，哪些因素会影响消费者对某种商品的需求量呢？在下面的分析中，我们都遵循"其他条件不变"的假设，即在分析某个因素对需求量的影响时，假定其他因素都是保持不变的。

1. 价格

我们在日常生活中普遍看到的现象是：如果某种商品的价格上升，那么人们对其需求量就会下降；反之，若某种商品的价格下降，则人们对其需求量就会上升。经济学中把这种普遍现象总结为"需求法则"（law of demand），即商品的需求量与价格呈反向变动关系。

2. 消费者的嗜好

消费者对不同商品的喜好程度是不一样的，例如，相对于面粉，中国南方的居民更喜欢吃大米，所以大米在南方的需求量要远远超过面粉。当然，消费者的嗜好也不是一成不变的，它会受到广告等因素的影响，例如咖啡和红酒都不是中国的传统饮品，但是随着西方文化的传播和企业的宣传，现在中国人对这两类商品的需求量也非常大，甚至还有相当一部分人变成了这两类物品的狂热爱好者。

3. 相关商品的价格

这里的相关商品有两类，一类是互补品，另一类是替代品。所谓互补品，指的是通常组合在一起消费的商品，比如电脑硬件和操作系统，再极端一点的，比如左脚的鞋和右脚的鞋。如果A和B是互补品，若A的价格上升了，那么对B的需求量就会减少，因为这意味着消费AB组合的成本提高了；反之，若A的价格下降了，那么对B的需求量就会增加，因为这意味着消费AB组合的成本降低了。

所谓替代品，指的是功能类似可以相互替代的产品或服务，比如可口可乐和百事可乐，再比如支付宝和微信支付。如果甲乙是替代品，那么若甲的价格上升，那么对乙的需求量就会上升，这是因为乙相对于甲来说更便宜了；反之，若甲的价格下降，那么对乙的需求量就会下降，这是因为乙相对于甲来说更昂贵了。经济学中把甲乙两种商品价格的比值 $P_甲/P_乙$ 叫作相对价格，它说明了替代品之间的交换比率。若甲的价格上升，乙的价格保持不变，那么消费者可以用购买一单位甲的钱买到更多的乙，此时用乙来代替甲就比较划算，所以对乙的需求量就增加了。

4. 收入水平

对有些商品或服务来说，随着收入水平的提高，人们对其需求量会上升，比如旅游，这种商品或服务叫作正常品（normal goods）。但是也有一些商品，随着收入水平的提高，人们对其的需求量反而会下降，这种商品叫作低档商品（inferior goods），比如方便面。方便食品行业市场分析报告显示，近几年来，中国人收入水平逐步提高，但中国方便面销量不但没有上升，反而呈现衰退趋势。

5. 需求者的数量

上面所列举的这四个因素都是影响单个需求者的，但是我们要研究的是整个市场的需求量，市场的需求量等于所有消费者需求量的加总，因此需求者的数量也是一个重要的影响因素，若需求者的数量越多，则一般说来，整个市场的需求量就越多；反之，若市场上的需求者数量较少，则整个市场的需求量就较少。比如，2016年中国的汽车销量超过了2 800万辆，世界排名第一，排名第二的美国销量只有1 700多万辆，这其中的一个原因就是中国的人口数量远多于美国。

当然，还可能有其他因素影响需求量，但上述列举的这几个因素是最重要的。而在上述几个因素中，价格又是最为关键的，因此，我们着重来研究价格和需求量之间的关系，这里就要引入经济学中一个最基本的概念：需求。**所谓需求，指的是在其他因素不变的条件下，价格和需求量之间的对应关系**。将价格与需求量之间的对应关系描绘在一个坐标系中就形成一条需求曲线（见图1-1）。请注意需求量和需求之间的区别：**需求量是一个具体的数值，而需求并不是具体的数值，它是价格和需求量之间的一个对应关系**。数学上通常用函数来表达两个变量之间的对应关系，需求这个对应关系同样也可以用下面的函数来表示：

$$Q_d = f(P) \tag{1-1}$$

该函数被称为需求函数，其中，Q_d 是需求量，P 是价格。按照需求法则，需求量和价格是反方向变动的，因此需求函数是一个减函数。我们可以用坐标图把这个函数的图像画出来，其图像应该是一条向下倾斜的曲线，这条曲线就是所谓的需求曲线 D：

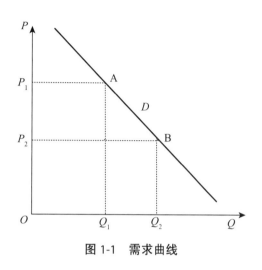

图 1-1 需求曲线

这条曲线指出了在每一个价格水平下，市场上对这种商品的需求量是多少。假定上面的需求曲线是中国居民对轿车的需求曲线，则可以看出当轿车的价格由 P_1 下降到 P_2 时，市场的需求量由 Q_1 上升到 Q_2。需要说明的是，在这个例子中，只有价格发生了变化，而其他因素均没有改变，这在图形上就表现为沿着同一条需求曲线由 A 点移动到了 B 点。

如果价格之外的因素发生了改变，应该怎样在图形上表示出来呢？比如，随着经济的发展，人们的收入水平普遍提高了，而轿车属于正常商品，因此即便价格保持不变，市场上的需求量也会增加，也就是说，由于收入水平的提高，使得任一价格水平的轿车需求量都比之前增加了。例如，在价格为 P_1 时，需求量由 Q_1 增加到了 Q_3，而在价格为 P_2 时，需求量由 Q_2 增加到了 Q_4。价格和需求量之间的对应关系发生了改变，因此，需求曲线会向右移动到 D'（如图 1-2 所示）。

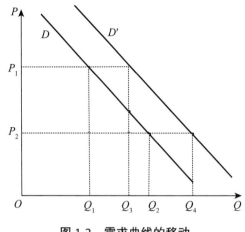

图 1-2 需求曲线的移动

不仅收入水平的变动会使得需求曲线移动，**除了价格之外的所有其他因素发生改变，都会使得需求曲线移动**。再比如说汽油的价格上升了，同样也会使得轿车的需求曲线移动，原因在于汽油的价格上升使得人们意识到使用汽车的成本提高了，所以会减少对轿车的需求。或者用刚刚学习过的术语来说，汽油是汽车的互补品，互补品的价格上升会导致汽车的需求下降。

二、供给

下面再来看完全竞争市场中的供给方。这里也要引入一个概念：供给量。**所谓供给量，指的是市场上所有的企业在给定时间内愿意且能够提供的某种商品或者服务的数量**。接下来分析哪些因素会影响商品或者服务的市场供给量。同样地，下面的分析也遵循"其他条件不变"的假设。

1. 价格

在日常生活中，我们可以普遍看到，如果某种商品的价格上升，那么企业愿意生产更多的产品，市场上的供给量就会上升；反之，若某种商品的价格下降，则企业就不愿意生产更多的产品，市场上的供给量就会下降。经济学中把这种普遍现象总结为"供给法则"（law of supply）。

2. 生产的成本

在价格水平不变的情况下，若生产成本下降，企业就愿意提供更多的产品；反之，企业愿意提供的产品数量就会减少。一般来说，生产者的成本受到投入品价格和技术的影响。生产产品需要各种各样的投入品，如劳动力、原材料和能源，如果这些投入品的价格上升，那么企业的生产成本提高，在任何价格水平下，企业愿意生产的产品数量都会减少。例如，如果原油的价格上升，那么炼油企业的成本就会提高，如果不随之调高成品油的价格，就会导致市场上的汽油供应量减少。

技术进步使得生产更加高效，在使用同样投入的情况下可以生产出更多的产品，这可以降低成本，促使企业生产出更多的产品。比如手机和电脑，在过去的几十年当中，得益于技术的飞速发展，这些产品的生产成本大幅度下降，因而其产量迅猛增加。

3. 相关产品的价格

这里的相关商品有两类，一类是生产中的互补品，另一类是生产中的替代品。所谓互补品，指的是一起被生产出来的产品，比如汽油和沥青，再比如牛肉和牛皮。如果汽油的价格上升了，那么炼油厂就愿意炼制更多的汽油，这也使得沥青的供给数量增加。这说明，若某产品的生产中的互补品价格提高，会增加该产品的供给量；反之，则会降低该产品的供给量。

所谓生产中的替代品，指的是企业可以用同样的投入来生产的几种产品，比如富士康的设备和工厂既可以组装电脑，也可以组装手机；再比如，农民可以在自家的土地上种植玉米，而同样的一块土地也可以种植大豆或其他作物。若 A 和 B 互为生产中的替代品，则 A 的价格会影响生产 B 的机会成本。当富士康选择生产手机时，它放弃了生产电脑可以得到的利润。如果电脑的价格上升了，意味着生产手机所需要放弃的利润增加了，或者说，生产手机的机会成本上升了，因而企业会减少手机的供给量。同样地，若大豆的价格下降，那么农民种植玉米所要放弃的收益就下降了，这意味着农民种植玉米的机会成本较低，因此玉米的供给量就会增加。

4. 预期

供应商对于未来价格的预期会影响其现在的供给数量。比如，当人们普遍预期房价会一直持续上升时，很多房地产商会延缓开展建设项目，减少近期的房屋供给量；而若人们预期房价会下降，则房地产商会加快项目的开发以求尽快脱手，从而增加房屋现在的供给量。

5. 供给者的数量

上面所列举的这四个因素都是影响单个需求者的，但是对整个市场来说，供给者的数量也是一个重要的影响因素，一般说来，若供给者的数量越多，整个市场的供给量就越多；反之，若市场上的供给者较少，则整个市场的供给量就较少。

和前面对需求方的分析一样，价格和供给量之间的关系是我们关注的重点，这里也要引入另一个基本的概念：供给。所谓供给指的是：**在其他因素不变的条件下，价格和供给量之间的对应关系**。和需求一样，供给也不是具体的数值，而是价格和供给量之间的一个对应关系。这个对应关系可以用如下的函数表示：

$$Q_s = g(P) \tag{1-2}$$

这个函数就是供给函数，其中 Q_s 为供给量，P 为价格。按照供给法则，这个函数应该是一个增函数，同样地，我们也可以用坐标图把这个函数的图像画出来，它应该是一条向上倾斜的曲线，这就是所谓的供给曲线 S，如图 1-3 所示：

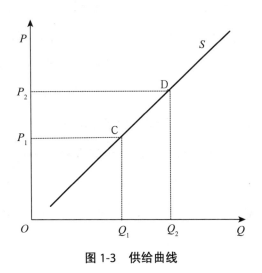

图 1-3 供给曲线

供给曲线 S 说明了在每一个价格水平下,市场上的供给量是多少。若图 1-3 是智能手机的供给曲线,那么当其价格由 P_1 上升到 P_2 之后,市场上的供给量由 Q_1 上升到 Q_2。在价格发生改变而其他因素不变的情况下,供给量沿着同一条供给曲线由 C 移动到 D。如果价格之外的其他因素发生了改变,比如,芯片的价格提高导致手机的生产成本提高,那么在每一个价格水平上,市场上的厂商愿意生产的手机数量都比之前减少了。当价格为 P_1 时,供给量由 Q_1 下降到了 Q_3;而当价格为 P_2 时,供给量由 Q_2 下降到了 Q_4。价格和供给量之间的对应关系发生了改变,供给曲线向上移动到 S'(如图 1-4 所示)。不仅生产成本的变动可以移动供给曲线,除了价格之外的所有其他因素发生改变都会使得供给曲线移动。

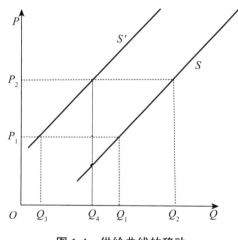

图 1-4 供给曲线的移动

三、市场均衡

现在将需求和供给放到一起进行分析,如图 1-5 所示:

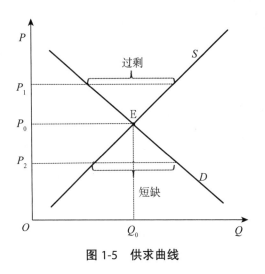

图 1-5 供求曲线

可以看到，供给曲线和需求曲线相交于 E 点，在这一点上，需求量刚好等于供给量，市场上的厂商发现，它们生产的产品或者服务刚好可以全部卖出去，而消费者发现他们的需求也刚好得到满足，这一点叫作均衡点（equilibrium point）。其中，P_0 是均衡价格，Q_0 是均衡数量。现实中，任何一个市场最终都会趋于均衡。这是为什么呢？若市场偏离这一状态，又会发生什么呢？比如，若价格不是 P_0 而是 P_1，此时市场上的供给量超过了需求量，厂商发现在现行价格下卖不出去全部产品，这种情况就是所谓的供过于求或者过剩（surplus）。最终企业不得不降低价格，降低价格后消费者的需求量上升，企业过剩的产品就可以销售出去了；相反地，如果价格变成了 P_2，此时市场上的需求量超过了供给量，消费者发现很难购买到商品，而企业发现其产品销路很旺，这种情况叫作供不应求或者短缺（shortage）。这种状况会促使厂商提价，提价后需求量下降，短缺的状况就得到了缓解。可以发现，在 P_1 和 P_2 这两种价格下，企业都会进一步调整自己的价格而不是保持不变，因此它们都不是均衡价格。但是在 P_0 这样一个价格水平上，企业发现自己的定价刚刚好，没有进一步调整的动力，所以称 E 点是均衡点。

当然，每个市场总是趋于均衡并不意味着它总是静止不动的，现实中总是会不断有一些事情对市场产生影响，供求曲线可以用来分析这些事情的影响。一般说来，分析过程可以分成三步：

首先，先判断这些事情影响的是供给还是需求，又或者是它同时影响这两方：

在图像上表示为移动供给曲线还是需求曲线,或者两者同时都移动;

其次,判断曲线移动的方向:该因素是增加供给还是减少供给,或者是增加需求还是减少需求;

最后,比较一下曲线移动之后的均衡点和之前的均衡点,得到该事件造成的最终影响。

下面用一个具体的例子说明这种分析的过程:中东发生动荡,石油价格上升,我们来分析这一事件对凯迪拉克二手车市场的影响。众所周知,汽油和汽车需要一起消费,因而它们是互补品,互补品价格升高,会导致市场上对二手凯迪拉克的需求下降,因此这会使得需求曲线向下移动。此外,凯迪拉克是一种耗油量比较大的车型,汽油价格升高后,其原有的所有者很可能会考虑换一个耗油量较低的车型,因此其供给会增加,供给曲线向下移动。具体可见图1-6:

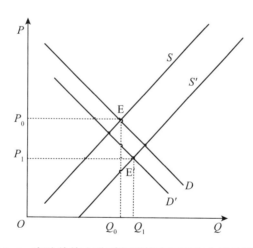

图1-6 汽油价格上升对凯迪拉克二手车市场的影响

从图1-6上可以看出,汽油价格上升使得需求曲线由 D 向下移动到 D',且使得供给曲线向下移动到 S',最终均衡点由 E 移动到 E'。很明显,均衡价格由 P_0 下降到了 P_1,而均衡数量上升了。[1]

---

[1] 需要说明的是,这里的均衡数量上升只是一个特例,也有可能出现均衡数量下降的情况。请思考一下在何种情况下会出现均衡数量下降的结果。

第三节 从市场交易中得到了多少好处?

市场交易中买卖双方是如何出价的,双方能从中各自得到多少好处呢?弄清楚这一问题对理解价格形成是有意义的。这里,我们用包子这种商品的需求曲线和供给曲线来详细描述。

前面讲到,需求曲线指出了在每个价格水平上市场上的需求量是多少,其实还可以从另外一个角度来看需求曲线,我们利用下面的图1-7中的包子需求曲线来说明这一点:

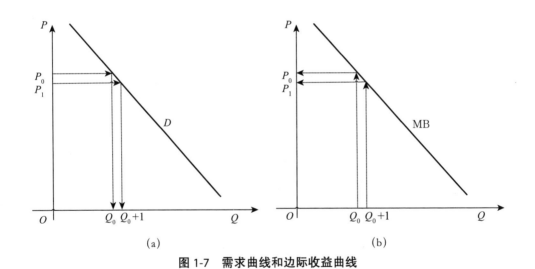

图1-7 需求曲线和边际收益曲线

图1-7(a)为我们指出了每个价格水平下市场上对包子的需求量,可以看出,在价格为P_0时,市场上包子的需求量为Q_0,若价格降低到P_1,消费者就会增加购买一个包子。这说明市场上的消费者愿意为这额外的一个包子支付的最高价格为P_1。**经济学中把人们为购买额外一单位商品所愿意支付的最高价格叫作边际支付意愿或者保留价格。**市场上的消费者对第Q_0+1的边际支付意愿为P_1,利用同样的思路可以依次推知,人们对第Q_0个包子的边际支付意愿为P_0……需求曲线也为我们指出了消费者们对每个包子的边际支付意愿,如图1-7(b)所示。换句话说,需求曲线也就

是边际支付意愿曲线。

更深入地思考一下，我们愿意为每单位商品支付的最高价格又是由什么因素决定的呢？一般说来，如果消费某个商品带给我们的满意度越高，那么我们愿意为其支付的价格就越高。比如饥肠辘辘的时候，吃一个包子会带给你很高的满足感，所以你愿意付很高的价格买第一个包子，但是当你吃第二个包子的时候，它带给你的满足感就不如第一个包子了，你愿意为第二个包子支付的价格就要低一些……消费商品带给人们的满足感决定了支付意愿，因此可以这么说，边际支付意愿实际上就是消费额外一单位商品所带来的满足感的一种货币量度，经济学上也把这个货币量度叫作边际收益（marginal benefits，MB），因此也**可以把需求曲线看作边际收益曲线**（marginal benefits curve），如图1-7（b）所示。

同样地，也可以从另一个角度来看待供给曲线。我们利用图1-8中包子的供给曲线来说明这一点：

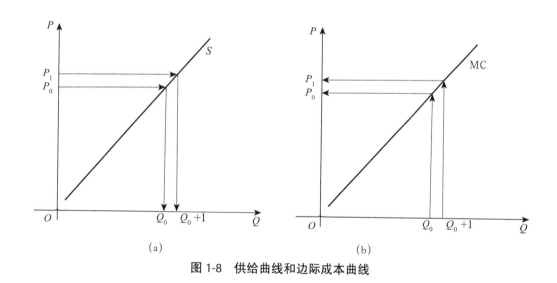

图1-8 供给曲线和边际成本曲线

图1-8（a）指出了在每一价格水平下市场上包子的供给量。可以发现，在价格为 P_0 时，市场上包子的供给量为 Q_0。若想要企业多提供一个包子，则必须将价格提高到 P_1，这说明要诱使企业多提供一个包子所必须支付的最低价格为 P_1。通常把这个价格叫作企业的**最低接受价格**。市场上的企业对第 Q_0+1 的最低接受价格为 P_1，利用同样的思路可以依次推知，对于第 Q_0 个包子，企业愿意接受的最低价格为 P_0……

因此，供给曲线也为我们标明了对每个包子企业愿意接受的最低价格是多少，如图 1-8（b）所示。

企业愿意接受的最低价格又是什么决定的呢？一般说来，只要消费者为一单位商品支付的价格超过了其生产成本，企业就愿意提供这一单位产品，换句话说，要诱使商家多提供一个包子所必须支付的最低价格应该等于企业为生产这一单位产品所发生的边际成本（marginal cost，MC）。因此，也**可以把供给曲线看作供给方的边际成本曲线**。

由上面的讨论可知：需求曲线也可以看作是消费者的边际收益曲线，而供给曲线也可以看作是供给方的边际成本曲线。改变看法之后，我们就可以衡量消费者和生产者从市场交易当中得到的好处了，具体可见图 1-9。仍以第 Q_1 单位商品为例，消费者愿意为其支付的最高价格是 P_1，或者说这一单位商品带给消费者的边际收益是 P_1，而企业愿意接受的最低价格为 P_2，这是因为生产这一单位产品厂商付出了 P_2 的成本，最终双方以 P_0 的价格成交。**经济学中用消费者愿意支付的最高价格减去实际支付的价格得到的差值来度量消费者从交易中获得的好处，这一差值称为消费者剩余**（consumer surplus，CS）。对于第 Q_1 单位商品，消费者剩余为 P_1–P_0，在图形上用黑色小长条的面积来表示。而**企业从交易中获得的好处则用其实际获得的价格减去它愿意接受的最低价格得到的差值来度量，这一差值叫作生产者剩余**（producer surplus，PS）。对于第 Q_1 单位商品，生产者剩余为 P_0–P_2，在图形上用灰色小长条的

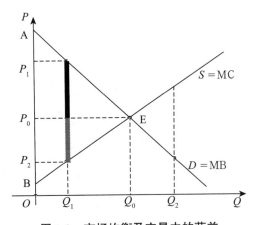

图 1-9　市场均衡及交易中的获益

面积来表示。

借助上述思路和概念,我们还可以进一步讨论一下市场均衡点——E 点,此处市场的均衡产量为 Q_0。如果生产的数量少于 Q_0,比如只生产了 Q_1 单位商品,此时若多生产一单位产品,它带给消费的边际收益 P_1 要超过生产它的边际成本 P_2,因此生产这一单位产品是划算的,此时应该继续增加产出;反之,若产量超过了 Q_0,比如第 Q_2 单位产品,生产它所需的边际成本超过了它带给消费者的边际收益,因而此时应该减少产出;而当商品数量为 Q_0 时,消费者从中获取的边际收益刚好等于企业生产所付出的边际成本,此时的产量不多不少,刚刚好,此时我们就说市场均衡是有效率的(efficient)。

我们知道,市场上最终成交了 Q_0 单位的产品,消费者从每单位成交的产品中获得的好处都可以用一个黑色的小长条来表示,这些小长条刚好填满了三角形 AP_0E,因此所有的买方从市场交易中获得的消费者剩余可以用 AP_0E 这个需求曲线之下、市场价格线之上的三角形的面积来表示;同样地,供给方从成交的每单位商品中获得的好处也都可以用一个灰色的小长条来表示,这些小长条刚好填满了三角形 BP_0E,因此所有的厂商从市场交易中获得的生产者剩余可以用 BP_0E 这个供给曲线之上、市场价格线之下的三角形的面积来表示,具体可见图 1-10:

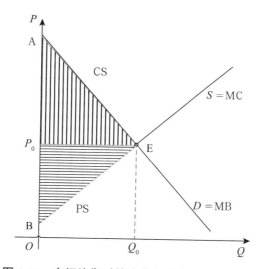

图 1-10 **市场均衡时的消费者剩余和生产者剩余**

第四节 弹性

前面了解到,在其他因素不变的情况下,根据需求法则,价格的变化会导致需求量向反方向变动;而根据供给法则,价格的变动会引起供给量同方向的变动。但是,需求法则和供给法则只说明了价格变动会使得需求量和供给量分别向哪个方向变动,而并没有说明价格下降会使得需求量上升多大的幅度或是使得供给量下降多大的幅度。在生活中我们可以观察到:有的商品价格稍微下降,需求量就会大幅增加,这说明这种商品的需求量对价格变化的反应灵敏度很高;但是,有的商品即便价格下降幅度很大,市场上的需求量也不会有大幅的增加,这说明其需求量对价格变化的反应灵敏度不高。在供给方面也是如此,不同商品的供给量对价格变化的反应灵敏程度差别也很大。为了度量价格改变导致的需求量和供给量的变动幅度大小,经济学引入了弹性的概念。

一、需求弹性

数学上用因变量对自变量求导来说明后者变化对前者影响的大小,我们可以借用到经济学中,让需求量对价格求导,得到的导数可以告诉我们:若价格变动一个单位,需求量会改变多少。但是,计算出来的导数会受到计量单位的影响。比如若研究的对象是大米的需求量,则可以用千克做单位,也可以用吨做单位,但计算出来的导数值就会相差 1 000 倍。为了消除计量单位的影响,对上面的导数做出一番改变,得到下面的式子:

$$E_d = \frac{\mathrm{d}Q_d/Q_d}{\mathrm{d}P/P} \tag{1-3}$$

分子变成了需求量变化的比例,分母变成了价格变化的比例,单位的影响消除了。式子 (1-3) 就是所谓的需求价格弹性 (demand elasticity of price),通常用 E_d 来表示,它告诉我们若价格在某一点发生改变，需求量会有多大的反应。例如，在图 1-1 中，若分别将 P_1，Q_1 和 P_2，Q_2 的数值带进去，就得到了价格在 A 或 B 点附近变动会引起需求量多大的反应。由于式（1-3）说明了在某一点需求量对价格变化的反应灵敏程度，故称之为**点弹性**。

由于需求量和价格变化的方向是相反的，所以需求价格弹性通常是一个负数，我们着重看其绝对值的大小。若绝对值大于 1，则说明价格变动一个百分点，导致的需求量变动要超过一个百分点，说明需求量对价格的反应灵敏程度较高，这种情况被称为富有弹性或有弹性（elastic）；若绝对值小于 1，则说明价格变动一个百分点，导致的需求量变动要小于一个百分点，说明需求量对价格的反应灵敏程度不高，这种情况被称为缺乏弹性或无弹性（inelastic）[1]。若绝对值刚好等于 1，则说明价格变动一个百分点，也会引起需求量变动一个百分点，这种情况叫作单位弹性。如图 1-11（a）所示，若需求曲线比较平坦，则说明价格变化所引起的需求量变化较大，此时需求较有弹性；如图 1-11（b）所示，若需求曲线比较陡峭，则说明即便价格变化，需求量也不会有明显的变动，此时需求比较缺乏弹性。

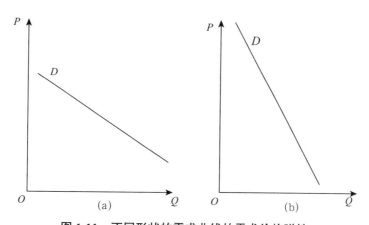

图 1-11　不同形状的需求曲线的需求价格弹性

---

[1]　这种无弹性的需求可以称为刚性需求（rigid demand）。

相关链接 1-1

需求直线上的价格弹性

在文中,我们一直说需求曲线,但图形中画出来的都是需求直线,需要说明的是,现实中直线型的需求曲线很少见,但是由于需求直线分析起来很方便,所以被普遍采用了。当然,如果需求曲线真的是一条向下倾斜的直线的话,那么就意味着需求函数是线性的,$Q_d=f(P)=a-bP$,此时需求直线上各点的弹性分别是多少呢?对于需求直线,不论从其上的哪一点出发,只要价格的变化量一样,它所引起的需求量变化就是相同的,具体可见图1-12。可以发现,价格虽然是在不同地方发生改变,但只要价格的变化量相同,它引起的需求量的变化就是一样的,因此很多人就认为需求直线上每一点的需求价格弹性是一样的。但是,这个结论其实是错误的。

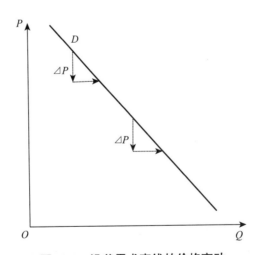

图 1-12 沿着需求直线的价格变动

为什么上面的结论是错误的呢?需要注意的是,需求价格弹性等于需求量的变化比例除以价格的变化比例,而不是需求量的变化量除以价格的变化量,因此需要进一步地详细分析。将式(1-3)变形可得:

$$\frac{\mathrm{d}Q_d/Q_d}{\mathrm{d}P/P} = \frac{\mathrm{d}Q_d}{\mathrm{d}P} \times \frac{P}{Q_d} \tag{1-4}$$

显然，对于线性需求曲线上的每一点，$\mathrm{d}Q_d/\mathrm{d}P$ 都等于常数 $-b$，而沿着需求曲线向下移动的时候，价格 P 在下降而需求量 Q_d 在上升，因此 P/Q_d 在不断变小，因此沿着需求曲线向下移动的时候，需求价格弹性的绝对值一直在变小。

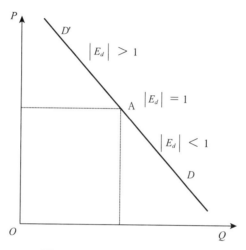

图 1-13　需求曲线上的点弹性

假设上面图 1-13 中 A 点的需求价格弹性是 -1，则它上方的线段 AD' 上的每一点的需求价格弹性的绝对值都大于 1，是有弹性的；而其下方的线段 AD 上的每一点需求价格弹性的绝对值都小于 1，是无弹性的。

如果价格水平不是在某一点附近变动，而是在某个区间内变动，比如在图 1-1 中，由 A 点移动到 B 点，此时的弹性如何计算呢？思路和式（1-3）一样，都是用需求量变动的比例除以价格变动的比例：

$$\frac{\Delta Q/Q_1}{\Delta P/P_1} = \frac{(Q_1-Q_2)/Q_1}{(P_1-P_2)/P_1} \tag{1-5}$$

但是，这个式子有一个缺点。若价格变动的方向相反，比如从 B 点移动到 A 点，此时的弹性又变成了：

$$\frac{\Delta Q/Q_2}{\Delta P/P_2} = \frac{(Q_2-Q_1)/Q_2}{(P_2-P_1)/P_2} \qquad (1\text{-}6)$$

显然，式（1-5）和（1-6）的计算结果并不一样。在同一个区间内变动，只是变动方向不同就得到了不同的弹性数值，这显然不太合理。为了避免这种不合理的结果，我们计算变动比例的时候，不使用起点的数值，而使用变化前后的平均值，这样无论是从 A 变动到 B 还是从 B 变动到 A，计算的结果都是一样的，如式（1-7）所示：

$$\frac{(Q_1-Q_2)}{(Q_1+Q_2)/2} \Big/ \frac{(P_1-P_2)}{(P_1+P_2)/2} \qquad (1\text{-}7)$$

这种计算方法叫作中点法，由于计算出来的弹性反映的是在需求曲线的一个弧段内的变动，所以称之为**弧弹性**。

决定某一产品需求价格弹性的主要因素是**该产品被其他产品替代的难易程度**。一种商品的替代品越少，该商品的需求价格弹性就越小。一种商品的替代品越多，该商品的需求弹性就越大。前者比如胰岛素，它对治疗糖尿病必不可少，没有什么替代品，即使价格升高，患者也不会减少购买量，因此其需求是无弹性的；后者比如可口可乐，市场还有很多其他品牌的可乐和其他饮料，假如可口可乐价格上升，消费者可以很方便地转向其他饮料，其需求量会大幅下降，因此其需求有弹性。

下面来说一下需求价格弹性的应用。日常生活中，很多商家会进行各种各样的促销，并且我们经常会注意到，并不是所有的商品都会参与促销，那么商家究竟是怎么决定哪种商品参与促销而另外的商品不参与促销呢？商家进行促销的一个主要目标是增加销售额，销售额是价格和销售量[1]的乘积，用公式表示就是：$TR=P\times Q$，其中 TR（total revenue）表示销售额。降价使得第一个因子 P 降低了，但是第二个因子需求量 Q 上升了，作为两者乘积的 TR 变化取决于价格下降的幅度与需求量上升幅度的相对大小。如果某种商品需求有弹性，那么若其降价一个百分点，引起的需

---

[1] 对于商家来说是销售量，而对于消费者来说就是需求量。

求量上升幅度要超过一个百分点,作为两者乘积的销售额就会上升,降价真正起到了"促销"的作用。相反地,若某种商品的需求无弹性,那么如果其降价一个百分点,同样会导致需求量上升,但是需求量上升的幅度要低于一个百分点,需求量上升的幅度低于价格降低的幅度。作为两者乘积的销售额因而会下降,降价并没有起到促销的作用。当然,如果某种产品的需求刚好是单位弹性的,那么价格下降一个百分点,会导致需求量上升一个百分点,作为两者乘积的销售额不变,降价同样也起不到促销的作用。因此,商家在策划促销活动的时候需要考虑各种商品的需求价格弹性。

除了价格之外,另外两个影响需求量的重要因素是收入和相关商品的价格。为了度量这两个因素的变化对需求量影响程度的大小,引入另外两个弹性的概念:需求收入弹性和需求的交叉价格弹性。其中,需求收入弹性的计算公式是:

$$\frac{\mathrm{d}Q_d/Q_d}{\mathrm{d}Y/Y} \tag{1-8}$$

其中 Y 是收入,需求收入弹性指标度量了收入的变化对需求量的影响大小。对于正常品,收入增加,则其需求量增加,也就是说,需求量和收入变化方向相同,因此,正常品的需求收入弹性是正的;而对于低档商品,收入增加反而会导致需求量降低,需求量和收入变动方向相反,故低档品的需求收入弹性是负的。比如前面提到的方便面,它是低档品,其需求收入弹性就是负的。

随着收入水平的上升,正常商品的需求量会上升,但不同商品的需求增加幅度不一样。先来看一个例子——粮食,每个人的胃口都是有限的,即便收入水平提高,也不可能多吃多少,因此粮食的需求收入弹性较小。再举一个更极端点的例子,糖尿病人每天都必须注射既定数量的胰岛素,即便收入改变,其需求量也基本不变,因此胰岛素的需求收入弹性基本接近于0。对于这些需求量的增加比例低于收入增加比例的商品,或者说需求收入弹性小于1的商品,一般称之为必需品(necessity)。刚才说过,食物是一种必需品,所以即便人们的收入水平提高,需求量基本上也不会有很大的提高,这样人们用于购买食物的支出也不会大幅增加,因而随着收入水平的提高,用于食物的支出在收入中所占的比重反而会下降。这个规律是由德国统计学家恩斯特·恩格尔发现的,因而称之为恩格尔法则(Engel's law)。

还有另外一些正常品,随着收入的提高,人们对其需求量会大幅增加,比如旅游,近年来随着收入水平的提高,中国居民的旅游消费大幅增加。对于这种需求量的增加比例超过收入增加比例的商品,或者说需求收入弹性大于1的商品,一般称之为奢侈品(luxury)。

接下来介绍需求的交叉价格弹性,它度量的是相关产品的价格变化对需求量的影响,我们用 P_r 来代表相关产品的价格,则按照之前计算弹性的思路,也可以推出其计算公式:

$$\frac{\mathrm{d}Q_d / Q_d}{\mathrm{d}P_r / P_r} \tag{1-9}$$

如果相关的物品是替代品,则计算出来的交叉价格弹性应该是正的,比如可口可乐和百事可乐,如果百事可乐的价格上升,这会导致消费者用可口可乐来代替百事可乐,因而可口可乐的需求量上升;如果相关物品是互补品,则计算出来的交叉价格弹性应该是负的,比如前面提到的汽油和轿车,汽油价格上升使得保有车辆的成本提高,结果轿车的需求量下降了。

二、供给弹性

前面讲了需求方面的三个弹性,接下来介绍供给方面的弹性。影响供给量的最主要因素是价格,为了衡量价格水平改变对供给量影响程度的大小,这里引入供给价格弹性(supply elasticity of price)的概念,与需求价格弹性类似,其计算公式如(1-10)所示:

$$E_s = \frac{\mathrm{d}Q_s / Q_s}{\mathrm{d}P / P} \tag{1-10}$$

这样计算出来的弹性叫作点弹性,用 E_s 来表示,它说明了价格在某一点处附近变化时会导致供给量发生多大的改变。比如,在图1-3中,若将 P_1,Q_1 带入式(1-10)中,我们就计算出了价格在 C 点附近改变时会导致供给量发生多大的改变。价格在某个区间内改变时，供给价格弹性的计算公式同样用中点法计算，和需求价格弹性的计算公式（1-7）非常类似。当然，需要说明的是，虽然计算公式非常类似，但是算出来的数值却截然不同。按照供给法则，供给量和价格的变化方向相同，因此供给价格弹性是一个正值，而需求价格弹性却是一个负值。

下面来讨论供给价格弹性的大小。从图1-3上直观地看，若供给曲线比较陡峭，则意味着即便价格上升，供给量也不会增加多少，此时供给弹性较小；相反地，若供给曲线比较平坦，则供给弹性比较大。按照数值的大小，大体可以分成三种情况：第一，$E_S<1$，说明供给量的变化比例小于价格的变化比例，这种情况被称为供给缺乏弹性或无弹性（inelastic）。这种情况的一个极端例子是莫奈的油画，即便今天其价格再高，供给量也不会增加，因此其供给完全无弹性，等于0。第二，$E_S>1$，说明供给量的变化比例要超过价格的变化比例，这种情况被称为供给有弹性（elastic）。第三，$E_S=1$，说明供给量的变化比例刚好等于价格的变化比例，这种情况被称为单位弹性。

决定供给价格弹性大小的主要因素是单位生产成本随着产量增加而上升的速度。若随着产量的增加，单位成本上升很快，则供给就缺乏弹性。比如海滨别墅，由于海边土地有限，若要修建更多别墅，则土地价格和别墅价格就会急剧升高，但其供给量也不会增加多少，因此其供给缺乏弹性；相反的例子比如牙签，如果牙签的价格上升，则企业只要多购进一些竹木就可以扩大产量了，且其单位生产成本也基本保持不变，因此牙签的供给弹性较大。

第五节　"有形之手"的干预

前面介绍了市场是如何运行的，但是，市场运行的结果并不能总是符合政府的意愿，因此政府有时候会干预市场以保证政府意愿的实现。我们知道，供给和需求会决定各种商品和服务的均衡价格。由于供给方总是希望价格越高越好，而需求方总是认为价格越低越好，所以政府对市场的干预主要是通过价格进行控制来实现的。

这两方都有动机去游说政府，如果需求方对政府的影响超过了供给方，那么政府就会出台压低价格的政策措施。例如，政府可能为某种商品或服务的价格设定一个最高限度，不允许其价格上浮到这个限度之上，这种价格控制政策就是所谓的价格上限政策，或者俗称的"价格天花板"（price ceiling）政策；反之，如果供给方对政府的影响力超过了需求方，政府就有可能出台提高价格的政策，比较常见的方法是，为某种商品的价格设置一个最低水平，一旦价格跌出这个下限，政府就会出手干预，这就是所谓的价格下限政策，或者俗称为"价格地板"（price floor）政策。

政府设定价格上限是为了保护需求方的利益，使得他们可以支付较低的价格来获得商品或服务。例如，中国春运期间的火车票价格不允许上浮就是为了保护乘客的利益；而政府设定价格下限是为了保护供给方的利益，使得他们可以获得一个较高的售价。例如，中国政府曾经在一段时期内对粮食进行保护价收购，这是为了保护农民的利益。但是，政府的这些初衷可以通过价格控制政策实现吗？本节接下来会详细分析这些问题。

除了控制价格之外，政府有时候甚至会完全取缔交易某些产品或服务的市场。例如，在几乎所有的国家，毒品交易都是禁止的，人体器官也是不允许买卖的。再比如，美国在1920—1933年实施禁酒令，不允许生产和买卖酒精类饮料。但是，这些交易非法商品或服务的市场其实并没有完全销声匿迹，而是转入了地下。几乎所有的国家都不同程度地存在着地下经济，那里的市场交易游离于政府的监管和法律之外，这些市场呈现出一些不同于合法市场的特征。但限于篇幅，这一章不介绍地下经济[1]，而只介绍价格上限政策和下限政策。

一、价格上限政策及其影响

所谓价格上限政策就是政府为了保护需求方的利益而为某些产品和服务设定一个价格最高限度的政策。例如，中国春运期间的火车票价格不允许上浮就是为了保护乘客的利益。一般说来，这个价格的最高限度总是低于市场均衡价格的。可以

---

[1] 如果想要了解地下经济，可以阅读赫尔南多·德·索托的《另一条道路》。

设想一下，如果政府设定的价格上限高于市场均衡价格的话，这种政策是不会对市场产生任何影响的，政府根本没有必要出台这种价格管制政策。因此，下面的分析假定价格上限低于市场均衡价格。在这种情况下，会造成什么影响呢？我们借助图1-14中的供给—需求曲线来分析：

该商品的市场均衡价格为P_0，而政府设定的价格上限为P_c，它是低于市场均衡价格的。在P_c这一价格水平上，市场的需求量为Q_d，供给量为Q_s，显然，需求量大于供给量。

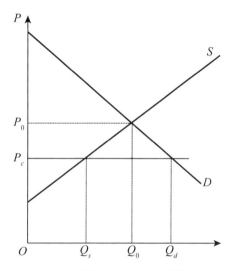

图1-14 价格上限政策造成的影响

这时候，部分消费者会发现在现行的价格水平上不能买到他们所需要的全部商品，经济学上把这种情况叫作"短缺"（shortage）。在没有政府干预的情况下，短缺是一种非均衡状态，不能持久。一旦出现了短缺，则供给方和需求方马上就会做出反应，供给方会上调价格并增加供给量，而需求方则会减少购买数量，直至市场价格上升到较高的均衡水平，供给量和需求量重新相等，市场恢复到了均衡状态。但是，在存在价格上限的情况下，市场的这种自我调节能力受到了限制，短缺就可能会长期存在下去，而长期的短缺会催生黑市。黑市游离于政府的监管之外，那里的供应商可以收取高于P_c的价格，其价格有时候甚至还会高过P_0，因为供应商为了规避法律的制裁，其供应成本可能会高于合法运营时的成本。那些没有在合法市场上满足需求的消费者会转向黑市，这在一定程度上缓解了短缺。

但是，如果政府在实施价格控制的同时也打击黑市，那么短缺就得不到缓解，这时候市场配置资源的功能就失效了。下面具体分析一下为什么市场的资源配置功能会失效（如图1-14所示）。假设我们分析的是租房市场，如果政府把房租上限定为P_c，此时市场上只有Q_s套房子出租，但是却有Q_d个人愿意支付P_c的价格来租房子（$Q_s<Q_d$），此时仅凭租金显然是无法确定这Q_d个租客中的哪些人最终是可以租到房子的，因此说价格机制的资源配置功能失效了。既然市场的资源配置功能受到了限制，那就必须用其他补充手段将相对不足的商品在众多消费者中进行配给（ration）。常见的补充手段有以下几种：

（1）**排队**。在这种配给方式中，排在队伍中最前列的那些消费者可以得到商品，因此排队这种配给方式实际上遵循的是"先到先得"（first come, first served）的原则。消费者如果想要得到商品，不仅要支付价格，而且还要耗费时间来排队，而时间是有机会成本的。因此，在排队这种配给制度下，消费者为获得商品付出的代价既包括价格也包括排队所耗费的时间。这显然是一种浪费，因为排队所耗费的时间可以用于其他有价值的活动。

（2）**抽彩**。这种方式最为简单，完全采用随机的方式在消费者中分配物品，而消费者想要获得物品就要依靠运气。这种配给方式在现实中也经常见到。例如，中国有些地方的政府会提供一定数量的限价房，这些房屋的价格低于市场价格，因而对其的需求量要远远超过供给的数量，政府采用摇号或抓阄的方式决定哪些申购者最终获得购房资格。

（3）**消费配额**。发生短缺的时候，需求量要超过供给量，价格总是有上涨的趋势，为了阻止这种涨价的趋势，政府可以采用消费配额制度来强制性地压缩需求，票证就是消费配额制度的一个具体手段，它规定了消费者可以购买的最大数量。我们知道，在计划经济时代，几乎所有商品的价格都被压制在均衡价格水平之下，这导致了短缺无处不在，计划经济几乎可以和短缺经济画等号。在这种情况下，几乎所有的商品购买数量都会受到限制，消费者在购买时不仅要支付价格，还要缴纳相应数量的票证：买粮食需要有粮票，买布需要有布票……种类繁多的票证反映出了短缺的普遍性。

需要注意的是,无论采用哪种配给方式,都不能保证那些需求最为迫切、支付意愿最高的消费者获得商品,而有些需求不是特别迫切的消费者反而有可能会获得商品。在这种情况下,就会有倒卖的情况发生。那些需求不是特别迫切、但通过配给获得了商品的人可能以一个较高的价格将其转让给那些需求较为迫切、支付意愿较高却没有通过配给获得商品的需求者。

下面可以回答本节开头提出的那个问题了。价格上限政策的初衷是保护需求方的利益,那么就其实际后果来看,这一目的达到了吗?显然,在实施价格上限政策后,确实有一部分需求者以较低的价格获得了商品,他们的处境似乎得到了改善。但是,其他一些消费者需要在黑市上或通过倒买支付高价才能获得商品,或者干脆买不到,他们的处境没有改善。即便对于那些以低价买到商品的消费者,他们可能还要付出排队等待的机会成本或是其他成本。关于其他成本,这里举一个例子:美国纽约对房屋的租金实施管制,结果导致住房供不应求,往往会有几个人同时去申请一套转租的公寓,为了使得自己在竞争中胜出,申请租房的人需要送礼去讨好转租者,这无疑增加了租房的成本。可见,价格上限政策对于需求方的帮助是有限的。

经济学案例 1-1

香港的房租管制

20世纪20年代,由于大量难民涌入,香港的房屋租金飙升。为了保护租客的利益,当地政府出台了《租务条例》,从1921年开始实施租金管制,条例规定:房主可以收取的最高租金不能高于1920年12月31日可以从租客那里收取的实际租金。这相当于为房屋的租金设定了上限。但是,为了鼓励新建住房,增加房屋的供给，条例也规定：对于新建的房屋或是改建的房屋，不会实施房租管制。

按照教科书的分析，如果价格上限低于市场均衡价格，就会导致短缺，市场上对房屋的需求量会大于房屋的供给量，一套房子可能会有好几个潜在的租客。为了得到房子，这几个潜在的租客会展开竞争，例如向房主送礼。如果这种竞争比较充分的话，那么房主从礼物中获得的收入就能弥补租金管制所造成的损失。但是，租务条例限制了租客向房主送礼的做法。

由于限制了送礼，市场租金和受管制的租金之间出现了一个很大的差额，而租客和房主都想得到这一差额。租客怎样得到这一差额呢？租务条例没有对转租进行限制，设想某个家庭按照管制租金水平得到了一套房屋，而市场的租金水平远远高于管制租金，那么这一家庭就有激励把自己那套房子的一部分拿来出租以获取市场租金，这导致了本来只能居住一户家庭的房子可能同时有几个家庭居住。而这种现象在当年的香港极为普遍。

同样，房主也想方设法去抢占租金的差额。由于租务条例允许改建的房屋收取市场租金，可以设想，如果租金的差额足够大的话，房主就有激励去拆除现有的房屋进行改建，尽管房屋状态还非常好。这种现象在当时的香港也出现了，甚至有些刚刚建成不久的房屋也被拆除重建，这显然进一步加剧了房屋的短缺。

我们可以看到，《租务条例》本来是保护租客的利益的。但是，它反而导致了转租和过度改建现象的出现，这大大削弱了它的效果，也并没有能够实现立法者的初衷，所以，这一条例在1926年就被废止了。

资料来源：张五常，《露宿街头还是有屋可住？《租务条例》宣称的意图与实际效果》，载《经济解释：张五常经济论文选》，商务印书馆2001年版，第187—213页。

二、价格下限政策及其影响

所谓**价格下限**就是政府为了保护供给方的利益而对某些商品或服务规定一个价格最低限度的政策。例如，中国政府曾经在一段时候内对粮食进行保护价收购，这是为了保护农民的利益。一般说来，这个价格最低限度是高于市场均衡价格的。如果价格下限低于市场均衡价格，那么政府的这种政策不会对市场有任何影响，政府也根本没有必要出台这种政策。因此，下面的分析中假定价格下限是高于市场均衡价格的。这种情况会造成什么后果呢？我们利用图1-15来分析一下：

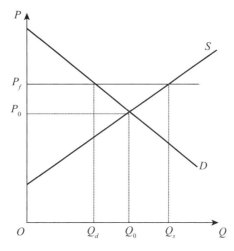

图1-15 价格下限政策的影响

该商品的市场均衡价格为P_0，政府设定的价格下限为P_f，显然它是高于市场均衡价格的。在P_f这一价格水平上，市场的需求量为Q_d，供给量为Q_s，显然，供给量高于需求量。厂商会发现在现行价格水平上不能卖出其生产的全部产品，经济学上把这种现象叫作**过剩**（surplus）。最常见的价格下限政策可能是最低工资制度，这是政府为劳动力市场规定的价格下限，有些无技能的劳动力的市场均衡工资会低于这个工资下限，实施最低工资后，这些人发现他们无法在现行工资水平上找到工作，也就是说，他们处于失业状态。

与短缺一样，在不受管制的市场上，过剩也是一种非均衡现象，会自动消失。

一旦出现了过剩，厂商就会减少供给量或降低价格，而消费者会相应地增加需求量，直到需求量和供给量重新相等为止，此时市场重新恢复了均衡。即使政府通过设定较高的价格下限对市场进行干预，也很难阻挡供应商为消除过剩而下调价格。[1]为了阻止这种价格下降的趋势并维持价格下限，政府要么增加需求，要么减少供给。因此，政府在实施价格下限政策的同时必须辅之以增加需求或减少供给的其他措施，这种政策组合被称为**价格支撑**（price support）政策。政府经常采用的辅助性措施有：

（1）**政府收购**。这种措施主要是通过增加市场上的需求来抬高价格。下面通过图 1-16 来看一下这种政策怎样运作的：

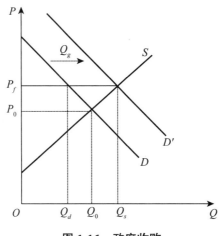

图 1-16　政府收购

从图 1-16 可以看出，为了消除过剩，政府需要采购的数量 $Q_g=Q_s-Q_d$，需求曲线向右移动，市场的价格得以维持在 P_f 这一水平上。

政府收购这种政策在农业领域应用得较多，特别是在一些农业发达的资本国家就更是如此，比如美国。这些国家在农业领域实施价格支撑制度，保护的是少数农场主的利益，而全体国民则不得不支付高价来购买农产品。此外，收购多余农产品需要财政资金的支持，而这些资金又来自国民的税收。可见，这种政策是以损害全

---

[1]　例如，为了规避政府的管制，供应商可以私底下打折或提供销售回扣，这等于变相地降低了价格。

体国民的利益为代价来保护少数人的利益的。

(2) **实施生产配额或提高行业准入门槛**。这种政策措施是为了减少市场上的供给。我们利用图 1-17 来分析一下：

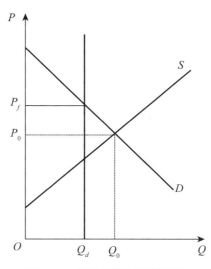

图 1-17　生产配额制度的图示

为了使得价格维持在 P_f 的水平上，政府需要把市场上的供给量控制在 Q_d，这可以通过实施生产配额或者不适当地抬高准入门槛来实现。至于哪些企业可以获得配额并可以进入市场，则由政府核准。由于市场上供给量较少，价格较高，企业一旦进入市场即可获取丰厚利润，这使得生产配额或市场准入许可证变成了一种有价值的资源。[1] 各家企业为了获取市场配额或市场准入许可证争相奔走于政府部门之间，有的甚至会进行贿赂，这就是所谓的"寻租"（rent-seeking）活动。[2] 可以推想，获得生产许可证或者配额的厂商极有可能是那些和政府关系密切的企业而非生产效率最高的企业，这显然降低了整个行业的效率。此外，需要特别说明的是，生产许可证或生产配额制度一旦建立起来了，就很难取消了，因为一旦放开管制，则先前花费了很大代价才获得的生产许可证或配额就变得毫无价值。因此，这些行业的现有企业一般都会反对放松管制，这就使得这种低效率的现象得以一直持续下去。

---

[1]　中国各个城市的出租车牌照就是一个典型的例子。
[2]　寻租中的"租"指的是由于政府管制抑制了竞争，供求差额扩大而形成的差价收入。

再回到本节开头的那个问题：价格下限政策的初衷是为了保护供给方的利益，那么就其实际后果来看，这一目标最终实现了吗？通过上面的分析，可以发现，在政府以收购来维持高价的情况下，生产商的利益确实得到了保护，但是，这是以牺牲其他国民的利益为代价而实现的；而在实施生产配额或市场准入的行业，厂商就没有那么幸运了，它们需要付出极高的代价才能进入市场，这个代价可能会抵消其随后获得的较高利润。有鉴于此，现在经济学家们已经不再建议使用价格下限政策来维护供应者的利益，而是建议采用对所有厂商实施直接生产补贴，这种方式虽然需要消耗一定的财政资金，但是它造成的生产效率的下降相对较小，并且这种补贴对所有厂商都一视同仁，有利于减少寻租和腐败。

经济学案例 1-2

中国的粮食保护价

在计划经济时代，中国实施的是粮食统购统销制度，即由国家统一在农村收购粮食，然后在城市统一销售。改革开放后，这一制度受到了冲击，1985年国务院的1号文件决定实施按计划价定购和按市场价格议购双轨并行的做法。但是，1993年个别地方出现了粮食抢购风潮，有些地方还出现了国有粮食部门向农户硬性摊派低价收购粮食的现象。为了保护农民生产粮食的积极性，保证粮食安全，1997年8月，国务院下发《关于按保护价敞开收购议购价粮的通知》，要求定购粮价格不得低于上年水平，并且各地要制定粮食保护价，在定购粮食收购任务完成后，各地要坚决按保护价敞开收购农民的余粮。国务院还规定粮贩、经销商和粮食加工企业不得到产地直接向农民收购粮食或直接到集贸市场购买粮食，只能向国有粮食收储企业购粮。

这项政策实际上是把国有粮食企业培育成从农村购粮和向城市供粮的一个垄断者。垄断者能够决定价格，这也是政府所期望的：国有粮食收储企业按照政府规定的保护价"敞开收购"农民的余粮，按收购价加最低利益在城市实行"顺价销售"。如果这种措施有效的话，农民可以享受高粮价的好处，而国有粮食收储企业也不会亏损。

但是，这一套制度在执行上会有很大的困难：在市场经济条件下，对私营粮贩购销粮食的禁令很难贯彻，国有粮食企业无法完全决定粮食的出售价格。遇到连续丰收的年景，市场粮食价格持续走低，国有粮食企业用较高的保护价收购了粮食之后很难在城市以高价出售而只能折价出售，因此收购粮食就变成了国有粮食企业的负担，有的地方粮食企业开始变相拒收粮食，如故意压低粮食收购等级和延迟支付粮食价款，农民的利益并没有得到切实的保障。另外，国有收储企业粮食严重超储，亏损严重：到1997年，国有粮食企业历年亏损累计挂账达1 000亿元，而到1998年3月，全国粮食贷款余额更是高达5 431亿元，与粮食库存总值相比较，亏空达到2 140亿元。

为了彻底解决这一问题，2003年中共十六届三中全会通过的《中共中央关于完善社会主义市场经济体制若干问题的决定》中，决定改革粮食流通体制，提出"要完善农产品市场体系，放开粮食收购市场，把通过流通环节的间接补贴改为对农民的直接补贴，切实保护种粮农民的利益。"

资料来源：吴敬琏，《当代中国经济改革》，上海远东出版社2003年版，第106—109页。

本章小结

1.计划经济的特征是集中决策，而市场经济的特征则是分散决策。与政府的计划相比，市场经济可以更好地利用分散的信息并且能更好地解决激励问题。

2.需求指的是价格和需求量之间的对应关系，而供给指的是价格和供给量之间的关系。在任何一个市场上，价格的调整总是使得供给量和需求量趋于相等，达到均衡。

3. 需求曲线可以看作是消费者的边际收益曲线，而供给曲线则可以看作是厂商的边际成本曲线。

4. 需求价格弹性度量了价格变动对需求量的影响程度的大小，它主要由商品的可替代性决定；供给价格弹性说明了价格变动对供给量的影响程度的大小，它取决于单位成本随着产量增加而递增的程度。

5. 政府常用的价格控制政策包括价格上限政策和价格下限政策。

6. 如果政府设定的价格上限低于市场的均衡价格，会造成短缺，短缺会催生黑市；如果政府可以有效地抑制黑市，则价格机制的资源配置功能就会受损，需要排队、抽彩票等其他措施的辅助才能完成资源配置的任务。

7. 如果政府设定的价格下限高于市场均衡价格，会造成过剩，过剩这种非均衡现象不能持久，企业总是有激励降价，需要采用政府收购或是其他减少供给的补充措施才能维持高价。

思考与练习题

1. 用供求曲线图分析下列因素对黄油市场的影响（在每一种情况下，假定其他因素相同）：

（1）人造黄油的价格上升

（2）黄油的价格近期预期上升

（3）面包的价格上升

（4）对黄油生产征税

（5）发明了一种新的但昂贵的黄油加工工艺，该工艺具备良好的控制胆固醇疾病的功效

2. 有 A、B 两个驾车者去加油站加油。在没有看标价之前，A 说：加 100 块汽油，B 说：加 10 公升汽油，请问 A 和 B 对汽油的需求价格弹性分别是多少？请分别画出这两人对汽油的需求曲线。

3. 你的朋友正在考虑两家手机服务提供商。A 每月收取 120 元的固定费用，无论打多少次电话都是如此；B 没有固定的费用，但是每打一分钟电话就要收取 1 元的费用。你朋友对每月打电话时间的需求由方程 $Q_d=150-50P$ 给出，其中 P 是每分钟打电话的价格。

（1）对于这两家服务商，你朋友每多打一分钟电话的边际成本是什么？

（2）根据对（1）的回答，如果你朋友选择了 A 的话，他每月会打多少分钟电话？如果选了 B 呢？

（3）计算你朋友分别选择 A、B 时的消费者剩余；

（4）你会推荐你朋友选择哪个电信商？请说出你的理由。

4. 我们都知道，在春运期间，火车票的价格是不允许上涨的。这种价格管制政策导致了什么结果？你赞成这种政策吗？请说出你赞成或不赞成的理由。

5. 美国犹他州每年都会出售 27 张猎杀水牛的许可证，这种许可证的价格为 1 000 美元/张。州政府每年都要收到 1 000 多份申请，因此，州政府不得不通过抽签的方式决定谁最终得到这 27 张许可证。请问这种分配方式是不是有效率的？如果这种方法是无效率的，请你为犹他州政府设计一个更好的分配方式。

6. 在 2016 年世界浙商上海论坛的演讲中，阿里巴巴集团董事局主席马云谈到了大数据。他表示，过去一百多年，人们都崇尚市场经济。但未来三十年会发生很大变化，计划经济将会越来越普遍。究其原因就在于数据的获取，可以让人们更容易把握市场这只无形的手。你如何看待马云这个观点？大数据真的能解决困扰计划经济的难题吗？

参考文献

1. Cheung, S., "A Theory of Price Control", *Journal of Law and Economics*, 1974, 17, 53–71.

2. Cheung, S., "Rent Control and Housing Reconstruction: The Postwar Experience of Prewar Premises in Hong Kong", *Journal of Law and Economics*, 1974, 17, 27–53.

3. Cheung, S., "Roofs or Stars: The Stated Intents and Actual Effects of a Rents Ordinance", *Economic*

Inquiry，1975，13，1—21.

4. Glaeser, E., and E. Luttmer, "The Misallocation of Housing under Rent Control", *American Economic Review*，2003，93，1027-1046.

5. Tullock, G., "The Transitional Gains Trap", *Bell Journal of Economics*，1975，6，671-678.

6. 哈耶克：《知识在社会中的利用》，载《经济学基础文献选读》，浙江大学出版社2007年版。

7. 〔秘鲁〕赫尔南多·德·索托：《另一条道路》，华夏出版社2007年版。

8. 伦纳德·里德：《铅笔的故事》，载《经济学基础文献选读》，浙江大学出版社2007年版，第97—104页。

9. 〔美〕罗杰·勒罗伊·米勒、丹尼尔·本杰明、道格拉斯·诺思：《公共问题经济学》，东北财经大学出版社2009年版。

10. 〔美〕曼瑟尔·奥尔森：《集体行动的逻辑》，格致出版社2011年版。

11. 彭凯翔：《从交易到市场：传统民间经济脉络初探》，浙江大学出版社2015年版。

12. 吴敬琏：《当代中国经济改革》，上海远东出版社2003年版。

13. 〔美〕约翰·麦克米兰，《重新发现市场：一部市场的自然史》，中信出版社2014年版。

14. 张五常：《价格管制理论》，载《经济解释：张五常经济论文选》，商务印书馆2001年版。

15. 张五常：《露宿街头还是有屋可住？《租务条例》宣称的意图与实际效果》，载《经济解释：张五常经济论文选》，商务印书馆2001年版。

16. 张五常：《租管与重建：香港战前物业的战后经验》，载《经济解释：张五常经济论文选》，商务印书馆2001年版。

第二章　消费者和生产者的选择

在一个资源稀缺的环境中，人们必须进行各种权衡取舍，这是经济学的一个基本原理。对于消费者来说，当我们置身于成千上万的商品中时，总是希望能够购买所有我们想要的东西。但是，每个人的收入都是有限的，我们必须在各种商品之间做出选择。晚上选择在学校食堂还是旁边的小餐馆吃饭？周末是去电影院看场大片还是组队去爬山？暑期是找个兼职还是来一次说走就走的旅行？工作后是先在远城区买个房还是在离公司更近的市中心租房？同样，对于生产者来说，总是希望能够获得更大的市场份额和利润，但在面临有限的预算支出时，他不可能把行业所有的生产要素都集中在自己手中，他也必须做出各种选择。是使用工资水平不断上升的普通劳动力，还是用新兴的"机器人"代替传统劳动者？是在劳动力和土地成本更高的东部地区建厂，还是选择在成本更低的中西部地区建厂？

面对各种纷繁复杂的选择，理性的消费者和生产者总能做出最聪明的决策，以使自身的利益实现最大化。消费者会考虑各种商品的价格，并在既有的支出下购买最适合自身需要的一组商品。生产者会考虑各种生产要素（劳动、资本、土地）的价格，并在既有的支出下实现各种生产要素的最优组合。因此，本章的主要内容就是，在第一章关于需求和供给基本原理的基础上，进一步探讨消费者选择和生产者选择背后的基本机理。

第一节 消费者的选择

一、为什么我们总是喜欢买买买？

随着移动互联网技术的不断发展，网上购物、移动支付已经越来越走进普通人的生活，由淘宝（天猫）商城于2009年发起的"双11购物狂欢节"呈几何级增长的日销售额正是这种趋势的直接反映。从最初的5 000多万元到2017年的1 682亿元，数字背后的意义是多重的。这固然是中国经济社会不断发展和人民收入水平不断提高的直接结果，但它也折射出了中国人消费观念的不断变化，早些年我们只是满足于吃穿住行等基本需要，现在则是竞相追求个性化消费。从"月光族""剁手党""血拼"等近些年流行的网络词汇更是能够看出当代国人的消费习惯。面对各种近乎疯狂的消费举动，我们不禁要问，为什么现在的人们越来越喜欢买买买？

一般来说，消费者之所以购买各种各样的商品或服务源于消费者自身的欲望，或者说他们能够从这些商品或服务的消费中获得某种满足感，这种满足感被称为"效用"（utility）。在改革开放前期，人们收入水平相对较低，有限的欲望也比较容易得到满足，吃穿住行等基本需求得到解决即可。但随着中国经济的不断发展，人民收入水平不断提高，人们对产品和服务的需求也随之扩大，并且越来越多样化。

效用概念是由英国哲学家杰里米·边沁（Jeremy Bentham）在200年前引入经济学之中的，此后，经济学家们便一直以效用这一概念为基础展开对消费者行为的分析。由于效用是指消费者从消费某种商品或服务中所获得的主观上的满足程度，因此一种商品或服务对消费者是否有效用，取决于消费者对这种商品或服务是否有消费欲望。事实上，同一种商品或服务的效用大小是因人而异、因时而异的，对于不同消费者甚至同一个消费者在不同的环境中，其带来的效用大小也会不一样。虽然效用纯粹是一种主观上的感受，但这并不意味着没有办法对效用进行衡量和比较。

在经济学中，经济学家一般采用两种方法来度量和比较效用。一种方法是对效用赋予一个具体的数值，如10个单位的效用（基数效用论）；另一种方法是对效用进行排序，如第1、第2等，以此比较商品对消费者的满足程度和顺序（序数效用论）。

因此，消费者为何总是买买买，是因为消费者能够从商品消费中获得效用，满足自己的欲望。

相关链接 2-1

效用理论的产生

英国功利主义哲学家和经济学家杰里米·边沁最早提出了效用概念。他强调政治经济学应该是研究效用的科学。所谓效用，是指物品能使人获得幸福和避免痛苦的能力，而一切物品的价值都在于它的效用，因此政治经济学应以最大幸福原理和效用原理为基础。

50年之后，英国近代著名经济学家斯坦利·杰文斯（Stanley Jevons）提出了边际效用概念，杰文斯是边际效用学说的创始人。1871年，杰文斯出版了其一生中最重要的著作《政治经济学理论》。在杰文斯看来，体现效用的快乐和痛苦是一种心理感觉，这种心理感觉不仅是可以计量的，而且可以通过一组无单位的基数来比较它们的大小和强弱。这就是所谓的基数效用论。在这一基础上，杰文斯详细考察了效用变化的数量规律，他指出，一个人从同一种消费品中获得的效用将随消费量的增加而不断减少。这就是所谓的边际效用递减规律。

20世纪30年代以后，经济学家开始对基数效用论表现出一种困惑和不满，特别是对效用的计量以及计量的单位问题产生了怀疑。1934年，英国经济学家希克斯（1972年诺贝尔经济学奖获得者）和艾伦在《价值理论的再思考》一文中指出，效用作为一种心理现象是无法计量的，因为我们不可能找到计量的单位。因此，所谓效用只是指消费者如何在不同的商品和服务间进行排序，并运用无差异曲线和无差异分析对效用进行了重新诠释。这就是所谓的序数效用论。1938年美国经济学家萨缪尔森（1970年诺贝尔经济学奖获得者）在《关于消费者行为理论的一个解释》一文中进一步指出，"效用作为一种主观心理状态是观察不到的"，但我们"可以观察到消费者的行为"：当消费者在市场上选择了某一消费品组合时，他的"偏好"就同时被"显示"了；因此经济学家无须用数量来描述，就可以判断这一组合必然是效用最大的。这就是所谓的显示偏好理论。自希克斯和萨缪尔森以后，一般认为，效用的计量问题已经解决了，或者更准确地说，人们认为，无须考虑效用的计量，经济学也可以建立自己的理论大厦。

今天，无差异分析和显示偏好理论是经济学有关消费者行为的标准理论。但出人意料的是，效用可以计量的观点并没有消失。在广泛使用的经济学入门教科书中，基数效用论和序数效用论往往被安排在同一章中介绍给读者。两种截然相反的理论竟可以如此相安无事地"和平共处"，在其他学科中也许是绝无仅有的。一种可能的解释是：在找到令大多数经济学家满意的计量方法以前，人们只能迁就于效用的"排序"。但一种能够排出顺序（不管按照什么标准和特征）的事物，居然无法进行量上的比较，这将是一件荒唐的事！稍做分析我们就会发现，无论序数效用论还是显示偏好理论，其实都是在回避问题，而不是解决问题。如果效用真是无法计量的，经济理论的根基就将动摇，"因为大多数经济理论最终都是以一个使其偏好或效用最大化的消费者为基础的，所以，对于发展和检验理论，显然这个问题是至关重要的"。由此看来，不论经济学家怎么努力，经济学都无法绕过"效用计量"这道坎。

资料来源：陈建萍、杨勇主编，《微观经济学——原理、案例与应用》（第二版），中国人民大学出版社2012年版，第53—54页，有部分删减。

二、消费越多我们就越满足吗？

我们知道，理性人假设是经济学中的一个基本假设，在消费者行为理论中，理性的消费者会始终追求效用最大化。那么，在消费者进行消费选择时，是不是消费的商品或服务数量越多，消费者获得的效用就越大呢？

关于这个问题，我们可以通过对消费行为和心理的观察找到答案。我们知道，相对于稀缺的资源，人的欲望总是无穷的。但是，对某种具体的商品或服务的消费，人的欲望又是有限的。例如，作为武汉高校的大学新生，我们从全国各地汇聚于此，每天早上起床最期待的一件事情可能就是到学校食堂或周边小吃店尝一尝武汉地区的各种特色小吃。作为武汉小吃一绝的三鲜豆皮是很多同学的最爱，吃第 1 块豆皮时，我们可能会被它的美味所吸引，从中获得的效用也会很大，接着吃第 2 块时感觉也还不错，不过效用可能没有吃第 1 块时那么大，但仍然能够给你带来新增效用，如果继续吃第 3 块、第 4 块豆皮，每一块都能带给你一定的效用，因此我们获得的效用总量在不断增加，但同时我们也会感觉到每多吃一块豆皮的效用总没有前一块的效用大。当你吃到第 5 块时，感觉已经差不多了，吃不吃第 6 块都行，但是很难吃下第 7 块。为了便于衡量，我们可以用具体数字来表示消费者从每一块豆皮的消费中获得的效用量，以此来观察消费者的效用大小随消费量的增加而发生变化的情况。如表 2-1 所示。

表2-1　吃豆皮的效用

吃豆皮的数量（块）	总效用（TU）	边际效用（MU）
0	0	—
1	35	35
2	60	25
3	75	15
4	85	10
5	90	5
6	90	0
7	85	-5

在表 2-1 中，第 2 列是消费者从每一相应的豆皮消费量中获得的总效用。所谓**总效用**（total utility，TU）是指消费者在一定时间内从消费一定数量的某种商品或服务中所获得的总的满足程度或效用。第 3 列是消费者从每一增加的豆皮消费中获得的新增效用，也就是吃豆皮的边际效用。所谓**边际效用**（marginal utility，MU）是指消费者在一定时期内从每一新增加的某种商品或服务的消费中所获得的效用的增加量。

通过观察表 2-1 中总效用和边际效用随消费量的增加而变化的情况，我们发现，总效用在开始时不断增加，达到一个最大值后开始下降；边际效用则是不断下降的，会一直下降到零甚至负数，边际效用为零时总效用达到最大。事实上，总效用与消费量之间的关系正是由边际效用的变化规律所决定的。把表 2-1 中的数字转化为曲线图，得到图 2-1。显然，总效用和边际效用都是关于消费数量 Q 的函数。

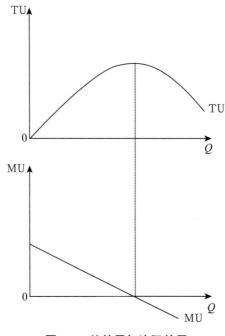

图 2-1　总效用与边际效用

如果细心观察，我们会发现，类似吃豆皮的边际效用递减现象在日常生活中是非常普遍的，例如夏天吃冰激凌时、节假日看电影时都会存在边际效用递减的情况，生活当中这种边际效用递减的现象体现的是一种经济规律，即边际效用递减规律。所谓**边际效用递减规律**是指在一定时间内，在其他商品或服务的消费数量保持不变的条件下，随着消费者对某种商品或服务消费量的不断增加，消费者从每增加一单位这种商品或服务的消费中获得的效用增量，即边际效用是递减的。边际效用理论的应用范围非常广泛，它既能够为我们分析需求规律、消费者行为方式提供理论基础，也能够为企业的经营管理活动提供一些启示。

经济学案例 2-1

从《麦兜故事》看边际效用递减规律

香港曾经风靡一时的儿童卡通动画片《麦兜故事》中有这么一句话："火鸡的味道，在还没吃和吃第一口之间，已经到达顶峰。"可能有人会问，既然是吃和没吃之间，又怎能品尝到火鸡的味道呢？其实，很多人都有类似的经历：眼前放着一碟佳肴，准备举筷的时候心中都会自然而然地想象这份佳肴的味道是多么地好吃，而且这种美好的想象是无止境的，会随时间的持续而无限放大。当你真地吃第一口的时候，有两种结果：如你所想象的好吃，或者是不如你想象的好吃。如果持续不停地吃下去，你就会慢慢发现，已经越吃越没有原来的好吃，吃到最后很饱吃不下的时候，还会觉得难吃。这就是边际效用递减规律在日常生活中最普通和普遍的体现，基本上世界上每一个具备进食能力的人都可以体会。

当然，边际效用递减规律在生活中的体现并不局限于人们的消费和进食过程，还可以从物质层面上升到精神层面。

在现实生活中，人与人之间的交往和相处也可以运用到边际效用递减规律。当人们初次认识新朋友，特别是异性朋友，都会对对方产生极大的好奇心，并且很想进一步了解对方。在充分了解对方之前，我们都会很不自觉地把对方想象得无限好。因此，如果让我们在新朋友和旧朋友之间只能选择一个进行约会（前提条件是这两个朋友带给我们的总效用是一样的),我们会倾向于选择新朋友。因为新朋友对于我们来说是新鲜的,更有了解和交流的价值,这也是人性中喜新厌旧的重要体现。这样一来,人性中的喜新厌旧便被赋予了经济学的科学解释,让人们更加理所当然。

再者,人们在感情生活中都会或多或少地体会到类似"失去的才懂得珍惜"和"得不到的才是最好的"的道理。这些经历以及它们带给人们的心理感受也是边际效用递减规律所起的作用。很多东西都是你有了,或者你拥有的数量多了,就会不懂得珍惜。这是因为你拥有的同一样东西越多,它所带给你的边际效用就越少。这个"东西"不单单指实物,也指一些非物质的,摸不着看不到的东西,例如恋爱中的甜言蜜语和关心问候,父母对子女的无私的爱等等。掌握这个规律的应用,可以使我们在刚刚堕入爱河的时候不至于盲目,认清楚眼前的一切美好事物究竟有多少是真的命中注定的幸福,还有多少是出于初始边际效用的最高状态。

通过对边际效用递减规律赋予最生活化的解释,不仅可以帮助我们进一步理解经济学知识,而且有助于我们对生活现象看法趋向理性。

资料来源:节选自 bushialiao 的新浪博客,http://blog.sina.com.cn/bushialiao,访问时间2018 年 6 月 1 日。

三、如何成为一个聪明的消费者?

伴随着经济社会的不断发展,我国已经逐步进入了消费经济时代,各种大大小小的节假日更是成为推动消费的重要手段。不管是"5.1"、"10.1"等法定假日,还是"6.18"、"双 11"等网络消费狂欢节,我们每年都能看到消费数字的爆发式增长。作为一大消费群体,大学生的消费也日益受到商家们的关注。可以回顾一下,在过去的几次节日消费中,作为没有工资收入、每个月生活费有限的学生,我们每次的支出结构是怎么样的。喜欢的东西可能很多,想要一件漂亮的衣服、也想要一双炫酷的运动鞋,还想和三五个好友团购一顿大餐,但在收入(支出)受约束的情况下,我们无法买到所有我们想要的东西。有的时候我们对自己买到的东西非常满意,感觉今天的钱花得非常值,但有的时候又非常后悔,觉得没买好。在有限的收入(支出)条件下,聪明的消费者会把自己的货币合理分配在各种不同的商品上,从而使自己获得最大的满足感。但如何才能做到这一点呢,这就涉及**消费者效用最大化的均衡**问题了。

简单来说,消费者均衡研究的是单个消费者如何在既定收入(支出)条件下实现效用最大化的问题。所谓效用最大化的均衡状态是指,消费者既不愿意增加、也不愿意减少其中任何一种商品的消费。如何才能达到这种相对静止的均衡状态呢?我们分析只有两种商品时的简单情况:假定消费者只消费两种商品 X_1 和 X_2,其既定价格分别为 P_1 和 P_2,消费两种商品获得的边际效用分别为 MU_1 和 MU_2,消费者可支配的收入为 I。那么消费者在既定的收入约束条件下,分别消费多少单位的商品 X_1 和 X_2 时才能达到效用最大化的均衡状态呢?

首先,我们看看消费者面临的预算约束。消费者对两种商品的选择受到可支配收入 I 的限制,在商品价格既定的前提下,我们可以用图 2-2 来表示消费者的预算约束情况。

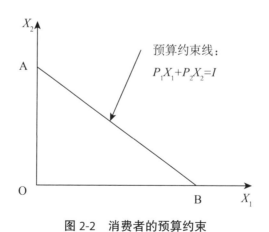

图 2-2 消费者的预算约束

图 2-2 的横轴、纵轴分别表示对两种商品的消费量,A 点表示全部支出用于消费

X_2 时，能够购买的 X_2 的最大数量，B 点表示全部支出用于消费 X_1 时，能够购买的 X_1 的最大数量，AB 线段就是消费者面临的预算约束线，用公式表示为：

$$P_1 X_1 + P_2 X_2 = I \tag{2-1}$$

从理论上讲，消费者对两种商品的选择组合，只要不超过预算线 AB 即可，即在三角形 ABO 范围内的任意一点都是可行的选择。但对于追求效用最大化的消费者，一定会充分利用其预算支出，因此，可行的选择组合只可能出现在预算线 AB 上。即使这样，消费者可能的选择组合仍然有无数多种，到底哪一种选择才是能够带来最大效用的商品组合呢？经济学理论推导的结果是，消费者的选择应该使自己购买的**两种商品的边际效用与价格之比相等**，用公式表示为：

$$\frac{MU_1}{P_1} = \frac{MU_2}{P_2} \tag{2-2}$$

上式中，式（2-1）为约束条件，式（2-2）是消费者在约束条件下实现**效用最大化的均衡条件**。

怎么理解这一均衡条件呢？式（2-2）说明消费者花在两种商品上的最后 1 元钱所带来的边际效用相等。如果不相等会是什么情况呢？假设消费者的商品组合使得 $\frac{MU_1}{P_1} > \frac{MU_2}{P_2}$，这就意味着最后 1 元钱花在第 1 种商品上所带来的边际效用比花在第 2 种商品上带来的边际效用大。这样的话，聪明的消费者会调整自己的消费组合：减少 1 元钱的商品 2 的购买，同时增加 1 元钱的商品 1 的购买。在此调整过程中，商品 1 的效用会增加，商品 2 的效用会减少，但是前者的数量会大于后者，因此消费者的总效用会增加。但是，由于边际效用递减规律的存在，随着调整的不断进行，商品 1 的边际效用 MU_1 会逐渐下降，而商品 2 的边际效用 MU_2 会逐渐上升，也就是说，这种调整给消费者带来的效用增加量会不断减少，直至 $\frac{MU_1}{P_1} = \frac{MU_2}{P_2}$ 时，调整带来的效用增加量减少为零，消费者的总效用达到最大。反之，当 $\frac{MU_1}{P_1} < \frac{MU_2}{P_2}$ 时，说明最后 1 元钱花在第 2 种商品上带来的边际效用比花在第 1 种商品上带来的边际效用大，这样，消费者通过减少第 1 种商品的消费而增加第 2 种商品的消费，同样可

以增加总效用。直至 $\dfrac{MU_1}{P_1} = \dfrac{MU_2}{P_2}$ 时，消费者的总效用达到最大。

下面以购买苹果和梨为例，具体说明消费者效用最大化的均衡条件。

表2-2 消费者的边际效用

商品数量（个）	1	2	3	4	5	6	7	8
苹果的边际效用（MU_1）	40	36	32	28	24	20	16	12
梨子的边际效用（MU_2）	17	16	15	14	13	12	11	10

在表2-2中，假设消费者在某一时期的收入（支出）为16元，全部用于购买苹果和梨两种商品，苹果和梨的价格分别为 $P_1=4$（元/个），$P_2=2$（元/个）。那么，16元的支出怎么在两种商品上进行分配才能给消费者带来最大化的效用呢？

理性的消费者将使自己的每一元钱所带来的效用都最大，根据表2-2来看，消费者首先将花4元钱购买第1个苹果，这时候每一元钱给他带来的边际效用是 40/4=10 个单位，为最大值。同理，接下来消费者将依次选择购买第2个苹果、第1个梨，最后剩下6元钱分别购买第3个苹果和第2个梨，这时花费在两种商品上的最后1元钱所带来的边际效用是相等的，即为 32/4=16/2=8 个单位。因此，在预算支出为16元钱时，消费者效用最大化的购买组合为 $X_1=3$ 单位和 $X_2=2$ 单位，满足效用最大化的均衡条件：

$$P_1 X_1 + P_2 X_2 = 4 \times 3 + 2 \times 2 = 16$$
$$\dfrac{MU_1}{P_1} = \dfrac{32}{4} = \dfrac{MU_2}{P_2} = \dfrac{16}{2} = 8$$

此时，消费者获得最大化效用，即为 40+36+32+17+16=141 单位。根据表2-2可以看出，无论消费者怎么调整自己的消费组合都不可能获得一个比这更大的总效用了。

相关链接 2-2

无差异曲线与消费者选择

前文对消费者行为的分析是以基数效用论为基础,运用边际效用方法展开的分析。经济学家现在更多的则是以序数效用论为基础,运用无差异曲线分析方法对消费者效用最大化的均衡问题展开分析。所谓无差异曲线是指能给消费者带来相同的效用水平或满足程度的两种商品的所有组合点的集合(如图2-3所示)。

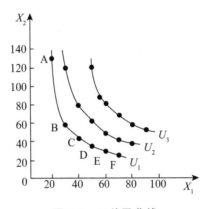

图 2-3　无差异曲线

图中,A、B、C、D、E、F是X_1和X_2两种商品的6种不同组合,这6种组合给消费者带来的效用水平是一样的,由这些点连成的曲线就是一条无差异曲线。如图2-3所示,无差异曲线可以有无数多条,每条无差异曲线都不会相交,离原点越远的无差异曲线代表的效用水平越高。最重要的一点是,无差异曲线向右下方倾斜,且凸向原点。这表明,要维持效用水平不变,在增加其中一种商品(X_1)的消费时(从A点到B点),必须减少另一种商品(X_2)的消费,也就是说两种商品之间存在相互替代关系。我们一般用边际替代率(marginal rate of substitution,MRS)来衡量这种替代关系,即以一种商品替代另一种商品的替代比率,它等于无差异曲线的斜率,在数量关系上$MRS_{12} = -\dfrac{dX_2}{dX_1} = \dfrac{MU_1}{MU_2}$。而且由于曲线凸向原点，在从 A 点向 F 点移动的过程中，随着 X_1 消费量的不断增加，每一单位 X_1 能够替代的 X_2 的数量是不断减少的，也就是说 MRS 会不断下降，这就是边际替代率递减规律。

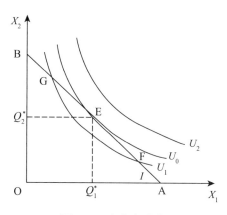

图 2-4　消费者均衡

运用无差异曲线分析消费者行为同样需要结合前文提到的预算线，即在既定的预算约束和市场价格条件下追求最大效用的问题。如图 2-4 所示，AB 是消费者面临的预算约束线，消费者可能的消费组合只能在 ABO 的范围内，在所有这些组合中，只有一种组合能够给消费者带来最大化的效用，即无差异曲线 U_0 与预算线 AB 相切的切点 E 代表的两种商品的组合，在 ABO 的范围内不可能找出第二个消费组合点，能够带来比 E 点更高的效用水平。因此，E 点即为消费者效用最大化的均衡点。在均衡点 E 点，预算线的斜率（绝对值）为 $\frac{P_1}{P_2}$，无差异曲线的斜率即为边际替代率 $MRS_{12} = \frac{MU_1}{MU_2}$，因此，$\frac{P_1}{P_2} = \frac{MU_1}{MU_2}$。所以，消费者效用最大化的条件为 $\frac{MU_1}{P_1} = \frac{MU_2}{P_2}$，这与利用边际效用方法分析消费者行为得到的结论是一致的。

四、收入或价格变化时我们怎么办？

前面我们分析消费者行为时，都是以消费者的收入（支出）和商品价格不变为前提。但在现实生活中，无论是我们的收入（支出）还是商品价格本身都会随着经济社会的发展而不断变化。面对变化了的收入（支出）或商品价格，对于追求效用最大化的消费者来说，其消费选择会发生什么样的变化呢？我们仍然以苹果和梨的消费为例来说明这个问题。

（一）收入发生变化

小明是武汉某高校的一名大学生，其收入主要来自于父母每个月给他的生活费，假设为 1 000 元／月，小明拿出其中的 100 元作为每个月的水果支出费用，主要用于苹果和梨的消费。当苹果的价格 $P_1=4$，梨的价格 $P_2=2$ 时，小明在消费苹果和梨时面临的预算约束就是 100，对应的预算线就是 $4\times Q_{苹果}+2\times Q_{梨}=100$，如图 2-5 中的 AB 线，此时小明从水果的消费中获得最大效用的苹果和梨的组合一定在 AB 线上的某一点，比如（15，20），这一点满足边际效用与价格之比相等的均衡条件。

如果小明父母由于工作业绩突出，这个月开始都升职加薪了，小明的月生活费也跟着涨到 1 200 元，这时小明每个月的水果支出费用也会增加，比如 120 元。如果苹果和梨的价格不变，小明面临的预算线就变为 $4\times Q_{苹果}+2\times Q_{梨}=120$，如图 2-5 中的 A_1B_1 线。也就是说，当商品相对价格不变，而支出增加时，预算线会向右平移。这样，效用最大化的均衡点也会从 AB 线移动到 A_1B_1 线上的某一点，新的均衡点同样满足边际效用与价格之比相等的条件。而且一般来讲，在新的均衡点上，苹果和梨的消费组合在量上会大于原有的消费组合，比如新的组合是（18，24），也就是说，随着收入（支出）的增加，小明对苹果和梨的消费量都会随之增加。

反之，如果小明的父亲（或母亲）由于经济危机非常不幸地失业了，小明的生活费不得不降低，比如下降到 800 元／月，这样他每月花在水果上的支出也会下降，比如 80 元。在苹果和梨的价格不变情况下，小明面临的预算线就变为 $4\times Q_{苹果}+2\times Q_{梨}=80$，如图 2-5 中的 A_2B_2 线。这样，效用最大化的均衡点就会从 AB 线移动

到 A_2B_2 线上的某一点，新的均衡点同样满足边际效用与价格之比相等的条件。在新的均衡点上，苹果和梨的消费组合在量上会小于原有的消费组合。比如新的组合变化为（12，16），也就是说，随着收入（支出）的下降，小明对苹果和梨的消费量都会随之下降。

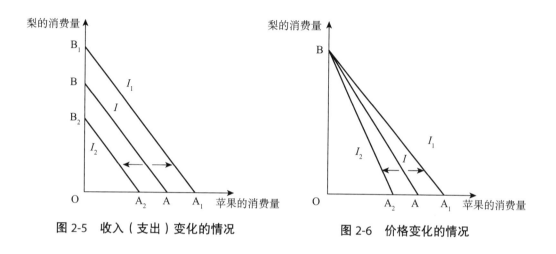

图 2-5　收入（支出）变化的情况　　　　图 2-6　价格变化的情况

（二）价格发生变化

如果小明面对的不是收入（支出）发生变化，而是商品的价格发生变化，情况会有什么不同呢？假设小明每月的水果支出费用仍为 100 元，当苹果和梨的价格分别为 4 元和 2 元时，小明面临的初始预算线为 $4×Q_{苹果}+2×Q_{梨}=100$，如图 2-6 中的 AB 线，假设效用最大化的商品组合仍然是（15，20）。

如果有一天，苹果的价格突然下降到了 3 元，导致苹果和梨的相对价格发生变化，这时小明面临的预算线就变化为 $3×Q_{苹果}+2×Q_{梨}=100$，预算线从 AB 向右旋转到 A_1B，效用最大化的商品组合也随之发生变化。但小明对苹果和梨的消费数量具体会发生什么样的变化呢？对这一问题我们可以从两个方面加以理解。一方面，苹果价格下降意味着小明如果仍然消费原有数量的苹果和梨，就可以节约 15 元钱，小明的实际收入增加了，增加的这 15 元钱可以用来购买更多的苹果和梨。这种由于商品价格变化导致实际收入变化、进而对商品需求量发生变化的情况被称为价格变化的**收入效应**。另一方面，苹果价格下降意味着苹果相对于梨来说更加便宜了，那么小明就会用相对价格下降的苹果去替代对梨的消费，因此苹果的消费量会进一步增加。为什么会发生这种替代呢？我们假设在初始条件下，在维持效用水平不变时，1个苹果可以替换2个梨，当苹果价格降为3元后，小明如果少消费2个梨，则可以节约4元钱，用这4元钱可以购买4/3个苹果，这样小明的总效用就会增加。因此，聪明的小明一定会用苹果去替代对梨的消费。这种由于商品价格变化导致商品相对价格变化，进而导致对商品需求量的变化，被称为价格变化的**替代效应**。因此，苹果价格下降后，收入效应和替代效应都会导致小明对苹果的需求量增加。

反之，如果苹果价格突然上升到5元钱，预算线会从AB向左旋转到A_2B。价格上升的结果就是，一方面，小明的实际收入会下降，因此苹果价格上升的收入效应将导致小明对苹果的需求量下降。另一方面，苹果相对于梨更贵了，小明则会用梨去替代对苹果的消费，因此替代效应又会进一步降低对苹果的需求量。可见，苹果价格上升后，收入效应和替代效应都会导致小明对苹果的需求量下降。

第二节　生产者的选择

一、产品是如何生产出来的？

在日常生活中，我们每天都会消费各种各样的产品和服务，那么这些千千万万的产品和服务又是如何被生产出来的呢？在经济学中，当我们问到这个问题时，一般不涉及生产过程中的具体技术问题，而是指生产者（企业）是如何把各种生产要素组合在一起进行生产活动，从而生产出相应的产品和服务。这里的生产要素一般是指劳动（L）、资本（K）、土地（N）、企业家才能（E）等基本要素，为了简化分析，在对生产者行为的分析中我们只考虑劳动和资本两种投入要素，则生产函数[1]可以

---

[1] 生产函数是指，在技术水平不变的条件下，既定的生产要素投入能够带来的最大产出，它是产量Q关于要素（资本K和劳动力L）投入量的关系表达式。

表示为：$Q=f(L, K)$。下面，我们可以通过一个服装厂建立的例子来说明企业的产品是如何生产出来的，生产过程又有何特点。

20世纪90年代，在社会主义市场经济体制正式确立之后，中国对外开放的步伐进一步加快。在世界范围内，适逢信息技术革命的爆发期，欧洲、美国、日本等发达国家信息产业快速发展的同时，许多传统产业逐渐向欠发达国家转移，而中国作为世界上最大的发展中国家，自然承接了大量的这种传统产业，纺织服装业便是其中之一。尤其是在中国东部沿海地区，各种大大小小的纺织服装厂如雨后春笋般出现，广州大华服装贸易有限公司便是其中之一。那么，大华公司是如何开始它的生产活动的呢？首先，它得找一个合适的地方建造厂房，建好厂房之后还要购入若干台缝纫机，我们把类似厂房、机器设备等投入称为资本要素（K）投入。在完成资本要素投入之后，接下来要做的事情自然就是去招聘制衣工人，这里的制衣工人就称之为劳动要素（L）。这两种要素都准备好了之后，企业就可以正式开始生产活动了。假设企业建成的厂房面积为100平方米，能够容纳的缝纫机数量为50台，招聘到的制衣工人刚好也是50人，这50人分为5个小组。一旦进入具体生产活动，短期之内，企业的资本要素投入量就无法改变了，能够变化的只有劳动要素的投入量。因此，在企业的短期生产[1]过程中，我们把资本称之为不变（固定）要素，劳动称之为可变要素。

（一）总产量、边际产量与平均产量

大华公司的衣服产量显然与要素投入量相关，在资本投入既定的情况下，产量自然就受到劳动要素投入量的影响。成衣的制作过程是由一道道工序组成的，例如打版、裁剪、缝制、整烫等，因此50台缝纫机如果只有50个工人的话，机器就得不到充分利用，工人之间也会因为缺乏分工协作而导致生产效率低下，假设此时平均每个制衣工人每天能够制作7.5件衣服。企业老板为了增加产量、同时也为了提高生产效率，会逐渐雇用更多的工人。随着工人数量的增加，企业的产量会发生什么

---

[1] 所谓短期生产就是指资本要素投入不能改变，只有劳动要素投入能够改变的生产。对于短期与长期的区别，下一部分会具体分析。

样的变化呢？为了分析方便，我们只考察每个小组（10人）的生产情况。通过表2-3我们可以找出其中的规律。

表2-3 劳动投入与衣服产量

劳动力的数量（人）	总产量（TP）	边际产量（MP）	平均产量（AP）
10	75	-	7.5
11	87	12	7.9
12	104	17	8.67
13	124	20	9.54
14	140	16	10
15	150	10	10
16	156	6	9.75
17	158	2	9.29
18	158	0	8.78
19	155	-3	8.16

结合生产函数分析企业的要素投入和产量关系，我们可以归纳出企业生产的3个重要产量概念，即总产量、边际产量和平均产量。

所谓**总产量**（total product，TP）是指既定的要素投入能够生产出来的产出总量，对于我们的例子而言，它表示在资本要素不变的情况下，随着可变投入要素（劳动力）的变化，总产出的变动情况。从表2-3可以看出，随着劳动力投入的不断增加，总产量刚开始不断增加，当劳动投入达到18时，总产量达到最大值158，之后总产量随着劳动投入的增加而下降。在弄清楚总产量的概念之后，我们很容易理解另一个重要概念——边际产量。

所谓**边际产量**（marginal product，MP）是指在其他投入要素不变的情况下，每增加1单位变动要素投入所引起的总产量的变动量。用公式表示为：边际产量 = 总产量的变动 / 劳动力投入的变动（$MP_L = \frac{\Delta TP}{\Delta L}$）。在这里，厂房、机器设备等资本要素是固定不变的，每增加1单位劳动投入而多得到的产量即为劳动的边际产量，从

表 2-3 可以看出，随着劳动投入的增加，劳动的边际产量先是递增的，当劳动力达到 14 人的时候就开始下降了，之后会一直下降为 0 甚至负数。

最后一个概念则是**平均产量**（average product，AP），它是指在其他要素（资本）投入不变的情况下，平均每单位变动投入要素（劳动力）的产量，它等于总产量除以劳动力的投入数量，用公式表示为：平均产量 = 总产量 / 劳动力的投入量（$AP_L = \dfrac{TP}{L}$）。从表 2-3 可以看出，随着劳动投入的增加，劳动的平均产量刚开始也是增加的，当劳动力数量达到 15 时，平均产量达到最大，之后随着劳动力投入的进一步增加，平均产量开始下降。

把表 2-3 中的产量与要素投入量之间的数据关系用曲线图表示出来，就可得到图 2-7，从中我们可以更好地观察总产量、边际产量和平均产量随劳动力增加的变化情况。

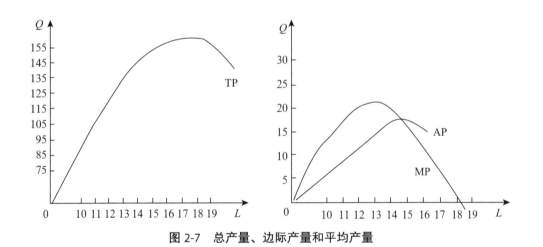

图 2-7　总产量、边际产量和平均产量

（二）边际报酬递减规律

图 2-7 清楚地表明，无论是总产量、边际产量还是平均产量，刚开始都会随着劳动要素投入的增加而增加，超过一定点之后则会随着劳动投入的进一步增加而逐渐下降。为什么会有这样一种变化特点呢？这就涉及企业短期生产过程中一条非常重要的经济规律，即边际报酬递减规律。所谓边际报酬递减规律是指，在技术水平不变的条件下，当其他要素投入（如资本）不变时，随着某种可变要素（如劳动）投

入的不断增加，该要素带来的边际产量是逐渐下降的。

下面，我们仍然以服装生产为例，从两个方面来理解边际报酬递减规律。第一，边际报酬递减规律一定是在其他生产要素固定不变时，只有一种生产要素发生变化时出现的一种现象。在每个制衣小组的生产过程中，资本投入（如厂房面积、缝纫机数量）是既定不变的，发生变化的只是制衣工人即劳动要素的数量，从10人一直增加到11人、12人、13人……随着劳动投入的不断增加，总产量会发生相应的变化。第二，边际报酬递减规律并非从一开始就存在，事实上，刚开始时边际报酬是逐渐增加的，只是在可变要素的投入超过一定点之后，边际报酬才呈现出一种递减趋势。[1]在我们的例子中，当每个小组的制衣工增加到11人时，就可以有1个人专门负责打版，这样小组内就有了第一次分工，生产效率会得到一定程度的提高，新增加的1人也使得总产量增加了12单位。当增加到12人时，又会有1人专门负责裁剪，分工进一步细化、生产效率也进一步提高，这时的总产量增加了17单位。当增加到13人时，又会有1人专门负责整烫，小组分工进一步完善，生产效率大幅提高，这时的总产量增加了20单位。至此，每增加一单位劳动投入的边际产量都是递增的，即边际报酬是递增而非递减的。当劳动投入进一步增加到14人、15人时，虽然也能在一定程度上促进生产效率的提高，但效果没有之前那么显著，而且越来越差，因此劳动的边际产量逐渐下降到16、10单位，边际报酬递减规律开始发挥作用。当每个小组的劳动力增加到18、19人时，边际产量已经减少为0甚至负数，这说明相对于10台缝纫机来说，劳动要素投入太多了，新增的劳动力不仅没有发挥积极作用，可能还会因为工作空间狭小或者工作中的互相推诿、人浮于事等现象导致生产效率严重降低，总产出随之下降，边际报酬递减规律表现得越发明显。

边际报酬递减规律是生产过程中一条被企业广泛接受和遵守的规律，它告诉我们，企业的生产经营活动对各种生产要素的使用一定要合理搭配，才能使每一单位生产要素都发挥出最大作用。就我们的例子来说，企业的生产活动对劳动要素的选

---

[1] 边际报酬递减规律是对边际产量变化趋势的一种描述，在这个大趋势下，边际报酬会有一定的反复和波动，实际上边际产量在开始阶段就有一个递增的过程，但是从发展趋势而言边际报酬是逐渐递减的，因此，我们把这个规律称为边际报酬递减规律。

择一般会控制在平均产量开始下降但是边际产量大于零的区间之内,至于具体在哪一点上,则要结合企业的成本状况进行分析。

> **相关链接 2-3**

农业生产中的边际报酬递减
——从"大跃进"到"杂交水稻"时代

边际报酬递减规律在 18 世纪被提出后,曾发生了两种观点的争论。一种观点从递减性出发,引申出了资本主义的利润趋于下降的趋势,从大卫·李嘉图(David Ricardo)以后的众多西方学者据此对资本主义抱以同情;另一种观点通过强调技术进步的作用,强烈批判了这一规律,认为它抹杀了技术进步对收益递减的反作用,马克思主义的经济学从列宁开始就非常强调这一批判性的结论。

实际上,技术进步因素在产量变化过程中到底重不重要?这主要与我们要考察的时期长短有关。假设我们是在一个充分长的时期内考察某种产品的生产,那么技术进步的因素很难不发挥作用;而在一个短期内假设技术水平没有发生变化可能会更现实一些。这样,在短期内边际报酬递减应该被当作一个客观的规律来看待。说它是客观的规律,主要是因为这一规律是由生产的技术特征决定的。根据边际报酬递减规律,边际产量先递增后递减,递增是暂时的,而递减则是必然的。边际产量递增是生产要素潜力发挥,生产效率提高的结果,而到一定程度之后边际产量递减,则是生产要素潜力耗尽,生产效率下降的原因所致。

规律既然是客观的,就必须得到尊重,否则就会受到规律的惩罚。由于"大跃"进时期的舆论导向把人定胜天的思想拔高到了让人头脑发昏的地步,当时的人们错误地提出"人有多大胆,地有多高产"。超限度的强行"密植"必然导致粮食产量的大量减产。

按照边际报酬递减规律,连续追加投入,得到的产出的增加却越来越少,这似乎很可怕,但从长期着眼却也没什么了不起。从中华人民共和国成立以来,中国一方面人口翻了一番还多,而另一方面耕地的面积却一直在减少。然而改革开放以来,中国并没有出现所谓的"粮食危机",这多亏了农业科技进步所发挥的作用。从边际报酬递减规律的角度来看,中国没有发生"粮食危机",主要是因为在长期中,这一规律的前提条件——技术水平不变——发生了变化。以袁隆平的事迹为例,为了提高水稻亩产量,他几十年如一日蹲在田间地头,经过无数次艰苦的试验和研究,终于将水稻种植技术推进到"杂交水稻"时代,在袁隆平取得成就的基础上,中国科学家通过联合攻关,现在已全部破解了水稻的基因密码。这对中国今后大幅度提高水稻亩产量提供了美好的前景。

从"大跃进运动"到袁隆平的成就,给我们展示了如何对待边际报酬递减规律的正反两方面的例证。在短期,我们必须尊重边际报酬递减规律,确定合理的投入限度;但在长期,通过积极地实施技术创新战略,打破边际报酬递减规律的限制,可以为人民谋取更大的福利。

资料来源:杨勇主编,《微观经济学——原理、案例与应用》(第二版),中国人民大学出版社2012年版,第86-87页,文章有部分删减。

二、长期与短期有何区别?

前面我们对各种产量概念以及边际报酬递减规律的分析都是针对企业的短期生产活动而言的,那么对企业而言,长期又是指什么?短期与长期有何区别?长期之内企业的生产选择又有什么样的特点?对这些问题,我们同样可以从大华公司的生产过程中找到答案。

(一)企业的长期生产有何特点

以大华公司为例,自 20 世纪 90 年代中期公司成立以来,发展一直非常平稳,订单销量稳定增长,制衣工人的加班时间也越来越长。到了 2001 年年底,当中国加入世界贸易组织(WTO)的申请被通过之后,大华公司收到的外贸订单突然大幅增加,现在单靠延长工人加班时间已经无法有效解决生产问题了,但是短时间内,公司也无法购入更多的缝纫机加入生产活动,因为厂区面积已经不够用了。为了不影响公司发展,大华公司只能选择雇用更多的工人,实行两班倒的工作制,从而在短期内实现增加产量的目的。而招聘更多的工人,相对来说是一件比较容易的事情,短时间内就可以完成。当然,这只是一种权宜之计,无法从根本上解决企业目前面临的问题,着手扩大企业规模是唯一的办法。于是大华公司开始购置土地、新建厂房、购入相关机器设备,半年之后一切就绪,大华公司到劳动力市场招聘了 80 名制衣工人,新工厂正式建成投产。

公司的发展总是会遇到各种曲折,到了 2008 年,由美国"次贷危机"引发的全球金融与经济危机导致全球经济都陷入了衰退,国内外市场需求都大幅下滑,进而导致大华公司的订单大幅减少。渐渐地,公司到了难以为继的地步,不得不做出缩减生产规模的决定。大华公司打算关闭其中一座工厂,在支付了相关赔偿金后,公司首先解雇了这个工厂内的几十名制衣工人,但是厂房和机器设备没办法在短时间内出售。经过大半年的谈判考虑,大华公司最终把关闭的厂房转让给了一家物流公司做仓库,而机器设备只能以较低的价格在跳蚤市场上出售。

无论是 2001 年的生产扩张还是 2008 年的关厂停产,大华公司的行为都告诉了我们这样一个道理:在长期内,企业会根据市场需求状况的变化,通过调整所有的生产要素来把自己的生产规模调整到一个最优水平上,这就是企业的长期生产具有的特点,即所有的生产要素(包括资本和劳动)都是可以调整的,长期生产与短期生产的根本不同也在于此。[1]

---

[1] 需要说明的是,对于短期与长期没有具体的时间划分标准,不同的行业由于其生产特点不一样,短期和长期的时间期限也就不一样,某个行业的长期在另外一个行业看来可能只是短期。

(二)企业需要多少资本和劳动

通过前面的分析我们知道,企业要实现既定的产量目标,在短期内只能通过调整可变要素来实现,但这往往会导致不变要素与可变要素之间的搭配失衡。但是在长期之内,由于企业可以对所有生产要素进行调整,这样就能够对各种要素进行合理搭配使用。在经济学中,一般用等产量曲线来描述既定产量条件下的生产要素组合情况。

所谓"等产量曲线",表示在技术水平不变的条件下,生产某一固定产出下的两种生产要素投入量的所有不同组合的轨迹,如图2-8所示。这里的等产量曲线类似于消费者理论中的无差异曲线,因此它们具有某些类似的特点,例如同一平面上可以有无数条等产量曲线、离原点越远的曲线代表的产量水平越高、每两条曲线都不会相交。最重要的是,等产量曲线都是向右下方倾斜且凸向原点的,这两点也体现了企业在要素使用过程中的一条基本规律,即边际技术替代率递减规律。

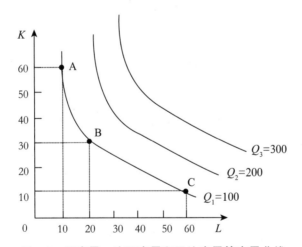

图 2-8 总产量、边际产量和平均产量等产量曲线

等产量曲线向右下方倾斜,说明在既定的产量条件下,两种要素之间是可以相互替代的。如图2-8所示,生产100单位产品的资本和劳动要素的组合可以有无数多种,既可以选择更多的资本和更少的劳动搭配(如A点),也可以选择更多的劳动和更少的资本搭配(如C点),从A点向C点移动的过程就是劳动不断替代资本的过程,要素之间的替代程度用边际技术替代率表示。因此,所谓**边际技术替代率**(marginal rate of technical substitution，MRTS）就是指，在维持产量水平不变的条件下，增加一单位某种生产要素投入量时所减少的另一种要素的投入量。可用公式表示为：$\mathrm{MRTS}_{LK} = -\dfrac{\Delta K}{\Delta L}$。

等产量曲线凸向原点，说明边际技术替代率是递减的。如图2-8所示，在维持产量不变的条件下（Q_1=100），随着劳动要素投入的不断增加（从A点到C点），每增加1单位劳动投入所需要放弃的资本投入量是不断减少的，也就是说每1单位劳动要素能够替代的资本数量是递减的，这就是**边际技术替代率递减规律**。

边际技术替代率递减规律告诉我们，对于任何一种产品的生产，各种要素投入之间必须要有适当的比例。例如，在劳动投入量很少和资本投入量很多的情况下（A点），减少一定的资本投入量后通过增加较少的劳动投入量就可以弥补，以维持原有的产量不变，即劳动对资本的替代率非常高，总成本也可以下降。但是，当劳动投入增加到相当多数量和资本投入量减少到相当少的情况下（C点），还要继续用劳动去替代资本就很困难了，反过来用资本去替代劳动则比较容易，同样也可以使成本降低。因此，劳动与资本之间适当的搭配比例，如图2-8中的B点，对企业来说是一个较为合适的选择。

（三）规模报酬

在短期生产过程中，随着可变要素的不断增加，在边际报酬递减规律的作用下，企业的总产量增加得会越来越慢，甚至还会下降，这是产出对单一要素投入增加的反应。但如果所有要素都增加又会产生什么样的结果呢？例如，资本和劳动投入量都增加1倍，产出会增加多少呢？这就涉及企业长期生产过程中的一个重要现象——规模报酬问题，即要素投入规模的增加对产出的影响。关于规模报酬，我们需要区分三种情况：

首先是规模报酬不变，表示所有要素投入量同步增加导致总产出也以同样的比例增加。例如，资本和劳动的投入量都增加1倍时，总产量也刚好增加1倍。如图2-8所示，如果初始点在B点，资本和劳动要素的投入为（30，20），产量为100。当要素投入增加到（60，40）时，产量增加到200，这一过程就是规模报酬不变。

其次是规模报酬递增，表示所有要素投入量同步增加导致总产出以更大比例增加。例如，资本和劳动的投入量都增加1倍时，总产量增加超过1倍。如图2-8所示，如果初始点在B点，当要素投入增加到（60，40）时，产量增加到210（大于200即可），这一过程就是规模报酬递增。

最后是规模报酬递减，表示所有要素投入量同步增加导致总产出以较小比例增加。例如，资本和劳动的投入量都增加1倍时，总产量增加小于1倍。如图2-8所示，如果初始点在B点，当要素投入增加到（60，40）时，产量增加到190（小于200即可），这一过程就是规模报酬递减。

规模报酬现象在现代工业生产过程中非常普遍。事实上，在许多行业中往往有最低规模要求，也就是说，在企业达到最低规模之前，往往是处于规模报酬递增阶段的，这个时候，扩大生产规模对企业来说显然是有利的，因为更大的规模意味着更细致的分工和更高的生产效率，最终会降低平均成本，企业更具竞争力。当然，规模太大时也会进入报酬递减阶段，导致企业成本上升、竞争力下降。

经济学案例2-2

共享单车 进入规模报酬递减阶段

最近微信朋友圈流行的段子是"共享单车的颜色已经不够用了"，一句话道尽了目前共享单车平台发展的尴尬。随着越来越多的共享单车平台进入市场，不同颜色的共享单车涌上城市街头，而原本被评价为"设计巧妙"的靠押金盈利的商业模式，在持续扩大的投资竞争中也受到严重挑战。

……

2007年，第一个公共单车模式引入中国，由地方政府主导进行有桩单车的设置和运营；2010年，开始有专门经营单车的企业进入有桩单车市场，但市场反应平平；直到2014年，以共享单车名义出现的"移动互联网+无桩单车"进入校园，

2015年ofo拿到了第一个共享单车的融资；到了2016年，共享单车成为资本疯狂追逐的热点，25家共享单车平台从各个渠道获取了国际投资。

到目前为止，摩拜单车已经完成了D+轮融资，累计融资额度超过3亿美元。与此同时，ofo宣称完成了4.5亿美元的D轮融资，哈罗单车则声称刚刚完成数亿元的B轮融资，小蓝单车也表示再次获得4亿元融资。

按照投资人的逻辑，刨除租金收费，平均每辆单车可以吸引6—10个人的押金，即吸储1 200元—2 000元，如投放1 000万辆车，就可以吸储100亿元。按照金融业规律，这笔资金可以派生出500亿的借款，获取至少35亿元的收入和10亿—20亿元的利润，同时还能掌握所有用户的真实信息。

这正是共享单车能得到众多国际资本青睐的真正原因。

如此看来，共享单车平台的盈利模式好像设计得天衣无缝，不仅解决了公共交通"最后一公里"的高频刚需，还得到了通过创新日渐完善的自行车本体产品以及客户主动告知的私人信息。

但且慢兴奋，平台规划者遗漏了投资中非常重要的一项因子，就是这种单纯的商业模式是否会很容易被复制，而快速复制会过早进入规模报酬递减阶段。

数据显示，ofo的单车投放达到80万台，市场占有率为51.2%；摩拜单车的投放量为60万台，市场占有率为40.1%。但据了解，目前市场上已有25家品牌共享单车平台运行，且这一数据还会继续直线上升。

到2016年年底，中国共享单车市场整体用户数量已达到1 866万，预计今年年底将达到5 000万的用户规模，如此巨大的超值盈利市场怎么可能少了新入者。而新入者如果没能在现有的商业模式或者运营模式上进行创新的话，如何能吸引客户并由此吸引投资方呢？

因此，在3个月前，共享单车平台还在索要数百元的押金并按小时租车计算费用。如今，许多共享单车平台却开始实行免费骑行，且开启了骑行赠红包模式：使用共享单车不仅不花钱，还可以赚钱。之前的押金金融运营模式也突然变成了免押金模式。

之所以如此，核心问题就是共享单车平台快速进入到了规模报酬递减阶段。规模报酬递减是指产量增加的比例小于生产要素增加的比例，即共享单车在贪婪而疯狂的投机资本推动下，迅速进入了盲目扩张的供给超高速增长阶段，而相应的利基市场并未随其增长频率起舞。最新统计显示，江苏省每周骑行共享单车1次的人占79.7%，每周骑行4次的人仅占4.3%。数据说明，许多人只是偶尔尝试体验共享单车，真正长期使用的并不多。因此，共享单车市场出现了供远大于求的投资窘境。

资料来源：刘大成，"共享单车进入规模报酬递减阶段"，载《经济参考报》，2017年4月18日，文章有部分删减。

三、盈利还是亏损？

在分析生产者的行为时，产量自然是企业关注的主要目标，但是作为一个"理性"的行为者，利润目标或许更为重要。在经济学中，一般假定所有的企业都是追求利润最大化的。但是利润是由两方面的因素决定的，即成本与收益。下面我们就对企业的成本与利润问题进行简单介绍，并以此为基础进一步分析企业的生产行为。

（一）形形色色的成本与利润

当我们谈到成本时，通常是指企业在生产过程中购买各种要素的货币支出。但是在经济学的分析中，我们通常是从资源配置的角度来看待成本，因此也提出了一些不同的成本概念，不同的成本对应不同的利润。

1. 机会成本

通常我们把企业在生产过程中购买各种要素的货币支出称为**会计成本**，这部分成本一般会反映到企业的会计账目中去。但是经济学家思考成本问题的角度与会计人员不一样，他们会广泛地考虑稀缺资源的有效配置问题。一般情况下，某种资源都会有多种用途，例如对于一笔资金，我们可以存在银行收取利息，也可以以股票形式进行投资以获取红利，还可以用于自己创业的启动资金。一旦我们把这项资源用于某种用途后，就不能再作它用，也就等于是放弃了该资源用在其他生产活动中能够带来的最高收入，这就是企业的生产决策面临的**机会成本**。例如我们把 10 万元存在银行 1 年能够收取 4 000 元利息，如果投资股票能够获得 6 000 元红利，那么把 10 万元用于经营一家蛋糕店的机会成本就是 6 000 元。经济学家通常会从机会成本的角度考虑企业的成本问题。

2. 显性成本与隐性成本

有些机会成本需要企业支出一定的货币，有些则不需要，前者称之为显性成本，后者则称之为隐性成本。具体来看，所谓**显性成本**是指企业在生产要素市场上购买或租用所需要的生产要素的实际支出。例如，企业在开始生产之前，先要雇用一定数量的工人，租借一定数量的土地，并向银行借款用于购买机器设备和原材料等，那么企业支付给工人的工资、土地所有者的地租和银行的利息就是显性成本。这些显性成本也是一种机会成本，因为企业为获得这些生产要素所支付的价格必须等于这些生产要素所有者（拥有劳动力的劳动者、拥有土地的地主、拥有资本的银行）将他们掌握的要素使用在其他用途时所能获得的最高收入，否则企业就不能获得这些生产要素。

所谓**隐性成本**是指企业自己所拥有且在自己的生产过程中被使用的那一部分生产要素的总价格。对这一部分生产要素的使用，企业在形式上不需要支付相应的货币，但实际上仍然是有成本的。例如，在上面的例子中，除了显性成本支出之外，如果企业还有一部分自有资金用于日常周转，对这部分自有资金的使用，企业在形式上不需要向自己支付利息。但对这笔资金的使用仍然是有成本的，只不过这笔成本我们通常看不见，所以才称之为隐性成本。隐性成本的大小就应该等于这笔资金用作他途时所能够获得的最高收入，否则企业会把这笔资金转移到其他生产活动中，以获得更高的报酬，所以对于隐性成本我们也必须从机会成本的角度加以理解。

结合前面的分析可知，经济学家计算的成本为：**经济成本＝显性成本＋隐性成本**。

3. 沉没成本

经济学家在考虑企业的生产成本时，通常会把显性成本和隐性成本都考虑在内，但是他们会忽略另一种与企业决策无关的成本，即沉没成本。所谓**沉没成本**是指已经支付的且无法通过改变当前决策而收回的成本。这类成本会在企业的会计账目中得到反映，是会计成本的一部分，但不会影响企业的当期决策。例如某家企业看中了一块土地，准备用于自建厂房，总价 1 000 万元，支付了 100 万元的定金，定金是无论如何都不能返还的，这 100 万即为沉没成本。假如企业某一天发现了另一块面积差不多的土地，价格只要 950 万元，那么企业该做何选择呢？这时企业仍然会选择已经交付定金的那块土地，尽管其总价更高，但是 100 万元的定金是沉没成本，一旦成本沉没（无法转作他用），就不再是机会成本了，因此在当前做决策时就不应考虑，所以这块土地的经济成本应该是 900 万元，低于新发现的土地价格 950 万元。

4. 总收益与利润

决定企业利润大小的除了总成本之外，还有总收益。所谓**总收益**（total revenue，TR）就是企业销售其产品时获得的货币收入，因此，总收益＝产量×价格，即 $TR = Q \times P$。

对于利润，会计人员通常是从会计成本的角度进行考虑的，因此：会计利润＝总收益－会计成本。但是经济学中提到的利润通常是指经济利润。**经济利润**是指总收益与总成本（经济成本）之间的差额，即：

经济利润＝总收益－经济成本＝总收益－显性成本－隐性成本

因此，经济利润和会计利润的区别在于对成本的定义不同，经济学中的成本是指机会成本，而会计账面上的成本不包括隐性机会成本，所以会计利润经常大于经济利润。

经济利润有时也被称为超额利润,这是与正常利润相对应的一个概念。所谓**正常利润**是指生产者对自己所拥有的企业家才能这一生产要素所支付的报酬。需要指出的是,正常利润是企业总成本的一部分,是一种隐性成本。因为对于生产者所拥有的企业家才能这种生产要素,他有两种不同的选择,一种选择是当自己企业的管理者,另一种是受雇于其他企业以获取工资报酬。如果他选择前者,他就失去了到别的企业当管理者所能获得的报酬,这份报酬就是他选择在自己企业当管理者的机会成本。由于正常利润属于经济成本的一部分,所以经济利润中是不包含正常利润的。而经济利润又等于总收益减去经济成本,所以当企业的经济利润为零时,企业仍然能够获得正常利润。

经济学案例 2-3

到底赚了多少钱?

小王是一个大学毕业生,在这个"大众创业、万众创新"的年代,小王毅然决然放弃了一份年薪 60 000 元的工作,走上自主创业的道路。经过一番思考,小王打算先开一家奶茶店,恰好自家在市区有一家大小合适的店面可以用来开店,这样店面问题就解决了。小王一个人忙不过来,还需要雇用一位店员,假设店员工资为 50 000 元/年。在这些基本问题解决后,小王就开始购买原材料、准备开门营业了。1 年之后,小王对其账目进行了简单合计,发现这一年的总销售收入为 250 000 元,制作奶茶的原材料成本总计 60 000 元,水电费用总计 5 000 元。小王这一年的利润是多少呢?

从会计成本(这里不考虑沉没成本)的角度看,小王这一年的总成本支出为:店员工资(50 000)+原材料成本(60 000)+水电费(5 000)=11 5000(元)。所以,小王获得的会计利润 = 总收益—会计成本 =250 000 — 115 000=135 000(元)。

但是从经济成本的角度看,上述算法显然忽视了隐性机会成本,夸大了利润。实际上，小王除了支付以上显性成本以外，还承担了一部分隐性成本，包括小王放弃的工资收入 60 000 元，自家店铺的租金（假设市场价为 70 000 元/年），因此，小王实际获得的经济利润＝会计利润－隐性成本＝135 000 － 60 000 － 70 000＝ 5 000（元）。

（二）企业生产成本的计量

在生产者行为理论当中，我们对企业成本的分析比较简单，假设企业只存在显性成本，不涉及隐性成本或沉没成本等。因此，下面我们对企业成本的分析，只涉及各种要素成本。前面我们已经讲到，在短期和长期企业对要素的使用情况是不一样的，因此，我们对企业成本的分析也分为短期成本与长期成本。

1. 短期生产成本

在短期之中，有些生产要素是固定不变的，例如资本；有些则是可变的，例如劳动力。因此，短期生产成本相应地分为不变成本（固定成本）与可变成本。可以用表 2-4 和图 2-9（横轴 Q 表示产量，纵轴 C 表示各种成本）来说明企业的短期生产成本。

表2-4　某企业的短期总成本、平均成本和边际成本

产量（Q）	不变成本（FC）	可变要素投入（L）	可变成本（VC）	短期总成本（STC）	平均不变成本（AFC）	平均可变成本（AVC）	短期平均成本（SAC）	短期边际成本（SMC）
0	50	0	0	50				
5	50	1	20	70	10.00	4.00	14.00	4.00
11	50	2	40	90	4.55	3.64	8.18	3.33
18	50	3	60	110	2.78	3.33	6.11	2.86
26	50	4	80	130	1.92	3.08	5.00	2.50
33	50	5	100	150	1.52	3.03	4.55	2.86
39	50	6	120	170	1.28	3.08	4.36	3.33
44	50	7	140	190	1.14	3.18	4.32	4.00

续表

产量（Q）	不变成本（FC）	可变要素投入（L）	可变成本（VC）	短期总成本（STC）	平均不变成本（AFC）	平均可变成本（AVC）	短期平均成本（SAC）	短期边际成本（SMC）
48	50	8	160	210	1.04	3.33	4.38	5.00
51	50	9	180	230	0.98	3.53	4.51	6.67
53	50	10	200	250	0.94	3.77	4.72	10.00
54	50	11	220	270	0.93	4.07	5.00	20.00

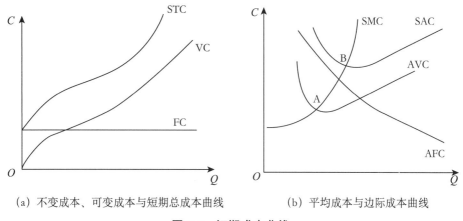

（a）不变成本、可变成本与短期总成本曲线　　（b）平均成本与边际成本曲线

图 2-9　短期成本曲线

不变成本（fixed cost，FC）是指企业在短期内为生产一定数量的产品而花费在不变要素上的成本支出。在既定的产量范围内，它不随产量的变动而变化，即使产量为零也必须支付。例如，厂房和机器设备的折旧费、利息等都属于不变成本。如表 2-4 中的不变成本始终为 50，对应的不变成本曲线就是图 2-9（a）中的一条水平直线。用不变成本除以产量，就可得到**平均不变成本**（average fixed cost，AFC），即每单位产品所分摊的不变成本，它随着产量的增加而不断下降，如图 2-9（b）所示。

可变成本（variable cost，VC）是指企业在短期内为生产一定数量的产品而花费在可变要素上的成本支出，它会随着产量的变动而变动，例如原材料费用、燃料费和工人工资等都属于可变成本。一般来说，当产量为零时，可变成本也为零，随着产量的增加可变成本也随之增加。如表 2-4 中的劳动力成本随工人人数的变化趋势，对应的可变成本曲线就是图 2-9（a）中的一条斜率先递减然后递增的曲线。用可变成本除以产量，就可得到**平均可变成本**（average variable cost，AVC），即每单位产品所耗费的可变成本。随着产量的增加，平均可变成本会先下降后上升，如图2-9（b）所示。

短期总成本（short-run total cost，STC）是指企业在短期内为生产一定数量的产品而花费在全部生产要素上的成本支出，它是不变成本与可变成本之和，STC=FC+VC。产量为零时，总成本就等于不变成本。由于不变成本与产量无关，因此总成本随产量变化的趋势与可变成本一致，所以二者对应的曲线形状是一样的，如图2-9（a）所示。用短期总成本除以产量，就可得到**短期平均成本**（short-run average cost，SAC），即每单位产品所耗费的全部成本，它等于AFC与AVC之和。随着产量的增加，短期平均成本也会先下降后上升，如图2-9（b）所示。

短期边际成本（short-run marginal cost，SMC）是指企业在短期内每增加一单位产品时所增加的总成本，用公式表示为：$SMC = \dfrac{\Delta STC}{\Delta Q}$。由于短期内不变成本是既定的，只有可变成本会随着产量的变化而变化，因此，短期内每增加一单位产品时所增加的总成本实质上就是增加的可变成本，所以$SMC = \dfrac{\Delta STC}{\Delta Q} = \dfrac{\Delta VC}{\Delta Q}$。随着产量的增加，短期边际成本也会先下降后上升，从图2-9（b）还可看出，SMC曲线是从下至上穿过AVC和SAC曲线的最低点。[1]

2. 长期生产成本

在长期中，由于企业可以根据需要来对所有生产要素进行调整，以达到既定的产量目标，因此，在长期所有的成本都是可变动的，也就无所谓不变成本与可变成本之分。我们一般用长期总成本、长期平均成本与长期边际成本来描述企业的

---

[1] 当SMC小于AVC时，意味着每增加一单位产量所带来的可变成本增量小于之前所生产的所有产品的平均可变成本，当这一单位新的产品被生产出来后，就能够拉低整体的平均可变成本，所以当SMC小于AVC时，AVC会不断下降；反之，当SMC大于AVC时，意味着每增加一单位产量所带来的可变成本增量大于之前所生产的所有产品的平均可变成本，当这一单位新的产品被生产出来后，就会提高整体的平均可变成本，所以当SMC大于AVC时，AVC会不断上升。因此，SMC曲线与AVC曲线的交点一定是在AVC曲线的最低点。同样的道理，SMC曲线与SAC曲线的交点一定是在SAC曲线的最低点。

长期成本状况。所谓**长期总成本**（long-run total cost，LTC）是指，企业在长期每一产量水平上通过选择最优生产规模所能达到的最低总成本。**长期平均成本**（long-run average cost，LAC）是指企业在长期每生产一单位产品所耗费的最低成本，它等于长期总成本除以相应的产量，即 $LAC=\dfrac{LTC}{Q}$。**长期边际成本**（long-run marginal cost，LMC）是指企业在长期每增加一单位产量所引起的最低总成本的增量，即 $LMC=\dfrac{\Delta LTC}{\Delta Q}$。

3. 企业规模与长期生产成本

长期成本曲线的形状与短期成本曲线的形状类似，而且 LMC 曲线与 LAC 曲线也在后者的最低点处相交。为什么长期成本与产量之间会有这样一种相关关系呢？这就涉及企业长期生产过程中一个非常重要的现象，即规模经济。所谓规模经济是指随着企业生产规模的不断扩张，企业的长期平均成本不断下降的情况。规模扩大之所以能够降低长期平均成本有着多方面的原因，比如生产规模扩大能够促进分工、从而提高工作效率；规模扩大后可以使用技术更先进、效率更高的机器设备；大规模生产能够摊薄研发和营销费用；从事大规模生产的企业可以在生产要素购买、融资和产品销售等方面获得更多的优势等。

规模化生产能够带来诸多好处，但这并不意味着规模总是越大越好，否则会出现规模不经济。所谓规模不经济是指企业生产规模扩大导致长期平均成本上升的情况。规模不经济现象出现的原因也是多方面的，例如规模扩大之后，企业的组织系统越发复杂、信息交流受阻，进而导致潜在的管理风险和管理成本上升；规模越大、分工越细致，但过细的分工会导致劳动者因工作单调而降低生产效率，从而增加成本。

正是因为存在着规模经济与规模不经济现象，所以企业的长期平均成本会随着企业规模的扩大、产量的增加而出现先下降后上升的情况，进而也就决定了 LMC 和 LTC 随产量增加而变化的情况。因此对于企业而言，一定要根据所在行业的特点追求适度的生产规模。

相关链接 2-4

王永庆的成功之路——规模经济

台塑集团老板王永庆被称为"主宰中国台湾地区的第一大企业家"、"华人经营之神"。王永庆不爱读书,小学时的成绩总在最后10名之内,但他吃苦耐劳勤于思考,终于成就了一番事业。王永庆大概也没有读过什么经济学著作,但他的成功之路却与经济学原理是一致的。

王永庆的事业是从台塑集团生产塑胶粉粒PVC开始的。当时PVC每月仅产100吨,是世界上规模最小的。王永庆知道,要降低PVC的成本只有扩大产量,所以扩大产量、降低成本,进而打入世界市场是成功的关键。于是,他冒着产品积压的风险,把产量扩大到1 200吨,并以低价格迅速占领了世界市场。王永庆扩大产量、降低成本的做法完全符合经济学中的规模经济原理。

……

王永庆的成功在于他敢于扩大产量,实现规模报酬递增。当时台塑集团的产量低是受台湾地区有限需求的制约。王永庆敏锐地发现,这实际陷入了一种恶性循环:产量越低成本越高。打破这个循环的关键就是提高产量,降低成本。当产量扩大到月产1 200吨时,可以用当时最先进的设备与技术,大幅度降低成本,就有了在世界市场上以低价格与其他企业竞争的能力。

当一个企业的产量达到平均成本最低时,就充分利用了规模报酬递增的优势,或者说实现了最适规模。不同行业中最适规模的大小是不同的。一般而言,重工业、石油化工、电力、汽车等行业的最适规模都很大。这是因为在这些行业中所用设备先进且复杂,造成最初投资大。另外,技术创新和市场垄断程度都特别重要。王永庆经营的化工行业正属于这种最适规模大的行业,所以,规模的扩大带来了收益递增。近年来,全世界掀起一股企业合并之风。企业合并无非是为了扩大规模,实现最适规模。合并之风最强劲的是汽车、化工、电子、电子通信这些产量越多，收益增加越多的行业。世界500强企业也以这些行业居多。对这些行业的企业而言，"大的就是好的"。

但千万别忘了《红楼梦》中王熙凤的一句话："大有大的难处。"对那些大才好的企业来说，要特别注意企业规模大引起的种种问题。王永庆在扩大企业规模和产量的同时，注意降低建厂成本、生产成本和营销成本，并精简人员，提高管理效率。这对他的成功也很重要。对那些未必一定要大规模的轻工业、服务业之类行业的企业来说，"小的也是美好的"。船小好调头，在这些设备、技术重要性较低，而适应市场能力要更强的企业中，就不要盲目追求规模。有些大企业也因管理效率差而分开，比如美国IBM公司就曾一分为三。

其实企业并不是一味求大或求小，而是以效益为标准。那种盲目合并企业，以追求进500强的做法往往事与愿违。绑在一起的小舢板绝不是航空母舰。王永庆的成功不在于台塑集团大，而在于台塑集团实现了规模报酬递增的最优规模。

资料来源：梁小民，《微观经济学纵横谈》，三联书店2000年版，第121—124页，有部分删减。

（三）利润与企业的生产决策

如果留意一下上市公司每年发布的年报，我们会发现总有一些企业是亏损的，有一些已经是连续几年亏损的ST股。但是为什么这些公司在出现亏损、甚至连续亏损的情况下并没有退出市场，而是选择继续进行生产活动呢？还有一些公司，通过不断的战略投资逐步实现了企业转型，有的甚至彻底退出原有行业，这些都涉及企业的利润状况与生产决策问题。在做决策时，企业的短期与长期决策是不一样的，因此我们需要分别加以讨论。

1. 短期中的生产决策

在短期内，企业是存在不变成本的，不变成本大小与产量多少无关，即使不开工生产，这一部分成本也必须支付，这一特点与企业的短期生产决策密切相关。前面我们已经说明，短期边际成本曲线是由下至上穿过平均可变成本曲线和短期平均成本曲线的最低点，如图 2-10 中的 A 点和 B 点，对应的成本分别为 SAC_A 和 AVC_B。显然当市场价格高于 SAC_A 时，企业能够获得大于零的经济利润，因此企业一定会进行生产。如果价格小于等于 SAC_A，利润为零甚至亏损时，企业该怎么做呢？

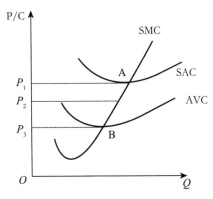

图 2-10 企业的短期生产决策

如图 2-10 所示，如果市场价格 P_1 刚好等于 SAC_A，经济利润为零，但企业仍然能够获得正常利润，所以企业会继续进行生产，我们把 A 点称为**盈亏平衡点**。如果市场价格更低一点，比如降到 P_2，此时价格低于既定产量下的平均成本，所以企业出现亏损。那企业是否应该继续生产呢？答案是肯定的。因为价格 P_2 虽然低于既定产量下的短期平均成本，但是高于对应的平均可变成本。也就是说，如果企业选择开工生产，那么企业的收入不仅能够完全弥补可变成本的支出，剩余部分还能在一定程度上弥补不变成本支出。试想一下，如果企业停产，那么其亏损额就是全部的不变成本支出，这时的亏损显然比开工生产要大，所以企业会选择继续生产。如果市场价格进一步降低到 P_3 呢？这时企业的生产活动只能够弥补可变成本支出，不管生产还是不生产，其损失都是不变成本支出。如果价格进一步下降到 P_3 以下，那么企业一定会停产，因为收入连可变成本都无法补偿，此时停产的损失是最小的。因此，我们把 AVC 曲线的最低点 B 点称为**停止营业点**，市场价格一旦下降到这一点以下，企业就会停产。

经济学案例 2-4

为什么航空公司会提供超低票价

当小王打开"去哪儿"网页的那一刻,他惊呆了。想坐飞机从西安回北京过春节的他,本来已经为可能的高票价做好了心理准备,但在打开网页的那一刻,进入他眼帘的却是 10 元的超低票价。而在其他的时间,最低票价更是低到了 4 元!

我们可以为航空公司算一笔简单的账:以波音 737 为例,这种飞机每小时的飞行成本大约为 3 万元,而从西安到北京的飞行时间约为 1 小时 40 分钟左右,因此单程飞行成本为 5 万元左右。这种机型的座位数大概为 150 个,因此每个座位的平均成本至少也在 330 元左右。那么问题就来了:既然每个座位的成本这么高,那么航空公司为什么又会提供 10 元的超低票价呢?

要回答这个问题,我们需要分析一下航空公司的成本结构。在飞行过程中,燃油费、折旧费等固定成本(不变成本)项构成了成本的主要部分,而多一个乘客带来的边际成本却接近于 0。对于航空公司而言,重要的不是固定成本,而是边际成本。这是因为,不管飞机上是坐满了人还是空无一人,只要飞机一起飞,就必须支付相应的固定成本,但只要能以高于边际成本的价格多卖出一张票,它们就能多赚一份钱(或者少亏一份钱)。从这个角度看,那些远远低于平均成本的超低价就变得容易理解了。事实上,小王选择的乘机时间在春节前几天,这个时间从西安飞往北京的旅客非常少,相关航线的飞机经常会出现大量空置。为了尽可能地减少由于空置带来的亏损,航空公司就要努力用低票价吸引旅客,于是低于 10 元的票价就应运而生了。

资料来源:张维迎,《经济学原理》,西北大学出版社 2015 年版,第 137 页。

2. 长期中的生产决策

在长期中,企业的生产决策相对来说更为复杂一些,因为企业既要考虑投资方向的问题,还要考虑生产规模的问题,不同的决策需要考虑的参考变量是不一样的。

首先,企业要决定投资的具体方向,也就是把既定的生产要素投入到哪个行业?在自由市场条件下,要素资源是能够在各部门间自由流动的,那么企业到底应该把生产资源投入到哪种生产活动当中呢?是建一个汽车工厂还是一个自行车工厂?生产手机还是电视机?决策的一个主要参考变量就是机会成本。企业的任何一项投资决策都会面临机会成本问题,如果不考虑技术限制,企业的生产要素一定会投向机会成本最低的那个行业,也就是能够带来最高收益的行业。事实上,从全社会来看,生产资源总是在不断向利润率更高的行业流动。

其次,因为长期内所有生产要素都是可以变动的,一旦企业确定了投资方向,接下来就要选择一个最优的生产规模,即到底需要投入多少生产要素?一般来说,生产规模本身并不是企业追求的目标。根据前面对规模经济问题的分析可知,企业选择一个合适的生产规模能够降低平均成本。因此,企业的生产规模决策的一个主要参考变量就是长期平均成本。长期中,在不考虑其他因素时,企业一定会选择一个能够使长期平均成本最低的生产规模,此时企业能够获得利润最大化。

在确定了投资方向和生产规模之后,企业就进入了具体的生产过程。但市场环境在长期是会不断变化的,原来的最优决策在某个时候可能不再是合理的,企业必须做出改变。例如随着行业竞争的加剧或者其他某些原因,企业的利润率逐渐下降,甚至会出现亏损。在这一过程中,企业会逐渐缩减生产规模,甚至完全退出这一行业,然后开始寻找新的投资领域并确定相应的最优生产规模。因此,在长期,只要能够获得非负数的经济利润,企业就会继续生产活动,否则就会退出原有行业,这一点与企业的短期生产决策是不同的。

本章小结

1. 经济学家用效用概念来解释消费者的需求。效用表示一个消费者从不同商品的消费中得到的相对满意程度。从多消费的一单位某种物品中得到的满足程度的增加部分就是边际效用。边际效用递减规律指出，随着所消费的某一物品的量的增加，所消费的最后一单位物品的边际效用趋于递减。

2. 理性的消费者会选择一个可承受的商品组合点，使支出在各种商品上的每单位货币的边际效用都相等，以使其效用最大化。最优消费组合会随消费者的偏好、收入和商品价格的变化而变化。

3. 当一种物品的价格下降时，对消费者选择的影响可以分解为收入效应和替代效应。收入效应是由于价格降低使消费者实际收入增加而引起的消费变动。替代效应是由于价格变动鼓励消费者更多地消费相对便宜的物品而引起的消费变动。

4. 投入和产出的关系就是一个生产者的生产函数。在短期，不变要素的投入量不能改变，但是可变要素的投入量可以改变。在长期，所有的投入量都是可变的。对于一个给定的不变要素投入量，总产量曲线表明产出量是如何随可变要素投入量的变化而变化的。我们也可以据此计算要素投入的边际产量，也就是每增加一单位可变要素投入带来的产量增加量。

5. 短期中企业的生产能力和生产规模是固定不变的，规模报酬递减规律描述了固定规模的企业增加某种资源的使用量对产量所造成的影响。随着诸如劳动力这样的可变要素不断增加到一个固定水平上，在这一水平之后，新增加一单位资源所带来的边际产量是递减的。

6. 当产出增加时，如果长期平均成本下降，则规模报酬递增；如果长期平均成本上升，则规模报酬递减；如果保持不变，则规模报酬不变。规模效应往往是由生产技术变化引起的。

7. 经济成本既包括显性成本，也包括隐性成本。隐性成本包含了企业的正常利润。当总收入超过总成本时就能获得经济利润。

8. 由于短期中一些资源是可变的，因而短期成本有可变成本和不变成本之分。

不变成本独立于产量水平，而可变成本随着产量的变动而变动。任何产量下的总成本等于该产量下的不变成本和可变成本之和。

9. AFC 随着产量的不断增加而下降，AVC、SAC 是 U 形的，这反映了边际报酬递减规律。SMC 是多生产一单位产品所带来的新增成本，在图形上它穿过 SAC 曲线和 AVC 曲线的最低点。

10. 在短期内，平均成本曲线的最低点称为盈亏平衡点，平均可变成本曲线的最低点称为停止营业点。

思考与练习题

1. 什么是效用、总效用与边际效用？结合生活中的具体例子解释什么是边际效用递减规律。

2. "当所有物品的边际效用都相等时，消费者的总效用达到最大"这种说法是否正确？为什么？

3. 我国许多大城市水资源不足，自来水供应紧张。请根据边际效用递减原理设计一种方案供政府解决这一问题，并结合你的方案回答以下问题：

（1）对消费者剩余有何影响？

（2）对生产资源的配置有何影响？

（3）对城市居民生活有何影响？有什么办法消除这种影响？

4. 如果不考虑限购等因素，那么房价上升对于市场上的住房需求会产生怎样的影响？其中收入效应与替代效应分别是什么？

5. 设想一个用资本和劳动作为主要投入的生产面包的企业。结合例子说明什么是边际报酬递减和规模报酬递减，并进行比较。解释为什么对于一种要素投入存在着边际报酬递减的可能性，而对于两种要素投入则存在着规模报酬不变的可能性。

6. 假定在大学期间，你获得了食品经营的特许权，在校摆摊出售烤肠、面筋和矿泉水。在正式开始营业之前，你需要投入哪些生产要素和原材料？如果遭遇连续阴雨天，生意下滑，你在短期内能够采取什么措施？如果生意一直不好，在长期内你又会做何选择?

7. 假设小明有一张著名歌星周杰伦今晚演唱会的免费门票,注意不能转售。可同时"亚冠"决赛也于今晚在市体育中心开打,球赛的门票价格为200元,但小明的心理承受价格是300元。换言之,如果球赛的票价超过300元,就情愿不看了。除此之外,看演唱会与球赛再无其他成本。试问,小明会做何选择?选择的机会成本又是多少?

8. 你的父亲近期打算购买一套住房,总价100万元。他有两种付款方式,付全款或者付50%之后用公积金贷款50万元,假设公积金贷款的年利率为5%。你父亲认为全款买房更划算,因为不用支付利息而比较便宜。你会给你父亲什么样的建议?并请说明理由。

9. 你能否画出一条恰好经过每一条短期平均成本曲线最下方的长期平均成本曲线?如果不能,请说明原因。

10. 解释下列每句话中的错误:

(1) 当边际成本达到最小时,平均成本达到最低。

(2) 由于不变成本是固定不变的,因此,对于每一产量水平的平均不变成本也是固定不变的。

(3) 每当边际成本上升时,平均成本就上升。

11. 一个企业是否愿意以低于成本的价格出售产品?为什么?

参考文献

1. 〔美〕保罗·海恩等:《经济学的思维方式》(第12版),史晨等译,世界图书出版公司北京公司2012年版。
2. 〔美〕保罗·萨缪尔森、威廉·诺德豪斯:《经济学》(第19版),萧琛等译,商务印书馆2013年版。
3. 〔美〕曼昆:《经济学原理(微观经济学分册)》(第七版),梁小民译,北京大学出版社2015年版。
4. 陈建萍、杨勇主编:《微观经济学——原理、案例与应用》,中国人民大学出版社2006年版。
5. 高鸿业主编:《西方经济学(微观部分(第四版))》,中国人民大学出版社2007年版。
6. 李子:《经济学思维》,中国友谊出版公司2016年版。

7. 梁小民：《微观经济学纵横谈》，三联书店 2000 年版。

8. 马工程《西方经济学》编写组：《西方经济学》（上册），高等教育出版社 2012 年版。

9. 斯凯恩：《从零开始读懂经济学》，立信会计出版社 2014 年版。

10. 张维迎：《经济学原理》，西北大学出版社 2015 年版。

第三章　市场结构与经济效率

　　有一天，你发现楼底下的一家小超市把它的商品价格都提高了 10% 左右，在这之后，如果不是特别急用的东西，你一般会选择到另外一家更便宜的超市买东西。楼下那家超市自然也会发现它的销售量大幅下滑，时间一长，它也不得不把价格降下来。与之相比，如果哪一天家里让你去交电费，拿回电费单后，你突然发现这个月的电价比之前提高了约 10%，这个时候你只能选择每天少开一会儿电视机，或者把家里的灯管都换成 LED 的节能灯，尽可能地节约用电，而电力公司会发现自己的销售量并没有下降多少，因此它会维持高价格。超市与电力公司的差别在于，对于超市而言市场上会有无数个大大小小的竞争者，而对于电力公司而言市场上只有它一家供给者。前者是一个竞争性的市场，后者是一个垄断性的市场。正如我们所观察到的，同样是追求利润最大化，处在不同的市场结构中的企业行为是不一样的。在竞争性市场中，提高价格的结果是销售量的大幅下滑，因此企业只能按照既定的市场价格出售产品。而在垄断性市场中，企业可以根据需要来调整自己的产品价格，或者说垄断企业具有较强的市场控制力。显然，不同的市场结构对消费者的福利、企业利润以及整个市场的资源配置效率的影响是不同的。本章的主要内容就是在探讨不同市场结构特点的基础上，分析市场结构对企业行为、进而对社会福利以及经济效率的影响。

第一节　不同的市场结构

一、市场结构的划分依据

简单来说，市场是物品买卖双方进行交易的场所，如土地市场、农产品市场、手机市场等。从本质上讲，市场是物品买卖双方相互作用并得以决定其交易价格和交易数量的一种组织形式或制度安排。[1]在经济学中，根据市场结构的不同特征，一般把市场分为**完全竞争市场**与**不完全竞争市场**，不完全竞争市场又可分为**垄断竞争市场**、**寡头垄断市场**和**完全垄断市场**三种类型。如表3-1所示，我们一般从企业数量、产品差异性、企业对市场价格的控制力以及进出某个行业[2]的难易程度等几个方面来分析不同市场结构的特征。

从表3-1可以看出，随着某个行业当中的企业数量、或者说竞争对手数量的逐渐减少，市场竞争程度会逐渐下降，因此企业数量是区分市场结构类型的一个基本标准。各个企业生产的产品的差异性也是区分市场结构类型的重要标准，但与企业数量不一样，它与市场结构之间没有必然的逻辑联系，这是由寡头垄断和完全垄断市场的特殊性所决定的。有的寡头市场（如石油市场）产品是无差异的，但有的寡头市场（如汽车市场）产品差异性就比较明显，而对于完全垄断市场来说就不存在产品差异性问题了。但一般来说，只要某个企业的产品相对于其他竞争对手来说具有差异性，那么它就具有了一定程度的垄断。单个企业对市场价格控制的程度随着垄断程度加强而不断增加，而某个行业的垄断程度越大，进出这个行业的难度也就越大。总的来看，对价格控制的程度和进出某个行业的难易程度这两个标准是对企业数量和产品差异性这两个标准的自然延伸。

---

[1] 高鸿业主编：《西方经济学（微观部分）》（第4版），中国人民大学出版社2007年版，第183页。
[2] 同一个产品市场上所有企业的总体就称之为行业，它是与市场相对应的概念，因此行业类型与市场结构的类型也是一致的。

表3-1　市场类型的划分和特征

市场类型	企业数目	产品差别程度	对价格控制的程度	进出一个行业的难易程度	接近哪种商品市场
完全竞争	很多	完全无差别	没有	很容易	一些农产品
垄断竞争	很多	有差别	有一些	比较容易	一些轻工业产品、零售业
寡头	几个	有差别或无差别	相当程度	比较困难	钢铁、汽车、石油
垄断	唯一	唯一的产品，且无相近的替代品	很大程度，但经常受到管制	很困难，几乎不可能	公用事业，如水、电

资料来源：高鸿业主编，《西方经济学（微观部分）》（第4版），中国人民大学出版社2007年版，第184页。

二、完全竞争市场的含义与特征

完全竞争市场是指由无数的买者和卖者组成的、竞争充分且无任何外在力量控制或人为因素干扰的市场结构。在这种市场上，一方面，政府对市场不做任何干预，只承担"守夜人"的角色，市场完全由"看不见的手"进行调节。另一方面，企业之间也没有互相勾结或者集体行动。因此，完全竞争市场又被称为纯粹竞争市场，它是一种理想化的市场结构。一般来说，完全竞争市场具有以下几方面的特征：

第一，**市场上有大量的买者和卖者**。正是因为市场上买卖双方的数量都非常多，因此，相对于整个市场而言，每个生产者和消费者的供给量和消费量都是微不足道的。换言之，任何一个买者与卖者，无论其消费与生产行为发生什么样的变化，都不会对市场均衡产生任何影响。因此，在这样一个市场中，一旦市场均衡价格形成，每一个生产者与消费者就只能接受既定的市场价格。在既定的价格下，企业能够出售它们生产的所有产品，而消费者也能够买到他们希望消费的数量。单个企业把自己的产量[1]提高两三倍，或者单个消费者把自己的消费量提高两三倍，都不会对市场供给和需求、进而对市场价格产生任何影响。

---

[1] 在经济学的分析中，我们一般假定企业的产量就等于其销售量。

第二，**市场上所有企业提供的同种产品是完全无差别的**。完全无差别是指所有企业生产的同种产品在质量、规格以及服务等方面都完全相同，因此消费者在消费任何一家企业生产的商品时获得的满足程度都是一样的。而且在消费过程中，消费者无法区分、也不用区分到底是哪一家企业生产的产品。在这种情况下，价格成了消费者选择的唯一标准。如果哪个企业单独提高自己产品的价格，那么其产品就会完全卖不出去，因此企业不会单独提高价格。当然，它也没有降低价格的必要，因为在既定的价格下，它能卖出它生产的所有产品。从这一点也可看出，完全竞争市场上的买卖双方都是既定价格的接受者。

第三，**企业可以自由地进入或退出市场**。虽然现实经济中，进入或退出某个市场都会有一定的成本。但是对于某个完全竞争市场，如果有外部的企业想要进入这个市场，那么它就可以顺利获得各种相关生产要素，并与这个市场上原有的企业一样展开生产经营活动，不会存在任何障碍；反之，如果市场内原有的企业因为某种原因想要离开这个行业，那么它也能够顺利退出，把生产资源转向其他领域。

第四，**信息是完全的**。市场上的每一个生产者与消费者都能够完全掌握与自己决策有关的一切信息，如市场供求状况、均衡价格等。这样，每一个行为者都能够依据自己所掌握的完全信息做出最优的经济决策，从而实现效用最大化或者利润最大化。

满足以上几方面特征的市场就是一个完全竞争的市场。显然，在完全竞争市场中，每一个行为者都是毫无个性的原子式的个体，产品也是完全同质的。当然，在现实经济生活中，真正符合以上条件的市场结构是不存在的，只有一些市场比较接近完全竞争，例如某些农产品市场，如大米市场、小麦市场等。虽然现实经济中并不存在完全竞争的市场，但是对于这一市场结构的分析还是有着重要的理论意义。因为通过对完全竞争市场的分析，我们会发现它是一种最有效率的市场结构，也可以从这种分析中总结出关于市场机制及其资源配置的一些基本原理，而这些原理则可以成为我们检验其他类型市场效率状况的标准。换言之，对完全竞争市场的分析可以为其他类型市场的经济效率分析提供一个基本参照。实际上，我们前面所讨论的供求理论、消费者与生产者选择理论都暗含着完全竞争的假设。

三、不完全竞争市场的含义与特征

所谓不完全竞争市场是相对于完全竞争市场而言的,除完全竞争市场以外的所有市场都叫不完全竞争市场,它们的基本特点就是或多或少带有一定程度的垄断因素。不完全竞争市场是一种常态化的市场结构,当我们从东风汽车或者上汽公司购买汽车、从华为或者小米公司购买手机、从李宁或者安踏公司的专卖店购买运动鞋时,我们面对的都是不完全竞争市场当中的企业,这些企业都在一定程度上能够影响其产品的市场价格。不完全竞争市场具体又可分为垄断市场、寡头市场和垄断竞争市场。

(一)垄断市场

1. 垄断市场的含义与特征

在各种市场结构当中,完全竞争市场是一个极端,垄断市场则是另一个极端。所谓**垄断市场**是指由一家企业完全控制某个行业的产品供给的市场结构,它一般具有以下几方面的特征:

第一,**市场上只有唯一的一家企业生产和销售相关产品**,没有竞争对手存在。垄断企业的产量就是整个市场的供给量,因此企业可以通过调整产量而影响产品的市场价格。

第二,**垄断企业生产的产品在市场上是独一无二的、没有相近的替代品**。

第三,**垄断市场的行业壁垒比较高**,其他企业想要进入垄断行业几乎是不可能的,因此垄断企业能够独享垄断权。

2. 垄断市场形成的原因

垄断产生的根本原因是进入壁垒,即市场外的企业因为各种原因不能进入垄断市场与原有企业展开竞争,这些原因主要有以下几方面:

第一,对生产资源的垄断。当企业控制了生产某种产品(服务)的关键资源,就等于控制了该产品的生产和销售时,就排除了其他企业生产该产品的可能性,从而形成垄断。

第二，由专利权产生的垄断。当一个企业拥有生产某种产品（服务）的专利权时，就意味着它获得了在一定时期内独家生产这种产品的权利，从而形成垄断。

第三，政府的特许经营形成的垄断。当政府给予一个企业生产经营某种产品（服务）的独家许可时，这家企业就获得了生产这种产品（服务）的垄断权。

第四，自然垄断。由于规模经济的存在，随着产量的扩大，企业的生产成本会不断下降。而在某些行业中，要想获得规模经济，需要企业生产规模达到非常大的程度，以至于整个行业的生产全部由一家企业来提供时，规模经济才能得到充分体现。在这样的行业中，竞争的结果就是大企业不断排挤小企业、生产越来越集中，最终也就自然地走向垄断。因此，所谓**自然垄断**就是指当一家企业能够比两家或多家企业以更低的成本为整个市场提供产品（服务）时产生的垄断。

在垄断市场中，不管是因为什么原因，获得垄断权的企业都可以通过对产量的控制来操纵市场价格，因此，垄断企业不再像完全竞争市场中的企业那样是既定价格的接受者，而是市场价格的制定者。在现实经济生活中，严格意义上的完全垄断市场非常少见，大多存在于那些受到政府保护或者特许经营的行业。

（二）垄断竞争市场

完全竞争与垄断是两种极端的市场类型，在现实生活中比较罕见。比较常见的是介于这两个极端之间、既有竞争也有垄断的市场类型，即垄断竞争市场与寡头市场。**垄断竞争市场**是指由众多企业组成的既有垄断又有竞争，既不是完全垄断又不是完全竞争的市场结构。一般来说，垄断竞争市场具有以下几方面特征：

第一，**市场上企业数量较多，企业之间竞争非常激烈**。垄断竞争市场上的企业数量接近于完全竞争市场，而且绝大多数企业的规模都比较小，以至于每个企业都认为自己的行动对其他企业的影响不大，不会引起竞争对手的注意和反应。因此，每个企业都会采取单独行动，调整自己的产量和价格以追求更大的利润，而不必顾忌竞争对手的报复行动。

第二，**各个企业生产的产品既有较大的差异性，又有一定的替代性**。在垄断竞争市场中,由于各个企业之间存在激烈的竞争,因此每个企业都努力使自己的产品具有某些不同于其他竞争企业的特质,从而增强自己的竞争性。这种差别体现在产品质量、设计风格、工艺水平、商标、广告、售后服务等方方面面。每一种差别都代表着产品的唯一性,从而使企业在一定程度上和范围内具有了垄断权,差别越大,垄断程度就越高。但是这里的差别是同一种类型产品之间的差别,所以各个企业的产品之间或多或少存在一定的替代性,替代性越大,竞争程度就越激烈。

第三,**企业能够自由进入或退出市场**。垄断竞争市场准入门槛较低,进入或退出某个行业都会比较容易。

垄断竞争市场是现实经济中一种比较常见的市场结构,普遍存在于制造业、零售业、快餐业等领域,与我们的日常生活联系非常紧密。

(三)寡头市场

寡头市场又称为寡头垄断市场,是指少数几家企业控制了某一行业的产品生产与销售的市场类型。在寡头市场中,每个大企业的生产规模都非常大,市场占有率较高,因此每个寡头企业在整个市场中都有着举足轻重的作用。寡头市场一般具有以下几方面的特征:

第一,**寡头市场上一般只有少数几家企业**。寡头市场上的企业数量非常少,最少可以是两家,多则可能有十几家。但总体来看,企业数量要比垄断竞争市场少得多,以至于寡头市场上的每家企业都能够观察到竞争对手的决策变化,因此单个企业的行为会对整个市场产生非常大的影响。

第二,**企业之间联系比较紧密、相互依存度较高**。因为寡头市场上每个企业的行为必定会引起其他竞争对手的反应,因此单个企业在进行产量、价格决策时,不仅要考虑自身的成本与收益问题,还需要考虑竞争对手可能的反应对自己造成的影响,否则各企业之间容易造成两败俱伤的局面。为了避免这种情况的出现,也为了获取更大的垄断利润,各寡头企业往往会有结成同盟的倾向,也就是我们常说的卡特尔等共谋组织,它们共同制定产量和价格计划,以谋取整体利润的最大化。

第三,**各寡头企业生产的产品既可以是无差异的**,例如汽油、钢铁、水泥等产品；也可能具有较大差异，例如汽车、手机等产品。

第四，新企业进入寡头市场比较困难。 寡头市场虽然不像垄断市场那样几乎不可进入，但是其行业壁垒仍然比较高，新企业在资金、技术、品牌、市场份额等诸多方面都远远落后于老企业，因此其进入难度非常大。

与垄断竞争市场一样，寡头市场也是现实生活中一种比较常见的市场类型，二者的不同仅仅在于垄断（竞争）程度不一样，寡头市场上如果竞争加剧、企业份额下降，则有可能会变为一个垄断竞争市场；反之，垄断竞争市场也有可能转化为寡头市场。

相关链接 3-1

科兹纳论竞争与垄断

"竞争"和"垄断"是基本的经济学概念，主流经济学把竞争定义为产品没有差别，把垄断定义为产品的差别，以及基于这种差别的价格控制和产量控制，对于这种主流的定义，当代著名的奥地利学派经济学家科兹纳提出了与之不同的看法，他认为这种定义是不现实的，是虚构出来的。下面就来看一下他对竞争与垄断的理解。

"竞争"在日常生活中常被理解为打败对手，如"我要和你竞争"的意思就是"我要把你打败"。不同于这种日常的理解，科兹纳把竞争定义为"自由进入"，他认为只要有自由进入，就有竞争。据此，科兹纳说企业家精神总是竞争的，因为"纯粹的"企业家精神不存在任何自由进入的障碍，比如任何人都可以去挑战马云，市场中的竞争也正是源于这种没有进入障碍的企业家精神。相比之下，主流经济学没有企业家元素，分析的只是作为均衡状态的竞争，这样从一开始就把真正的竞争排除在外了，剩下的只是一个分配问题。

相应地，对进入的限制就构成了"垄断"，这包括两种情境，一是控制对于某种产品的生产来说必不可少的资源,进而使他人不能生产他所生产的那种产品,比如,控制了橙子,他人就不能生产橙汁;控制了面粉,他人就不能生产面包,这样,他人就无法参与竞争了。二是政府授予某些企业特权,限制其他企业进入该行业,这也构成进入的障碍,因此也属于垄断。

科兹纳认为,假如排除上述的第二种情况,那么"免于威胁"(垄断)只能是来自对必不可少的资源的控制,也即,只有控制了资源才会排斥竞争,如计划经济中,所有资源都被国家控制,如此一来,所有竞争性的行为自然就都消失了。

如上所述,主流经济学把产品差异、质量差异都看作是垄断的特征,而科兹纳认为这种差异恰恰是竞争的体现,是竞争过程所表现的特点。正统垄断竞争理论之所以出现这样的缺陷,是因为它是以单一价格和无产品差异的"完全竞争"理论为参照的。按照主流理论,既然只有这种状态才是竞争,那么任何有价格、产品等差异的状态都是垄断或垄断竞争了。然而,那种完全竞争状态是根本不可能存在的,是虚构的"幻象"。因此,建立在这种假设之上的垄断及垄断竞争理论都是不成立的。

另外,"企业家才能"本身在某种程度上也构成进入障碍,拥有企业家才能相当于控制某种要素,这种能力附属于一个人的内在,是他人望尘莫及的,这也相当于构成了垄断。有的人拥有更强的企业家才能,如同拥有一块更肥沃的土地,不同人拥有的企业家能力可谓千差万别,比如普通人因没有马云那样的才能,也就难以做成如马云那样的事业,虽然他可以去挑战。这样,我们就区分了企业家精神和企业家才能,前者是竞争性的,后者则是垄断性的。还有一种情况是通过企业家活动实现对自然资源、人才和销售渠道等的控制,这也会构成垄断。上述两种垄断都会给企业家带来租金,所以利润实际上具有租金的性质。

现实中,竞争和垄断是不可分割的两面,竞争和垄断在一个人身上同时存在。企业家竞争的目的,是为了获取更大的垄断地位和更多的利润,即垄断租金。越具有垄断地位,他的竞争优势就越强。实际上,企业家总是试图通过垄断来保持自己在竞争中的优势,但要获得垄断地位,他就必须更积极地参与竞争,否则他已经获取的垄断地位都会失去。

如前所述,竞争指的是"自由进入",即允许人们拥有资源和发挥才能,如这一条件具备,那么"垄断",即对资源的控制就是自然而然的。竞争的过程也就是企业家建立垄断地位的过程。可见,"竞争"不是"垄断"的反面,相反,是垄断的条件,或者说,只有允许企业家垄断,企业家才会去竞争。

这样,我们便会发现"自由进入"意义上的竞争和"打败对手"意义上的竞争是相关的。只要有"竞争"(自由进入),企业家的垄断就是暂时的、不稳固的,他总是面临潜在对手的"竞争"(把他打败),前一个竞争是企业家行动的"条件",后一个竞争是企业家行动的"可能结果"。竞争的存在会迫使企业家努力服务消费者,因此,竞争条件下形成的垄断并不可怕,可怕的是人为地限制自由进入,这才是真正有害的垄断。

资料来源:朱海就,《科兹纳论竞争与垄断》,载《深圳特区报》,2015年10月13日。

第二节 企业如何确定产量和价格以获取利润最大化?

一、调整产量和价格会发生什么?

企业的利润由成本和收益两方面决定,成本问题在第二章已经探讨过了,所以要弄清楚企业的利润问题,还需要研究企业面临的收益规律。总收益 = 产量 × 价格,因此企业的收益与其产量和价格相关。根据供求理论,市场对某个企业产品的需求量又与其价格相关。因此,企业会根据自己面临的需求曲线来调整产量和价格,最终获得一个满意的收益。但是回顾本章开头的例子,我们会发现,处于不同市场结构中的企业,改变价格带来的结果是不一样的。完全竞争市场中的企业是既定价格的接受者,而不完全竞争市场中的企业则或多或少对价格有一定的控制力,这种差异可以通过不同市场上的企业面临的需求曲线和收益曲线来描述。

（一）完全竞争企业的需求曲线和收益曲线

1. 完全竞争企业的需求曲线

如前所述，在完全竞争市场上，每一个企业和消费者都是既定价格的接受者。因此，对于单个企业来说，其面临的市场需求曲线就应该是一条由既定市场价格决定的水平直线，而这一既定价格又是由市场上总的需求和供给状况决定的。如图3-1所示。

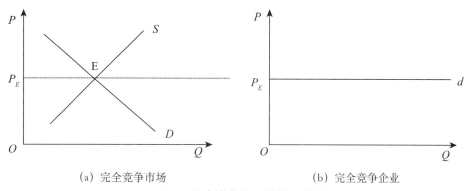

(a) 完全竞争市场　　　　　　　　　(b) 完全竞争企业

图 3-1　完全竞争企业的需求曲线

完全竞争市场上的供需双方决定的均衡价格为 P_E，如图 3-1（a）所示。P_E 即为单个企业面临的既定市场价格，在这一价格水平下，单个企业生产出的所有产品（产量份额占市场比重非常小）都可以卖出去。因此，对于一个完全竞争的企业来说，其面临的市场需求曲线就是由均衡价格 P_E 决定的一条水平直线 d，如图 3-1（b）所示。就像本章开头讲到的那个超市一样，它的产品平均价格就由小区周边所有超市构成的市场的均衡价格决定，它既不能单独提高价格，也不会主动降低价格，因此它的市场需求曲线就是一条水平直线。

需要说明的是，完全竞争企业没有能力改变市场价格，只能被动地接受这一价格，但这并不意味着市场价格永远是固定不变的。当某些因素导致产品的总需求或总供给发生变化时，市场均衡价格是会发生变化的。例如，消费者收入水平的普遍提高会导致完全竞争市场的需求曲线向右移动、均衡价格上升，某种重大技术创新导致生产率大幅提高、产品供给增加，这时的均衡价格则会下降。但是，不管均衡价格发生什么变化，对单个完全竞争企业来说，它也只能接受新的均衡价格。也就是说，完全竞争企业的需求曲线始终是一条由均衡价格决定的水平直线，尽管这条水平直线会上下移动。

2. 完全竞争企业的收益曲线

对一个企业的收益状况，我们一般用总收益、平均收益和边际收益来加以描述。

对于总收益概念，第二章第一节已经涉及，它是指企业按照市场价格出售一定产品时获得的总收入，用公式表示为 $TR=P \times Q$。在完全竞争市场中，企业面临的价格是既定的，因此 $P=\bar{P}$，所以完全竞争企业的总收益就与其产量相关。

所谓平均收益（average revenue，AR）是指，企业销售每一单位产品获得的平均收入，它等于总收益除以产量，用公式表示为 $AR=\dfrac{TR}{Q}=\dfrac{P \times Q}{Q}=P$。在完全竞争市场中，企业每销售一单位产品获得的收入就等于既定的市场价格，因此它的平均收益曲线就是一条与需求曲线完全重合的水平线。如图3-2所示。

所谓边际收益（marginal revenue，MR）是指，每增加一单位产品的销售所获得的收入增量，用公式表示为 $MR=\dfrac{\Delta TR}{\Delta Q}$。每增加一单位产品销售获得的收入就等于产品价格本身，而完全竞争市场上产品价格是既定不变的，所以完全竞争企业的边际收益就等于既定的市场价格，即 $MR=\bar{P}$，对应的边际收益曲线也是一条与需求曲线完全重合的水平直线。如图3-2所示。

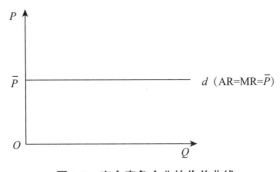

图3-2　完全竞争企业的收益曲线

我们也可以用一张收益表来描述完全竞争企业的总收益、平均收益、边际收益与价格和产量之间的关系。如表3-2所示，对每一单位产品，企业都按照既定的市场价格（10）来出售，随着产品销售量的不断增加，企业的总收益是不断增加的，但是平均收益与边际收益始终保持不变，且等于既定的市场价格（10）。因此，在完全竞争市场上，对于任意的销售水平，都有 AR=MR=P。

表3-2 完全竞争企业的收益表

销售量（Q）	价格（P）	总收益（TR）	平均收益（AR）	边际收益（MR）
1	10	10	10	-
2	10	20	10	10
3	10	30	10	10
4	10	40	10	10
5	10	50	10	10

综上所述，**在完全竞争市场上，企业面临的需求曲线、平均收益曲线和边际收益曲线是由均衡价格决定的三条相互重合的水平线**，主要原因是在这种市场上，企业只是市场价格的接受者，他们按照均衡价格决定自身的销售量，从而获得最大化收益。

（二）不完全竞争企业的需求曲线和收益曲线

1. 不完全竞争企业的需求曲线

在不完全竞争市场上，企业不再是既定价格的接受者。由于存在垄断因素，不完全竞争企业或多或少对自己产品的价格有一定的控制力。因此，**不完全竞争企业面临的需求曲线就不再是一条由均衡价格决定的水平直线，而应该是一条向右下方倾斜的曲线**。如图3-3所示。向右下方倾斜的需求曲线意味着价格与产量成反方向变化，当不完全竞争企业增加产量时，其产品价格会下降；当减少产量时，其产品价格会上升。也就是说，不完全竞争企业会通过产量的调整而改变市场价格，从而实现最大化的利润。

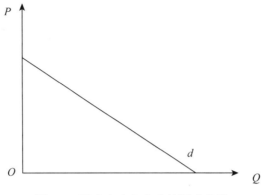

图 3-3 不完全竞争企业的需求曲线

需要指出的是，向右下方倾斜的需求曲线符合所有的不完全竞争情形，不同市场类型中企业面临的需求曲线，其不同之处在于曲线的斜率大小不同。一般来说，垄断程度越高，企业的需求曲线斜率就越大；竞争程度越激烈，企业的需求曲线斜率就越小。因此，垄断企业的需求曲线斜率最大，完全竞争企业的需求曲线斜率最小（为零）。需求曲线斜率的大小反映出的是企业对产品价格的控制力，斜率越大，说明企业通过产量调整来影响价格的能力越强；斜率越小，说明企业通过产量调整来影响价格的能力越弱，完全竞争企业则完全没有能力影响价格。

2. 不完全竞争企业的收益曲线

在不完全竞争市场上，企业面临的价格不再是既定的。随着产量的增加，产品价格会不断下降。因此，不完全竞争企业面临的收益曲线与完全竞争企业会有所不同。我们主要对比分析平均收益曲线与边际收益曲线。

对于平均收益（AR），不管是完全竞争市场还是不完全竞争市场，企业获得的 AR 始终都等于产品价格（P），因此，不完全竞争企业的 AR 曲线与需求曲线仍然是重合的。如图 3-4 所示。

对于完全竞争与不完全竞争企业，主要差别在于边际收益（MR）的不同。在不完全竞争市场上，企业的 MR 是小于产品价格的，因为，企业每增加销售一件产品的价格必然比前一件产品的价格低，否则消费者不会增加自己的需求，**因此 MR 曲线不再与需求曲线重合，而是位于需求曲线的下方**。如图 3-4 所示。

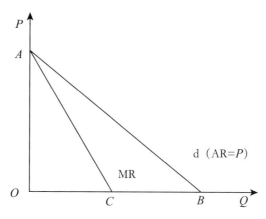

图 3-4 不完全竞争企业的收益曲线

同样的,我们也可以用一张收益表来描述不完全竞争企业的总收益、平均收益、边际收益与价格和产量之间的关系。如表 3-3 所示,随着产量的不断增加,价格不断下降,总收益先增加后减少,平均收益(AR)也不断下降,但始终等于价格(P)。

随着产量的增加,价格不断下降,不完全竞争企业的边际收益(MR)也在不断下降,而且边际收益的这种下降,由于两方面的原因会比价格下降得更快。一方面,价格不断下降时,新销售 1 单位产品时,从这 1 单位产品中获得的收益是不断下降的,例如表 3-3 中,销售第 1 单位产品获得的收入是 10,销售第 2 单位产品获得的收入是 9,第 3 单位是 8……另一方面,价格下降时,不仅仅是新销售的那 1 单位产品获得的收益下降,之前所销售的所有产品带来的总收益也会下降。这两方面的共同作用会使得边际收益以更快的速度下降,也就是 MR $<$ P。例如,为了使销售量从 4 增加到 5 单位,价格必须从 7 下降到 6,此时增加 1 单位产品销售所增加的总收益为 $6 \times 5 - 4 \times 7 = 2 =$ MR $<$ $P = 6$。也就是说,不完全竞争企业的边际收益始终是低于价格的,而且随着产量的增加,它会一直下降到零甚至负数。

表3-3 不完全竞争企业的收益表

销售量(Q)	价格(P)	总收益(TR)	平均收益(AR)	边际收益(MR)
1	10	10	10	-
2	9	18	9	8

续表

销售量（Q）	价格（P）	总收益（TR）	平均收益（AR）	边际收益（MR）
3	8	24	8	6
4	7	28	7	4
5	6	30	6	2
6	5	30	5	0
7	4	28	4	-2

二、企业如何获得最大化的利润？

不管是完全竞争还是不完全竞争企业，如何来调整产量和价格以实现最大化的利润，这就涉及企业生产过程中利润最大化的基本原则，即边际收益等于边际成本。下面我们通过一个例子来分析一下，该如何理解这一基本原则。

现在的大学生活都比较丰富，校园里面一般都会有各种会堂，这些会堂在每周末多会有偿放映电影，消费对象主要是在校学生。假设有一个校园电影院，座位数是800，每放映一场电影的各项成本支出都是既定的，也就是说多一个观众或少一个观众不会对放映成本有任何影响，因此电影院的边际成本（MC）为零。那么电影院应该设定一个多高的价格才能使自己获得最大利润呢？我们先看看电影院放映电影的收益表。

根据表3-4来看，电影院卖出多少张票时能够获得最大利润呢？因为成本是既定的，因此总收益越大，利润也就越高。这样来看，电影院希望卖出700张电影票，需要把票价定在7元/张，这时的总收益最大。[1]

---

[1] 在这个例子中，电影票价和需求量（产量）的变化都是非连续的，因此在表3-4中，当总收益达到最大时，边际收益并不等于边际成本。如果变量的调整是连续的，例如票价在7元的基础上下降一点点，而需求量在700张的基础上增加一点点，那么总收益可以保持不变。也就是说，在票价为7元时，MR=MC=0。

表3-4 电影院的收益表

票价（元）	电影票的需求量（张）	总收益（元）	边际收益（元）
10	400	4 000	—
9	500	4 500	5
8	600	4 800	3
7	700	4 900	1
6	800	4 800	-1
5	900	4 500	-3

设想一下，如果电影院调整自己的产量（电影票数量）会发生什么呢？如果它认为卖出700张票时还剩余100个座位，显得有些浪费，它希望能够把剩余的座位也卖出去，这时它必须下调票价，但此时增加产量带来的MR<MC，也就是增加电影票销量带来的收益增加量小于成本增加量，因此总收益减少（从4 900元减少到4 800元），利润下降；反之，如果它想减少电影票销量、提高票价，此时减少产量而减少的MR>MC，也就是减少电影票销量导致的收益减少量大于成本减少量，所以总收益同样会减少（从4 900元减少到4 800元），利润下降。因此，只有在MR=MC的地方，电影院才能获得最大利润。

如果情况发生变化，电影院每卖出1张票，需要支付给发行公司1元钱，这时电影院的边际成本就不再是零了，此时MC=1。根据利润最大化的基本原则，电影院的最优产量应该是600张，并按照8元的价格出售这些电影票，此时的MR=MC=1。同样的道理，在此时增加或者减少产量都会使利润下降。

需要说明的是，MR=MC这一利润最大化的基本原则，适用于所有市场结构中的企业。但对于完全竞争与不完全竞争企业而言，不同之处在于，前者的价格始终等于边际收益，所以对于完全竞争者而言，P=MR=MC。后者的价格大于边际收益，所以对于不完全竞争者而言，P>MR=MC。

根据MR=MC这一基本原则，企业就可以确定自己利润最大化的产量，以及相对应的均衡价格。对此，我们可以结合成本、收益曲线图加以描述（如图3-5所示）。

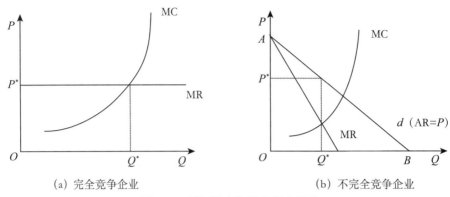

(a) 完全竞争企业　　　　　　　(b) 不完全竞争企业

图 3-5　利润最大化的产量和价格

如图 3-5（a）所示，完全竞争企业面临的市场价格 P^* 是既定的，因此 MR= P^* 也是既定的，边际成本曲线（MC）已知，企业根据 P^*=MR=MC 的原则，确定利润最大化的产量为 Q^*。当产量大于 Q^* 时，MC>MR，此时减少产量可以增加利润。当产量小于 Q^* 时，MR>MC，此时增加产量可以增加利润。

同样的，在图 3-5（b）中，不完全竞争企业面临的需求曲线及对应的 MR 曲线、边际成本曲线 MC 都是已知的，根据 MR=MC 的原则，企业确定的利润最大化的产量为 Q^*，要实现 Q^* 的销量，根据需求曲线，企业就必须确定产品价格为 P^*，因此（P^*，Q^*）就是企业实现利润最大化的均衡点。此时无论是增加产量还是减少产量都会使企业利润减少。

> **相关链接 3-2**

做利润的觉者

德鲁克曾经断言，所谓的利润是一个引人误解的名词，"没有利润，只有成本"。利润和企业的关系就好比食物和人的关系，利润是维持企业生存的食粮。然而，企业的目的却不是利润，企业成功经营的衡量标准也不是利润最大化，就像人虽然需要吃饭，但不是为了吃饭而活着一样，人体健康的标志也不是吃得多多益善，而是正常的机能和创造的活力。关于企业目的唯一正确的定义就是创造顾客需要的价值，关于企业成功经营唯一正确的衡量标准就是这种价值创造能力的最大化。

虽然利润不是经营的目的而是结果，但是利润是需要计划的。这种计划的着眼点不是什么最大化的利润，而是维持企业生存和发展至少需要准备多少利润才安全，才足以支付成本。在正确理解利润的前提下，就可以用它作为有效的管理工具（虽然不是唯一的工具），来衡量一个企业全部努力的正确性和净效率。

……

合理定价。为产品和服务制定合理的价格政策，既不受"利润最大化"的迷惑，高价追求超额利润，也不受市场垄断地位的引诱，为了扩大市场份额而低价竞争。历史悠久的杜邦公司始终保持清醒的头脑，即使它发明的产品处于专利权保护期，定价也只在当时市场可接受价格的60%左右，因为他们明白利润总额永远等于利润率乘以销售量。

不谋求垄断。德鲁克曾经专门探讨过什么是一个企业最佳的市场份额，太小了容易沦为边缘企业，在经济不景气时被淘汰出局；太大了则容易使人昏昏欲睡，不求上进。有远见的企业家，应该自觉地不允许自己的企业成为行业垄断者，不谋求垄断。

管理利润。企业家每年要估算企业继续经营所需的成本和费用，据此建立"备用资金蓄水池"，根据"蓄水池"所需的资金量规划利润，并用是否能实现这个要求而不是按每年实现的会计利润数字，作为对管理者绩效评估的衡量指标之一。在企业出现真正的利润，也就是我们在本文中反复强调的经济增加值时，企业家要明智地把它配置到经营投资、风险补偿金和资本成本这三个方面的成本中去。

资料来源：邵明路，《做利润的觉者》，载《商业评论网》，2016年4月1日。网址：http://www.ebusinessreview.cn/articledetail-285985.html，访问时间2017年4月2日，文章有部分删减。

三、价格歧视

在前面关于电影放映的例子中,电影院利润最大化的产量为 700,即还剩余 100 个空座位,从资源配置的角度讲,这显然是一种浪费。当然,电影院其实也希望能够以一个较低的价格把剩余的 100 张票卖出去,但前提是不能影响前面 700 张票的价格,否则电影院的总利润会减少。如何能够做到这一点呢?等到放映前 20 分钟把剩余的 100 张票打折出售或许是一个可行的办法,这样既可以增加收入,又不会影响到已出售的电影票的价格。但这样做只能取得偶尔的成功,长期这样做的直接后果就是,没有人提前买票,所有人都会等到放映前 20 分钟购买打折票,这样电影院的损失会更大。

但是如果这家电影院没有什么竞争对手,学校周边除了它之外没有合适的替代影院可以选择,这时电影院就有办法解决上述问题了。比如,它可以规定,每次为成绩优秀或者家庭贫困的学生(根据学校的相关证明)提供 100 张低价电影票,而对于其他同学仍然按照 7 元的价格售票。这样的话,在 4 900 元总收益的基础上,电影院还能增加额外的收入,从而提高了企业利润。电影院的这种做法实际上就是垄断条件下的一种常见的经济现象——价格歧视。

所谓**价格歧视**是指具有一定价格控制力的企业在销售同一种产品或服务时,根据市场需求或销售对象的不同而索取不同的价格。具体来看,价格歧视又可分为三级:一级价格歧视、二级价格歧视和三级价格歧视。

(一)一级价格歧视

一级价格歧视是指企业对每一单位产品都按消费者所愿意支付的最高价格出售,因此又称为完全价格歧视。

如图 3-6 所示,当企业实施一级价格歧视时,就可以对消费者购买的每一单位产品索取一个消费者愿意支付的最高价格,如第 1 单位产品的价格为 P_1,第二单位为 P_2……第 n 单位为 P_n。在实施一级价格歧视时,消费者对每一单位产品都支付了最高价格,所以消费者剩余全部被榨光,转化为了企业的垄断利润。显然,实施一级价格歧视时对消费者的福利是一种净损失。但是从全社会经济效率的角度讲，它又是有利的。例如电影院进行价格歧视时，可以把自己的座位全部卖出去，资源得到充分利用。事实上，所有实行一级价格歧视的企业的产量都会比没有价格歧视时更高。如图3-5（b）中，没有价格歧视时利润最大化的产量就是Q^*，如果能够实施一级价格歧视，企业的产量肯定会增加，因为这时增加产量的MR始终等于价格P而高于MC（$P=MR>MC$），所以增加产量是有利可图的，而产量会一直增加到$P=MC$的地方为止。

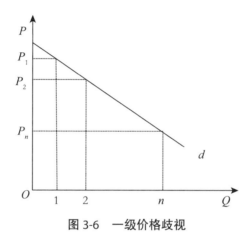

图 3-6　一级价格歧视

当然，现实生活中的企业要实施一级价格歧视是非常困难的，它要求企业掌握消费者对自己产品的消费意愿或者说需求曲线，而企业一般很难充分掌握这些信息，因此一级价格歧视在现实生活中非常罕见。

（二）二级价格歧视

实施一级价格歧视对信息的要求非常严苛，因此现实生活中更常见的是二级价格歧视。所谓**二级价格歧视**是指企业针对消费者不同的购买数量段规定不同的价格。

如图3-7所示，当企业实施二级价格歧视时，就可以对消费者不同的购买数量段索取不同的价格，如购买量在[0, X]之间时价格为P_1，购买量在[X, Y]之间时价格为P_2，购买量在[Y, Z]之间时价格为P_3。在实施二级价格歧视时，会有部分消费者剩余转化为了企业的垄断利润，消费者福利也存在一定的损失，但它能在一定程度上促进经济效率的提高，促进资源的有效利用。

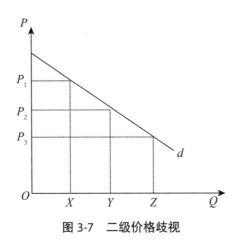

图 3-7 二级价格歧视

与一级价格歧视相比，实施二级价格歧视对信息的要求没有那么严苛，因此在现实生活中比较常见。例如，我们在节假日到商场购物时经常会碰到的各种打折活动，移动通信公司的话费、流量费套餐活动，还有各城市为了加强市民的环保节能意识而采取的水、电、气的阶梯价格等都属于二级价格歧视。

（三）三级价格歧视

三级价格歧视是指企业在不同的市场上或在同一市场上对不同的消费群体索取不同的价格，例如同种商品在富人区的价格要高于贫民区的价格。同一个城市中工商业企业用水、用电价格要高于居民用水、用电价格。例如，2017 年武汉市居民用水第一级价格为 2.32 元 / 立方米，而工商业企业用水价格为 3.15 元 / 立方米。

企业能够实施三级价格歧视，根本原因在于不同市场或者不同消费者群体的需求价格弹性不一样。企业一般在弹性较小的市场索取一个较高的价格，而在弹性较大的市场索取较低的价格。通过实施三级价格歧视，企业也能够榨取一部分消费者剩余，增加垄断利润，同时也能提高资源的使用效率。

三级价格歧视能否成功，关键在于企业能否把不同市场或者消费群体分隔开，以防止套利现象的出现。所谓套利，即把低价市场上购买的商品拿到高价市场上出售，从中赚取差价。如果企业不能够阻止获得低价格的消费者把商品转售给高价格的消费者，企业就无法获得通过实行价格歧视产生的垄断利润。例如，某些景点针对老人、儿童或者学生的优惠票都会与普通票有所区别，否则就会有人通过各种渠道大量购买优惠票，转而向普通乘客兜售手中的优惠票，从而影响景点的门票收入。

经济学案例 3-1

联想的价格歧视策略

据《每日经济新闻》报道，联想集团近日公布了针对中国香港地区及其他海外市场的平板电脑售价。有消费者发现，联想新近发布的这款名为 ThinkPad Tablet 的企业级平板电脑在内地的裸机和套装的售价分别比港版同款产品高出约三成。

据悉，联想在京东商城渠道目前的预售价格（含套件）为 5 999 元人民币，裸机则为 4 999 元，而此前在香港曝光的港版同款裸机售价仅为 3 998 港币（约合人民币 3 300 元），两者之间价格相差很大。

对于这种海外市场（含中国香港地区）和内地市场"内外有别"的定价策略，联想方面在接受《每日经济新闻》记者采访时回应称："首先，ThinkPad 在中国内地售卖，与全球其他地区相比，在产品本身的（价格）基础上，政府会加收 17% 进口关税（约 650 元）；其次，凡购买中国区产品客户，注册成为会员即可获赠 1 年意外保险服务（价值 300 元）；最后，ThinkPad 会针对内地客户的需求开发软件和定制化服务，其中也有一部分软件成本。"

因为国内售价比香港贵了近 50%，联想集团这一举动引来了用户批评。有用户在新浪微博上表示，如此离谱的价格除了会招致骂声之外，似乎对于提升 ThinkPad 高端商务的形象没有任何帮助。根据我在新浪微博做的统计投票，进行投票的 99% 的用户都无法接受联想的这种带有价格歧视的报价。

无独有偶，此前联想 ThinkPad 系列产品也多次被内地消费者抱怨"售价高于海外"。美国是 ThinkPad 全球最便宜的地区，其价格往往只有中国大陆地区的一半。联想官方对此解释为关税及各国劳动力的价格差异、公司内部会计核算等因素。

根据业内人士分析，联想此番推出的 ThinkPad Tablet 的价格策略，很可能是把"心思更多地放在政府用户和企业级用户方面"。据分析，"ThinkPad 平板电脑定位相对高端，在中国内地的消费群很大一部分是大型企业和政府客户，对于这部分客户，公关成本相对较高，但能支持其高毛利率的诉求。更重要的是，联想也许从来就未真正将 ThinkPad Tablet 定位为面向一般个人消费者的产品，大客户才是其定位目标"。

据市场研究机构 IDC 早前发布的研究报告显示，2011 年第二季度，中国多媒体平板设备市场总出货量达到 139 万台，相比第 1 季度增长了 63%，其中苹果 iPad2 销量达到 97.8 万台，联想的乐 Pad 产品销量突破 8.1 万台，上升至市场次席，份额接近 6%。联想 ThinkPad Tablet 的这种定价策略似乎表明，联想已经承认了 iPad 在个人平板电脑市场上的垄断地位，因此打算通过高价格和公关的方式开拓企业和政府市场。

资料来源：月光，月光博客，http://www.williamlong.info/archives/2839.html，访问时间 2017 年 6 月 3 日。

第三节 企业的利润能够长期保持吗？

一、短期内企业一定是盈利的吗？

企业一般会按照 MR=MC 的原则来调整自己的产量和价格，以获得最大化的利润。但是在最优产量条件下获得的这个"最大化利润"一定是大于零的吗？或者说企业在短期内一定是盈利的吗?我们可以结合企业的成本收益曲线图来分析这个问题。

(一) 完全竞争企业的短期均衡与盈亏状况

如图 3-8 所示,在既定的市场价格 P^* 的条件下,完全竞争企业根据 MR=SMC 的原则,确定自己利润最大化的产量为 Q^*。在短期内,市场均衡价格不变,所以企业的最优产量也不会变。但是在 Q^* 的产量下,企业是否一定是盈利的呢?这就要结合企业的成本问题来判断。

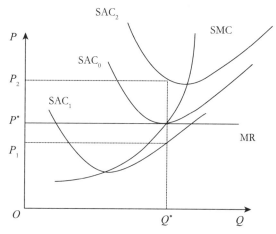

图 3-8 完全竞争企业的短期均衡与盈亏状况

如果某个企业的生产成本控制得当,其平均成本由 SAC_0 表示,企业在最优产量 Q^* 下的平均成本 $SAC_0(Q^*)$ 刚好等于均衡价格 P^*,所以企业在这个时候是不盈不亏的,即经济利润为零。

如果某个企业成本控制得较好,比一般企业都要低,其平均成本由 SAC_1 表示,最优产量同样是 Q^*,但这时企业的利润是大于零的,因为产品价格大于既定产量下的平均成本,即 $P^*>P_1=SAC_1(Q^*)$。

但是如果某个企业的成本较高,其平均成本由 SAC_2 表示,最优产量也是 Q^*,但这时企业的利润是小于零的,也就是会出现亏损,因为产品价格小于既定产量下的平均成本,即 $P^*<P_2=SAC_2(Q^*)$。

显然，在完全竞争条件下，即使通过产量和价格的调整使得企业实现了利润最大化，企业也并不一定能够盈利。因此，**经济学中"利润最大化"的含义不仅仅是指在能够获得正的利润时，实现盈利最大化，也指在出现负利润即亏损时，实现损失的最小化**。换言之，对于 SAC_1 代表的低成本企业，如果其实际产量大于或者小于 Q^*，那么其利润一定会下降，因此 Q^* 就是能够带来最大盈利水平的产量；反之，对于 SAC_2 代表的高成本企业，如果其实际产量大于或者小于 Q^*，那么其亏损额一定会增加，因此企业只要开工生产，Q^* 就是能够带来最小亏损额的产量。

（二）不完全竞争企业的短期均衡与盈亏状况

对于不完全竞争企业[1]来说，其面临的情况与完全竞争企业是类似的。如图3-9所示，根据 MR=SMC 确定的利润最大化产量为 Q^*，要实现 Q^* 的销量，企业必须根据需求曲线 d 把产品价格定为 P^*，因此 (P^*, Q^*) 就是企业实现利润最大化的均衡价格与产量。对于既定的均衡价格 P^* 和产量 Q^*：

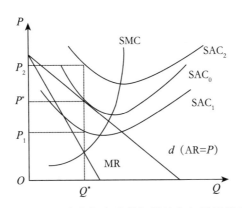

图3-9　不完全竞争企业的短期均衡与盈亏状况

如果企业的生产成本控制得当，平均成本由 SAC_0 表示，企业在最优产量 Q^* 下的平均成本 $SAC_0(Q^*)$ 刚好等于均衡价格 P^*，所以企业在这个时候是不盈不亏的。

如果某个企业成本控制得较好，其平均成本由 SAC_1 表示，最优产量仍然是 Q^*，但这时企业的利润是大于零的，因为产品价格大于既定产量下的平均成本，即

---

[1] 这里的不完全竞争企业主要是指垄断企业和垄断竞争企业。

$P^* > P_1 = SAC_1(Q^*)$。

但是如果某个企业的成本较高，其平均成本由 SAC_2 表示，最优产量也是 Q^*，但这时企业的利润是小于零的，也就是会出现亏损，因为产品价格小于既定产量下的平均成本，即 $P^* < P_2 = SAC_2(Q^*)$。

因此，与完全竞争一样，在不完全竞争条件下，即使企业通过产量和价格的调整实现了利润最大化，它也不一定能够盈利。在利润最大化的产量 Q^* 下，企业的最大化利润既可能意味着最大化的盈利（SAC_1 代表的情况），也可能是最小化的亏损（SAC_2 代表的情况），也有可能不盈不亏（SAC_0 代表的情况）。

二、长期内企业又将如何？

前面我们分析的是短期内的情况，那么在长期内追求利润最大化的企业又是什么情况？长期之内能够存活下来的企业是否也会出现盈利、亏损或者不亏不盈几种情况呢？要回答这一问题，我们首先要区分什么是长期和短期。

（一）市场结构理论中的长期与短期

在第二章中，我们已经对短期与长期做出了区分。不过那是在分析企业的生产行为时，根据要素的可调整性做出的区分。在市场结构理论中，对长短期的划分又有着一些不同之处。

长期与短期的第一个不同之处在于，长期之内企业的生产规模是可调整的。所谓生产规模可调整，从生产要素的角度看，就是指资本要素可调整。换句话说，资本要素投入的多少在一定程度上就代表着生产规模的大小。企业在长期之内会根据利润状况的变化而不断调整自己的资本要素投入量、进而调整自己的生产规模。经济利润大于零时则会不断扩大生产规模；反之则会不断缩小生产规模。

长期与短期的第二个不同之处在于，长期之内可能会有新的企业进入某个行业，或者原有的企业退出某个行业。进入或者退出某个行业的标准在于这个行业的盈利状况，如果能够获得正的经济利润，那么就会有企业不断地进入这个行业；反之则会有企业不断地退出这个行业。是否能够自由进出某个行业对这个行业的长期利润状况起着决定性的影响。

（二）长期之内企业的盈亏状况分析

在长期内，当企业选择扩大（缩小）自己的生产规模或者进入（退出）某个行业时，会对整个行业原有的均衡产量和价格产生重要影响，进而影响企业、甚至整个行业的盈亏状况。我们仍然结合企业长期生产的成本与收益曲线进行分析。

1. 完全竞争企业的长期均衡与盈亏状况

在完全竞争市场上，如果企业在短期内出现亏损，那么在长期内，企业就会选择缩小生产规模或者退出所在的行业，这样整个行业的生产和供给就会减少，进而导致产品均衡价格上升，企业面临的需求曲线和边际收益曲线也会上升，一直上升到与均衡产量下的长期平均成本相等时为止，亏损也最终消失，如图 3-10 中（P^*，Q^*）代表的均衡状态（MR=LMC）；反之，如果企业在短期内能够盈利，那么在长期内，原有企业就会选择扩大生产规模，新的企业也会不断进入这个行业，这样整个行业的生产和供给就会增加，进而导致产品均衡价格下降，企业面临的需求曲线和边际收益曲线也会下降，一直下降到与均衡产量下的长期平均成本相等时为止，盈利也最终消失，从而达到图 3-10 中（P^*，Q^*）代表的均衡状态。这种不断地调整

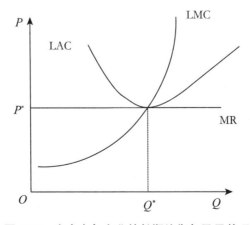

图 3-10 完全竞争企业的长期均衡与盈亏状况

过程最终将使行业内**所有企业都只能获得正常利润，经济利润消失，达到一个长期均衡状态。**

2. 不完全竞争企业的长期均衡与盈亏状况

首先，对于垄断竞争市场而言，其调整过程与完全竞争市场类似。如果垄断竞争企业在短期内出现亏损，那么在长期内，企业同样会选择缩小生产规模或者退出所在的行业，随着行业中企业数量的减少，留下来的企业就会获得更大的市场份额，因此其面临的需求曲线就会向右移动，一直到新的均衡条件下，产品价格与企业的长期平均成本相等、企业能够获得正常利润为止，从而达到图 3-11 中（P^*，Q^*）代表的均衡状态（MR=LMC）；反之，如果企业在短期内能够盈利，那么在长期内，原有企业就会选择扩大生产规模，新的企业会不断进入这个行业，因此行业内的原有企业的市场份额会不断减少，其需求曲线就会向左移动，一直到新的均衡条件下，产品价格与企业的长期平均成本相等、企业的经济利润消失为止，从而达到图 3-11 中（P^*，Q^*）代表的均衡状态。**与完全竞争市场一样，这种不断地调整过程最终将使行业内所有企业都只能获得正常利润，经济利润消失，达到一个长期均衡状态。**

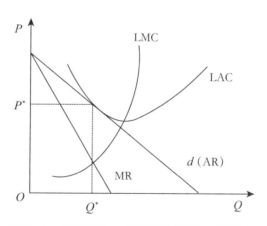

图 3-11　垄断竞争企业的长期均衡与盈亏状况

其次，对于垄断企业来说，在短期内可能会因为成本过高等原因而出现亏损，但在长期之内不会出现这种情况。在长期内，垄断市场的特殊性使得垄断企业与其他类型企业在达到长期均衡时会有所不同,这种特殊性在于垄断行业中一般不会有新企业的进入。因此,当垄断企业在长期均衡产量条件下能够获得经济利润时,其经济利润不会因为竞争者的分食而消失,而是会一直保存下去。反之,如果在长期之内企业通过调整生产规模无法解决亏损问题,那么垄断企业就会退出这个行业。[1]因此从长期看,垄断企业只要从事生产活动,在均衡状态下总是能够获得大于零的经济利润,如图3-12中(P^*, Q^*)代表的生产状态(MR=LMC)。

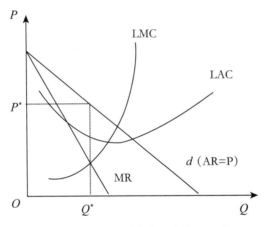

图3-12 垄断企业的长期均衡与盈亏状况

相关链接 3-3

中国房地产行业的利润变化与发展趋势

过去的十多年中,房地产行业在人们眼中一直是一个暴利行业。2002年发布的第一版"中国十大高利润行业"中,房地产行业就位居榜首,之后十多年该行

---

[1] 这种情况一般不会出现,如果垄断企业出现长期亏损,为了行业生产活动能够继续,政府一般会进行干预,或者对垄断企业提供补贴,或者直接由政府经营。

业也一直维持这种高利润态势。高利润自然就会吸引越来越多的企业进入这一行业，国家统计局公布的相关数据也印证了这一点。数据显示，2002年中国房地产企业数量为3万多家，之后房企数量逐年增加，到2012年已接近9万家，这是房地产黄金十年高速扩张的结果。但最近两年，关于房地产行业的发展出现了很多不同的声音，很多人认为中国房地产行业的暴利时代已经过去了，未来将进入平稳增长阶段，房地产行业也将面临一次大洗牌。例如，2015年12月20—23日在广州召开的主题为"创新服务、引领未来"的全联房地产商会论坛上，不少房企大佬就表示，2015年颠覆房地产的现象已经出现了，房地产行业的变化主要体现在房企业务多元化、资金募集多元化及房地产营销变化三个方面。今后仅靠拿地卖房的房企是无法生存下去的，"触金"、"触网"和升级将是房企必须要做的事情。未来十年中国房企将迎来大洗牌，房企数量可能锐减至1 000家。企业"根据地"进一步分化，巨头房企专供一线城市乃至国际市场，三四线城市则成为本地中小房企的福地（《广州日报》，2015年12月31日）。

房企数量的增减是行业利润水平变化的一个直接反映，在中国房地产市场高速发展的十多年中，与高利润率相伴随的自然是房企数量的大幅增长。但在行业发展渐趋平稳、利润率逐渐下降之后，随之而来的必然是行业的重新调整，企业数量也会随之下降。

资料来源：根据相关新闻资料和国家统计局数据整理。

相关链接 3-4

寡头企业的行为

与垄断竞争市场类似，寡头市场也是一种既有竞争又有垄断的市场结构。但与前者不同的是，寡头市场存在明显的进入障碍，因此少数几个企业就能够完全控制整个行业的生产活动。也正是因为这一特点,各寡头企业之间的相互依存关系非常明显。如果寡头市场上其中一家企业做出改变产量或价格的决策,其他企业都会受到影响,进而做出相应的反应,而其他企业的反应反过来又会影响原来那家寡头企业的决策效果。因此,任何一个寡头企业做出某种决策之前,都会考虑竞争对手可能的反应,并评估这种反应对自己可能造成的结果。正是由于寡头企业之间存在很强的相互依存性,使得寡头企业的产量与价格决策方式与其他市场结构中的企业有着很大的不同。寡头企业的某项决策会产生什么样的结果完全取决于其竞争对手的反应,因此寡头企业的决策结果具有很大的不确定性。这样的话,我们对寡头企业和市场的分析也不能简单地沿用前面的成本收益曲线分析方法。在经济学中,分析寡头市场的代表性模型有古诺模型、斯威齐模型和价格领导模型等,不管是哪种模型,背后都隐含着寡头博弈的基本思想,下面我们简单介绍一下如何用博弈论分析寡头企业的行为。

博弈论(Game Theory)本质上是一种数学分析方法,被广泛应用于经济学的理论研究之中,一般用来分析在策略性的环境中,各行为主体如何进行决策以及这种决策的均衡问题。所谓策略性环境是指每个行为主体的决策都会相互影响,因此每一个行为者都会参考其他行为者的行为而做出决策。一个博弈包括三个基本要素,即参与人、参与人的策略和参与人的支付。参与人即博弈过程中做出决策的行为主体,可以是自然人,也可以是各种组织,如企业、政府等,每一个博弈中至少要有两个参与者。策略即参与人做出决策的行动规则。依据该规则,参与人总是能够做出最优选择。支付即参与人完成博弈之后得到的收益或遭受的损失。寡头企业的产量与价格决定过程就是一个典型的博弈过程。

仍然以电影院为例,如果某一天校园内又新建了一座电影院,这时校园内的电影市场就是一个双寡头垄断市场。原来的那家电影院(用A表示)面临的市场需求就发生了变化,不再是整个市场的需求,而是总需求减去市场对新建电影院(用B表示)的需求。因此,A的最优产量就不再是700了,而需要根据B的产量做出调整,同样,B的最优产量也受到A的产量的影响。A和B的最优产量与价格决定过程就是一个博弈过程。在这个博弈中，A 和 B 都有两种不同的策略，即合作与不合作。所谓合作就是一起限制产量、提高价格，不合作就是各自决定自己的产量与价格。如果都选择合作，那么 A 和 B 之间就形成了一个共同行动的卡特尔（Cartel），它们的决策过程就是一个追求共同利益最大化的合谋过程。如果都选择不合作，各自为战的结果就会完全不同。我们可以用一个博弈矩阵来描述 A 和 B 的博弈过程及相应的结果。

表3-5 双寡头博弈

A \ B	合作（限制产量）	不合作（不限制产量）
合作（限制产量）	(6 000, 6 000)	(3 000, 7 000)
不合作（不限制产量）	(7 000, 3 000)	(4 000, 4 000)

如表 3-5 所示，如果 A 和 B 都选择合作，以整体利润最大化为目标，二者共同决定产量和市场价格，那么各自能够获得 6 000 的支付；如果只有一方选择合作，而另一方选择不合作，那么合作一方的支付为 3 000，不合作一方的支付为 7 000；如果双方都选择不合作，各自决定产量和价格，那么双方的支付均为 4 000。显然，这样一个博弈的最终结果就是都选择不合作。因为对 A 来说，无论 B 的策略如何，不合作对 A 来说都是一个更好的策略；反之亦然。（不合作，不合作）就是这个双寡头博弈的均衡解，也是一个纳什均衡解，即在（不合作，不合作）这一策略组合中，当所有其他人（A 或 B）都不改变策略时，没有人（B 或 A）会改变自己的策略，则该策略组合就是一个纳什均衡。但是，如果 A 和 B 相互勾结，形成一个卡特尔，为了整体利益而共同决定减少产量、提高价格，那么（合作，合作）就是这个双寡头博弈的均衡解，但是这个均衡解是不稳定的，如果没有相应的惩罚机制，A 和 B 都有改变策略的动机。

从上述例子可以看出，在寡头垄断市场上，当不存在相互勾结时，各寡头根据其他寡头的产量决策，按利润最大化原则调整自己的产量。当寡头之间存在勾结时，产量则由各寡头协商确定。

第四节　一个整体性的比较

一、不同市场结构的经济效率比较

西方经济学研究的中心问题是稀缺资源的优化配置问题，我们对市场结构问题的研究自然也是围绕这一问题展开的。因此，我们在分析完各种类型的市场特点及其运行规律之后，还必须对不同类型市场的经济效率做出评价，到底哪一种类型的市场更能促进资源的优化配置，创造更多的社会福利？

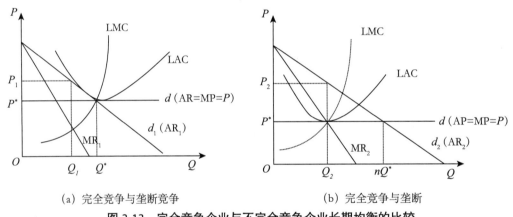

(a) 完全竞争与垄断竞争　　　　　(b) 完全竞争与垄断

图 3-13　完全竞争企业与不完全竞争企业长期均衡的比较

我们一般以完全竞争市场作为参照，从长期均衡状态下的生产成本、价格、产量、利润等几方面对不同类型市场的经济效率进行比较。如图 3-13 所示。

完全竞争企业的成本等于长期平均成本的最小值，而垄断竞争企业的成本会大于这一最小值，垄断企业的成本除了在某些特殊情况下等于这一最小值（图 3-13（b）），一般也是大于这一最小值的。也就是说，在长期均衡中，完全竞争企业的生产成本一般低于不完全竞争企业的生产成本。

完全竞争企业的价格 P^* 等于最低的长期平均成本，而垄断竞争企业和垄断企业的价格 P_1、P_2 都高于最低的长期平均成本。也就是说，在完全竞争市场中，消费者能够享受到比不完全竞争市场中更低的产品价格。

完全竞争企业的产量 Q^* 也高于垄断竞争企业的产量 Q_1，而且完全竞争市场上企业数量更多，因此整个市场的产量也会更多。对于垄断企业，由于规模较大，其产量一般会高于单个完全竞争企业，但是垄断市场的产量（也就是垄断企业的产量）肯定会低于整个完全竞争市场的产量 nQ^*（n 为完全竞争市场上的企业数量，假定每个企业规模相同）。也就是说，在完全竞争市场中，消费者能够比在不完全竞争市场中消费更多的产品。

对于完全竞争企业与垄断竞争企业，尽管后者平均成本高于前者，但是二者的产品价格都等于其平均成本，因此经济利润都为零，企业只能获得正常利润。但是垄断企业（包括寡头企业）的产品价格一般都会高于其平均成本，也就是说存在经济利润。只要一个行业存在经济利润，说明在该行业中配置的生产资源太少，而这是由于存在进入障碍，导致新的生产资源无法进入市场的缘故。如果不存在进入障碍，经济利润的存在就会吸引生产资源不断地流入，直至经济利润消失为止。从这一点看，相对于垄断市场（包括寡头市场），完全竞争与垄断竞争市场的资源配资效率要更高一些。

综上所述，在长期均衡条件下，相对于不完全竞争企业，完全竞争企业的生产成本更低，能够为消费者带来价格更低、产量更多的消费品，经济利润也是最低的。结合以上几方面来看，完全竞争市场的资源配置效率、社会福利水平显然更高，因此完全竞争市场的经济效率要比不完全竞争市场更高。一般来说，垄断程度越高的市场，经济效率就会越低。当然，如果考虑到规模经济、长期技术进步（创新）、产品多样化等方面的问题，完全竞争市场的经济效率可能就要稍打一些折扣了。

相关链接 3–5

完全竞争市场真的就一定好吗？

学过经济学的人都知道，在传统的经济学教科书中把市场划分为四种结构，其中完全竞争市场代表一种理想的市场结构。100多年前，法国经济学家莱昂·瓦尔拉斯（Léon Walras）最早通过证明，得出完全竞争市场是最有效率的市场的结论。在20世纪60年代，肯尼思·阿罗（Kenneth Arrow）和杰勒德·德布勒（Gerard Debreu）精确化了瓦尔拉斯的证明，并因此分获诺贝尔经济学奖。然而，构成完全竞争市场的条件需要具备四个条件，其中首要条件就是要求市场上有众多的买者和卖者。这一条件意味着市场中厂商的规模不会太大，因而，完全竞争市场没有考虑到规模经济的因素。

其实，早在19世纪末期，著名经济学家阿尔弗雷德·马歇尔（Alfred Marshall）便已经发现这一问题，因此，提出了著名的"马歇尔冲突"，即大规模生产能为厂商带来规模经济性，使这些厂商生产的产品的平均成本不断下降、市场占有率不断提高，其结果必然导致市场结构中的垄断因素不断增强，而垄断的形成又必然阻碍竞争机制在资源合理配置中所发挥的作用，使经济丧失活力，扼杀自由竞争。规模经济与完全竞争之间存在着矛盾关系。由此，我们可以推断出：如果某一个行业存在着规模经济性，那么完全竞争市场对于资源的配置并不一定是最有效率的。我们可以假设一个行业中只能容纳两家厂商，那么这两家厂商可以在平均成本最低点进行生产。但是，如果在这个行业中引入多个厂商，使之达到完全竞争市场结构，其结果必然是每一家厂商都在平均成本比较高的水平上进行生产，这显然不符合效率的原则。

在微观经济学中，对完全竞争市场分析的主要目的是试图建立一个理想的市场经济基准，以此来对照其他市场结构资源配置效率的损失。但是，这一参照并没有太大的指导意义，尤其是在现实中。产业革命以来，我们进入大工业生产时期。大工业经济的典型特征是在生产中大量使用机器设备，具有明显的规模经济特征。在这样的市场结构中追求完全竞争的市场结构的实现并不会带来效率水平的提高，甚至会带来效率的损失。因为，增加了厂商数量只会使每个厂商在更高的平均成本水平上进行生产。因此，即使某个行业符合完全竞争市场的特征，在这种市场结构条件下能否实现有效的资源配置也是值得商榷的。

……

20世纪80年代，由威廉·鲍莫尔（William Baumol）、约翰·潘泽（John Panzer）和罗伯特·威利斯（Robert Willis）等人提出的"可竞争市场理论"可以看作是对以上问题的理想解答。可竞争市场理论认为，良好的生产效率和技术效率等市场绩效在哈佛学派的理想市场结构以外仍然是可以实现的。这时，并不需要有众多厂商的存在。它可以是垄断竞争市场、寡头市场、甚至是垄断的市场结构，只要保持市场进入的完全自由，不存在特别的进出市场成本，潜在的竞争压力就会迫使任何市场结构条件下的厂商采取竞争行为。可竞争市场是相对于传统的完全竞争市场概念所提出的一种替代市场概念。与完全竞争市场必须满足存在众多小规模的厂商的市场结构条件不同，可竞争市场可以不依存于这种原子型的特殊市场结构。只要存在新厂商随时进入市场的潜在竞争压力，即使市场上仅有一个厂商独家垄断经营，这家厂商所能获得的利润也不会高于完全竞争市场众多厂商所能获得的正常利润。因此，根据可竞争市场理论，无论是在寡占还是垄断的市场结构条件下，任何厂商都不能维持能够带来垄断利润的价格和低效率的组织，可维持定价和有效率的组织都会成为一种内生的结果。

可竞争市场理论可以作用于所有的市场结构形态，打破了传统上认为的只有完全竞争市场才是最有效率市场的假说，解决了"马歇尔冲突"的矛盾，并为如何培育有效率的市场指明了新的方向。依据可竞争市场理论，有效的竞争政策不应再专注于市场结构的调整，而应重点关注如何能够降低厂商进入和退出某一个行业的壁垒，确保潜在竞争压力的存在。

资料来源：于铭，《完全竞争市场真的就一定好吗？》，载《经济学消息报》，2010年第11期。

二、对垄断的管制

从经济学的主流观点来看，完全竞争市场是效率最高的一种市场结构，而垄断市场（包括寡头市场）则是一种典型的低效率市场结构，因此，政府如何对垄断市场或者企业的垄断行为进行管制，以提高其经济效率也成了经济学研究的一大主题。一般来说，政府针对垄断的管制手段可以分为两大类，即经济手段和法律手段。

（一）经济手段

政府对垄断现象的经济干预，其目标非常清晰，那就是尽可能地使垄断企业或者市场的产量和价格向竞争性的产量和价格靠拢。因此，政府常用的经济手段包括降低进入障碍、价格管制、成立国有企业等等。

1. 降低垄断行业的进入障碍

降低价格、提高产量以控制市场是垄断企业面临竞争压力时的正常选择，因此，提高行业的竞争程度是解决垄断问题的一个基本思路。对政府部门来说，其相关政策的制定可以围绕降低垄断行业的进入障碍、保持对垄断企业的竞争压力而展开。例如，对于试图进入某个垄断行业的企业，政府可以提供一定的资金支持，或者一段时期的税收优惠，对原有垄断企业为了排除潜在竞争者而进行的恶意竞争进行惩罚等。

2. 价格管制

既然经济管制的目的是提高行业产量、降低市场价格，那么政府部门也可以采取最简单、最直接的措施，即进行价格管制。尤其是在自然垄断行业中，价格管制措施非常常见。为了防止垄断企业的随意定价（通常是高价），政府往往会规定一个价格上限（低于垄断企业利润最大化的价格），这样，面对一条向右下方倾斜的需求曲线，垄断企业一定会增加自己的产量。随着市场价格的下降、总供给量的增加，资源配置效率得以提高，消费者的福利也增加了。

需要指出的是，政府为了既定的产量目标而对垄断行业的价格进行管制时，也有可能导致垄断企业出现亏损。当出现这种情况时，为了保证垄断企业的生产能够顺利进行下去，政府需要对垄断企业进行补贴，补贴额度刚好等于企业的亏损额，这样垄断企业的经济利润为零，只能获得正常利润。这样看的话，政府对垄断企业的补贴实际上是政府对公众的一种福利支出。

3. 成立国有企业

对于某些行业，例如电力、自来水、天然气、公共交通等自然垄断行业，政府往往倾向于自己成立并经营一家垄断企业，而不是选择由私营企业进行经营管理、然后对其进行管制。在某些自然垄断行业中成立国有企业，这在许多欧美国家中都是比较常见的。对于政府来说，通过成立国有企业来实现既定的干预目标可能是非常便利的。因为通常来说，国有企业比私营企业更能贯彻政府的某些意图，这将使得政府对垄断行业的价格和产量控制的成本变得更低。

但是经济学家们对于自然垄断行业中的私有化显然更为偏爱一些，其中一个主要原因是，他们认为所有权问题会导致国有企业自身的生产成本过高。私营企业的管理者为了获得更多的利润往往会采取各种办法降低企业的生产成本，如果达不成既定的目标，他们有可能被解雇，而国有垄断企业在这方面的压力可能会小得多。因此，过高的生产成本也会导致国有企业生产的低效率。私营企业比国有企业更具效率——基于这种指导思想，在20世纪80年代，世界上曾出现过一次比较大的私有化浪潮。当然，并不是所有国有企业的效率都不如私营企业，许多发达市场经济国家的国有企业与私营企业一样具有效率，比如法国的国有企业的高效率就是世界公认的。

相关链接 3-6

私有化的阴暗面

在世界上的许多国家，由于政府曾拥有很大一部分产业，因此私有化对经济前景的影响很显著。那些支持私有化的人士认为，通过消除作为收入和资助来源的政府企业，私有化不仅可以提高效率，还可以减少腐败。

但结果表明，私有化本身却成了腐败的主要来源。实际上，在世界上的许多地方，私有化后来都被称为贿赂化（briberization）。通过在市场价格之下出售国有资产,那些有幸控制了这些国有资产的官员大捞了一把。(在俄罗斯,许多人在一夜之间成了亿万富翁。)自然,那些控制了私有化进程的人也获得了大量回扣。

问题在于出售一家大的公司涉及许多技术细节。例如,对潜在的买方需要进行核实——它们真会拿出它们许诺的钱吗?有关操作规则的制定和实施,照例是以牺牲一些人的利益为代价而为另一些人的利益服务的。其结果是,赢家未必是最能够管理好公司的人,而是政治联系最为密切或愿意行贿最多的人。这又意味着私有化所预示的收益——提高效率——往往未能实现。在苏联和东欧的许多国家里,私有化更多的是导致了资产的流失,而不是创造了更有效的企业。

资料来源:〔美〕约瑟夫·斯蒂格利茨,《经济学》(第 4 版上),黄险峰等译,中国人民大学出版社 2013 年版,第 307 页。

(二)法律手段

无论是较为成熟的市场经济国家还是一些发展中国家,为了防止垄断行为导致的低效率,除了经济手段之外,它们还专门制定了各种各样的反垄断法律,以对垄断企业的各种行为进行规制。

表3-6　主要反托拉斯立法与重大案例

法案与重大案例	内容
1890 年,《谢尔曼反托拉斯法》	规定对贸易的限制为非法行为。
1911 年,标准石油公司与美国烟草公司案	把这两家公司(每家公司都占有该行业 90% 以上的份额)都分割为较小的企业。
1914 年,《克莱顿法》	宣布不公平贸易行为非法,限制大幅度削弱竞争的兼并行为。
1914 年,联邦贸易委员会成立	成立联邦贸易委员会是为了调查不公平行为,以及签署"停止和终结"这种行为的法令。
1936 年,《罗宾逊—帕特曼法》	强化《克莱顿法》的条款,宣布价格歧视非法。

续表

法案与重大案例	内容
1945年,美国铝业公司案	美国铝业公司控制了铝业市场的90%,被控违反《谢尔曼法》。
1946年,烟草案	烟草行业(集中的寡头垄断行业)被控采取默契串谋,违反《谢尔曼法》。
1950年,《塞勒—凯弗尔反兼并法》	进一步限制可能会削弱竞争的兼并。
1956年,杜邦公司玻璃纸案	扩展了市场的定义,规定20%的市场份额不足以确立市场势力。

资料来源:〔美〕约瑟夫·斯蒂格利茨,《经济学》(第4版上),黄险峰等译,中国人民大学出版社2013年版,第310页。

美国是世界上较早制定反垄断法[1]的国家,其相关法律体系也较为完善。19世纪末20世纪初,当世界经济逐渐从自由资本主义向垄断资本主义过渡时,美国国内也形成了一大批实力雄厚的大企业,这些大企业基本上控制着各自行业的生产活动,是一种典型的垄断(寡头垄断)形式,汽车、钢铁等行业都属于垄断市场。垄断的形成和发展对美国经济社会的发展产生了重要影响,社会上抵制垄断、规范垄断企业行为的呼声渐涨。在此背景下,美国历史上第一部、也是最重要的一部反托拉斯法——《谢尔曼反托拉斯法》于1890年出台了,该法案旨在降低当时主宰美国经济的"托拉斯"的市场势力。之后,美国又陆续通过了《克莱顿法》(1914)、《联邦贸易委员会法》(1914)、《罗宾逊—帕特曼法》(1936)以及《塞勒—凯弗尔反兼并法》(1950)等等。正如美国高等法院曾经指出的,反托拉斯法是"一部全面的经济自由宪章,其目的在于维护作为贸易规则的自由和不受干预的竞争"。[2]

在早期,反垄断法还主要集中在发达的市场经济国家,成为这些国家促进经济发展的重要政策手段和法律工具。随着世界经济的发展,越来越多的发展中国家也制定和实施了反垄断法,以保障和推动其经济发展。例如,为了进一步加强和完善

---
[1] 反垄断法在美国称之为反托拉斯法,"托拉斯"是指由许多生产同类商品的企业或产品有密切关系的企业合并形成的一种垄断组织,托拉斯由新组建的董事会统一经营,原企业主成为其股东。
[2] 转引自格里高利·曼昆:《经济学原理》(第七版),梁小民等译,《北京大学出版社》2015年版,第339页。

社会主义市场经济建设，打破某些行业的垄断状况、促进境内外企业的公平竞争，中国在2007年8月30日通过了《中华人民共和国反垄断法》，这是中国经济发展史上的第一部反垄断法，该法自2008年8月1日起正式实施。尽管存在诸多困难，中国的反垄断法终究是在各种争议声中艰难起步，也将在未来经济社会的发展过程中不断加以改进和完善。

经济学案例3-2

商务部禁止可口可乐收购汇源

2008年9月18日，商务部收到可口可乐公司收购中国汇源公司的经营者集中反垄断申报材料。经申报方补充，申报材料达到了《反垄断法》第二十三条规定的要求，11月20日商务部对此项集中予以立案审查，12月20日决定在初步审查基础上实施进一步审查。

商务部依据《反垄断法》的相关规定，从市场份额及市场控制力、市场集中度、集中对市场进入和技术进步的影响、集中对消费者和其他有关经营者的影响及品牌对果汁饮料市场竞争产生的影响等几个方面对此项集中进行了审查。审查工作严格遵循相关法律法规的规定。审查过程中，充分听取了有关方面的意见。

经审查，商务部认定：此项集中将对竞争产生不利影响。集中完成后可口可乐公司可能利用其在碳酸软饮料市场的支配地位，搭售、捆绑销售果汁饮料，或者设定其他排他性的交易条件，集中限制果汁饮料市场竞争，导致消费者被迫接受更高价格、更少种类的产品；同时，由于既有品牌对市场进入的限制作用，潜在竞争难以消除该等限制竞争效果；此外，集中还挤压了国内中小型果汁企业的生存空间，给中国果汁饮料市场竞争格局造成不良影响。

为了减少集中对竞争产生的不利影响，商务部与可口可乐公司就附加限制性条件进行了商谈，要求申报方提出可行的解决方案。可口可乐公司对商务部提出的问题表述了自己的意见，提出初步解决方案及其修改方案。经过评估，商务部认为修改方案仍不能有效减少此项集中对竞争产生的不利影响。据此，根据《反垄断法》第二十八条，商务部做出禁止此项集中的决定。

资料来源：商务部新闻办公室，《商务部禁止可口可乐收购汇源》，来自 http://finance.qq.com/a/20090318/003209.htm，访问时间2017年4月2日。

本章小结

1. 基于行业中企业数量、产品多样性和进出难易程度等，存在四种主要的市场结构类型：完全竞争、垄断、垄断竞争和寡头垄断。

2. 完全竞争企业是价格的接受者，因此其收益与产量成正比，产品的价格等于企业的平均收益和边际收益。

3. 垄断企业是指一种没有近似替代品的产品的唯一生产者，因而它面临向右下方倾斜的需求曲线，其边际收益曲线则位于需求曲线的下方。

4. 与竞争性企业一样，垄断企业也通过边际收益等于边际成本的方法来确定其利润最大化产量，然后根据需求量来确定产品价格。但垄断企业的价格高于其边际收益，因而也高于边际成本。

5. 垄断者通常可以通过实行价格歧视来增加利润。在其他条件相同的情况下，实行价格歧视的垄断企业会比不实行价格歧视的垄断企业的产量更高。

6. 垄断竞争市场的基本特征是该行业中存在许多企业，每家企业对价格都只有有限的控制力，产品存在实际或想象中的差异，企业可以自由进出。

7. 寡头市场的特征是只有少数几家企业存在，每家企业都在该市场中占有较大的份额。寡头市场上的各企业之间是相互影响的，任何一家企业的行为都会直接影响到竞争对手的行动，同时也受到竞争对手行动的影响。

8. 为了限制垄断和寡头企业的串谋，多数国家的政府都实行反垄断政策，但现实中的垄断或串谋行为却普遍存在。

9. 在短期中，无论是完全竞争企业还是不完全竞争企业，既有可能获得经济利润，也有可能遭受亏损。但由于进入和退出市场的难易程度不一样，在长期中，完全竞争企业和垄断竞争企业都只能获得正常利润，而垄断企业和寡头企业则能够获得经济利润。

10. 在长期均衡条件下，完全竞争企业的产品价格等于其边际成本，也等于其最低平均成本，而不完全竞争企业的产品价格高于其边际成本和最低平均成本，这表明完全竞争市场的资源配资效率更高，消费者的福利水平也更高。

思考与练习题

1. 完全竞争企业的价格在短期内、长期内还是在两个时期都等于边际成本？为什么？

2. 为什么说完全竞争企业改变产量的行为不会影响市场价格？

3. 解释以下对话：

A："在长期内，竞争的利润怎么能是零呢？谁愿意不赚钱干活呢？"

B："竞争所消除的仅仅是超额利润。管理人员仍然得到了他们工作的薪金；企业所有者在竞争的长期均衡中得到了资本的正常收益——不多也不少。"

4. 与最有效率的水平相比，垄断竞争企业生产的产量是太多还是太少？使决策者难以解决这个问题的原因是什么？

5. 为什么垄断企业的边际收益小于其产品的价格？边际收益会为负吗？为什么？

6. 对日常生活进行观察，列举一个"自然垄断"的行业名单。然后，回顾针对垄断的干预策略。在你的名单上，针对每一个行业，你会怎么做？

7. 举出两个价格歧视的例子。在每个例子中，解释为什么垄断企业要进行价格歧视？

8. 假设垄断企业的成本函数为 $C=22\,500+1\,000Q+10Q^2$,市场需求曲线为 $P=7\,000-5Q$。

(1) 请求出该垄断企业利润最大化的销售价格、销售量和所得的利润。

(2) 如果政府规定企业必须将价格定为等于边际成本,请问此时的价格、产量和利润分别为多少?

(3) 如果政府规定企业必须制定一个收支相等的价格,请问此时的价格和相应的产量是多少?

9. 解释为什么下面每句话都是错误的?

a. 企业为了达到利润最大化,总是将价格定在市场所能承受的最高点上。

b. 在 MC=P 时,垄断企业达到利润最大化。

c. 垄断企业将使其销量达到最大。它们将生产比完全竞争更多的产量,垄断价格也较低。

10. 下列产品和服务中的每一种都是有差异的产品。哪种产品和服务是因为垄断竞争而存在差异,哪种不是?请解释你的答案。

a. 梯子   b. 软饮料   c. 百货公司   d. 钢铁

11. 下列哪些事件将诱使企业进入某个行业?哪些将诱使企业退出?进入或退出何时会停止?请解释你的答案。

a. 技术进步使该行业中所有企业生产的固定成本都降低。

b. 该行业中的工人工资上涨。

c. 消费者口味的改变使得某种食品的需求增加。

d. 由于短缺,一种关键投入品的价格上涨。

12. 在长期中,之所以存在着超额利润(经济利润),是因为存在着各种各样的"进入障碍"。这种看法对吗?为什么?

参考文献

1.〔美〕保罗·海恩等:《经济学的思维方式》(第12版),史晨等译,世界图书出版公司北京公司

2012 年版。

2. 〔美〕保罗·克鲁格曼等：《经济学原理》（第二版），黄卫平等译，中国人民大学出版社 2014 年版。

3. 〔美〕保罗·萨缪尔森、威廉·诺德豪斯：《经济学》（第 19 版），萧琛等译，商务印书馆 2013 年版。

4. 〔美〕曼昆：《经济学原理（微观经济学分册）》（第七版），梁小民译，北京大学出版社 2015 年版。

5. 〔美〕约瑟夫·E. 斯蒂格利茨、卡尔·E. 沃尔什：《经济学（上）》（第四版），黄险峰等译，中国人民大学出版社 2013 年版。

6. 〔英〕迈克尔·帕金：《微观经济学》，张军等译，人民邮电出版社 2009 年版。

7. 高鸿业主编：《西方经济学（微观部分）》（第四版），中国人民大学出版社 2007 年版。

8. 马工程《西方经济学》编写组：《西方经济学（上册）》，高等教育出版社 2012 年版。

9. 斯凯恩：《从零开始读懂经济学》，立信会计出版社 2014 年版。

10. 张维迎：《经济学原理》，西北大学出版社 2015 年版。

第四章　市场失灵及补救

通过对前面章节的学习，我们了解到市场可以有效地配置资源，但是这一结论并不适用于存在外部性（externality）的情形。所谓外部性，指的是某个主体的消费活动或生产活动对交易之外的人造成的积极或消极的影响。比如说，有些人在KTV整夜唱歌，交易的双方得到了好处，但是附近的居民却要遭受噪音的骚扰。一旦存在着外部性，则意味着市场主体就不必承担自己行为的全部不良后果或是享受自己行为所带来的全部好处，而这会导致个体选择偏离社会最优，此时就说市场失灵（market fails）了。

这一章的第一部分就为同学们介绍各种外部性，在每一类外部性中，我们都会借助一些案例来说明外部性是如何使得个体的选择偏离社会最优的，然后介绍一些应对外部性的措施。

本章的第二部分介绍两种特殊的物品，在这两种物品的生产和消费过程中都存在着外部性。第一种是公共物品，指的是一种个人在消费时无法将其他人排除在外的商品或服务。灯塔是公共物品的一个典型例子，一旦建成之后，任何一条船都可以享受到灯塔的好处，所以灯塔具有积极的外部影响。由于没有办法把不付费的船隔离在灯塔的光照之外，因此很难通过向航船收费来弥补灯塔的建设和运营成本，也因此很少有人愿意去修建灯塔，灯塔的供给数量经常是不足的。第二种特殊的物品是公共资源。所谓公共资源，指的是对所有人都开放的资源，比如城市公园或城市道路，每个游览公园的人或开车上路的人都通过增加拥挤程度对其他人产生了消极影响，由于没有办法把其他人排除在使用范围之外，这类资源通常会被过度利用。

外部性的存在使得市场无法有效地解决这两种物品的有效供应和利用。因此，必须借助其他的方法来解决这两类物品生产和消费中的问题,本章的第二部分会介绍这些方法。

第一节 外部性与市场效率

前面提到,外部性指的是某一主体的活动对其他人产生的积极或消极的影响,还需要特别说明的是,这种影响是不以价格机制为中介的直接影响,因而这种外部性也叫作**直接外部性**(direct externality)。当然也有一些对其他人的影响是以价格为中介造成的,这种外部性称之为**货币外部性**(pecuniary externality)。例如,某空调厂商降价,结果其他企业也不得不随之降价,显然率先降价的企业对其他企业造成了影响,但是这种影响反映在了价格上,因此这种外部性就是所谓的货币外部性。

一般而言,货币外部性不会造成效率损失[1],而直接外部性则会造成效率损失,因此本章讨论的外部性全部都是直接外部性。如果这种直接的影响是积极的,则称之为正外部性;而如果是消极的,则称之为负外部性。下面分别介绍一下正外部性和负外部性是如何使得个体的选择偏离社会最优的。

一、正外部性及其影响

所谓正外部性,指的是某一经济主体的行为对其他主体产生的直接的积极影响。例如,每一个接种流感疫苗的人不仅可以减少自己患病的概率,还可以防止对周围人群的传染;学生接受教育不仅可以提高自己未来的预期收入,还可以提高整个社会的文明程度。

在存在正外部性的情况下,市场主体的行为不仅可以为自己带来私人收益,还会给其他主体也带来好处,我们把这种好处叫作"外部收益"(external benefits)。这一行为给整个社会带来的好处,也即社会收益,应该等于私人收益与外部收益之

---

[1] 关于这一点,可以参考西托夫斯基(Scitovsky, 1954)的原始论文。

和。显然社会收益大于私人收益,也就是说,采取这一行为的市场主体不能得到其行为带来的全部好处,因此它的选择有可能偏离社会最优。下面通过图 4-1 来看一下。

图 4-1 分析了某种消费时会带来一定正外部性的商品,比如流感疫苗。为了简化分析,假设其生产的边际成本(MC)是不变的。消费者从这种商品中得到的边际私人收益(marginal private benefits,MPB)由曲线 MPB 来表示。除了边际私人收益之外,这种商品的消费还会带来外部收益,因而其边际社会收益 = 边际私人收益 + 外部收益。在图 4-1 中,将 MPB 向上移动,且移动的垂直距离等于外部收益的大小,这样就得了边际社会收益曲线,即 MSB 曲线(marginal social benefits,MSB)。

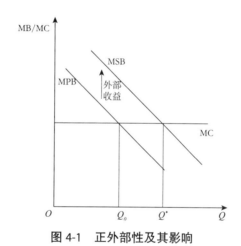

图 4-1 正外部性及其影响

显然,这种商品的社会最优消费量应为 Q^*,此时 MSB=MC;但是,消费者在决策的时候是从自己的私人利益出发的,他从消费这种商品中得到的边际私人收益为 MPB,而他选择一个数量去最大化自己的私人收益,这一数量应该使得 MPB=MC,显然这个数量为 Q_0,而 $Q_0<Q^*$。当均衡数量为 Q_0 时,MPB=MC,但是 MSB>MC,这意味着继续增加消费量还可以给社会带来净收益,由此得到了一个结论:**存在正外部性的情况下,市场均衡数量低于社会最优数量。**

二、负外部性及其影响

所谓负外部性，指的是某一经济主体的行为对其他主体产生的直接的消极影响。例如，河流上游的造纸厂向河流排放污水，会对下游沿岸居民的生产和生活造成负面的影响；燃烧煤炭的发电厂向大气中排放二氧化碳，这会加快全球变暖；驾驶汽车会向空气中排放汽车尾气，这会加剧空气的污染。

在存在负外部性的情况下，采取行动的经济主体除了自己要负担成本外，还会给其他主体也带来一些负担，我们把这种负担叫作"外部成本"（external cost）。因此，采取这些行为给整个社会带来的成本，即其社会成本，应该等于私人成本和外部成本之和。显然社会成本大于私人成本，也就是说，采取这一行为的市场主体没有承担其行为的全部成本，因此它的选择有可能偏离社会最优，下面通过图4-2来看一下：

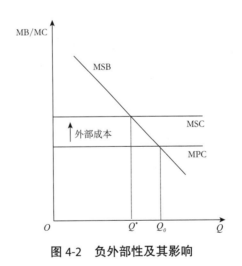

图4-2 负外部性及其影响

图4-2分析了某种生产时会带来一定负外部性的产品，比如那家位于河流上游的造纸厂生产的纸张。为了简化分析，假设每生产一卷纸，厂商所要付出的边际成本都是不变的，等于边际私人成本（marginal private cost，MPC）。除了要承担私人成本外，造纸厂还会给下游的居民带来负面影响。因此，为了生产纸张，整个社会所支付的成本既包括造纸厂的私人成本，也包括它对下游居民所造成的外部成本，即

边际社会成本 = 边际私人成本 + 外部成本。如图 4-2 所示，将 MPC 曲线向上移动且移动的垂直距离等于外部成本的大小，就得到了边际社会成本（marginal social cost，MSC）曲线，即 MSC 曲线。

显然，图 4-2 中产品的社会最优产量为 Q^*，此时 MSB=MSC。但是，厂商决策时是从自身利益最大化的角度出发的，它只考虑自己所负担的私人成本，因此它选择的利润最大化的产量为 Q_0，此时 MSB=MPC。显然，$Q^*<Q_0$。由此得到一个结论：**存在负外部性的情况下，社会最优的产量小于市场的均衡产量。**

三、应对外部性问题的措施

由上面的分析可知，外部性之所以会造成无效率是因为行为主体并没有承担自己行为的所有成本或是没有享受它带来的所有好处。那么可以很自然地推断，如果通过某种办法将行为人造成的外部性全部由他来承担，那么在做决策的时候，他自然就会考虑到自己行为的全部后果，这样就不会造成效率损失了。这种通过某种措施将行为人造成的外部性转而由其自身承担的做法，叫作**外部性内在化**（internalize externality）。下面介绍两种把外部性内在化的方法。

（一）一体化

首先来看把外部性内部化的第一种方法——一体化（integration）。下面通过举例来说明这一点，首先来看一个负外部性的例子：河流上游有一家造纸厂，下游有一个养鱼场，造纸厂向河流排放的污水会减少养鱼场的产量，这显然是一种负外部性。造纸厂在排放污水时是不会考虑下游的养鱼场的，因此其污水排放量会大于社会最优量。而如果将养鱼场和造纸厂合并为同一个企业，则其所有者就会权衡取舍，从而决定一个合适的污水排放量以便自己企业的利润能够实现最大化，而这一数量也恰好是社会最优量。下面通过图 4-3 来分析：

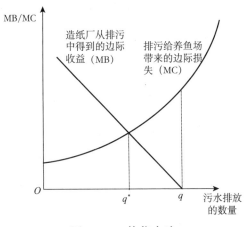

图 4-3 一体化方法

从图 4-3 可以看到，随着排污数量的增加，造纸厂从排污中得到的边际利益开始下降，而养鱼场遭受的边际损失却在不断上升。但是，若造纸厂和养鱼场分属于不同的所有者的话，造纸厂是不会考虑自己对下游的养鱼场的影响的，在它看来，它排污的边际成本是零，因此，在单独决策的时候，它选择的排污数量为 q。但是，这一排污数量是无效率的，从图上可以看出，当排污量为 q 时，排污带给养鱼场的边际损失要远远大于造纸厂从中得到的边际收益。而如果造纸厂和养鱼场归属同一个所有者的话，那么排污给养鱼场带来的损失也就变成了这位所有者的损失的一部分，也就是说，外部性被内在化了。很自然地，这位所有者在决策的时候会权衡排污给造纸厂带来的边际收益（MB）和给养鱼场带来的边际损失（MC），如果 MB>MC，他会增加排污数量；反之，若 MB<MC，他会减少排污数量，最终他选择的排污数量为 q^*，而这也恰好是有效率的排污数量。

再来看一个正外部性方面的例子：蜂场的蜜蜂可以帮助果树授粉，而果园则为蜂场提供了蜜源，这里显然存在着正外部性。如果果园的主人仅依靠外来的蜜蜂授粉的话，很可能因为授粉不足而产量下降，若他可以在经营果园的同时也经营蜂场，这样就不会有授粉不足的问题了。

通过一体化将行为主体和受其影响的其他主体合并成同一个实体，所谓的外部性也就变成了一个内部问题，无效率的结果也就得以避免了。但是，一体化的方法仅适用于那些受影响的个体数量极为有限的情况，若受外部性影响的个体的数量过多，这种办法就不可行了。例如，二氧化碳排放造成的温室效应几乎可以影响到地球上的每一个人，这是不能通过一体化办法来解决的。

（二）税收或补贴

外部性内部化的第二种方法是税收或补贴。从对图 4-2 和图 4-3 的分析中了解到，具有负外部性的活动之所以能造成效率损失，关键在于 MPC 和 MSC 之间差了一个外部成本；具有正外部性的活动之所以能造成效率损失，关键在于 MPB 和 MSB 之间差了一个外部收益。可以设想，如果把外部收益（或成本）转化成行为主体的私人收益（或成本）的一部分，使得 MPB 和 MSB 曲线（MPC 和 MSC 曲线）重合，那么外部性也就不会造成效率损失了，税收和补贴正好可以发挥这种作用。

如果政府对具有负外部性的活动征税，且征税的额度刚好等于其造成的外部成本，那么从事这一活动的主体不但要承担之前的私人成本，而且还要缴纳税收，此时他所负担的成本就等于 MPC 和外部成本之和。反映在图 4-2 中，征税使得 MPC 曲线向上移动，最后刚好和 MSC 曲线重合，此时市场均衡的数量也刚好是社会最优的数量；而对那种具有正外部性的活动，政府则可以对其进行补贴，并且补贴的额度应该刚好等于其带来的外部收益，这样行为主体不仅可以得到私人收益而且还可以得到补贴，此时他得到的好处等于 MPB 和外部收益。反映在图 4-1 中，征税使得 MPB 曲线向上移动，最后刚好和 MSB 曲线重合，此时的市场均衡数量也刚好是社会最优的数量，就不存在效率损失了。

通过对具有外部性的活动进行征税或者补贴，使得行为主体承担了自己造成的外部成本或者享受到了自己所带来的外部收益，从而避免了效率损失。这种办法最早是由英国经济学家阿瑟·庇古（Arthur Pigou）提出来的，因而这种税收或补贴也被叫作庇古税（pigovian tax）[1]。

虽然庇古税的原理是比较简单和直接的，但是具体实施起来却并不容易。我们知道，在这种方式中税收或补贴的额度应该等于外部性的大小，这就需要政府去测

---

[1] 补贴相当于负的税收。

度外部性的大小。这是一个不容易完成的任务。此外，对于不同的污染企业，可能由于其生产技术不一样，造成的负外部性也不一样；而即便是生产技术相同，如果企业所处的地理位置不一样，可能造成的外部性也是不一样的。例如一家位于市区的企业和一家位于郊区的企业，即便采用的生产技术相同，但是位于市区的企业其噪音造成的外部性也要比郊区的企业要高，这就要求分别测定它们的外部性并征收不同的税收，这是一个非常困难的任务。

相关链接 4-1

信息经济时代的外部性

随着信息经济时代的到来，经济活动中出现了一些新的外部性。比如人们现在须臾不可离开的手机，这个通信工具的购买和消费中就具有一定的外部性：如果你所有的熟人和朋友都没有手机的话，那么手机对你也没有多大的用处；而随着你的熟人和朋友中拥有手机的人数越来越多，手机对你的价值就越来越高。这种现象不仅限于手机，稍早之前的固定电话和传真机也有类似情况，只有社会上拥有电话或传真机的人数达到一定数量之后，你安装电话和传真机才是有意义的。再比如现在的社交软件，如QQ和微信，你的朋友中使用这些软件的人越多，则这些软件对你就越有价值。其他人使用某种产品，增加了你拥有这种产品的价值，或者说，一个人得自某种商品的效用取决于消费这种商品的其他消费者的数量，这是一种特殊的外部性，称之为直接的网络效应。

随着线上平台（online platform）的兴起，又一种新的网络效应产生了。所谓"平台"，指的是两类或两类以上的用户可以直接互动的场所，比如淘宝网，它上面聚集了大量的卖家和买家。显然，卖家的数量越多，则情况对买家来说就越好。再比如爱彼迎（Airbnb），上面出租房子的人越多，则租客从中获得的收益就越大；还有婚恋平台，参加的女性越多，则男性参加这个平台的收获就越多。

平台上一方的人数增加，会使得另一方从中得到的好处增加，这是另一种特殊的外部性，这种外部性叫作间接的网络效应。

如果产品存在网络效应，则企业的经营法则就需要做出改变。具有直接网络效应的产品只有当消费人数超过一个最低的门槛值后才有继续发展的价值，因此在这些产品刚推出时，企业的定价都很低，或者会提供非常优惠的补贴，而当人数突破了门槛值之后就开始正常收费。支付宝和滴滴打车实际采用的就是这种商业策略。对于存在间接的网络效应的产品和服务，企业会采取差别性的歧视策略，比如舞厅对女性是免费的而对男性则要收费，这是因为女性人数增多会吸引更多的男性，因而舞厅实施了性别歧视的经营策略。

资料来源：〔美〕卡尔·夏皮罗、哈尔·范里安，《信息规则：网络经济的策略指导》，中国人民大学出版社 2017 年版。

四、环境污染的控制方法

环境污染是一种典型的负外部性问题。比如，工厂向河流中排放废水，对河流两岸的居民造成了直接的负面影响；再比如，开私家车出行会向空气中排放二氧化碳，这会加快全球气候变暖，而气候变暖几乎会影响到地球上的每个人。环境污染可以用征税的方法来解决，比如征收排污费和燃油税，但是也有其他方法，下面就来介绍两种使用较为广泛的方法。

（一）命令和控制（command and control）

第一种方法较为直接，就是政府用命令和控制要求企业改变自己的生产方法来减轻污染，具体包括生产源头的投入品标准和生产过程中的技术标准。**投入品标准**（input standard）对生产过程中的投入做出了限制。例如，为了防止破坏大气中的臭氧层，禁止在生产空调中使用氟利昂作为制冷剂；再比如，铅曾广泛地被添加在汽油和油漆中，现在却受到了严格限制。**技术标准**（technology standards），也叫做工艺标准，意在引导企业使用某种特定的低污染生产技术和工艺。例如，为了防止二氧化硫造成酸雨，政府要求火力发电厂安装脱硫设备。

一般而言，命令和控制缺乏灵活性，有时候政府要求企业必须使用一种特殊的设备，但是如果企业有更经济的方法获得同样的减排效果，那么企业的这个较好选项就被否决掉了，这就导致企业缺乏积极性去开发进一步减少污染的技术和设备。

（二）排污权拍卖或可交易的配额

比命令和控制更为灵活的环保政策是设定排放标准（emissions standards），也就是为污染物的排放设定一个最高上限或是在原有的排放量基础上设定一个减少比例。这方面的一个典型例子是在2014年11月12日中美两国达成的《温室气体减排协议》。在这一协议中，美国承诺到2025年减排26%，而中国承诺到2030年前停止增加二氧化碳排放量。这些承诺就是所谓的排放标准。标准设定之后，协议双方可以利用任何方法来达到标准，在投入和技术工艺的选择上自由度较高。

排放标准设定之后，应该怎样具体实施呢？一种方法是政府根据排放上限创造出一定的排污许可证，然后各个企业来竞拍，最后获得许可证的企业就有排污权。可以设想，那些排污量高、减排成本高的企业对排污权的需求较为迫切，因而它们就需要支付更多的成本去竞拍许可证；而那些排污量低、减排成本低的企业对排污权的需求不太迫切，它们不需要在竞拍上花费多少成本。从这个意义上来说，排污权拍卖在某种程度也把污染制造的外部成本给内部化了。

拍卖排污权需要企业支付金钱去购买，因此这一措施可能会受到企业的抵制。另一种方法是设定了排放总额后计算出减排任务，然后把减排任务分解给各个企业并且允许企业之间相互调剂减排额，这就是所谓的可交易的配额。这种方法不需要企业用金钱去购买排污权，遭遇的抵制相对较小。下面通过一个例子来看这种政策发挥作用的机制：

A和B是两个火电厂，这两家企业的减排总额为Q，其中A分配到的减排额为

q，剩余的减排额 $Q-q$ 由 B 负责，这两家企业减排的边际成本如图 4-4 所示：

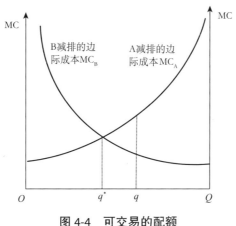

图 4-4　可交易的配额

在图 4-4 中，火电厂 A 的减排量沿着横坐标从左到右逐步增加，而 B 的减排量则沿着横坐标从右到左逐步增加，两者的减排量之和刚好为 Q。可以看出，随着减排量的增加，这两家电厂减排的边际成本都在增加。政府在一开始分配给 A 的减排额为 q，B 的减排额为 $Q-q$，这种分配方法并不能使减排的成本实现最小化。因为当火电厂 A 的减排额为 q 时，它减排的边际成本要高于 B 减排的边际成本，这意味着 A 和 B 之间存在着交易的可能，A 支付一定的款项给 B、将部分的减排额交由 B 承担，这会进一步降低减排的总成本。直到 A 承担的减排数额为 q^*，B 承担的减排数额为 $Q-q^*$ 时，此时双方减排的边际成本相等了，不存在交易的可能了，减排的总成本也实现了最小化。[1]

总而言之，设定排放标准这种政策只需要政府确定一个合适的减排额或是污染物排放总量，而不需要政府去调查各个企业的减排成本，企业之间的自由交易就可以使得减排成本实现了最小化，这降低了政策的复杂性和政府的负担。此外，如果某个企业率先发现了一种低成本的减排方法，则它可以为其他企业承担更多的减排任务并从中获利，所以在这种政策下，企业有动机去开发低成本的减排技术。

---

[1]　思考一下，为了将 $q-q^*$ 部分的减排额转移给企业 B，企业 A 需要付出的代价是多少？

经济学案例 4-1

20世纪30年代美国中部大平原的沙尘暴

1930年，美国的中部大平原爆发了严重的沙尘暴，造成这次沙尘暴的原因是过度垦殖。如果有适当比例的土地用于休耕的话，这次沙尘暴就不会爆发了，是什么原因造成了农场主不愿意休耕土地呢？经济学家汉森和利贝卡普（Hansen and Libecap, 2004）认为这主要是由外部性造成的。

在美国的中部大平原上，每一家农场遭受沙尘暴袭击的概率不仅和自己土地的休耕比例有关，还会受到其邻居土地休耕比例的影响，并且农场的规模越小，受到邻居的影响就越大。如果某个农场主把自己的部分土地休耕，他的邻居也会受益，并且其农场规模越小，其邻居的受益程度也就越大，因此，农场的规模越小，外部性问题就越严重；反之，当农场规模比较大时，这种外部性很大程度上就可以内部化。

基于以上的分析，可以做出如下推测：在农场规模普遍比较小、外部性问题比较严重的情况下，农场主没有动力休耕自己的土地；而若农场规模比较大，农场主有动力提高休耕比例。汉森和利贝卡普对当时农场的数据进行统计分析后发现，农场规模平均比较小的地区，其土地的休耕比例确实较低，而较低的土地休耕比例就会使得沙尘暴更有可能发生。

为了鼓励人们采取水土保持措施，美国土地保护署从1934年起开办了79个示范区，向农民们介绍各种保护措施的好处。为了反映必要的规模，示范区的面积都比较大。但是由于农民在参与保护行动时各有各的小算盘，所以自愿采取措施的寥寥无几。

1937年，政府采取了更加直接和强制的干预措施——建立土地保护区，保护区的面积比示范区更大。保护区内的农民与土地保护署签订合同，承诺在5年内采取共同行动来保护水土。土地保护署提供设备、种子、栅栏和人力等方面的支持。如果一个保护区内的大多数农民投票赞成，则该保护区内的所有农场就都适用于侵蚀防治法令。根据该法令，在法院授权下，地区检察官有权力占据部分农场的土地，在上面采取水土保护措施，并要求该农场的主人支付保护措施的全部成本，外加5%的金额。此外，不合作的农场将失去土地保护署的补贴。

资料来源：Hansen, Z., and G. Libecap, "Small Farms, Externalities, and the Dust Bowl of the 1930s", *Journal of Political Economy*, 2004, 112（3）, pp.665—694.

五、科斯定理

（一）科斯定理及其推论

前面提到，外部性之所以造成市场失灵是因为行为人没能获得自己行为所带来的全部利益或是承担自己行为所带来的所有成本而导致的，但是我们没有问为什么它们没能获得自己所带来的全部利益或承担自己行为的所有成本。下面通过一个例子来具体分析一下其中的原因。

一家企业正在考虑改造其生产技术，它面临如下选项：如果采用噪音较低的技术，则改造成本较高；而若采用噪音较高的技术，则改造成本较低。噪音的高低会对周围的居民造成直接的影响。那么，从整个社会的角度来看，什么样的生产技术改造是有效率的呢？对居民来说，将工厂的噪音降低到零分贝显然是最好的，但是这几乎无法做到，或是即使可以做到，成本也过于高昂，企业根本无法承受这一成本。此时就需要权衡取舍了，我们使用边际方法来进行分析：

随着噪音水平的下降，企业为了进一步降噪所要支付的边际成本越来越高，而周围居民从中得到的边际利益会逐步下降，具体可见图4-5。例如，在噪音水平高达80分贝的情况下，厂商支付一个极小的成本对生产流程稍加改造就可以将噪音降低10个分贝，这可以给居民生活带来很大程度的改善；但是当噪音降低到30分贝之后，进一步降噪就需要企业支付极高的成本，但此时降噪已经不能给居民带来显著的好处了。因此，有效率的噪音水平应该满足这样一个条件：工厂为降噪而支付的边际成本等于居民从降噪中得到的边际利益，也即图 4-5 中的 x^*。

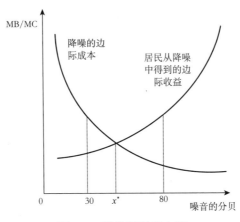

图 4-5　最优的噪音水平

但是，对于整个社会来说是有效率的技术改造对于企业来说却并不一定是合适的。企业为了使得自己的成本最小化，它们会采用噪音大但是成本低的生产技术。企业之所以可以罔顾周围居民的生活而采用会产生很大噪音的技术，恐怕在于政府或法律没有对噪音问题做出过明确的规定，企业认为可以随意选择自己的生产技术而不需要为噪音负责，而周围受到影响的居民又没有明确的权利去要求工厂降低噪音。在这种情况下，工厂认为自己不必对周围居民负责，所以就采用了那些噪音很大但成本极低的技术。因此，我们可以发现，**正是由于在有关噪音的问题上缺乏明确的权利界定才导致了外部性的产生。**

前文介绍了许多应对外部性问题的措施，其中，一体化的办法显然不能用于解决上述问题，而其他的方法都可以在一定程度上发挥作用。如果再仔细思考一下，就会发现，这些解决方法本质上都是在限制工厂制造噪音的权利。因此也可以说，所有这些解决办法背后都蕴含着一个假设：**企业是外部性问题的制造者，而周围的居民是外部性问题的承受者，为了解决外部性造成的市场失灵，需要对外部性的制造者做出某些限制。**

这种假设看上去是极为自然的,也是人们容易接受的,但经济学家罗纳德·科斯(Ronald Coase)却对其提出了反驳。[1] 科斯认为,**外部性不是某一方制造而另一方被动承受的单向性问题,它是一种相互影响的双向性问题**。具体而言,在上面的那个例子中,工厂产生的噪音对周围居民的生活产生了影响,这并不单纯是企业选择生产技术的问题,也有居民选择居住地方面的原因。如果居民的居住地距离工厂足够远的话,则无论企业采用何种生产技术都不会影响到他们,而现在居民选择了住在企业周围,这就使得噪音对其生活产生了影响。正因为如此,不能将企业视为外部性问题的唯一的制造者,附近的居民——涉及问题的另一方——也需要对外部性问题负责。

既然外部性问题的产生也有居民选择住地方面的因素,那么一个很自然的疑问就产生了:为什么不通过限制居民的权利来解决外部性问题呢?比如说,让这些居民迁移到其他地方居住,这同样也可以解决外部性问题。这样就有了两种解决问题的方法:一是限制企业的权利,如向其征收庇古税或是政府强制其采取低噪音的技术;二是限制居民的权利,让他们迁移到远离企业的地区居住。

但是,需要注意的是,无论采用哪种方法,其实质都是对原先模糊的权利进行了界定:第一种方法是明确了居民有享受安静生活的权利而企业没有随便制造噪音的权利,如果要制造噪音,企业就要缴税或罚金;而第二种方法明确了企业有制造噪音的权利而居民只能忍受,如果不想忍受噪音的话,只有搬到远离企业的地区。这样看来,**明确界定权利是解决外部性问题的一个基本原则**。

作为立法者,是应该规定企业有随意制造噪音的权利呢,还是应该规定居民有享受安静生活的权利呢?一种很直观的想法是比较上述两种解决方法的成本:如果企业改造生产技术的成本要低于居民迁移的成本,那么通过限制企业的权利来解决外部性问题是有效率的,这时候应该授予居民享受安静生活的权利;如果企业改造

---

[1] 与科斯同时代的很多经济学家一开始也并不理解科斯的反驳。请参考乔治·施蒂格勒(George Stigler)在其回忆录的第五章对科斯定理诞生过程的描述。科斯最早是在其论文《联邦通讯委员会》里提出这一观点的,在随后的论文《社会成本问题》中又做了进一步的阐述。需要说明的是,科斯并没有将其观点总结为一个定理,是施蒂格勒将其总结为一个定理的。

生产技术的成本要高于居民迁移的成本，那么通过限制居民的权利来解决外部性问题是有效率的，这时候应该授予企业随意制造噪音的权利。

科斯进一步指出，立法者实际上并不需要比较这两种解决方法的成本，只要它对有关噪音的问题进行了明确的权利界定，那么不管是授予居民享受安静生活的权利还是给予企业随意制造噪音的权利，如果允许双方自愿协商，居民和企业最终都会达成协议，采用最有效率的解决方法，或者说，成本最低的解决方法。

为什么初始的权利安排不会影响最终的解决方法呢？我们来看一下科斯的论证：假设企业进行技术改造的总成本（这一成本用 C_1 表示）低于居民迁移的总成本（这一成本用 C_2 来表示），那么解决外部性问题有效率的方法就是企业进行技术改造。如果法律授予了企业随意制造噪音的权利，而居民想要享受安静的生活环境的话，除了迁移之外，他们还可以联合起来和企业进行协商，支付一笔费用让企业进行技术改造，只要这笔费用介于 C_1 和 C_2 之间，那么这笔交易对双方来说就都是有利可图的，最后的结果是企业进行了技术改造而居民没有迁移。而如果法律规定了居民有享受安静生活的权利，那么企业别无选择，只有改造自己的生产技术。可以看到，虽然初始的权利界定不同，但是最后的解决方法都是一样的，都采用了技术改造这种成本较低的解决方法。

当然，上述的论证只有在满足一定的前提条件下才能成立。根据前面的分析，在企业拥有随意制造噪音的权利的情况下，居民只有支付一笔费用才能让企业改造其技术以降低噪音，科斯假定这一过程可以毫无阻碍地顺利完成。但是，在现实中，企业和居民之间要就这笔费用的额度大小进行讨价还价，还要就改造的时间进度等事项达成一致；即便在这些方面都达成了一致，将来还要保证协议得到实施；除此之外，居民之间如何分摊这笔费用也是一个麻烦的问题。所有这些活动都是要耗费成本的。经济学中把这些**为了达成交易而进行的谈判、签约和确保协议得以实施等活动耗费的成本叫做交易费用或交易成本**（transaction cost）。显然，上面的论证中隐含了一个极其重要的前提条件：居民和企业之间谈判协商的交易费用为零。[1] 明

---

[1] 这种交易成本为零的协商谈判后来就被称作科斯式的谈判（Coasian bargaining）。

确了上述论证的隐含条件之后,可以正式地总结一下科斯定理了:**如果初始的权利界定明确,并且随后协商的交易费用为零,那么初始的权利界定不会影响最终实现有效率的结果。**

需要说明的是,虽然初始的权利安排不会影响到有效率的结果的实现,但是却对财富的分配有影响:如果企业可以随意制造噪音而居民无权享受安静的生活,那么居民就需要支付一笔费用给企业以诱使其进行技术改造;而在居民有权享有安静的生活而企业无权制造噪音的情况下,居民不需要支付费用给企业。显然,在第一种权利安排下,居民的财富要比第二种权利安排下的财富少一些。

此外还需要注意的是,交易费用为零的假设并不现实,实际生活中几乎所有的交易都要在协商谈判以及随后的合同实施等活动上耗费大量的成本。具体到上面的例子中,在企业有随意制造噪音的权利而居民无权享受安静生活的情况下,居民需要支付一笔费用给企业,即使撇开这笔交易的其他部分不谈,仅仅是在居民之间分摊费用这个环节就非常困难,并且可以预料,随着居民人数的增多,这个问题就越来越棘手,甚至根本不可能完成。如果是这样的话,居民和企业之间的交易就不能实现,最终居民只能通过迁移才能远离噪音。实际上不难发现,只要交易费用超过了 $C_2 - C_1$,那么双方的交易就无法实现了,最终居民只有迁移才能避开噪音,而居民迁移是一种成本较高的、无效率的解决方法。由上面的讨论,我们得到了科斯定理的一个重要推论:**如果交易费用为正,那么不同的初始的权利安排就有可能会影响到资源配置的效率。**

在现实世界中,交易费用总是正的,在这种情况下,初始的权利配置就会影响到最终的资源配置效率。我们知道,法律是用来界定人们的权利的,为了保证有效率的结果能实现,立法者需要仔细地权衡才能做出适当的权利配置。[1] 比方说,在上面的那个例子中,如果交易费用超过了 $C_2 - C_1$,此时若想要实现有效率的结果,就需要规定居民有享受安静生活的权利,只有这样,噪音问题的最后解决方案才是企业进行技术改造这种成本较低的办法。

---

[1] 正是由于这一原因,科斯定理成了法经济学的分析基石,请参考米切尔·波林斯基(Mitchell Polinsky, 2009)的《法和经济学导论》。

经济学案例 4-2

"广场舞"何以屡惹纠纷?

在中国很多地方,早上和晚上,以中老年人为主的人们会成群结队在公园或小区的空地上集合,打开音响,伴随着音乐跳起舞来。由于对场地和技能要求不高,又可以满足人们健身的需求,这种被称为广场舞的集体健身方式近年来在各地流行。

但在广受欢迎的同时,广场舞也带来了一些问题。由于跳舞过程中需要搭配音乐伴奏,便携音响发出的强劲音乐时常让附近的居民饱受噪音干扰。在一些城市环保部门接到的噪声污染投诉中,对"广场舞"的噪音投诉名列前茅。

按照本章的理论,"广场舞"之所以成为一个重要的问题,关键在于权利界定不够明晰。居民认为他们有跳舞健身的权利,附近的住户认为自己也有享受安静的权利,当两种权利诉求相互重叠时,冲突就不可避免了。

如何能让双方和谐共处呢?明确权利界定是一个基本原则。具体说来,各个城市都应该制定一部"广场公约",以文明公约甚或法规的形式对公共空间的娱乐健身规则进行设定,明确民众的活动权利和义务,指明民众需要遵守和注意的事项,给民众提供指南,比如,在每天的早晨几时之前或晚上几时之后尽量不要在广场上进行分贝过高的活动,在其他时间的活动尽量控制在多少分贝以下,以及不宜进行哪些活动等等。

有了"广场公约",民众的娱乐健身活动就会心中有底,维权也会有据。去年,湖南浏阳就根据《中华人民共和国环境噪声污染防治法》等相关法律法规,由居民代表、广场舞代表、相关部门共同制订相关细节,出台了一部"广场舞公约",这一举措值得其他地方借鉴。

资料来源:http://www.xinhuanet.com/local/wgzg47.htm,访问时间 2018 年 2 月 4 日。

(二)科斯定理的进一步讨论

科斯定理告诉我们初始的权利界定不会影响最终实现有效率的结果。但是,需要注意的是,这种表述并没有排除如下的可能性:**不同的初始权利安排会导致两个不同的结果,但是这两个结果同样都是有效率的**。下面就通过上述的例子来看一下这种情况出现的可能性。在企业进行技术改造的成本低于居民迁移成本的情况下,如果居民被赋予了享受安静生活的权利,那么最终的解决方法是企业通过技术改造来解决外部性问题,企业的技术改造完成后,其噪音水平降低到了图 4-5 所示的 x^* 的水平。但如果企业拥有随意制造噪音的权利的话,居民需要支付一笔费用给企业以诱使它进行技术改造。这笔交易完成后,居民的财富变少了,如果安静的生活环境是一种正常物品(normal goods)的话,那么财富变少会产生收入效应,居民对安静的生活环境的需求就会下降,或者说,他们对降噪的评价会降低,也就是说,居民从降噪中获得的边际收益会下降,具体可见图 4-6。可以发现,有效率的噪音水平从 x^* 变成了 x_1^*,也就是说,这时候双方协商的结果是企业通过技术改造将其噪音水平降低到 x_1^* 而不再是 x^*。

综上所述,如果居民被赋予了享受安静生活的权利,噪音水平最终会降低到 x^*;而如果企业被赋予了随意制造噪音的权利,则噪音最终会降低到 x_1^* 的水平。虽然这两个数值并不相同,但是它们同样都是有效率的。而之所以不同的初始权利界定会产生两个不同的有效率的数量,原因在于不同的财富分配所带来的收入效应。如果要确保不同的初始权利界定带来相同的有效率的数量,那就要求收入效应为零。

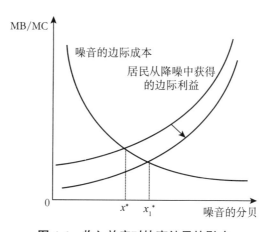

图 4-6 收入效应对协商结果的影响

科斯定理的前提条件是初始权利界定清楚和交易费用为零。但是，如果交易费用为零，即使初始权利没有得到清晰的界定，外部性问题涉及的各方通过协商自己就可以达成一个有效率的权利安排，根本无须政府介入。因此，有些经济学家认为初始权利界定清楚这一条件是多余的。[1] 此外还需要注意的是，现实生活中权利的界定总是会产生交易费用[2]，有时候这个费用还是相当高昂的，以至于完全无法实施。比如，如何界定对清洁空气的权利？地球上的所有人分享的都是同一个空气资源，我们不能将空气产权分割为每个人所有，更不用说交易对空气的权利了。这样看起来，模糊的权利界定其实是交易费用过高所导致的一种结果，而在这种模糊的权利安排下，外部性就是不可避免的。

第二节　公共物品和公共资源

这里需要说明的是，我们前面的章节研究的主要是私人物品的供给和需求。什么是私人物品呢？就拿一件大衣为例来说明吧，这件大衣要付费之后才能得到，不付钱是得不到的，这种需要支付费用才能享受而不付钱就享受不到的性质称为排他性；此外，一般情况下一件大衣只能供一个人穿着，而不能被两个人同时穿在身上。这种只能被一个人享用而无法同时为其他人享用的性质称为竞争性。既具备排他性又有竞争性的物品就是私人物品。但是，并非所有的物品都是私人物品。接下来我们需要对物品进行分类。

一、物品的分类

对于某些物品来说，它可以同时供多人享用，或只需付出极低的边际成本就可以为更多的人提供服务，如广播电视信号。**如果某种物品只能供一个人享用或者要**

---

[1] 详细的分析可见 Usher（1998）的论文。
[2] 这方面的详细分析可见本书第九章。

付出极高的边际成本才能为更多的人提供服务,则这种物品具有竞争性(rivalry);相反地,如果某种物品可以同时供多人享用或者只需要付出极低的边际成本就可以为更多的人提供服务,那么就说这种物品具有非竞争性(non-rivalry)。

除了竞争性和非竞争性这个差别之外,不同的物品还在另一个特征上存在着区别。我们用一个具体的例子来进行说明:对于室内电影来说,可以很容易地对观众做出限制,比如可以在入口处设置门卫,只有付费买票的观众才能入内,而露天电影就很难限制观众了。**如果某种物品只有付费之后才能享用或者能以成本极低的手段就可以限制其消费人数的话,我们就说这种物品具有排他性**(excludability);反之,如果某种物品无法限制消费人数,或者即使可以限制人数、但其实施成本过高的话,我们就说这种物品具有非排他性(non-excludability)

按照不同的物品在"竞争性—非竞争性"和"排他性—非排他性"这两个维度上的区别,可以将其分成四类,结果可见表4-1:

表4-1　物品分类

	竞争性	非竞争性
排他性	私人物品	非竞争性的私人物品
非排他性	公共资源	公共物品

私人物品具有排他性和竞争性,它只能供一个人使用,并且只有付费后才能使用,例如衣服和食物等;市场机制可以实现私人物品的有效配置。

那些具有排他性和非竞争性的物品叫作非竞争性的私人物品,这方面的例子有自来水、有线电视信号、高速公路等。我们知道,一旦自来水管网铺设完毕、有线电视网络架设完毕和高速公路建设完工,则多输送一吨水、为额外的一户居民提供有线电视服务以及让更多的车辆使用高速公路(仅限于不太拥堵的情况)的边际成本是非常低的,也就是说,自来水、有线电视信号和高速公路这些商品都具有非竞争性。此外,自来水公司、有线电视公司和高速公路收费站可以很轻易地将某个消费者排除在其服务范围之外,因此这些商品具有排他性。自来水输送、有线电视信号传播、高速公路运营这类需要投入大量固定成本、而可变成本较小的行业，比较适于自然垄断经营。有的非竞争性的私人物品并不需要自然垄断厂商来供给，消费者自己就可以联合形成一个组织来提供这种商品，而花费的成本通常在成员之间分摊。这类商品或服务也不具有竞争性，但是它只对缴纳了会费的会员开放，所以具有排他性，这类物品也称之为俱乐部物品（club goods）。[1]

公共资源具有竞争性和非排他性，这方面的例子有公海中的渔业资源、公共牧场、地下水以及拥挤的市内道路等。没有成本较低的办法禁止某些特定的个人去使用这些资源，因此这些资源具有非排他性，但是这些物品具有竞争性：如果公海当中的某条鲸被日本捕去，那么澳大利亚的渔民就再也无法捕获这条鲸了；若某个牧民扩大自己羊群的规模，就会降低其他牧民从放牧中获得的收益；更多的车辆使用市内道路会加剧拥堵程度，降低了所有人出行的便利度。

公共物品具有非竞争性和非排他性，这方面的例子有国防、灯塔和烟火表演等。多一个公民享受国防的保护不会增加国家的国防支出，多一艘轮船使用灯塔导航并不会增加灯塔的运营成本，多一个人观看烟花也不会增加表演的成本，因此这些物品具有非竞争性；但是，没有什么好的办法将一个特定公民排除在国防的保护范围之外或是让一艘轮船不享受灯塔的导航以及不让某人观看烟花表演，因此它们具有非排他性。

最后需要说明的是，"竞争性—非竞争性"和"排他性—非排他性"并不是泾渭分明的、截然不同的两组特征，多数情况下它们只是程度上的差别而已。例如，在公路上的车辆比较稀少的情况下，多一辆汽车上路并不会增加道路的拥堵，此时公路具有非竞争性；但是，当公路已经比较拥挤的时候，再多一辆汽车上路就会给其他汽车的行驶带来很大的障碍，此时公路就具有了竞争性。

---

[1] 如果想要深入了解俱乐部物品，请阅读布坎南（Buchanan，1965）的论文。

二、公共物品

（一）公共物品的最优数量

公共物品具有非竞争性，即它可以在为一个人享用的同时，并不妨碍其他消费者同时也享用它，这一点和私人物品不一样。由于私人物品只能供一个人消费，因此私人物品给社会带来的利益也就是它给那个消费它的人带来的好处，而公共物品可以同时供很多人同时享用。例如，港口的灯塔可以同时为几艘船提供导航服务，烟花表演可以供成千上万的人同时观看，因此这些物品给社会带来的利益等于它给这些消费者带来的利益之和。下面通过一个例子来进行具体的说明。假设某种公共物品可供 1 和 2 两个人同时享用，这两个消费者从这种公共物品中得到的边际收益以及生产这种公共物品的边际成本如图 4-7 所示：

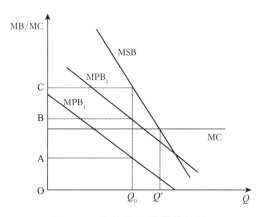

图 4-7 公共物品的最优数量

消费者 1 和 2 从公共物品中得到的边际私人收益（marginal private benefit，MPB）分别用曲线 MPB_1 和 MPB_2 来表示。边际私人收益实际上是边际效用的一种货币量度，由于边际效用递减，所以这两条曲线都是向下倾斜的。这种公共物品为社会带来的收益等于它为这两个消费者带来的收益之和。例如，第 Q_0 单位商品为消费者 1 和 2 带来的边际私人收益分别用线段 OA 和 OB 来表示，它带来的边际社会收益用线段 OC 表示。边际社会收益等于边际私人收益之和，因此线段 OC 的长度等于线段 OA 和 OB 的长度之和。其他公共物品为社会带来的收益也等于它为这两个消费者带来的收益之和，因此，将 MPB_1 曲线和 MPB_2 曲线垂直加总，就得到了边际社会收益曲线（marginal social benefit curve），也就是图 4-7 中的 MSB 曲线。

在第一章中讲过，我们也可以把需求曲线看作消费者从每单位商品中获得的边际收益的曲线，因此描述消费者从公共物品中获得的边际私人收益的曲线，即 MPB 曲线，也就是其对公共物品的需求曲线。将边际私人收益曲线垂直加总就得到了边际社会收益曲线，也就是说，将个人对公共物品的需求曲线进行垂直加总就得了社会对公共物品的需求曲线，这显然和私人物品是截然不同的。由于私人物品具有竞争性，所以社会对私人物品的需求曲线是所有消费者个人需求曲线的水平加总而不是垂直加总。

为了简化分析，假设生产这种公共物品的边际成本为一常数，这样 MC 曲线就是一条水平线。从图 4-7 中可以看到，MC 曲线和 MSB 曲线的交点所对应的公共物品数量为 Q^*。如果公共物品的数量小于 Q^*，则 MSB>MC，这说明再多提供一单位公共物品给社会带来的收益要超过其成本，此时增加公共物品的供给量会带来社会净收益的增加；而若公共物品的数量大于 Q^*，MC>MSB，这说明一单位公共物品给社会带来的收益还抵不上它的生产成本，此时减少公共物品的生产反而会带来社会净收益的增加。而当公共物品的数量等于 Q^* 时，MC=MSB，此时无论是减少还是增加公共物品的数量，都会导致社会净收益的下降，因此公共物品的最优数量应该是 Q^*。

如果有多个消费者，如 n 个，同时在享受公共物品带来的好处，则一单位这种公共物品给社会带来的边际收益就等于这 n 个消费者的边际私人收益之和，如果用 $MPB_i(Q)$ 来表示第 Q 单位公共物品给第 i 个消费者带来的边际私人收益，则这一单位公共物品给整个社会带来的边际收益 $MSB(Q) = \sum_{i=1}^{n} MPB_i(Q)$。通过前面的分析，我们知道，在 MSB 和 MC 相等的时候，公共物品的数量达到了最优，也就是说，公共物品的最优数量 Q^* 应该满足如下条件：

$$MSB(Q^*) = \sum_{i=1}^{n} MPB_i(Q^*) = MC(Q^*) \tag{4-1}$$

这一条件是由经济学家萨缪尔森推导出来的,因此称之为萨缪尔森条件。[1]

(二)公共物品提供中的搭便车问题

上面分析了公共物品的最优数量,但是仅凭市场机制或者人们的自愿供给,公共物品的数量恐怕很难达到最优。是什么原因导致了这一结果呢?下面通过分析上述例子的一个变形来阐明其中的具体原因。我们仍然假定消费者1和2可以同时享受某种公共物品,但是,与上面不同的是,为了简化分析,假定这两个消费中从公共物品中获得的边际私人利益是一样的,都用 MPB 曲线来表示,而公共物品给社会带来的边际利益则用 MSB 曲线来表示,具体可见图4-8:

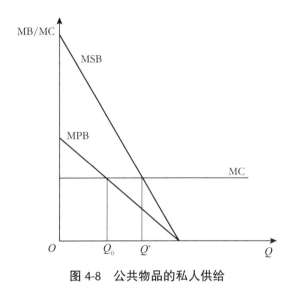

图4-8 公共物品的私人供给

显然,公共物品的最优数量为 Q^*,此时公共物品带给社会的边际利益 MSB 等于提供公共物品的边际成本 MC。但是,如果让私人决定公共物品的数量,则他们只会比较自己从公共物品中得到的边际私人利益和公共物品供给的边际成本。消费者1和2从公共物品的供给增加中得到的边际私人利益都等于 MPB,MPB 曲线和边际成本曲线 MC 的交点对应的数量为 Q_0。当 $Q<Q_0$ 时,MPB>MC,消费者从公共物品中

---

[1] 这里的最优条件是简化后的形式,更为一般的形式可以参考萨缪尔森(Samuelson, 1954)的论文。

得到的边际私人利益都要超过成本,此时每位消费者都有动力去提供更多的公共物品;反之,当 $Q>Q_0$ 时,MPB<MC,消费者从公共物品中得到的边际私人利益低于边际成本,此时每个消费者都没有动力去提供更多的公共物品。因此,两个消费者对该公共物品的供给量都不会超过 Q_0。

上面分析了两个消费者最多可能提供的公共物品数量,但是这不意味着他们一定会提供这么多公共物品。就拿消费者1来说吧,如果只有他一人在消费公共物品,他会提供 Q_0 单位公共物品,但是若消费者2和他一起分享公共物品的话,他会设想:如果我不提供任何公共物品的话,消费者2即使仅从自己的角度出发也会提供 Q_0 单位公共物品,而公共物品具有非排他性,这 Q_0 单位的公共物品也可以供我分享,所以我不需要提供任何公共物品。而消费者2也会抱有同样的想法。因此,这两个消费者自己都不想花费成本去提供公共物品,而都期待对方提供了公共物品之后自己再去分享,**这种自己不愿意承担成本但却希望别人提供公共物品以供自己分享的现象就是"搭便车"**(free riding)。显然,搭便车现象的存在会使得公共物品的实际提供量低于最优数量。

为了解决公共物品供给中的搭便车问题,政府有必要介入。而政府之所以可以解决公共物品供给不足的问题,原因在于政府可以通过强制性的税收来筹集资金,这样就可以在一定程度上避免搭便车行为。

经济学案例 4-3

三个和尚没水喝的寓言故事

一个和尚挑水喝,两个和尚抬水喝,三个和尚没水喝,这个寓言故事大家都很熟悉,但其寓意却有不同的解读,这里我们试着用刚学习过的知识解读一下。

在只有一个和尚的时候,水只有一个人喝,这时候的水算是私人物品,也就是说挑水的好处只有他一个人获得,所以这一个和尚有动力去挑水;而如果有两个和尚了，水是两个人喝，此时水变成了两个人享用的公共物品，此时虽然双方都有偷懒的动机，但因为人数少，容易相互监督，并且存在着抬水这样一个简单明确的责任分担方法，所以此时水的供应尚不成问题。但是一旦有了三个和尚，问题就复杂了。人数增多后，相互监督就变得困难了，这三个人都不想出力，想依赖别人，在取水的问题上互相推诿，结果谁也不去取水，以致大家都没水喝。太多人做同样的事情，会使每个人心里想，反正大家都做同样的事情，我少做点或者不做，在这样的大集体里面也觉察不出来。当然会这样想的肯定不止一个人。结果，我不做，你也不做，最后大家都不去做。这就是所谓的搭便车问题。

有的人会说，其实三个和尚也可有水喝，只要稍加组织，订立一个责任分担的办法，喝水问题也可以得到解决。比如说可以让三个和尚都挑水、但每人只走三分之一的路程，又或者是三个和尚每天轮流挑水喝……类似的解决方法有很多，但实际上执行起来的话困难依然很多，比如说第一个和尚可能赞成第一种分担方法，而第二个和尚喜欢第二种方法，大家在责任分担方法上的偏好是不一样的；即便大家在责任分担方法上达成了一致，还要有奖惩规则，否则办法不可能得到完美的贯彻。所有这些问题都是非常复杂的，经济学中把这种涉及许多人共同利益的决策问题称为集体行动问题，这是人类社会的一个永恒难题。

三、公共资源

（一）公地悲剧

对于那些不具有排他性的公共资源来说，最大的一个问题是过度利用，这种过度利用的现象叫作公地悲剧（tragedy of the commons）。在中世纪的英国乡村，村庄周围的牧场是对所有村民都开放的，每个农民只关心自己能否多放牧一些牛羊，而没有人去关心牧场的未来持续问题，结果出现了严重的过度放牧，导致草场退化。后来人们逐渐意识到，这种过度利用的现象不仅仅是发生在公地上的悲剧，而是所有公共资源的利用中普遍存在的一个问题,例如,公海中的渔业资源面临着过度捕捞的威胁、产权不明的热带雨林正在遭受过度的砍伐。是什么原因导致了公地悲剧呢?下面就以公海中的渔业资源为例来一探究竟。

图 4-9 的上半部分显示了捕鱼获得的总收入和总成本与出海捕鱼船次之间的关系。可以看到,代表捕鱼总收入的 TR 曲线是一条倒 U 形曲线。这说明在出海捕鱼船次较少的情况下,增加出海船次可以获得更高的总收入,当然总收入增加的速度是在下降的;而当出海船次增加到一定程度的时候,继续增加船次就不能增加总收入了,这可能是因为捕捞过度妨碍了鱼群的繁殖再生;我们还可以设想,当出海船次不受限制地增加下去的话,海洋中的鱼类有可能会灭绝,此时渔民也得不到任何收入了。此外,捕鱼的总成本曲线,即 TC 曲线,是一条过原点的射线,这是因为每次出海的成本是固定不变的,这一成本包括支付给海员的工资、轮船所需的油料的费用等,这些支出是不会随出海船次的增加而变化的。因此,总成本与出海船次成正比。

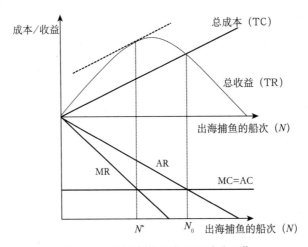

图 4-9　公海捕捞中的"公地悲剧"

经济学更习惯使用边际分析方法,图 4-9 的下半部分画出了出海捕鱼的边际收益(MR)曲线、平均收益(AR)曲线,以及边际成本(MC)曲线和平均成本(AC)曲线。我们可以从总收益曲线的形状得出边际收益和平均收益曲线的形状,结果发现:MR 曲线和 AR 曲线都是斜率为负的直线,并且 MR 曲线位于 AR 曲线的下方。之所以 MR 和 AR 会随着出海捕捞次数的增加而下降,这是因为公共资源具有竞争性。而我们知道每次出海捕捞的成本都是固定不变的,因此,边际成本就等于平均成本,MC曲线和AC曲线是同一条水平的直线。

下面来分析一下最优的出海捕捞次数。从整个社会的角度来看,最优的出海捕捞次数应该能够使得出海捕捞的利润实现最大化。从图4-9上可以看出,当$N=N^*$时,利润实现了最大化,且在此处TR曲线的切线和TC线平行,这说明此时MR=MC。

为什么当MR=MC时,利润实现了最大化呢?图4-9的下半部分给出了一个较为直观的解释。可以看到,当$N<N^*$时,MR>MC,此时出海船次的增加还会增加利润;而当$N>N^*$时,MR<MC,此时减少出海船次反而会增加利润;只有当$N=N^*$时,无论是增加还是减少出海船次,都会导致利润下降。因此,当$N=N^*$时,利润实现了最大化。

但是,分散的单个渔民是不会站在整个社会的角度来思考问题的。由于公共资源不具有排他性,也就是说,它是对所有人开放的(open access),这就好像那些可以自由进入和退出的行业一样,只要利润大于零,总是会有新的企业加入进来。在这个例子中,只要出海的利润为正,渔民就会增加出海船次。只有当利润下降为零后,渔民才会停止增加出海船次,此时达到了均衡。利润为零要求平均收入等于平均成本,因此均衡时的出海捕捞次数就是AR曲线和AC曲线的交点所对应的次数,也就是N_0。

显然,$N_0>N^*$。也就是说,如果不对渔民出海捕捞进行任何限制的话,分散的决策会导致过度捕捞现象。到底是什么原因导致了过度捕捞呢?我们从图4-9上可以看到,平均收入是随着出海船次的增加而下降的。也就是说,如果某个渔民增加自己的出海船次,就会使得其他渔民每次出海捕捞的平均收入都会下降,但这位渔民在决策的时候是不会把自己对别人的影响考虑在内的,而其他人又无法限制这位渔民的出海船次,因此,从全体渔民的角度出发,这位渔民选择的出海船次过多了。如果所有的渔民都按照这种想法行事的话,这样过度捕捞现象就不可避免了。这个逻辑对所有可以开放进入的公共资源都是适用的。

经济学案例 4-4

美洲野牛为何会消失?

在16世纪,北美大陆上大约有2 500万到3 000万头野牛,但是,到1880年后期,北美的平原地带只剩下了不到100头美洲野牛。为什么美洲野牛的数量下降得如此迅速呢?很多人曾归咎于白人的到来,但实际情况并非如此。

美洲的原住民印第安人在白人到来之前的许多年前就在猎杀美洲野牛了,记载中说明这些印第安人都很珍惜他们的猎物,并大方地将肉分给那些部落里的人。然而,骑着马在牛群中行进的印第安勇士都会在弓箭上做记号来比赛谁能杀了美洲野牛,这些记号也可以让某些勇士享用牛身上最好的部位。这样看来,印第安人的捕猎行动也是有组织的:一旦牛被杀了,美洲野牛的所有权就可以很清楚地确定、充分地保有并能够随时转移。

但是,对于活着的美洲野牛的所有权就不同了,印第安人并没有圈养美洲野牛的有效方式,美洲野牛会从一个部落的领土自由地移动到另一个部落的领土上。这意味着,如果某个部落少杀一些美洲野牛,他们的保护行为就相当于给另一个部落提供更多的肉,而那个部落很可能就是他们的死敌。这个事实让印第安人大量地屠宰野牛,在1840年之前,某些平原区域内的美洲野牛就已经消失了。

白人加速了美洲野牛的消失,原因有二:第一,白人的人口比印第安人多很多,他们对肉类和牛皮的需求也更多;第二,白人使用枪支来屠杀美洲野牛,跟传统的弓箭比起来,这种技术变革使得一个白人猎人可以猎杀更多野牛。然而,基本的问题对于白人和印第安人来说是相同的:对存活美洲野牛的所有权无法轻易地建立起来,要拥有一只美洲野牛的办法只有杀了它,所以有太多的美洲野牛被杀。

资料来源:罗杰·勒罗伊·米勒、丹尼尔·本杰明、道格拉斯·诺思,《再见,美洲野牛!》,载《公共问题经济学》,东北财经大学出版社2009年第15版,第27章。

(二)解决公地悲剧的方法

为了解决对公共资源的过度利用问题,一般可以采取三种措施:将公共资源私有化、配额制度和社区规范。下面逐一介绍这三种方法:

1. 将公共资源私有化(privatize common resources)

公共资源不属于任何人所有,任何人都可以免费使用。将其私有化之后,只有所有者有权使用这些资源并从中获益,这样所有者有激励按照最大化资源价值的方式去行事。因此,很自然地,私有化之后公地悲剧就不复存在了。实际上,英国中世纪出现的最初的公地悲剧就是通过圈地运动将土地私有化来解决的。近来,私有化这种方法也被用来保护珍稀动物。非洲一些国家的大象正面临着灭绝的危险,为了解决这一问题,博茨瓦纳、马拉维、纳米比亚和津巴布韦等国家将大象进行了私有化,允许人们猎杀大象,但是仅限于自己土地上的大象,结果土地所有者有激励去保护大象了,大象的数量上升了。

但是,私有化也并不总是可行的,例如把海洋变成私有产权是非常困难的,将数千平方公里的牧场完全私有化的成本也是非常高昂且难以承受的,地下水的私有化就更不可能了。除了成本方面的原因外,将某些公共资源私有化在情感上也是难以令人接受的。当私有化的安排与实施成本过高时,可能就需要其他解决方法了,下面的配额制度就是一种政府常用的方法。

2. 配额制度

通过上面的分析,N^*是图 4-9 中最优的出海捕捞船次,那么政府就把可出海捕捞的船次限定在 N^*,并将这个总量分配给每位渔民,如果每位渔民都严格遵守配额制度,那么最终的结果就是有效率的。

但是,在配额制度实施的过程中,存在两个问题:第一,每位渔民都追求自己的利益,结果他们会蒙骗政府,实际出海的次数会超过政府所分配的配额。这是因为出海得到的平均收益此时要超过出海的边际成本。所以想要使得配额制度得到彻底的实施,就需要有一套有效的监控体系。

第二，图4-9假定所有渔民出海的边际成本都是一样的，这并不符合现实。一般说来，不同的渔民出海的边际成本并不相同，一些渔民出海的成本可能会比较低。如果要实现有效率的结果，就要求把配额分配给那些成本较低的渔民，但是分配配额的政府部门并没有掌握有关各个渔民边际成本方面的信息，即使政府想要搜集这方面的信息，渔民们为了自己的利益也有激励谎报自己的成本。为了解决这一问题，可以将固定的配额制度加以修改，允许渔民转让自己获得的生产配额，这就是所谓的个人可转让配额制度（individual transferable quota，ITQ）。可以推想，那些出海成本较高的渔民会发现，与其自己出海捕鱼，还不如把配额转让给那些出海成本较低的渔民来得更为划算一些。这样配额最终就转移到了那些出海成本最低的那些渔民手中，这是一个有效率的结果。

3. 社区规范

在发展中国家的农村，很多资源都是公共所有的，例如村子周围的山林或是池塘等灌溉系统，这些公共资源对于村民维系生存是非常重要的。例如，山林可能是村民获取燃料的重要来源，或者遇到粮食歉收时寻找替代食物的主要来源。如果将这些对全体村民至关重要的资源完全交给某一个体所有，无疑会遭遇强烈的反对，也就是说，不能将这些资源私有化。此外，很多发展中国家的政府是软弱无能或腐败低效的，它们也没有能力使用配额制度这种干预措施。

但是，这些资源似乎并没有遭遇"公地的悲剧"之类的问题。这是因为，经过了长期的摸索，世世代代居住在这些社区的居民已经找到了一套有效管理这些资源的办法，这些办法已经成为社区规范被传承了下来。因此，虽然这些资源是公共所有的，但是并不意味着每个人都可以随心所欲地使用它们，当地的社会规范对这些资源的利用是有一些限制的。这种依靠社区规范对公共资源的利用进行管理的方法叫作公共池塘资源体制（common pool resources system，CPR system）。[1]

---

[1] 具体的例子可以参考2009年诺贝尔经济学奖得主——也是迄今为止唯一的女性得主——埃莉诺·奥斯特罗姆（Elinor Ostrom）的著作《公共事务的治理之道：集体行动制度的演进》和《规则、博弈与公共池塘资源》。

最后需要注意的是，CPR 体制仅仅适用于规模比较小的、居民相对比较固定和同质的社区，它不能推广到更大的范围。

本章小结

1. 外部性指的是某一市场主体的行为对其他主体产生的影响，并且这种影响没有通过价格水平反映出来。外部性可以分为正外部性和负外部性两类。

2. 外部性的存在会导致市场失灵：正外部性导致市场均衡的数量低于有效率的数量，而负外部性会导致市场均衡的数量高于有效率的数量。

3. 解决外部性问题的一个基本思路是将外部性内部化，具体的措施有一体化、庇古税/补贴，此外，也可以使用可交易的配额制度。

4. 外部性问题出现的根源是权利界定模糊，如果权利界定清楚，并且交易费用为零，则总是能实现有效率的结果。如果要确保不同的初始权利配置不会改变有效率的数量，那就要求收入效应为零。

5. 按照"竞争性—非竞争性"和"排他性—非排他性"这两个维度，可以将物品分为四类：私人物品、公共物品、公共资源和非竞争性的私人物品。

6. 公共物品具有非排他性和非竞争性。公共物品的最优数量由萨缪尔森条件决定，也即公共物品带给社会的边际收益应该等于其边际生产成本。

7. 公共物品的非排他性导致了搭便车现象，结果私人供给的公共物品数量低于有效率的数量，此时需要政府介入。

8. 公共资源具有竞争性和非排他性。公共资源的非排他性导致对其利用过度，这就是所谓的"公地悲剧"问题。公地悲剧可以通过私有化、配额制度和社区规范等方法来化解。

思考与练习题

1. 某市允许私人随意开设商业电台，假设 A、B 两家商业电台碰巧购买了同一型号的播放设备。在每晚的黄金时段，这两家电台的信号总是相互干扰。请回答如下问题：

(a) 在上述例子中，哪家电台是外部性的制造者，哪家电台是外部性的承受者？

(b) 导致这种外部性产生的根本原因是什么？应该怎样解决这种外部性问题？

2. 有家化工厂的成本函数为 $C_1=5X^2+100X$，其中，X 是生产的化工原料的数量，单位是公升，每公升化工原料的市场价格 $P_1=700$。这家化工厂的附近有家面包作坊，化工厂生产过程中释放的废气会影响面包的制作，面包作坊的成本函数为 $C_2=Y^2/2－140Y+XY$，其中，Y 是面包的产量，面包的市场价格 $P_2=10$。

(a) 在市场均衡状态，化工原料的产量是多少？面包的产量又是多少？

(b) A 和 B 决定最大化联合利润，这样化工原料的产量是多少？面包产量又是多少？

(c)(a) 和 (b) 的结果哪个是有效率的？为什么？

(d) 外部性问题的一种解决方法是征收庇古税。在这个例子中，谁应该缴税？庇古税的额度应该是多少？

3. 某个国家有两个工厂在制造污染。政府决定治理污染，把总的污染数量限制为 30 单位。每家工厂得到了 15 张污染许可证，而每张许可证允许排放 1 单位的污染物，污染许可证可以相互转让。两家企业的减排成本分别为：

$$C_1=60X^2 \text{；} \quad C_2=Y^3$$

其中，X 和 Y 分别是两家企业减排的数量。如果没有任何交易费用，经过转让之后，两家企业最后的减排数量分别是多少？

4. 公共物品和公共资源都涉及外部性，试回答以下问题：

(a) 与公共物品相关的外部性通常是正的还是负的？举例回答。自由市场上的公共物品数量通常多于还是少于有效率的数量？

(b) 与公共资源相关的外部性通常是正的还是负的？举例回答自由市场上的公共资源的使用量通常大于还是小于有效率的数量？

5. 无名村有 10 个村民。村民可以通过编篮子或者钓鱼来获得收入。由于湖里的鱼是有限的，钓鱼的村民越多，每个人钓到的鱼就越少。具体而言，如果 n 个家庭在湖里钓鱼,那么每个家庭从钓鱼中得到的收入 $Y=12-2n$,Y 的单位是元。一个家庭通过编篮子得到的收入是 2 元/天。

(a) 假设每个家庭都独立做出是在湖里钓鱼还是编篮子的决策。你预计会有多少家庭去钓鱼?你预计会有多少家庭去编篮子?计算均衡时全村的总收入。

(b) 计算当只有三户居民在湖里钓鱼时全村的总收入并与(a)中的总收入进行比较,并解释比较的结果。

(c) 湖中的鱼属于哪一类物品?什么特征使得它成为这一物品?

参考文献

1. Buchanan, J. M., "An Economic Theory of Clubs", *Economica*, 1965, 125, 1—14.
2. Coase, R. H., "The Federal Communications Commission", *Journal of Law and Economics*, 1959, 2, 1—40.
3. Coase, R. H., "The Problem of Social Cost", *Journal of Law and Economics*, 1960, 3, 1—44.
4. Hansen, Z., and G. Libecap., "Small Farms, Externalities, and the Dust Bowl of the 1930s", *Journal of Political Economy*, 2004, 112(3), 665—694.
5. Salanié, B., *Microeconomics of Market Failures*, MIT Press, 2000.
6. Samuelson, P. A., "The Pure Theory of Public Expenditure", *Review of Economics and Statistics*, 1954, 36, 387—389.
7. Scitovsky, T., "Two Concepts of External Economies", *Journal of Political Economy*, 1954, 62, 143—151.
8. Usher, D., "The Coase theorem is Tautological, Incoherent or Wrong", *Economics Letters*, 1998, 61, 3—11.
9. 〔美〕埃莉诺·奥斯特罗姆、罗伊·加德纳、詹姆斯·沃克:《规则博弈与公共池塘资源》,陕西人民出版社 2011 年版。
10. 〔美〕埃莉诺·奥斯特罗姆:《公共事物的治理之道:集体行动制度的演进》,上海译文出版社 2012 年版。
11. 〔美〕巴泽尔:《产权的经济分析》,上海人民出版社 1997 年版。
12. 〔美〕贝尔纳·萨拉尼耶:《市场失灵的微观经济学》,上海财经大学出版社 2004 年版。
13. 〔美〕彼得·伯克、格洛丽亚·赫尔方:《环境经济学》,中国人民大学出版社 2013 年版。
14. 〔美〕卡尔·夏皮罗、哈罗·范里安:《信息规则:网络经济的策略指导》,中国人民大学出版社

2007年版。

15. 〔美〕罗杰·勒罗伊·米勒、丹尼尔·本杰明、道格拉斯·诺思:《公共问题经济学》,东北财经大学出版社2009年第15版。
16. 〔美〕米切尔·波林斯基:《法和经济学导论》,法律出版社2009年版。
17. 〔美〕乔治·施蒂格勒:《乔治·施蒂格勒回忆录》,中信出版社2006年版。
18. 〔美〕汤姆·蒂坦伯格、琳恩·刘易斯:《环境与自然资源经济学》,中国人民大学出版社2011年版。

第二部分

宏观经济基础

第五章 国民收入的衡量与分配指标

宏观经济学研究总体的经济行为及其结果，考察财富和收入为什么与如何随着时间而增长和波动。本章对总体经济活动的运行及其绩效进行衡量。在经济分析中对宏观经济总量进行描述和解释，找出发生变化的原因，预测其变化的结果以及制定适宜的经济政策进行相应的宏观经济调控，必须对一个国家的经济总水平进行衡量并加总。但是，如同节俭的悖论一样，宏观经济并非个体经济行为的简单加总，宏观加总所涉及的问题相对比较复杂。研究宏观经济运行关系，首先要详细了解国内生产总值和国民收入等宏观经济变量；其次是要了解宏观经济的基本结构，即国民经济由哪些基本部分组成，总产出的循环流动是怎样把这些部分结成一个整体的。本章的任务就是要考察上述问题，这是建立宏观经济模型、分析宏观经济运行机制的基本前提。本章内容包括GDP等国民收入核算中的重要指标以及核算方法，消费者价格指数等价格指标以及收入分配状况指标，考察了经济指标中的时间因素并相应地对指标进行了归纳与分类，简要介绍了运用不同类型指标及其指标组合分析复杂的宏观经济问题时的要点与方法技巧，最后是对GDP的局限性以及超越GDP的新理念进行简要评述和介绍。

第一节 财富与收入的度量

经济学是关于财富问题的学问。为什么有的人穷而有的人富？为什么有的国家穷而有些国家富？事实上，如同国家内部不同社会群体之间在财富与收入水平上的巨大差别一样，世界各国的贫富差距同样巨大。要判断一个经济体是否成功，首先需要判断其财富与收入水平。通常高收入与住房、医疗、教育等方面较高的生活水平密切相关。西方发达国家多数面临着肥胖等"富贵"病的折磨，在非洲以及南亚和东亚一些国家却存在大量的饥饿与营养不良现象。为什么存在这些财富或收入差距？如何衡量这些差距？如何实现财富增长并提高生活的质量？无论是理论探讨，还是政策实践，对上述问题的回答都需要一些具体的经济指标为基础。这就是国民收入核算对应的问题。国民收入核算是在一定的经济理论指导下，综合运用统计、会计、数学等方法，为测定一个国家（地区、部门）在特定时期的经济活动（流量）和特定时点上经济成果（存量）所构成的一个相互联系的系统。有趣的是，一个国家国民收入核算账户的准确性是该国经济发展状况的一个非常可靠的衡量指标，总体上讲，核算账户越可靠，其经济往往越发达。所以，通常国际机构的援助中的优先项目是审查并改进落后地区的国民收入核算账户，为宏观经济政策的制订和政策调整提供依据。

一、国民收入核算探源

最早对国民收入进行核算的是英国经济学家威廉·配第（William Petty），他在《政治算术》（*Political Arithmetick*）中没有采用"比较级或最高级的词语来进行思辨式的议论，相反采用数字、重量和尺度来表达自己想说的问题"（配第，2010年，第8页），具体考察英国人口、财产和劳动收入同该国的财政收支之间的关系，分析了国民财富的构成及其增长的原因，提出了作为"财富之母"的土地上的生产物，是由作为"财富之父"的劳动生产出来的论点。20世纪初，美国国民经济研究所的韦斯利·C.米切尔（Wesley C. Mitchell）提出了国民生产总值和国民生产净值的概念。英国经济学家约翰·斯通（John Stone）在英国中央统计局工作期间和詹姆斯·米德（James Meade）提出了家庭、企业和政府以及世界其他地方的四个子账户，并领导联合国国民经济核算的研究和统计制度制订工作，这四个子账户后来称为核算标准。西蒙·库兹涅茨（Simon Kuznets）提出了国民收入及其组成部分的定义和计算方法，把历史资料分类、综合并使之系统化，被誉为"GNP之父"。他因"为国民经济核算体系的开发做出了重要贡献，并因此极大地改变了实证分析的基础"获得了诺贝尔经济学奖。

1968年联合国公布《国民经济核算体系》(System of National Accounting，SNA)。这一体系主要由市场经济国家和第三世界国家采用，也叫西方体系。

20世纪90年代冷战结束以前，苏联、东欧及中国采用物质产品平衡表体系(System of Material Product Balance，MPS)。这种核算体系以马克思再生产理论为依据，将社会总产值和国民收入作为反映国民经济活动总成果的基本指标；以物质产品的生产分配交换和使用为主线来核算物质产品再生产过程，核算范围包括农业、工业、建筑业、货物运输及邮电业、商业等物质生产部门，核算方法主要采用平衡法，由一系列平衡表组成。该体系与高度集中的计划管理体制相适应，由苏联首先建立起来，主要由原来的计划经济国家采用，也叫东方体系。这种核算体系曾发挥过重要作用，但随着全球市场经济体制的改革和发展，其缺陷日益突出。1993年，联合国统计委员会决定废除计划经济国家使用的国民经济平衡表体系。

相关链接 5-1

物质产品平衡表体系（MPS）与国民账户体系（SNA）的比较

MPS和SNA都是适应国家宏观经济管理需要而建立和发展起来的国民经济核算体系，但它们是不同的经济体制和经济运行机制下的产物，因而在核算范围、内容和方法上都有很大的差异：

1. 在核算范围上，MPS仅限于物质产品的核算，把非物质生产性的服务活动排除在生产领域之外；SNA的核算范围覆盖整个国民经济各部门，不受物质生产领域的局限，因而反映社会经济活动范围更广。

2. 在核算内容上，MPS主要反映物质产品的生产、交换和使用的实物运动；

SNA除核算货物和服务的实物流量外,还注重收入支出和金融交易等资金流量和资产负债存量的核算,能更好地反映社会再生产中实物运动与价值运动交织在一起的复杂运动过程。

3. 在核算方法上,MPS主要采用平衡表法,侧重每个平衡表内部门的平衡,但平衡之间的联系不够严谨;SNA主要采用复式记账法,通过账户体系把社会再生产各环节国民经济各部门紧密衔接起来,能更好地反映国民经济运行中的内在联系,提高了国民经济核算的科学水平。

从中华人民共和国成立初期到改革开放初期,中国国民经济核算的核心指标是物质产品平衡表体系(MPS)的国民收入。这个指标反映的是物质生产部门,即农业、工业、建筑业、商业饮食服务业和交通运输业的生产活动成果,不能反映非物质服务业的生产活动成果。1984—1992年,国家统计局会同有关部门在总结我国当时的国民经济核算实践经验和理论研究成果的基础上,制定了《中国国民经济核算体系(试行方案)》。该方案采纳了SNA的基本核算原则、内容和方法,保留了MPS体系的部分内容。1992年国务院发文开始在全国实施。中国国民收入核算体系经历了一个循序渐进、不断修订的过程。为了与新的国际标准相衔接,提高国民经济核算的国际可比性,我国在2008年SNA的基础上对国民经济核算的基本概念、基本分类、基本方法和基本核算指标的定义与口径范围等做了一些具体修订,制定并实施了《中国国民经济核算体系(2016年)》。

二、区分存量和流量

存量是一个时点测算出来的数量,流量是一定时间范围内测算出来的变化量。存量与流量之间有密切的联系。存量与流量的划分对于理解经济活动中各种经济变量的关系及其特征至关重要。存量经由流量而发生变化,流量又归于存量之中。例如,人口总数是存量,它表示一个时点上的人口数;而人口出生数是流量,它表示一个时期内新出生人数。一定的人口出生数来自于一定的人口数，而新出生的人口数又计入人口总数。经济学中反映社会产品和劳务的生产、分配情况的国内生产总值、劳动者收入总额、投资总额、流动资金增加额等都是流量。资产负债表中，期初和期末的资产、流动资金、存款、黄金储备、外汇储备等都是存量。投资是流量，资本是存量。

同理，在财富与收入这两个经济变量中，国民收入是流量；财富是存量，是某一时刻所持有的财产。一定量的国民收入来自于一定时期内创造的国民财富，而新创造的国民收入又计入国民财富中。

存量分析和流量分析是现代经济学中广泛使用的分析方法。存量分析就是对一定时点上已有的经济总量的数值及其对其他经济变量的影响进行分析；流量分析则是对一定时期内有关经济总量的变动及其对其他经济总量的影响进行分析。在宏观经济学的总量分析中，既可以从存量着手，也可以从流量着手。

三、同一经济体中不同的收入指标

（一）生产总值的测度：国土原则还是国民原则？

考虑一个国家的整体经济时，自然会考虑到经济中创造的财富与收入。这里先介绍两个最常用的生产总值指标：国内生产总值和国民生产总值。

国内生产总值是宏观经济学中最受关注的经济统计数据指标，也被认为是衡量国民经济发展状况的最重要指标之一。国内生产总值（Gross Domestic Products，GDP）是一个国家或地区在特定时间范围内所生产的所有最终产品和劳务的市场总价值。必须注意，第一，GDP是一个市场价值概念，只包括市场活动导致的价值，非市场活动和非法市场所创造的价值没有被统计在内。比如家务劳动、地下经济如非法毒品交易活动等未被计入；第二，是（新）增加值之总和，即最终产品和劳务，而不是总产值。因此，中间产品价值不计入；第三，是流量而非存量；第四，遵循的是国土原则，而非国民原则，只计量在一国范围内生产的产值，不包括本国公民在国外生产的产值；第五，以市场价格而非以不变价格或计划价格计算的总产值；

第六，只计算当年生产的产品，如拍卖古董的产生的新价值只计算中介费；第七，折旧计入。折旧所代表的物质不构成新产品的物质体，其所代表的价值是由以往劳动创造出来的。

与 GDP 对应的另外一个指标是国民生产总值（Gross National Products，GNP），指一个国家或地区的居民在一定时期内运用生产要素所生产的全部最终产品和劳务的市场总价值。GDP 与 GNP 都反映宏观经济状况，但是依据的统计原则不同。GNP 按照国民原则统计，凡是本国公民（包括本国公民以及常住国外但未入外籍的本国公民）所创造的收入都被计入 GNP，但不计入外国公民在本国创造的收入。二者之间的关系如下：

国民生产总值＝国内生产总值＋本国公民在国外生产的最终产品的价值总和－外国公民在本国生产的最终产品的价值总和。

（二）其他宏观收入指标

与国民生产总值相关的一个指标是国民生产净值（Net National Product，NNP），等于国民生产总值减去折旧。NNP 扣减了生产过程中消耗掉的资本量的价值，因而比国民生产总值更准确地反映了新财富的创造和国民经济的状况。国民收入是用来衡量一个国家或地区在一定时期内投入的生产资源所生产出来的产品和劳务的市场价值。广义的国民收入是一个总括性指标，还包括一系列的其他指标。狭义的国民收入是一国生产要素的所有者在一定时期内从生产中获得的全部收入，等于国民生产净值减去间接税。间接税是由企业交给政府，不构成生产要素的收入，因而必须从国民生产净值中扣除。

生产要素报酬意义上的国民收入还不能全部成为个人收入，这里的个人收入仍然是一个宏观总量概念。个人收入是国民在一定时期内新生产的价值，由于是新创造价值，必须扣除折旧，而折旧的估计相当困难，故经常使用的还是 GNP。

个人收入涉及个人与企业以及政府之间的收入分配。企业缴纳企业所得税之后留下一部分利润未分配个人，只有一部分利润以红利、股息形式分配给个人。另外，职工还需缴纳社会保险等给政府有关机构，同时接受政府各种形式的转移支付。从量上看,个人收入等于国民收入减去转移支出(公司未分配利润、公司所得税和社会保险等),再加上转移收入(政府养老金、失业救济金等)。另外,个人收入还不能全归于个人支配,只有扣减掉个人所得税后的收入才是最终的个人可支配收入。

如果将一国的某年的GDP除以该国人口数,就可以得到该国当年的人均GDP。由于各国或地区人口数量的不同,人均GDP是一个更为重要的反映经济福利水平的指标。利用人均GDP可以进行纵向比较一国在不同时期的经济状况,也可以进行横向比较不同国家或地区之间的经济发展水平。

相关链接 5-2

收入与人的发展差异

GDP作为社会经济状况以及国民经济福利的重要指标,可以从表5-1的横向国际比较中反映出来。穷国与富国的人均GDP差异巨大,世界不同发展水平的地区的人类发展指数情况不同,而相应预期寿命、平均受教育年限、识字率、互联网、婴儿出生的体重、婴儿死亡率、母亲生孩子时的死亡率、儿童营养不良率、获取安全饮用水的途径、学龄儿童入学率、家用电器普及率、人均教师数量等指标方面,均反映出收入与上述生活指标、发展水平之间的高度相关性。

表5-1 2012年世界各地区人类发展指数

地区	人类发展指数	出生时预期寿命(岁)	平均受教育年限(年)	预期受教育年限(年)	人均国民收入(GNI,2005年购买力美元)
阿拉伯国家	0.652	71.0	6.0	10.6	8 317
东亚和太平洋	0.683	72.7	7.2	11.8	6 874
欧洲和中亚	0.771	71.5	10.4	13.7	12 243

续表

地区	人类发展指数	出生时预期寿命（岁）	平均受教育年限（年）	预期受教育年限（年）	人均国民收入(GNI, 2005年购买力美元)
拉丁美洲和加纳比	0.741	74.7	7.8	13.7	10 300
南亚地区	0.556	66.2	4.7	10.2	3 343
撒哈拉以南非洲区	0.475	54.9	4.7	9.3	2 010
人类发展指数组别					
极高	0.905	80.1	11.5	16.3	33 931
高	0.758	73.4	8.8	13.9	11 501
中等	0.640	69.9	6.3	11.4	5 428
低	0.466	59.1	4.2	8.5	1 633
全球平均	0.694	70.1	7.5	11.6	10 184

资料来源：联合国开发计划署发布的《2013年人类发展报告》。

四、国民收入测度的方法：殊途同归？

宏观经济学研究的是宏观经济变量之间的关系。国民收入是用来衡量一个国家在一定时期内经济活动业绩的数量指标，是用来衡量一个国家在一定时期内投入的生产资源生产出来的产品和劳务的价值或由此形成的收入的一个数量指标。国民收入估计的方法及其理论作为一个整体，是由一些基本的宏观经济变量组成的一些定义性恒等式构成，它描述了国民经济的结构和运动过程的全景。理解其中的设计方法和原理，对于理解宏观经济理论和理解经济政策措施的机制和效应十分有用。

一个经济体通常分为三大部门：居民、企业和政府。宏观经济分析中对应把家庭、企业和政府称为三部门经济，若只包括家庭和企业则称为两部门经济，它们统称为封闭经济。若考虑国外部门的经济就是四部门经济或开放经济。不同的部门从事不同的生产、消费活动，社会经济活动的复杂性必然带来经济整体的财富和收入的加总与衡量的困难。居民是生产要素的所有者，企业是生产要素的使用者，居民提供生产要素给企业，从而创造产品和劳务；作为交换，居民从企业获得工资、利息和利润等形式的收入，并用所得的收入去购买企业生产的产品和劳务。物品和货币在各部门之间的流动构成了宏观经济活动的主要内容。

在两部门经济中，微观上，任何一次交易中卖者的收入必然等于买者的支出；宏观上，整个经济的总收入必然等于总支出。在企业和家庭组成的简单的国民收入的循环流中，家庭提供生产要素得到相应的各种形式的收入，并从企业购买产品和服务，而企业用从销售中得到的收入来支付工人的工资、土地的租金和企业所有者的利润，这些通过要素市场进行。在这个循环中货币从家庭流向企业，然后又流回到家庭。因此，可以加总家庭的支出或者加总企业支付的总收入（工资、租金和利润）。由于经济中所有的支出最终要形成收入，所以无论用支出还是收入计算二者的结果应该都相等。

在包含政府的三部门经济中，情况稍微复杂一点。由于部分家庭并没有支出其全部收入，例如支付了政府的税收，或者考虑到未来的需要而把部分收入用于储蓄和投资；产品和劳务的购买对象包括家庭、企业和政府。无论由家庭、企业还是政府购买，甚至考虑到包含国外部门的情况下，支出和收入总是相等的。因此，可以用全社会对最终物品与服务的总支出或所有人的总收入来衡量经济活动的整体规模。企业的产出（增加值）是由该生产环节中所投入的生产要素（劳动、资本、土地和经营者才能）共同创造的。企业的产出将以要素报酬（工资、利息、地租、利润）的方式转化为社会成员的收入，企业的股权和一切资产都属于家庭部门中的个人，因此，企业部门的总产出等于社会成员的总收入。

GDP是反映宏观经济运行状态的重要指标。核算GDP有三种方法：生产法、收入法和支出法。

生产法也叫增值法，是从生产的角度衡量GDP的一种方法，其基本思想是加总各生产阶段上的增加价值得到GDP，即计算销售最终产品收益与为生产该产品购买的中间产品费用的差额。中间产品是作为生产要素继续投入生产过程中的产品和劳务，如原材料、半成品等。为了避免重复计算，只是加总增加值。一个企业的增加值是该企业的产出价值减去该企业购买的中间产品的价值。

支出法是从产品的使用出发,所有的最终产品提供给市场,需求者购买最终产品会有等量的支出发生。按照总产出等于总支出的恒等式,把一个国家在一年内购买最终产品和劳务的各项支出加在一起而得到GDP。构成GDP的必须是最终产品,即最后的使用者购买的全部商品和劳务,从需求或购买的角度可以分为四个部门:家庭部门、企业部门、政府部门和国外部门。家庭部门是一国中所有家庭的集合,企业部门是境内所有企业的集合,政府部门是各级政府的集合,国外部门是与该国发生经济往来的所有国家和地区的总和。

总支出可以分为以下四大项:消费支出(C),投资支出(I),政府购买支出(G),净出口($X-M$),其中X为出口,M为进口。

家庭对最终产品和服务的支出就是消费支出(C)。居民消费支出是常住居民在一定时期内对货物和服务的全部最终消费支出,如食品、服装、交通、教育、医疗支出等等。居民的消费支出不包括住房购买或自己建造住房的支出,这种支出包含在固定资本形成总额中。

对于企业部门而言,企业支出就是投资支出(I)。投资指增加或更新固定资产,包括固定资产投资和存货投资。固定资产投资包括对新厂房、新设备、新商业用房和家庭购买新住房的投资。存货投资是指存货的增加或减少。存货投资可能是正值,也可能是负值,因为年末存货价值可能大于也可能小于年初存货。总投资等于固定资产投资加存货投资。由于资本存量的不断消耗,为了补偿或重新置换已经消耗掉的资本,企业也需要投资,这种支出称为折旧或重置投资。考虑到折旧因素,就必须区别净投资与重置投资。净投资是经济中的资本存量出现净增加的投资。值得说明的是,经济学中的投资是实际投资,如购买厂房设备等,而非如购买土地、房屋、股票、债券等一类的金融投资。这类金融投资不过是产权的转移,并未使社会资产有任何的增加。

政府购买支出(G)是指政府对商品和服务的购买支出,包括政府购买国内外产品和服务、购买公务员的劳务,如行政管理服务、国防、公共安全、教育、科技等。这类支出由政府财政出钱,全社会或社会的部分成员共同享受。政府购买只是政府总支出的一部分,政府购买支出的另一部分如社会保障和福利支出等政府转移支付不计入国民生产总值,因为政府转移支付只是收入的转移或再分配,而没有发生相应的产品和劳务的生产。

为了反映国外部门对最终产品和服务的支出,引入净出口这一概念,净出口 $(X-M)$ 等于货物和服务出口减进口的差额。从支出法核算的角度看,进口应该从本国的总购买中扣减,因为进口不是用于购买本国产品和服务,收入流向了国外;而出口则表示收入从国外流入,因而应该加进本国总购买量中,是对本国产品和服务的支出。净出口的正负则相应反映了国际贸易的顺差或逆差。

用支出法计算的国内生产总值为:GDP=C+I+G+$(X-M)$。

收入法也就是用要素收入核算国内生产总值。收入法的基本思想是生产过程需要各类要素的投入,产出最终构成各类生产要素的收入。为了理解收入法,设想汽车生产企业的增加值,即汽车销售收入与进货时的批发成本的差额,而这些差额就会变成不同的收入:企业员工的劳动收入,展厅以及库房等房租收入,支付给银行的利息,余额为利润即汽车销售商的收入。这样,全部增加值就以工资、租金、利息和利润的形式出现在收入流中,上述所有收入之和等于GDP。考虑到最终的收入流向,GDP简单地可以归结为三大主体的收入。一个国家的企业从事产品和服务的生产,相关的生产要素的所有者从中获得收入,这种收入流提供了衡量GDP的收入法。家庭收入包括工资、租金、利息和利润等,企业收入则包括提取的折旧加未分配利润等;政府提供公共服务,因而也获得了一部分收入包括直接和间接税等。

理论上三种方法应该得到相同的结果,三总量应该相等,即总产出 = 总支出 = 总收入。

具体说来,所有最终产品和服务生产过程中的总增加值,等于家庭、企业和政府采购的最终商品和劳务的总值(包括出口超出进口的净额),也等于创造总产出贡献出资源的工资薪酬、利息、租金和利润等形式的所有所得收入。

现实中上述恒等式并不成立。当然,其中有统计误差等技术方面的因素,也有人为性与制度性因素。中国的国民收入核算采用生产法,同时辅以部分行业和部门的收入法。中国的GDP还存在微观与宏观加总的悖论。多年以来,中国地区各省市自治区GDP加总得到的数据经常且显著性大于全国的GDP总数。当然,如同后面将要讨论的其他宏微观指标数据一样,中国的统计数据质量随着制度的变革也得到了逐步提高。

第二节 财富与收入中的价格因素

本节从(名义)收入与实际收入的区别开始,讨论预测和分析国民经济总量意义上的消费、生产价格水平指标,考察经济指标中的时间因素并相应地对指标进行了分类归纳,并简要说明利用经济指标及其组合进行经济预测与判断时的要点与技巧。

一、国民收入中的价格因素:名义收入与实际收入

(一)真实与名义GDP

前述GDP以及个人可支配收入等指标反映了一部分经济体有关生活水平的信息。但是,简单比较上述数据信息有可能产生误导。因为经济体中生产的最终产品和服务的数量增加以及对应的市场价格上升都可能带来GDP的增加。因此,考虑收入水平时必须考虑到价格因素,必须区分产品和服务数量和对应价格的影响。无论从支出还是收入的角度,经济学家希望得到不受价格影响的"实际"的支出或收入。国内生产总值统计可按每年实际价格计量,也可按某一固定基期的价格为基准计量;按照每年的实际价格计量的,称为当期价或可变价;按某一固定基期价格计量的,称为不变价。任何以当期价格衡量的经济数量值都是名义的量值。名义GDP(Nominal GDP)就是用生产物品和劳务的当年价格计算的全部最终产品的市场价值。在比较两个不同时期的GDP时,名义GDP的变动可能是由于产出数量的变动,也可能是由于价格的变动。剔除价格变动影响的GDP,即用不变价格衡量的GDP

是真实 GDP 或实际 GDP，实际 GDP（Real GDP）是以某一基年的价格为基础加总最终产品和服务的市场价值。

（二）GDP 平减指数

导致 GDP 变化的因素有两个：商品和服务的数量以及价格。一般说来，一个经济体一年产出的商品和服务的实际总数量是一定的，但是考虑到不同时间的市场价格，相应的存在名义 GDP 和实际 GDP，二者的区别在于基期和当期价格的区别。GDP 平减指数（GDP deflator，也叫 GDP 折算指数），是名义国内生产总值与实际国内生产总值之比，反映了一国总体物品平均价格的上涨程度。用公式表示为：

GDP 平减指数 = 名义的 GDP/ 实际的 GDP= $\Sigma P_t Q_t / \Sigma P_0 Q_t$

GDP 平减指数最大长处在于其统计范围包括了所有产品和劳务，因而最适于描述一般价格水平的变动。但是 GDP 平减指数计算方法较复杂，搜集资料较困难，时间间隔较长，时效性差，这些不利于对经济的早期预警；另外，它以报告期产量为权数计算，不单纯是纯价格的变动，还包含了国内生产总值的构成变化，而这对准确反映价格水平也有影响。

测度价格水平的方法和指标有多种。GDP 平减指数和下面的消费者价格指数等指标都可以用来测度总体价格水平上升的速率（即通货膨胀率），实际应用中如何选用它们取决于研究的目的以及数据的可获得性。

二、生产与消费的价格显示器：消费者价格指数（CPI）与生产者物价指数（PPI）

在宏观经济分析中，价格水平通常用价格指数来表示。消费者物价指数（CPI）是反映与居民生活有关的商品及劳务价格的宏观经济指标，通常作为观察通货膨胀水平的重要指标。其计算公式如下：

CPI=（一组固定商品按当期价格计算的价值 / 一组固定商品按基期价格计算的价值）×100%

在计算 CPI 时，根据对消费者日常活动的相对重要性和购买数量确定一篮子组合商品及其权重，找出每个时点上篮子中每种物品与劳务的价格，计算这一篮子东西的费用，即用价格数据计算不同时点一篮子物品与劳务的费用；之后，选择基年即确定其他各年与之比较的基准并计算指数。基年的指数通常设定为 100，通常情况下 CPI 是一个大于 100 的整数，即一系列参考商品的价格相对于基期时的价格的一个相对价格。人们对于 CPI 这个经济数据，更加关心的是它的变动幅度即一个百分比，这就让人误以为 CPI 就是一个变动率。实际上 CPI 是一个相对数而不是一个变动率的数值。

CPI 通常作为观察价格总水平的重要指标，从一定程度上反映了货币购买力，运用 CPI 的同比增长率反映了通货膨胀水平。具体说来，它反映了商品经过流通各环节形成的最终价格，它的倒数就是货币购买力指数，可以反映价格上涨后，居民拥有货币的贬值程度，能直接反映价格变动对居民的影响。政府常用这个指数作为制定和调整工资、福利等政策的依据，一些组织机构之间的合约也常以此为依据。它在编制上较为方便，时效性强，所以，世界上大多数国家采用该指数来测定通货膨胀；政府通过 CPI 以及其变动来判断未来的经济走势以及调整经济政策，以熨平经济周期的大幅度波动，保持经济相对平稳健康运行，因而 CPI 是中央银行与财政部门制定宏观经济政策的重要依据。

考虑到消费品种和消费结构因素，作为衡量消费者生活成本的指标，CPI 存在一定的局限性。第一，消费者购买商品和服务的品种、数量众多，且会调整变化，不同商品的相对价格变化并不完全相同或同步，并且会出现替代倾向，即消费者根据个人喜好和相对价格的不同变化调整自己的消费组合；第二，新产品的引进和无法衡量的质量变动导致 CPI 高估了实际的生活费用。因此，CPI 篮子组合里的商品和服务只是相对固定，一篮子组合商品的构成及其权重也会进行调整。目前中国 CPI 统计篮子包括衣食住行等八大类项目，不同类别商品的权重不同。

CPI 和 GDP 平减指数是宏观价格水平的显示器，都是进行经济分析和决策、价格总水平监测和宏观政策调控的重要参考指标，但二者之间存在一定的区别。首先，在统计口径上，CPI 度量消费者购买的所有商品和服务，GDP 平减指数包括新生产出来的所有国内生产的商品和服务。其次，CPI 包括从海外购买的商品和服务，而 GDP 平减指数只度量在国内生产的产品。再次，CPI 是相对固定权数价格指数，GDP 平减指数的物品与劳务的组合随着时间的变动而变化，因而权数可变。最后，由于 GDP 平减指数包含了过多的与日常生活无关的商品，与居民消费价格变化关联不够密切，相对地，CPI 更广泛地应用于通货膨胀的度量指标。

经济学案例 5-1

飙涨的房价与"蒜你狠"：居民的感受与 CPI 的论争

CPI 既是消费者日常生活成本的显示器，也是进行经济分析和决策、价格总水平监测和调控及国民经济核算的重要参考依据，但社会公众对于 CPI 似乎有一种距离感，甚至在特定时间段引起了广泛的争论。

具体地，统计局公布的 CPI 等数据波动幅度并不大，但居民的实际感受和大众媒体的报道却是另外一回事。自从 1998 年房改启动以来，房价历经几轮牛市，特别是过去十年，房地产价格有过短时间的调整，但中国房地产价格大幅度实质性上涨已成为共识；另外，美国金融危机以后一些诸如"豆你玩""蒜你狠"等网络热词反复出现，显示出 CPI 等统计数据与居民的实际感受之间的差别。由于房价具有巨大的影响力，尤其在房价上涨时期，居民的感受、房价与消费者物价指数的反差关系等就会成为社会热点。当然，造成这种反差的原因是多方面的：社会与心理因素、制度因素、技术因素等。下面仅从技术方面简要讨论一下造成差异的原因和奥秘。

实际上，出于国民经济核算的需要，世界各国统计机构均按照"国际惯例"，并遵循一般性原则。而根据国民经济核算中有关资本形成总额中的规定：住宅按新的或现存的有形固定资产来处置，商品房购买属于投资范畴。CPI 的统计口径必须与国民经济核算体系中的类相一致。消费者价格指数关注的是消费，编制消费者物价指数的目的是反映一定时期内居民所购买的生活消费品价格和服务项目价格的变化,以便衡量城乡居民日常生活成本的变动。因此,出于国民经济核算和支付调整以及国际可比性等因素的考虑,CPI只反映与居民即期消费密切相关的消费品及服务项目的价格变动。商品房购买花费巨大,且逐年逐月地消费使用,考虑到国际的可比性,CPI没有反映房地产等资产类价格的变动。

中国居民消费价格指数涵盖全国城乡居民生活消费的食品烟酒、衣着、居住、生活用品及服务、交通和通信、教育文化和娱乐、医疗保健、其他用品和服务等8大类300多个商品与服务价格,但并不包括居民购买的所有商品或投资物品,因而也没有反映房地产和股票等资产类价格的变动。在住的方面,没有将商品房(资产)价格变动纳入CPI统计范畴,而是通过四大类别建房和装修材料、租房、自有住房,主要是房屋贷款利率、物业费以及水、电、燃气的价格反映居住类(消费)价格的变化情况。

目前中国统计部门和一些宏观管理部门也编制了房地产价格指数,用来反映全国70个大中城市各类房屋销售、租赁以及土地交易的价格的变动情况。

特别值得指出的是,与其他发达国家以及部分发展中国家不同,国家统计局没有公开CPI的权重,只是在2011年就编制CPI使用新权重发布了一个公告,公告只给出了新老权重的变化值而没有标示新权重的绝对值。随着国家经济管理体制的变化,中国统计工作在调查方法、指数计算方法、调查商品目录、权重资料来源、调查员管理、数据质量监控等一系列的制度方法体系方面取得了明显进步。虽然数据仍然存在这样那样的问题,对把握复杂万变的中国经济存在巨大的挑战,并且公众对统计数据缺乏足够的信心,但是数据可信度在不断提高,覆盖面越来越广。包括房价在内的商品与服务的价格变动对于居民的生活及其主观感受影响巨大,政策面应该加以重视,但是不应该把居民的感受、房价上涨的推动因素和原因归结于CPI等统计指标,价格指数等统计指标只是复杂经济活动的部分显示器。

> 最后，世界经济史揭示了恶性通胀和通货紧缩对于经济社会极其有害。中国目前经济正处在高速增长和经济结构快速转换的时期，较低的CPI并不利于经济增长；如果为了稳定物价而长期采取紧缩的政策，也会造成价格扭曲，而且紧缩政策在实际操作中容易形成"一刀切"，容易对中小企业的生产积极性产生较大的负面影响，也会对社会总供给产生抑制作用。同时，如果价格持续走低，CPI变化长期为负数会出现通货紧缩，企业效益下降、产品积压上升，从而造成就业机会减少、居民收入下降、市场消费不足，进而使整个国民经济体系陷入一种互相牵制的恶性循环中，导致经济衰退。

生产者物价指数（PPI）是用来衡量工业企业产品出厂价格变化趋势和幅度的指标，可以反映某一时期生产领域价格变化情况，也是制定宏观经济政策的重要依据。由于原材料、燃料、动力购进价格在PPI中占据相当大的比重，而这些产品的价格通常波动比较大，因而在某个时期内PPI变动得也相对剧烈。

CPI与PPI相比，CPI反映消费环节的价格水平，PPI反映生产环节的价格水平。由于CPI还包括服务价格以及时间因素，二者在统计口径上并非严格的对应关系。因此CPI与PPI的变化可能出现不一致。CPI与PPI的差值可以理解为工业企业整体潜在利润空间。

经济体中价格具有传导规律，PPI对CPI有一定影响，生产者通常会乐意将上升的成本转嫁到消费者身上，从而对应的CPI上升。整体的价格变化如果先出现在生产领域，通常通过产业链向下游产业扩散，最后传递到消费环节。具体说来，传导路径通常是工业品原料、生产资料、生活资料。当然，政府对物价的管制可能导致生产价格PPI的上涨无法传递到消费价格中；另外，由于中国比较多的行业处于产能过剩，市场处于买方市场状况，CPI与PPI持续处于背离状态，因而与上述价格传导规律不一致。

> **相关链接 5-3**

经济新闻中的采购经理指数 PMI

采购经理指数（Purchasing Managers' Index，PMI）是一套通过对采购经理的调查统计汇总、编制而成的指数，反映了经济的变化趋势，包括生产与流通、制造业与非制造业等领域，是经济监测的先行指标。中国采购经理指数是由国家统计局和中国物流与采购联合会合作完成，包括国内制造业情况、房屋建筑新订单、进出口订单生产与供应者送货次数、库存、价格、就业等。采购经理人指数通常按月度发布，以百分比来表示，常以50%作为经济强弱的分界点：当指数高于50%时，被解释为经济扩张的讯号。当指数低于50%，尤其是非常接近40%时，则有经济萧条的忧虑。PMI指数与GDP具有高度相关性，且其转折点往往领先GDP几个月。由于数据采集的及时性、有效性，采购经理指数的可信度高，因而对于判断制造业以及整体经济形势比较有效。

三、"妙用"宏观经济指标

（一）"妙用"时间因素解读经济：指标的超前、滞后与同步

经济指标是了解经济发展状况、预测未来经济趋势的最直观、最重要的线索，是学术研究机构、政府机构、企业组织和家庭决策的有力工具。但是，官方机构以及各种研究机构与媒体经常发布各种数据指标，很多时候使人们被淹没在数据指标等信息的海洋之中。

实际运用中，根据指标与总体经济状况变动轨迹的不同来判断总体经济走向是一项挑战。经济波动往往呈周期性，由萧条→复苏→高潮的循环变动，不同经济指标的变动并不总是与总体波动步调一致。

美国国民经济研究局（NBER）按照波动的时间顺序对不同的指标进行了分类，

具体包括先行指标、同步指标和滞后指标三大类。

先行指标是从时间上看总比总体经济更早地发生转折、先行出现高峰或低谷的指标，主要用于判断短期经济总体的景气状况。我们可以利用它判断经济运行的可能走向，进行预警、监测，进而制定相应的应对措施。当先行指数连续几个月下降时，就有理由预测整体经济可能出现下滑。如货币供应量、股票价格指数、PMI、消费品和原材料新订单等。

同步指标是在时间和波动起伏上与经济波动轨迹基本一致的指标，反映国民经济正在发生的情况，但并不预示将来的变动，如 GDP、工业增加值等。滞后指标反映的经济运行的转折点一般要比实际经济活动晚，用于确认经济周期波动的高峰或低谷是否已经过去，如失业率、银行短期商业贷款利率、工商业未还贷款、平均失业时间等。常见分类如表 5-2 所示。

表5-2　考虑时间因素的指标分类

指标类型	具体指标
先行指标	PMI、综合股票价格指数、新收订单数、库存指标、工业原料价格、公司纳税后利润、新建公司数量、建筑合同与许可数、制造业工人加班加点时间等
同步指标	国民生产总值、国民收入、工业生产指数、失业率、个人收入、工商业销售额等
滞后指标	失业率、未清偿债务、库存总量、投资支出额和货币市场利率等

价格指数包括环比指数和同比指数，其区别在于基期的选择。环比指数是反映当期与上一期（如上个月，上个季度）之间的价格变化，随月份或季节等因素影响而上下波动。环比指标时效性强，比较灵敏，不足之处是在将当期的数据直接与上期相比时，无法避免季节因素的干扰，用其反映的增长速度波动非常大，有时甚至连指标变动的方向都会发生变化。同比指数则是反映当年（报告年）与上年（基年）的同月或同期价格的比较，排除了季节因素的价格影响，但反映出来的结果相对滞后。

(二)妙用宏观经济指标:科学还是艺术?

如何利用经济指标来解读预测未来经济是一门科学,同时也可以称为一门艺术。

经济指标毕竟是通过样本数据收集处理得出的统计结果,不是尽善尽美的,不同指标数据的解释力和可靠度不同。解读经济现象十分困难,而解读中国经济更是难上加难。在运用经济统计指标进行预测与判断时,我们不仅要掌握这些经济指标的内在含义,而且还要知道它的统计方法、统计频率,理解指标对经济的解释力如何,知道一个指标的变化对整个经济运行来说意味着什么,熟悉一个指标变量与整体经济的关系,识别出一个指标对整体经济而言是先行指标,还是同步指标,或是滞后指标,判断不同时间范围内的不同指标变化和它们的波动顺序;为了更准确地判断经济运行状况,通常需要找出一组主要指标去认真观察和分析,从相互联系和综合的角度去考察,当这些指标给出的数据或结果出现矛盾时,则需要进行更深层次的分析,选择更有把握的指标作为判断依据。同时,还需要了解指标的稳定性,分析统计指标的变动情况是否是由于统计制度和方法变动或其他一些因素导致该指标波动;注意统计口径和统计方法有无变化,即当前公布的数据与过去公布的数据之间是否具有可比性。如果将两个使用不同方法统计的数据进行比较,或者将统计的范围不一致的数据进行比较显然不合适,有时甚至会得出错误的结论,要把掌握的数据与观察到的现象进行验证。

(三)妙用宏观经济中的间接指标

经济体的经济活动纷繁复杂,GDP的统计是一个十分复杂且庞大的工作。因为一个国家生产的产品和服务数量庞大且质量存在差别,且同一商品的市场价格也可能不同。事实上,几乎所有的国家都会计算一组被称为国民收入与产出账户的数据,实践中不同的方法计算的结果是不同的。中国GDP是由国家统计局经过初步核算、初步核实、最终核实,三次发布与修正的。按照国民经济行业分类标准分类且统一发布的名义GDP,具体可细分为季度数据和年度数据、地区数据和行业数据。

尽管经济学家一直想方设法试图让GDP变得更为准确,利用不同方法对GDP进行修正和调整,完善GDP核算体系等,但是,经济体的活动纷繁复杂,考虑到技术上的可行性、获取数据的时间滞后和成本以及人的有限理性等因素，试图通过一个指标或多个简单指标来准确、完整、客观地反映出来几乎是一件不可能完成的任务，这是我们在学习与使用经济指标时尤其应该注意的。

此外，对中国而言，要准确衡量体制转轨时期的中国经济活动产出及其绩效更加困难。因此，国内外一些研究机构和媒体尝试利用一些替代性指标来测度中国的经济活动，这些指标既包括一些世界通用指标，也有一些独特的中国指标。

相关链接 5-4

财富增长了多少：经济增长率与克强指数的对比

经济形势错综复杂，影响因素众多。要想比较好地理清头绪，必须从经济指标入手。但经济指标数量众多，仅《中国统计年鉴》中发布的统计指标就有数千个，加上一些派生指标就有上万个。因此，把握经济大势需要了解一些主要指标。

近年来，随着中国在全球经济中的地位日益提高，中国经济数据的重要性也显著增强，正确解读和预测中国经济周期性走势的意义也日益凸显出来。然而，中国经济数据的质量一直以来都备受质疑，特别是官方公布的 GDP 增长率，由于过于"平滑"，该数据的可靠性受到多方的质疑。

"克强指数"（Keqiang Index）

根据维基解密披露，2007 年时任辽宁省委书记的李克强告诉到访的美国驻华大使，他更喜欢通过三个指标来追踪辽宁的经济动向，这三个指标是耗电量、铁路货运量和贷款发放量。英国著名的政经杂志《经济学人》在 2010 年推出这三项指标用于评估中国 GDP 增长量，并将之命名为"克强指数"，而花旗银行编制的"克强指数"中铁路货运量、银行贷款总额和用电量权重分别为 25%，35% 和 40%。

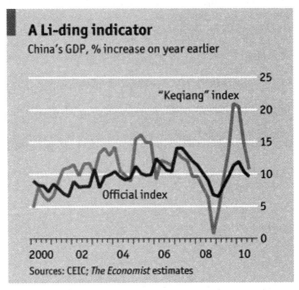

图 5-1 "克强指数"

资料来源：新华视点微博，2013 年 3 月 19 日

图 5-1 是用国家统计局公布的 GDP 数据和"克强指数"显示的中国 2000—2010 年间的经济增长状况。在短期的波动幅度和持续时间方面不同的指标的显示结果出现了一定的区别，虽然趋势一致，但是国家统计局公布的数据的波动幅度明显低于"克强指数"的波动幅度。当然，随着中国增长方式的改变和经济结构的调整，"克强指数"同样有一定的局限性。

第三节 财富的分配与 GDP 指标的局限性

本节在介绍反映收入差距的基尼系数（Gini Coefficient）、洛伦兹曲线、恩格尔系数等基本涵义之后，介绍经济增长的蛋糕分配与收入差距指标，并利用图形进行收入分配差距的国际比较，然后对 GDP 及其局限性进行评价，最后是国际上有关 GDP 的新发展和新理念。

一、财富分配差距的测度：基尼系数

迄今为止，我们一般从经济整体的角度讨论财富问题。对不同经济体 GDP 的横向比较可以反映不同国家经济增长的快慢，纵向比较可以反映一个国家在不同时期经济增长的快慢。但是我们没有讨论财富在社会不同群体之间的分配问题。世界各国的财富增长了多少？各个国家的公民之间财富差距又增加了多少？国家之间的财富差距多大？一个国家内部穷人和富人之间的财富差距又是多少？

解决贫困问题之前必须找到一些指标衡量财富的不平等程度。如何衡量财富和收入的不平等呢？当然，可以利用财富与收入的统计数据计算出平均数、中位数或众数等数量指标直接反映不同国家或地区的财富与收入水平及其差距。但是，在进行横向与纵向对比时，上述指标往往忽视了国家或地区的经济基础。而洛伦兹曲线以及对应的基尼系数、恩格尔系数则可以直观地进行标准化的纵向和横向比较。

（一）洛伦兹曲线和基尼系数

洛伦兹曲线是由美国统计学家洛伦兹提出的一条几何曲线，通过它可以直观地看到一个国家在不同时期或者不同国家在同一时期的收入分配不平等或财富不平等的状况。它先将一个国家的人口按收入从低到高排列，然后考虑收入最低的任意百分比人口所得到的收入百分比，如收入最低的 10%，20%，……，然后将这样得到的人口累计的百分比和收入累计百分比的对应关系描绘出一条曲线，即得到洛伦兹曲线。

如图 5-2 所示，洛伦兹曲线是描述在一个有坐标系的正方形的一条曲线，正方形的底边即横轴代表从低到高排列收入排列的人口累计百分比，纵轴表示各个百分比人口所获得的收入的累计百分比。从坐标原点到正方形相应另一个顶点的对角线为均等线（45°线），即收入分配绝对平等线。实际收入分配曲线即洛伦兹曲线在均等线的右下方。随着不平等的加剧，洛伦兹曲线越来越向下弯曲。

洛伦兹曲线与 45°线之间的部分 A 叫作"不平等面积"，面积大小反映了不平等的程度。当收入分配达到完全不平等时，洛伦兹曲线与横轴重合，它与 45°线之间的面积 $A+B$ 叫作"完全不平等面积"。不平等面积与完全不平等面积之比，称为基尼系数，是衡量一国贫富差距的标准。基尼系数 $G=A/(A+B)$。显然，基尼系数不会大于 1，也不会小于 0。

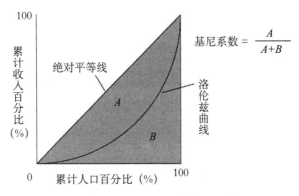

图 5-2 洛伦兹曲线与基尼系数

基尼系数由意大利经济学家基尼于 1912 年提出，是一个 0 到 1 之间的比例数值，反映收入分配差距和公平程度。基尼系数客观反映了居民之间贫富差异程度，比较直观地预警和防止居民之间的贫富的极度分化。根据联合国有关组织的规定：基尼系数低于 0.2 表示收入绝对平均；0.2—0.3 表示比较平均，0.3—0.4 表示相对合理，0.4—0.5 表示收入差距较大，0.5 以上表示收入差距比较悬殊。通常把 0.4 作为收入分配差距的警戒线。

中国有句古语"不患寡而患不均"，只有那些使社会中所有人或者大多数人受益的经济发展才会受到欢迎。一般发达国家的基尼系数在 0.24—0.36，美国的基尼系数偏高为 0.4。改革开放以来，中国的经济发展成就有目共睹，但中国的基尼系数在 2010 年已经超过 0.5，收入与财富差距加大、分配失衡的问题也比较突出。2007 年开始中国先后正式提出并开展国民收入倍增计划以及精准扶贫工程。

（二）收入与生活水平指标：恩格尔系数

恩格尔系数是食品支出总额占消费总支出的比例。19 世纪德国统计学家恩斯特·恩格尔根据统计资料，总结出消费结构的变化规律：一个家庭收入越少，家庭收入中用于购买食物的支出比例越大；随着收入的增加，家庭收入或总支出中用来购买食物的支出比例会下降，这就是恩格尔定律。对于一个国家和地区来讲，恩格尔定律同样适用,随着国家的富裕,这个比例呈下降趋势。

恩格尔定律是根据经验数据得出的,反映了食品支出占总消费支出的比例随收入变化而变化的趋势,揭示了居民收入和食物支出之间的相关关系。因此,恩格尔系数反映了相应的收入与生活水平,系数越低,作为家庭来说收入较高,作为国家来说较为富裕;反之,恩格尔系数越高,家庭较贫困或国家较落后。2010年中国的恩格尔系数达到39.76%。随着中国经济的发展,恩格尔系数逐步下降成为必然。

二、GDP包含了什么?没有包含什么?

从世界各国来看,GDP与各个国家的物质生活水平密切相关,但是,GDP存在一定的局限性。

第一,GDP只关注物质的结果,而没有关注生产物质的过程和原因。GDP不等于幸福,不能准确地反映社会成员个人的福利状况,GDP没有关注精神或人的情绪,诸如人的微笑、奉献、健康、快乐与爱。比如,GDP没有关注长时间工作带来的痛苦与健康状况的恶化,没有考虑"留守"儿童所忍受的孤独。GDP也不能反映经济增长所付出的环境污染、资源消耗等代价,比如生产过程是否环保,是否带来交通的拥挤,是否造成资源的浪费。GDP也没有关注生产GDP的过程是否伴随犯罪率的提高,生产过程和分配的结果是否公平和正义。对社会和公众来说是坏事的活动,在统计上却变成了造成GDP增加的"好事"。例如,由于桥梁质量问题出现交通事故,后续的医疗救助以及维修重建等一系列活动都会造成GDP的增加,但是实质上造成了资源的浪费和公众福利的降低。所以,GDP增长并不一定能带来广大群众收入水平的提高,人均GDP会掩盖收入差距的扩大。

第二,许多经济活动并不都进入政府统计范围,例如地下经济活动和非法活动(赌博、毒品交易等),由于避税原因当事方采用现金交易等经济活动。另外政府统计也遗漏了一些交易和服务,比如菜市场外马路上的交易,家庭劳动和志愿者服务等。

第三,GDP指标并不区分国内生产总值的增长是由国内企业拉动,还是由外资企业拉动。GDP指标没有反映一国对外投资企业的发展和变动情况。

第四，GDP指标作为生产总值指标，并不能反映产品和劳务的销售、实现情况，即不能反映马克思所说的社会总产品的实现问题。而如果社会总产品的实现率降低、存货库存率提高，那么与此相关的GDP增长部分只是增加了库存存货，不仅无益而且有碍于经济健康发展。

第五，GDP核算中包含价格因素，价格不能准确度量质量提高所增加的福利，因而GDP的增长与社会成本或社会福利之间会存在一定程度的扭曲或不一致。随着技术的进步，诸多商品如手机、电脑等质量性能提高，但是价格下降了，因此企业生产一台电脑产生的GDP下降了，但消费者福利确实是提高了。

三、超越GDP：经济发展新理念和新测度

由于GDP存在着种种局限性，所以它并不是度量一国产出与福利的完美指标，在使用中必须谨慎。

威廉·诺德豪斯（William Nordhaus）和詹姆斯·托宾（James Tobin）于1972年提出经济福利测度和经济福利净值的替代指标，即加上GDP未能度量的福利，如经济福利净值，在GDP的基础上加上休闲的价值和家务劳动的价值，减去如环境污染等副作用或无用产品的价值。但由于休闲和家务劳动的价值的衡量在操作方面存在很大的难度，实践中GDP仍是广泛使用的指标。

20世纪70年代不丹国王提出了国民幸福指数（Gross National Happiness，GNH）。该指数的设计思想是强调政府施政应该以实现幸福为目标，注重物质和精神的平衡发展，并把政府善治、经济增长、文化发展和环境保护视为国家发展的四大支柱。国民幸福指数逐渐得到了国际社会的认同，约瑟夫·斯蒂格利茨和阿马蒂亚·森等更进一步提出，应该对国民经济核算方式进行改革，将国民幸福程度、生活质量以及收入分配等指标用来衡量经济发展，如联合国的人类发展指数，国民生活快乐指数等等，2002年诺贝尔经济学奖获得者丹尼尔·卡尼曼提出的国民幸福总

值等也都是这方面的尝试。

国际上对 GDP 进行修正的另外一个理念是绿色 GDP，即从现行的 GDP 核算中扣除环境污染、自然资源退化、教育低下、人口失控等因素引起的经济损失，从而得出考虑了"质量、效率和效益"的国民财富总量，也称绿色国内生产净值（EDP）。"绿色 GDP"的核心是人与自然的和谐，是健康的经济增长。总之，上述指标的创设与新理念的相继提出反映了人类在自身发展过程中对环境以及自身的新需要和新挑战。

本章小结

1. 宏观经济学研究的是宏观经济变量之间的关系。国民收入是用来衡量一个国家在一定时期内经济活动业绩的数量指标。国民收入核算的方法及其理论作为一个整体，是由基本的宏观经济变量组成的一些定义性恒等式构成，它描述了国民经济的结构和运动过程的全景。国内生产总值（GDP）的核算有三种方法：生产法、收入法和支出法。

2. GDP 是一个国家或地区在特定时间范围内所生产的所有最终产品和劳务的市场总价值。它是一个市场价值概念，是流量而非存量，其计算基于国土原则。而国民生产总值（GNP）指一个国家或地区的居民在一定时期内运用生产要素所生产的全部最终产品和劳务的市场总价值。

3. 名义 GDP 就是用生产物品和劳务的当年价格计算的全部最终产品的市场价值。剔除价格变动影响的 GDP，即用不变价格衡量的 GDP 是实际 GDP，是以某一基年的价格为基础加总最终产品和服务的市场价值。

4. 人均 GDP 是一个更为重要的反映经济福利水平的指标。利用人均 GDP 可以纵向比较一国在不同时期的经济状况，也可以横向比较同一时期不同国家或地区之间的经济发展水平。

5. GDP 在衡量财富水平及其分配结构上存在着种种局限性，所以它并不是度量一国产出与福利的完美指标，在使用中必须谨慎使用。

6. 居民消费支出是常住居民在一定时期内对货物和服务的全部最终消费支出，但不包括住房购买或自己建造住房的支出。投资指增加或更新固定资产，包括固定资产投资和存货投资。净投资是经济中的资本存量出现净增加的投资。经济学中的投资是实际投资，如购买厂房设备等，而非金融投资。

7. 政府购买支出是指政府对商品和服务的购买支出，包括政府购买国内外产品和服务、购买公务员的劳务，政府购买只是政府总支出的一部分。

8. 消费者物价指数（CPI）是反映与居民生活有关的商品及劳务价格的宏观经济指标。CPI作为衡量消费者生活成本的指标存在一定的局限性。生产者物价指数（PPI）是用来衡量工业企业产品出厂价格变化趋势和幅度的指标，可以反映某一时期生产领域价格变化情况，也是制订宏观经济政策的重要依据。

9. GDP平减指数是名义国内生产总值与实际国内生产总值之比，反映一国总体物品平均价格的上涨程度。

10. 基尼系数是定量反映收入分配差距和公平程度的指标，其数值介于0到1之间。恩格尔系数是食品支出总额占消费总支出的比例。恩格尔定律反映了消费结构的变化规律：收入越少，收入中用于购买食物的支出比例越大；随着收入的增加，收入或总支出中用来购买食物的支出比例会下降。

11. 利用经济指标分析解读、预测经济是一门科学，也是一门艺术。经济活动纷繁复杂，经济指标是通过样本数据收集处理得出的统计结果，不同指标数据的解释力和可靠度不同。在运用经济统计指标进行预测与判断时，需要理解指标对经济的解释力如何，识别先行指标、同步指标或滞后指标，知晓指标的变化对整个经济运行来说意味着什么，熟悉一个指标变量与整体经济的关系。

思考与练习题

1. 为什么用不同的方式计算获得的国内生产总值的数值是相同的？
2. 国内生产总值指标和国民生产总值指标的主要差异在哪里？
3. 试述国内生产总值、国内生产净值、国民收入、个人收入和个人可支配收入

4. 下面这些交易活动能否包含在国内生产总值中,为什么?

    a. 一个消费者在饭店用餐从而向饭店支付的餐费;

    b. 一家公司购买一幢旧房屋;

    c. 一个消费者从商店购买一辆汽车;

    d. 一个供应商向个人电脑厂商出售集成电路块。

5. 试举例说明国家统计局公布的 CPI 数据与居民感受之间出现差别的可能原因。

6. 试评价 GDP 指标的局限性。

参考文献

1. 〔美〕N. 格里高利·曼昆:《经济学原理:宏观经济学分册》(第 7 版),梁小民、梁砾译,北京大学出版社 2015 年版。

2. 〔美〕保罗·萨缪尔森、威廉·诺德豪斯:《宏观经济学》(第 16 版),萧琛等译,华夏出版社、麦格劳·希尔出版公司 1999 年版。

3. 〔美〕伯纳德·鲍莫尔:《经济指标解读:洞悉未来经济发展趋势和投资机会》(第 3 版),吴汉洪、徐国兴译,人民邮电出版社 2014 年版。

4. 〔美〕达龙·阿西莫格鲁、戴维·莱布森、约翰·A. 李斯特:《经济学:宏观部分》,卢远瞩、尹训东、于丽译,中国人民大学出版社 2016 年版。

5. 〔美〕罗伯特·J. 戈登:《宏观经济学》(第 12 版),姜广东译,中国人民大学出版社 2016 年版。

6. 宋承先:《现代西方经济学(宏观经济学)》,复旦大学出版社 2005 年版。

7. 〔英〕威廉·配第:《政治算术》,马妍译,中国社会科学出版社 2010 年版。

8. 〔美〕约瑟夫·H. 埃利斯:《走在曲线之前:运用常理预测经济和市场周期》,任曙明译,机械工业出版社 2007 年版。

第六章 总供给、总需求与经济波动

宏观经济学不仅关注经济的长期增长，也关注经济的短期波动。在几个季度或者3-5年，经济总产出会呈现出繁荣与衰退。通常情况下，一国GDP大致会呈现增长势头，除非该地区发生了战争或者自然灾害等有损于生产要素如资本或劳动力的情形。所以，在一个较长的时间范围内，我们会观察到GDP一直向上。但是，GDP的增长速度一定会有变化。比如中国的GDP总量从1976年的2 988.58亿元一直持续增长到2015年的689 052.09亿元（数据源于国家统计局网站），从绝对值角度看GDP一直持续向上，但这30年中每一年的增长率却有起有伏，增长速度有快有慢。那么，这种产出水平或者增长速度的变化受什么因素的影响，这种增速有没有规律可循？最近，中国又提出了经济L形走势以及经济新常态的概念，经济新常态是不是意味着中国经济的增速可能在较长的一段时期内处于相对低增速状态呢？这些现实的经济状况使得我们有必要了解经济增速的波动问题。

本章借助于总供给和总需求的概念以及总供给曲线和总需求曲线的均衡分析框架来说明以下问题：首先，总供给和总产出的关系，经济中的总供给与价格总水平的关系，这种关系在短期和长期当中有没有差异，总供给曲线的移动受什么因素的影响；其次，总需求和总支出的关系，总需求有哪些构成，我们生活中经常所说的拉动经济的"三驾马车"是什么意思，影响总需求的因素有什么，有哪些因素导致总需求曲线的位移；最后，我们要把握经济波动的含义，从时期长短的角度来划分经济周期的类型，判断不同类型的经济波动其主要驱动力量是什么，利用总供给和总需求的变动来理解经济波动现象，预判行业甚至整个宏观经济的走势。

第六章 总供给、总需求与经济波动

第一节 总供给

一、总供给及其影响因素

我们需要界定清楚两个基本的概念，一个是实际产出，另一个是总供给。实际产出是指一个国家或地区在一定时期内如一年或者一个季度实际生产出来的可供人们最终使用的商品和劳务总量。实际产出和总产出是一个统计概念，是对已有产出增加值的统计和核算，可以通过加总第一产业、第二产业以及第三产业的增加值来得到。总供给是指该地区的所有企业，包含他国在本国设立的企业，在现有的资源配置和约束条件下具有的生产意愿和生产可能性的产出能力，它是一种未实现的产出结果，我们也用产出值来衡量它。显然，总供给受多种因素的影响，其中最重要的因素是企业的产出能力和企业的盈利情况。产出能力制约了企业的供给范围和空间，盈利状态制约了企业的供给意愿和数量。

影响总供给的因素有很多，可以归纳为两大主要因素：企业的产出能力和盈利情况。我们可以用一家企业作为典型代表来进行分析，然后加总经济体中所有企业的供给即可得到经济的总供给。我们先来看企业的产出能力这个因素，企业进行生产，必须要有生产要素如土地、资本和劳动力的投入和参与。这里分两种情况。第一种情况，当企业拥有的生产要素如资本和劳动都充分利用时，即企业的产出能力已经得到充分利用了，企业的供给不可能再有更多的增加。在这种情况下，要想增加总供给，只能从增加生产要素的数量、提高生产要素的产出效率以及提高全社会资源的配置效率这三个方面想办法。如果企业在已有要素充分利用的情况下，仍然使工人加班加点工作，机器设备过度使用，则经济会出现过热情形。第二种情况，当企业拥有的生产要素没有充分利用时，也就是存在我们通常所说的资源闲置现象，如劳动力失业、机器设备闲置、土地荒芜，此时，政府通过人为地刺激经济来增加总需求，则短期内经济的总供给会随着需求的上升而有增加的可能性。

我们再来看影响企业盈利的因素。在市场经济体制下，不管企业的产量是多少，企业生产的目的是利润最大化而不是产量最大化，而影响企业利润的两大因素是收入和成本。就成本而言，如果企业扩大生产进而增加对要素的需求时，由于存在生产要素的闲置，企业增加对要素的需求并不会导致生产要素价格的上升。那么，我们可以推导出企业的平均生产成本不会因为供给量的增加而上升，此时，企业的供给量就可以在现有的价格上满足市场更多的需求，即企业的实际供给量取决于市场的需求量。就收入而言，假定在企业成本不变的情况下，如果市场价格总水平上升，企业的销售收入随之增加，利润就会增加，企业就愿意提供更多的产品数量，即总供给与价格水平呈同方向变动。总结一下，在资源闲置的情况下，需求的变化决定供给量的多少，供给量的变化不影响价格，但是，价格的提升有助于总供给的增加。在资源充分利用的情况下，尽管价格总水平上升，但是总供给无法继续增加以满足市场需求。以上提到的价格是指经济中的一般物价水平，这有别于微观经济学里提到的不同商品之间的相对价格。

根据上述分析，为了便于理解影响总供给的因素，我们把价格总水平和其他因素区别开来，于是我们有了总供给曲线 AS 这个工具。图 6-1 描述了总供给和价格总水平之间的关系。

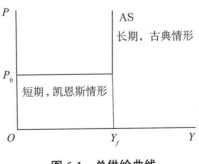

图 6-1　总供给曲线

其中，纵轴 P 表示价格总水平，横轴 Y 表示总供给，Y_f 表示资源充分利用情况下的可能产出量，也可称之为潜在产出水平，P_0 表示当期的价格水平。由图 6-1 可知，在资源闲置情况下，即当产出小于 Y_f 时，价格总水平与总供给无关，供给的增加或者减少不影响价格总水平；在资源充分利用情况下，实际产出等于 Y_f，价格上升并不能增加总供给，供给量为充分就业下的产出水平 Y_f。在宏观经济学中，我们把前一种情况即总供给曲线 AS 为水平状态称为短期情形，也称之为凯恩斯情形下的总供给曲线，我们把后一种情况即总供给曲线 AS 为垂直状态称为长期情形，也可称之为古典情形下的总供给曲线。

二、总供给中的短期和长期

在了解总供给和总供给曲线的基础上，我们分析以下三个问题：第一，除了凯恩斯水平状态和古典垂直状态两种情形，总供给曲线 AS 有没有向右上方倾斜的情形？第二，在总供给曲线分析中提到的短期有多短，长期有多长，是否以某一个时间长短作为短期和长期的划分标准？第三，价格以外的因素的变化如何影响总供给曲线的位移？哪些因素会增加或者减少总供给？

第一个问题，即使是在非常短的时期内，总供给曲线 AS 也是会有些稍微向右上方倾斜的，极端的水平线和垂直线两种情况是为了便于理论上的分析，它强调了总供给与价格总水平之间的关系。水平线状态意味着短期内经济处于资源闲置状态，供给的增加不需要以价格的提高作为前提，此时，实际产出量的多少取决于总需求。总需求增加，供给能够满足需求的变化，产出相应增加，价格总水平不变。垂直线状态是指长期情况下，经济资源充分利用，供给能力已经达到极限，尽管价格提升，但是，总供给不再增加，停留在潜在产出水平 Y_f 之处。此时，虽然总需求增加，但是由于供给能力跟不上，最终结果是产出不变，价格总水平上升。综合短期和长期两种极端情况，使得曲线向右上方倾斜的情形，我们把它称之为中期，也可以把中期理解为，随着时间的推移，总供给曲线由短期的水平状态逐渐变化为长期的垂直状态。这种由短期向长期的变化主要由产出缺口所导致。所谓的产出缺口是指实际产出与潜在产出之间的偏离。

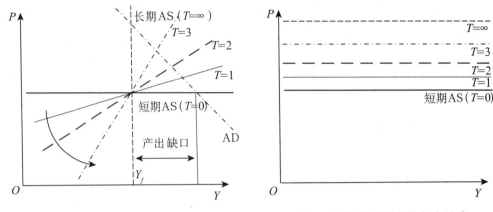

图 6-2 短期总供给曲线旋转至长期总供给曲线　　图 6-3 短期总供给曲线向上平移

图 6-2 描绘了当产出缺口为正，即当实际产出大于潜在产出时，价格总水平将持续攀升，一直上升到实际产出等于潜在产出为止，这是一个动态的过程；反之，当实际产出小于潜在产出时，价格总水平将持续下降，一直下降到实际产出等于潜在产出为止。总供给曲线旋转过程中呈现出向右上方倾斜的情形就是我们通常所说的中期。图 6-3 描绘了当价格持续攀升时，总供给曲线 AS 由初始的水平状态逐渐向上平移到连续定格情况。

第二个问题，我们不能准确地由某一个时段如一年或者几年来界定短期有多短，长期有多长。这是一个经验数据以及经济总体价格的调整速度问题，宏观经济学家对这个问题存在很多争议，用专业的术语可以称之为价格调整机制问题。举个例子来说，短期内我们刺激经济增加产出，造成经济过热，实际产出水平超过潜在产出水平，这会导致要素价格上升，价格总水平随之上升，AS 曲线从短期的水平状态逐渐向上平移，经过我们所谓的中期状态，价格逐渐上升，实际产出逐渐回落，最终回到 Y_f 水平。这种短期的水平总供给曲线向上调整速度的快慢取决于经济的多种特征，比如社会公众对经济增速快慢的理解、对通货膨胀的感受程度、重新议定劳动合同的频率以及社会公众对宏观经济政策的认识是否理性等等。

第三个问题，影响 AS 曲线移动的非价格因素。非价格因素主要有三个：一是公众对价格总水平的预期。假设目前处于通货膨胀状态，如果公众一致预期下一期的价格总水平也会像当期价格一样上升，那么家庭和企业就会在各种合同条约中加入价格上升的因素,这种价格预期的自我实现会导致 AS 曲线逐渐向上平移。二是产出缺口。如果经济处于萧条状态,资源闲置,经济会自动调节,商品价格和要素价格会逐渐下降,AS 曲线会逐渐下移;反之,如果经济处于过热状态,经济也会自动调节,商品价格和要素价格会逐渐上升,使得 AS 曲线逐渐上升。三是产出能力的变化。比如,政府减少支出,同时对企业减税,企业的盈利水平上升,这会鼓励企业更多地投入和生产,导致 AS 曲线垂直部分向右平移,即提高了潜在产出水平。或者,由于新技术的发明和应用,企业的生产效率提高,整个经济的潜在产出得到提升,AS 曲线也会向右移动。更有甚者,即使企业产出效率最优,我们还可以进行制度变革,优化资源配置,也可提高经济潜在产出,AS 曲线也会向右移动。

图 6-4 描绘了总供给曲线 AS 既可以由于价格预期的因素向上平移,又可以由于潜在产出能力的提高而向右位移的情况。

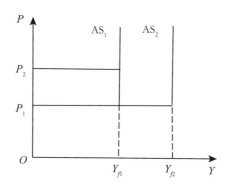

图 6-4 总供给曲线的位移

三、总供给的实现

在物价总水平上升且资源闲置状态下,总供给会响应市场需求而增加产出量,但是,这种产出的实现却不是一蹴而就的。任何一个行业的产品和服务都有一个生产过程,企业最终把产品和服务生产出来需要经过许多流程,尤其是那些有较多生产环节,涉及很多上下游的行业就更不容易实现。我们的产业有农业、制造业、服务业等,生产需要多种要素的投入,尤其是农业和制造业的生产需要一个长时间的过程,这就注定了政府在生产供给增加上的调控难度远远大于对市场总需求的调控。比如，我们要增加鸡蛋的供给，你也得给母鸡下蛋的时间，如果母鸡数量不够，那还得从小鸡苗养殖开始，这个过程就延长了许多；如果我们要增加房屋的供给，需要很多材料的组合，如钢筋、水泥、玻璃、木材等，这些上游行业的生产也需要很多时间来完成。所以，政府想要调控房地产行业，从来不会从供给侧着手。当然，随着先进的自动化生产线的普及，供给的实现越来越容易，如德国的汽车生产流水线作业对汽车的供给就有着相当高的弹性，富士康在生产苹果手机时对智能机器人的应用等等。随着人工智能、机器人的广泛应用，我们预期经济的总供给更容易实现。

我们希望经济的生产能力越强且有效率，产出总量就越容易跟上需求端的变化。但是，事物都有两面性，当我们经济的生产能力很强，供给总量很大，而市场需求和公众的消费偏好总是在变化中时，在供给总量相同的情况下，供给的结构、产品质量千差万别，已有的供给是否满足变化中的需求就至关重要。所以，总供给能否适应市场需求的变化而成为有效的总供给，资源能否合理配置就是经济工作的重点。在经济资源一定的约束下，把无效的供给能力逐渐转移到有效的供给能力上，这需要一个较长的时间。在这一转变过程中，企业是不是真正按照市场需求来调节生产结构，市场机制是否能够在政府较少干预下对资源做基础性的配置，政府的宏观经济政策是否较少程度地扭曲经济主体行为等等，这些因素都直接关系到总供给的有效实现。

四、产能过剩与供给侧结构性改革

产能是指一个经济体生产产品的能力，包括现有生产能力、在建生产能力和拟建生产能力。产能过剩并不是指产品过剩，即使产品不过剩，产能也有可能过剩。欧洲和美国等国家和地区一般用产能利用率或设备利用率作为产能是否过剩的评价指标。设备利用率的正常值在79%—83%，超过90%则认为产能不够，若设备开工率低于79%，则可能存在产能过剩的现象。产能过剩不是绝对的总量过剩，它是相对而言的，如对特定行业、产品的产能过剩。特定时期的产能过剩，是供给和需求结构失衡导致的产能过剩。去库存并不能解决产能过剩问题，只是把产品在不同的经济主体之间转移而已。比如中国在2014—2016年对房地产去库存，实际上是诱导居民贷款买下房地产开发商修建好的存量房，房地产去库存的最终结果是房子还是那么多，有可能还有所增加，而家庭的负债率上升，政府和企业的负债率下降。这就是政府提议的降杠杆，降的是政府和企业的杠杆，而家庭的杠杆实际上是提高了，未来经济不确定的风险由政府和企业两个部门部分转移到了家庭部门。

通常认为产能过剩形成的原因包括如下几个方面：一是因为需求变化较快，供给结构适应慢。社会需求总是在变化过程中，不容易准确测定，投资形成的产能在未来是否适应市场需求是不确定的，这就需要做出投资决策的主体应该是贴近市场经济一线的企业家群体，而不是坐在办公室里的一些产业规划者。二是因为部分企业投资的目的并不是利润最大化，而是掺杂了其他目的。地方政府各自规划，干预投资和经济增长的能力过强，形成恶性投资竞争，产能扩张难以抑制。地方国企为了解决当地百姓的就业，完成当年本地区的固定资产投资任务，或者为了GDP政绩而扩大投资。比如一个钢铁厂可以解决很多人的就业问题，一旦关停，工人下岗，当地政府没有税收，财政负担加重，还要另外花钱解决下岗工人的社保养老等问题。所以，尽管中央政府下大力解决去产能问题，但是地方政府却有自己的苦衷，推行起来并不很顺利。三是因为投资增长严重超过消费增长。投资在当期表现为需求，到下一期则形成供给，如果供给能力增长持续地高于需求增长，必然导致以后的产能过剩问题。

解决产能过剩的办法也包括诸多形式。第一，增量化解存量。因为现有的产能是过去投资形成的，真要完全不顾现有资本存量直接进行关停，实际上会造成社会资源的浪费。所以，根据产能过剩的相对性原理，解决产能过剩的根本途径，是增加对相关产品的需求，解决供需结构失衡，用增量化解存量。第二，提高生产效率。生产率的提高可以避免经济增长和有效供给过多地依赖固定资产投资的方式，避免经济增长过多地依赖于政府直接推动的方式，避免企业在资源投入和产出数量上的恶性竞争。企业应该着力提高自主创新能力和全要素生产率。

需求端主要有投资、消费和出口这"三驾马车"，供给侧有劳动力、土地、资本、制度、创新等要素。供给侧结构性改革，就是从提高供给质量出发，矫正要素配置扭曲，提高供给结构对需求变化的适应性和灵活性，用改革的办法推进结构调整，使生产要素实现最优配置，提升经济增长的质量和数量，提高全要素生产率，扩大有效供给，更好地满足广大人民群众的需要，促进经济社会持续健康发展。

中国经济的结构性问题主要包括产业、区域、要素投入、排放、经济增长动力和收入分配等六个方面。第一，产业结构。产业结构问题表现在低附加值、高消耗、高污染、高排放产业的比重偏高，而高附加值、绿色低碳、具有国际竞争力的产业比重偏低。这需要推进科技体制改革，促进高技术和高附加值产业的发展；加快生态文明体制改革，为绿色低碳产业发展提供动力；通过金融体制改革和社会保障体制改革淘汰落后产能和"三高"行业。第二，区域结构。区域结构问题的一个表现是人口的区域分布不合理，城镇化率尤其是户籍人口城镇化率偏低。这需要加快户籍制度改革、福利保障制度改革、土地制度改革等，提高户籍人口城镇化率。区域结构问题的另一个表现是区域发展不平衡、不协调、不公平。这需要推进行政管理体制改革、财税制度改革、区划体制改革等，加快建设全国统一市场，使人口和各种生产要素在不同地区自由流动、优化配置。第三，投入结构。投入结构问题表现在经济发展过度依赖劳动力、土地、资源等一般性生产要素，而人才、技术、知识、信息等高级要素投入比重偏低，导致中低端产业偏多、资源能源消耗过多。这需要加快科技体制和教育人才体制改革，优化要素投入结构，实现创新驱动。第四，排放结构。排放结构问题表现为废水、废气、废渣、二氧化碳等排放比重偏高，资源环境压力比较大。这需要推进自然资源资产产权制度、自然资源用途管制制度、资源有偿使用制度、生态补偿制度，以及用能权、用水权、排污权、碳排放权初始分配制度等方面的改革。第五，动力结构。动力结构问题表现在经济增长过多依赖"三驾马车"，特别是过度依赖投资来拉动，而制度变革、结构优化和要素升级才是经济发展的根本动力。这需要依靠改革、转型、创新来提升全要素增长率，培育新的增长点，形成新的增长动力。第六，分配结构。分配结构问题表现在城乡收入差距、行业收入差距、居民贫富差距都比较大。这需要推进收入分配制度改革、社会福利制度改革、产权制度改革和财税制度改革等，促进收入分配的相对公平,缩小贫富差距。[1]

> **经济学案例 6-1**
>
> ### 中国的产能过剩问题与供给侧结构性改革
>
> 基于联合国的划分标准,恩格尔系数在 50% 以上时为生存型消费,消费内容主要为食品、衣着等必需品;恩格尔系数在 35%—50% 时为发展型消费,消费内容主要为家电、汽车、住房等大件耐用品;恩格尔系数在 35% 以下时为享受型消费,消费内容主要为医疗、文化、娱乐等服务。
>
> 2001—2012 年,中国城镇居民恩格尔系数从 40% 左右下降至 36.2%,农村居民恩格尔系数从 50% 左右下降至 40% 左右。可以看到,中国居民消费处于发展型消费阶段,这带动了汽车、房地产以及中上游的重化工业的发展。但也必须看到,中国居民恩格尔系数将会继续下降,到 2020 年,将下降至 30% 左右。这意味着家电、汽车、房地产的消费需求扩张必然放缓,相应重化工业的下游需求也将收缩。中国这一次产能过剩,根源在于消费升级。因此,这一次的产能过剩是一种长期性过剩,对经济增长的冲击将深远而持久。在整个去产能阶段,经济增速将会明显下行。
>
> 如何化解产能过剩,要根据过剩的类型来对症下药。对于暂时性过剩,应该从需求端入手,进行财政或货币扩张,推动需求回升即可。而对于长期性过剩,则应该从供给端入手,主动收缩产能。因此,去产能,就应该从供给端入手。一方面,通过产业转移,把过剩产能转移到较低发展阶段的国家,如越南、柬埔寨、非洲等国家和地区;另一方面,制定资源、能源、环保标准,淘汰一批落后

---

[1] 资料来源:林火灿,《结构性改革:改什么 怎么改——访国务院发展研究中心资源与环境研究所副所长李佐军》,中新网,2015 年 11 月 23 日。

产能；同时，通过企业兼并重组，提升产能的整体质量。但由于占全国总人口30%左右的农村居民的消费在未来一段时间仍处于发展型消费阶段，并且农村居民数量较大，因此需求端的措施也不容忽视。比如，通过推动农村居民的城镇化，以及规范农村消费市场，释放其对汽车、住房、家电等的传统需求，缓解传统行业的产能过剩。

2013年3月6日，在十二届全国人大一次会议的新闻会上，国家发展和改革委员会主任张平就"经济社会发展与宏观调控"的相关问题做出回答。对于当前存在的产能过剩，中央提出了解决问题的明确方向，就是要尊重规律、分业施策、多管齐下、标本兼治，按照这样的要求来化解产能过剩的问题。具体措施包括：第一，要提高企业的素质来解决产能过剩，这是一条途径。第二，通过兼并重组来消化一批产能过剩。第三，通过优胜劣汰淘汰一批落后的产能。第四，我们鼓励企业到海外去发展，转移一批产能。

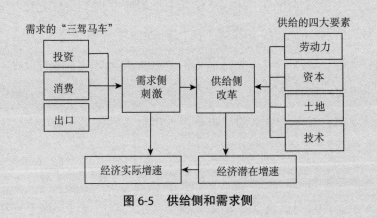

图 6-5　供给侧和需求侧

资料来源：http://cn.wsj.com/gb/20130703/OPN100841.asp，访问时间 2014 年 5 月 1 日。

通过案例 6-1 可以看出，短期内供给水平与价格无关，实际产出量由需求端决定。那么问题是：为什么中国目前不提需求管理政策而是倡导供给侧结构性改革呢？原因有很多，这里暂且给大家一些思考的线索。需求的主要部分是投资，投资对当期 GDP 贡献大，见效快，但是也有可能导致无效投资，形成无市场需求的过剩产能，加之中国央企和地方国企还不是完全的市场经济主体，这种现象就更加突出。地方政府强调 GDP，偏好重化工业，这会导致产业结构问题。同时，要素自由流动受限会导致区域结构问题，而要素回报的分配问题会导致收入差距过大，影响要素投入的数量和效率，进而影响长期总供给。所以，供给侧结构性改革要求政府必须更多地关注长期性的制度改革，从供给角度审视经济的长期可持续发展。

第二节 总需求

在第五章，我们已对总支出及其构成进行了简要介绍，这一节我们主要是在总支出的基础上围绕总需求做进一步的分析说明。总支出是指一个国家或地区在一定时期内已经实际生产出来的供不同经济部门使用的最终商品和劳务总量。它是一个统计概念，是对已有支出总值的统计和核算。在开放经济条件下，宏观经济体系由四个部门组成，分别是：家庭、企业、政府和国外。我们把家庭和企业统称为私人部门，这样也可称之为：私人部门、政府部门和国外部门。总支出是从支出的角度衡量经济的 GDP，不管生产出来的最终产品由哪一个部门来使用，都归结为支出。对商品支出类型的划分不影响其本质，比如企业生产了一台电视机，如果是由企业购买，则归为投资；如果是由家庭购买，则归为耐用品消费；如果是出口给其他国家使用，则归为出口。

总需求是宏观经济四个部门在未来一段时期内的计划支出，它是一个支出意愿值的表达。这种计划支出受多个因素的影响，其中一个很重要的因素就是各个部门的收入情况。所以，从统计核算的角度来看，总支出和总需求都是由四个部门来分享全社会生产的蛋糕，只是前者已经实现，后者还未实现，还要受很多经济变量的影响。我们把家庭、企业、政府和国外四个部门对本国生产的商品和劳务的需求分别称之为消费、投资、政府购买和净出口。平时财经媒体所说的拉动经济的"三驾马车"就是指家庭的消费、企业的投资以及对国外的净出口。下面我们逐一介绍。

一、消费

消费是指家庭在有形的商品和无形的劳务上的需求,比如我们每天的衣食住行,还有文教娱乐、家电通信等等。消费无疑会给消费者带来愉悦,大多数人想拥有较多的资源以供自己消费。有哪些因素会影响家庭的消费需求呢?

第一,家庭的可支配收入。我们知道一个国家的GDP只是总量概念,它不能准确衡量家庭的可支配收入。从GDP到家庭的可支配收入要经过很多环节,如减去资本的折旧,去掉企业的留存收益,扣掉政府的税收和罚款,以及减去本国对外国的无偿援助等等,最后大概是GDP的60%—70%作为家庭的可支配收入。各个国家或者地区的这个比例可能会有所差异。在总量基础上,我们还要考虑家庭收入的分配差异,即少部分家庭拥有大部分的收入,那么,实际的有效消费需求就会更少。所以,提高家庭的消费需求,不仅是提高经济产出的总量问题,也涉及政府在国民收入分配上的制度性调整问题。

第二,金融市场的发展程度和利率水平。因为有些产品和劳务对家庭来说属于大额的消费,如果家庭只能通过当期的收入才能支付的话,那么很多消费需求都会被抑制,当期消费不可能实现。但是,如果家庭预期在未来有稳健的收入能够偿还现在的贷款,而且金融机构通过金融市场提供借贷便利,为家庭提供一定的金融流动性,那么家庭就有更多消费的可能性。由此,利率的高低对此类消费就显得尤为重要。比如,我们要鼓励家庭进行更多的汽车消费,银行可以调低利率,低息贷款给家庭购买汽车。如果我们要鼓励家庭在教育上有更多的支出,政府可以无息贷款给学生,使得经济较为困难的家庭可以有更多的教育需求得到满足。

第三,人们对未来的预期。这个预期包括人们对生命长度的预期(即预期寿命)和持久性收入的估计。我们假设一个人一生的消费大致等于其一生的收入来进行分析。人们获得工资性收入的时期大致是20—60岁,但是人们的消费却贯穿整个生命周期,预期寿命越长,在持久性收入不高的情况下,显然人们每一年的消费就会降低,以备未来日子的不时之需。如果一个老人还想给下一代留点财产的话,那他的消费还要在上述分析的基础上扣减遗产,消费数量还要更低一些。如果从一个永续的家族角度来分析，则家庭代与代之间的收入转移可以不用考虑。所以，提高整个家庭的持久性收入，包括工资性收入和财产性收入而不是通过暂时性的补助或者转移支付才能切实促进家庭的消费需求。

第四，人们对未来消费和当期消费的偏好。如果人们对未来的生活并没有什么梦想，只想当下的消费能够带来更多的快乐，用经济学的专业术语来说，就是人们对未来消费带来效用的贴现率很高，那么，家庭的当期消费就会占当期收入更大的比例，甚至透支消费。举一个例子，一个人孩童时获得玩具的欣喜和快乐肯定远远高于老年时对玩具的感觉。所以，如果一个社会群体的消费是有计划和平缓的，大概可以估计他们对未来有更多的憧憬和规划，是一群有梦想的人。如果一个社会群体的消费是"今朝有酒今朝醉"，吃光喝光玩光，还有那些月光族，那么他们对未来的预期就不是那么的乐观，"活在当下"是他们的口头禅。

实际生活中，影响消费需求的因素还有很多，影响机理也比较复杂，更进一步的研究还需要做经验数据的计量分析。比如，通货膨胀导致钱越来越不值钱，那么，人们应该增加消费，还是减少消费呢？有人认为，钱不断地贬值，那应该更多地消费，不然就被政府收了通货膨胀税；也有人存在货币幻觉，感觉钱和账户里的数字可以给他带来安全感，看到账户里的数字天天增加就很开心，对货币的实际购买力年复一年的下降不敏感，当期消费反而会减少。总而言之，理性的家庭总是在预期一生收入的约束下，使得家庭成员的消费在整个生命周期里达到全体成员一生效用的最大化。

二、投资

投资是指为了提高经济的生产能力，期待未来有更多的经济产出而进行资本存量的增加。通常情况下，投资是指企业在物质资本上的决策活动，包括机器设备的增加、厂房的新建、存货的增加。现代经济学家通过比较不同国家的经济增长历史认识到，除了在物质资本上的投资外，在人力资本上的教育投入也是一种投资，而且这种人力资本投资对经济长期增长的重要性远远大于物质资本的投资。比如，一个企业主，是把一百万元投资用于建厂，还是把一百万元给自己的儿子出国留学呢？投资建厂对家族财富的短期增长很重要。但是，从长远来看，对子女的教育投资显然更为重要。家庭如此，国家也是如此。一个国家的可持续发展必须依靠持续的教育投入，造就更多高素质的国民而不仅仅是大量机器厂房的新建。投资连接了现在的支出和未来的收入，它在经济活动中是如此地重要，会有哪些因素影响投资活动呢？

第一，储蓄。储蓄是没有被消费掉的收入，即收入减去消费。因为我们的投资源于物质上的投入，而这种投入只能来自我们的产出，产出的一部分要满足家庭的消费，剩余的产出才能用于投资。除此之外，政府还以税收的形式拿走一部分收入。还有一种可能是本国生产出来的物品给外国人用，这也不能用于本国的投资。总之，经济总产出扣掉家庭消费、政府赤字、对国外的净支付之后的剩余才能作为投资。从这个角度来说，一个发展中国家想要发展经济，增加更多的资本，在收入产出一定的情况下，一个有效的办法就是节衣缩食，减少消费，把收入更多地用于投资。一个贫困的家庭也是这样，父母省吃俭用，把储蓄用于子女的教育，期待子女有更好的未来。

第二，本国对外国的贸易差额及本国货币在全球经济中的地位。当本国的储蓄少于本国企业的投资，但又要增加投资时，应该怎么办？此时，只有向外国进口物品和资源用于国内投资，从而导致本国的进口大于出口，即贸易赤字。如果一个国家的贸易赤字是用于本国投资，那就是获取世界上其他国家的资源用于本国建设，但不能把进口的物品和资源用于消费，更不能进口奢侈品来消费。如果一个国家长期处于贸易赤字，就必须向外国支付国际货币。以中美两国为例，美国长期无成本大量发行美元，大量进口中国的物品和资源用于美国的投资和消费，中国只是在国际收支账户上得到了相应数量的美元，然后再用美元去购买美国的国债以获取利息，实际上处于被美国收铸币税的情形。

第三，资本回报率和资金成本。我们知道，经济产出需要资本投入，包括物质资本和人力资本。在资本成本不变的情况下，如果企业预期有更多的利润和更好的回报，就会扩张资本，使得现有的资本存量向合意的资本存量靠拢，填补资本缺口，企业必然加大投资。在资本预期回报不变的情况下，如果资金的成本即利率上升，那么就有更多的资本项目不能满足资金成本要求，合意的资本存量下降，企业必然减少投资。所以，如果政府想要企业增加投资，一个办法是向企业描绘各种美好的规划蓝图，使企业对本国或者本地区有更乐观的经济估计，预期有更多的利润回报，企业自然会加大投资力度。另一个办法就是降低企业的资金成本，给予企业优惠利率的贷款、税收减免和返还、财政补贴和技改补贴，以及实行出口退税等措施。与民营企业对比，那些可以低成本获取贷款的企业如央企和地方国企在投资中就处于相对有利的位置。

在经济波动过程中，与家庭消费、政府购买和净出口等比较，投资的变动量和变动幅度最大。所以，政府通常采用各种手段来调控投资，包括货币政策、财政政策甚至有时直接发行国债和地方债券来筹资进行基础设施建设。

三、政府购买

政府购买是指中央和地方政府在财政预算约束下，用于各种公务支出，包括国防、公共交通、公共教育以及公务员和事业单位人员的薪水。契约型政府是指政府及其组成人员仅仅是民众授权的社会管理者，政府组成人员并不固定地来自某一集团或者党派，政府需要面对民众定期及不定期的问责。契约型政府将不断趋于公正、高效、透明和廉洁，政府存在的目的和意义是为国民提供公共服务，公民和政府有一个协定，即政府向公民强制征收财物是用于公共开支而不是用于一己之私。如果公民不满意政府的管理和服务，可以换一届政府来治理。政府购买受到以下几方面因素的影响：

第一，该国或者地区的经济总量。支出源于产出，需求的实现源于供给，如果产出下降，政府可以获得的税收资源也会相应地下降，政府购买的需求也会随之下降，尤其当政府按总产出的一定比例征收比例税时。我们常常把一个国家的总体税负水平与其总产出之比称为宏观税负。对宏观税负高低的评价并没有一个绝对的标准，如宏观税负高不好，税负低就好，关键是看税收是否真正用于国民的公共服务和社会保障。在一些国家，除了规范的税收收入之外，还有名目繁多的政府行政性收费，这些收费实际上也应该统计在宏观税负之中。

第二，政府的行政力量是否受到其他组织的制约，政府预算是否为硬约束。如果一个政府拥有强势的行政力量，缺乏其他权力的制约，就很容易获取各种资源用于政府项目的投入。即使政府税收不够，也可以发行债券筹资进行各种建设，如果项目收益不能覆盖利息成本，必然导致货币的超发，进而产生通货膨胀。就美国而言，立法、司法和行政三权分立，政府不能为所欲为，财政预算是刚性的。所以，有时候我们会看到这样的新闻，就是美国白宫由于财政预算不够要停止正常运作了，不得不向美国国会申请更多的财政预算使得政府可以继续正常运作。

第三，央行的独立性。政府除了通过税收和发债两种方式满足公共支出和公共服务的需求外，还可以直接向中央银行借钱。如果央行行长的任命受制于政府，央行的决策完全听命于政府，没有自己的独立目标如维护物价水平的稳定，进而沦落为政府的提款机，那么，政府在购买支出上就极有可能为所欲为，导致极其严重的恶性通货膨胀。第二次世界大战时期，德国在希特勒的统治下，为了补充筹集军费，央行成了政府的印钞机和提款机，货币极度贬值，物价飞涨。

政府税收占总产出的比例以及政府支出用于公共服务的比例反映了该国政府规模的变化趋势。一般来说，低税收低支出，政府较少干预市场经济的运行，则政府规模越来越小；反之，高税收高支出，政府较多干预市场经济的运行，则政府规模越来越大。

四、净出口

净出口是指本国或本地区的出口减去进口，代表着外国对本国商品和劳务的净需求。本国的产出除了用于本国居民的消费、企业的投资和政府购买之外，有多余的产品往往出口他国，获取国际货币或者进口他国的商品。为什么本国愿意出口产品给他国使用呢？一个原因是解决本地区居民的就业问题，有了更多的出口生产，才有更多当地居民的就业。那为什么本地区生产出来的商品不能卖给当地居民来消费使用呢？主要原因是本地区居民的收入差距较大，低收入居民没有足够的收入购买自己所生产的商品。比如，一个从天门市到武汉市工作的建筑工人，天天在工地添砖加瓦辛勤劳作，却一辈子也买不起武汉市的一套房子，盖好的房子就卖给了非武汉的有钱人。那么，有什么因素影响净出口呢？

第一，他国居民和政府的收入。如果别的国家都一穷二白，收入低下，显然不能对本国产品形成有效需求。所以，从这个角度来说，世界各国经济是相互联系的。如果欧美发达国家处于经济萧条或衰退时期，对发展中国家并不是一件好事。少数国民看到别国经济受到经济危机冲击时，幸灾乐祸，盲目乐观地认为是本国经济崛起的机会，实际上，本国此时也会遭遇更多的外部冲击，必须谨慎应对。就中国的出口对象而言，往往都是西方的发达国家，如美国、欧洲各国以及日本等等，它们的人均收入高，消费能力强。而中国对非洲的低收入国家往往都是无偿援助，想卖产品也不容易，不可能有大量的出口，主要原因就是这些非洲国家没钱。

第二，本国商品在国外市场上的竞争力。本国想要出口商品到他国，在国内外商品质量同样的情况下，为了使得他国居民愿意购买本国商品，就必须把本国商品的价格定得低于他国商品的价格。这就涉及商品的生产成本和货币汇率问题。中国几十年的出口为什么有贸易顺差，除了劳动力成本低之外，中国政府实行出口退税的办法也降低了出口产品的成本，这种出口退税是国家之间的一种博弈行为。另一个因素是汇率问题，如果人民币贬值了，中国商品出口到他国，同样价格的人民币以他国货币计价的外币价格就会降低，这也有助于中国商品的出口。

综上所述，总需求可以按照总支出的分类分解成四个部分，每个部分受不同因素的影响，当这些因素发生变化时，总需求就会增加或者减少，进而与总供给相互发生作用，影响宏观经济的物价水平和产出水平。图6-6是中国1978—2015年三大需求对GDP增长的贡献率。从图中可以看出，相对于消费和净出口而言，在大部分时间里，投资对GDP增长的贡献率较大，而且投资的变动幅度也相对较大。

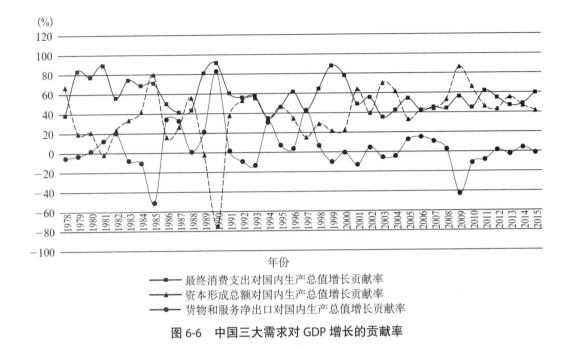

图 6-6　中国三大需求对 GDP 增长的贡献率

经济学案例 6-2

为什么多地银行房贷利率全面上调？

北京房贷利率迎来 2017 年以来的第五次上调。《新京报》记者从房产中介获得的一份《关于调整北京分行个人住房按揭贷款利率的通知》显示，北京分行个人住房按揭贷款利率最低指导价为：首套住房按揭贷款利率最低为基准利率的 1.1 倍，其中补按揭和接力贷最低为基准利率的 1.15 倍；二套住房按揭贷款利率最低为基准利率的 1.2 倍。

新的住房按揭贷款利率政策于 2017 年 6 月 5 日正式执行，但考虑到业务的连续性，支行在 2017 年 6 月 5 日前已受理的按揭业务，如果在 2017 年 6 月 5 日（不含）前录入个人信贷系统或者客户提供的网签合同显示的网签日期在 2017 年 6 月 5 日（不含）前，该类业务可按原按揭贷款利率政策执行。首套房贷利率再次提高后,购房者潜在的贷款成本大大提高。假设在上海购买一套总价500万元的一手房,为首套房。除去3.5成的首付后,需向银行申请一笔325万元的商业贷款。如果按照等额本息方式还款,贷款期限为30年,以首套房贷利率85折计算,每月还款额为15 836元;如果变成基准利率的1.1倍,每月需还款18 229元,每月多还2 393元。

在广州,民生银行早在5月底就悄然上浮了首套房的房贷利率。该行广州一家支行网点的客户经理向《南方都市报》记者表示,5月份前两周他们还是按照基准利率执行,5月底准备上浮10%,正式执行上浮10%是从6月份开始。除民生银行外,包括中信银行、浦发银行在内的多家银行也早已上浮首套房的房贷利率。由于房贷额度紧张,广州部分银行甚至出现看人"下菜"的现象。据《南方都市报》报道,有购房者反映,某银行客户经理建议,如果客户能够接受按揭贷款利率较基准上浮20%,就可提前放款,否则就得排队。

该银行回应称,由于监管部门要求控制房贷的增速和规模,银行内部也对房贷政策做出了一些调整,如果对放款时间有要求的,可建议客户接受利率上浮20%的条件,这样能提前放款,但并非强制要求。事实上,北京市场房贷利率今年以来已经过4次调整,从基准利率的85折上升至9折、95折。而5月份北京首套房房贷的利率刚刚被调整回到基准利率。上海多家银行也刚刚在5月将首套房贷利率从行业统一的9折,上调到95折甚至基准。

这才过去1个月,房贷市场为何再次收紧?

这一方面受到信贷收紧等楼市调控政策影响,另一方面也是由当前的资金价格决定。随着近期资金成本不断上升,使得商业银行需要控制房贷业务的成本,对资金的流向和使用做出新的规划。据《华尔街见闻》此前提及,6月下旬是中国金融市场习惯性的"资金紧张的时刻"。而在今年金融去杠杆压力之下,对于半年末时点流动性冲击的担忧尤为严重。在此背景之下,银行展开资金争夺战,纷纷上调人民币存款基准利率、大额存单利率以及理财产品收益率。

上海易居房地产研究院研究总监严跃进表示:"目前从整个商业银行的信贷

> 资金成本来讲，最近已经出现了上升趋势，比如银行同业拆借利率印证了这一点，所以部分商业银行出现这样一个上调的做法，我认为更多是从商业银行本身角度出发，也就是商业银行现在对于贷款的风险把控可能会有所强化。对于房贷来讲，作为一个比较大的一类资产，会率先进行收紧。"
>
> 资料来源：https://www.wdzj.com/hjzs/ptsj/20171211/279092-1.html，访问时间 2018 年 6 月 1 日。

通过案例 6-2 可以看出，"房子是用来住的，不是用来炒的"。理论上，房地产同时具有资本品与消费品的双重属性。房地产也是大类资产配置的一个选项，目前，信贷和流动性泛滥，加之实体经济利润下滑，炒楼炒房自然是人们趋利的理性行为。供给不变，需求增加，价格自然会上升。在价格上升的过程中，由于大部分老百姓买涨不买跌的跟风心理，对未来房价走高的预期也对房地产价格起到了推波助澜的作用。房地产价格的攀升，同时也拉大了多房一族和无房一族之间的财富差距，地方政府出于卖地收入的考虑和银行房贷资产的安全，也不会下猛力使房价大幅回调。

经济学原理告诉我们，要使价格下降有两个办法，一是增加供给，二是降低需求。就供给而言，房地产的建设交付周期一般至少都在两年以上，建设期间有很多程序要走，钢筋水泥也得一层一层地往上垒，不是想要增加就能随时增加得了的。既然短期内没有办法增加供给，那只有从需求角度进行调控，简单易行的办法就是限买，就是购房者必须具备房票即购房资格，如具有本地户籍，或者至少 3 年不间断缴纳社保的记录等等。但是，这些措施都会被普通百姓想尽各种办法规避，所以，行政办法治标不治本，同时还存在寻租现象。怎么办？还是应该从经济角度即提升买房成本着手，那就提高贷款利率。因为买房金额很大，需要贷款，且贷款期限又长，贷款利率的上升就会提高购房者的机会成本，击退炒家的炒房行为，同时平抑中产阶层的投资需求，以此达到调控房价的目的。银行还可以分别针对首套房、二套房及多套房制定差异化贷款利率，精准调控，避免资源过分集中于房地产领域。

第三节 经济波动

经济总产出如果一直保持在某一个水平，经济就是零增长。如果经济总产出的增长率一直保持在某一个水平，则增长率不变。但是，有太多的因素影响了实际经济产出，我们把经济总产出的水平值或者经济增长率与时间的关系一一对应起来，就会发现经济产出增长率在一段时期内呈现上下起伏波动的情况。图 6-7 是中国从 1952 年至 2015 年的 GDP 及其逐年增长率（数据源于国家统计局网站）。从图中可以看到，GDP 一直持续上升，但是 GDP 增长率却呈现波动情况。本节就经济波动的含义、分类和原因做一介绍。

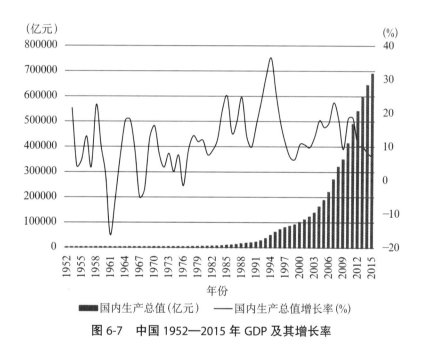

图 6-7　中国 1952—2015 年 GDP 及其增长率

一、经济波动的含义

经济波动是指经济实际总产出围绕潜在产出上下起伏表现出来的经济扩张和收

缩。根据第一节的内容，潜在产出是指经济资源充分利用下的总产出。潜在总产出本身就有可能发生波动，如技术进步，更多资本的投入，或者劳动力数量的增加等等。如果技术水平总是进步的，或者资本存量越来越多，那我们就会观察到实际产出一直持续向上。这时，我们通常采用实际产出的增长率来观察经济的波动情况。

一般来说，一个完整的经济波动分为两个阶段，即经济的扩张期和收缩期，如图 6-8 所示。图 6-8 中实线表示实际产出，它围绕虚线即潜在产出波动。从波谷 A 到波峰 B 的阶段代表着经济的复苏和繁荣，经济处于扩张期；从波峰 B 到波谷 C 的阶段代表着经济的衰退和萧条，经济处于收缩期。从波动的最低点开始，机器设备需要更新换代，企业补充存货，投资增加，生产销售收入和利润增加，越来越多的人就业，经济开始复苏。到了经济波峰时，现有机器设备充分利用，甚至超负荷运转，劳动力出现短缺现象，原材料供应不足，增加产出的困难越来越大，满足不了需求的增长，导致物价水平持续攀升，经济增长率趋于平稳甚至停滞。

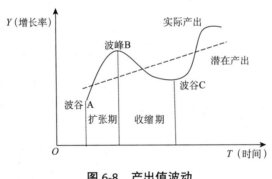

图 6-8　产出值波动

经济从波峰开始走向波谷，经济发生衰退。一般情况下，如果 GDP 连续两个季度下降，即可表明经济步入衰退时期。经济衰退期间，总需求减少，就业和产出下降，家庭收入减少，总需求进一步下滑，企业经营困难，利润也随之下降，大量生产能力闲置。在低谷的时候，失业率非常高，家庭消费急剧下降，企业的存货积压，生产能力闲置更为严重，企业几乎停掉所有新投资。图 6-9 是以经济产出的增长率作为观察对象，实线表示实际产出增长率，它总是围绕虚线即潜在产出增长率而上下起伏波动。

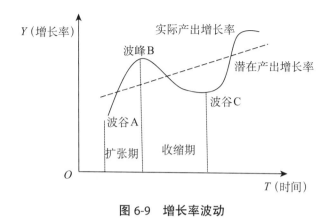

图 6-9 增长率波动

二、经济波动的分类

我们把一个完整的经济波动即从一个波谷到下一个波谷之间的时期定义为一个周期。周期的时间有长有短，下面我们从时间长短的角度来对经济周期进行分类。

（一）短周期

短周期又叫短波、存货周期或基钦周期，是指长度平均大约为 40 个月的经济周期。它是由美国经济学家约瑟夫·基钦于 1923 年提出，主要和存货变动有关。存货周期的内在机制是被动外在的需求冲击导致主动内在的供给调整。在供给平稳情况下，如果需求小于供给，则库存增加，企业被动补库存。如果需求大于供给，则库存减少，企业被动去库存。在需求平稳情况下，如果供给大于需求，则库存增加，企业主动补库存；若供给小于需求，则库存减少，企业主动去库存。如果企业的库存高于正常所需库存，企业就减少生产，经济产出随之下滑；如果企业库存低于正常库存，企业就扩大生产，经济产出随之上升。企业主动补库存会新增额外投资需求，并且通过正反馈机制和乘数效应放大新增投资的作用，周而复始，库存变化就可能引起一轮又一轮的经济波动。许多中小企业的生存期往往不超过一个短周期，其中一个重要原因就是库存积压严重，资金周转不畅，不能度过经济波动的低谷而倒闭。

（二）中周期

中周期又叫朱格拉周期，是指时间长度大约为10年左右的经济周期，三个基钦周期为120个月即10年构成一个朱格拉周期。法国经济学家克里门特·朱格拉在《论法国、英国和美国的商业危机及其发生周期》一书中分析了这种周期，朱格拉认为这种中周期的主要驱动原因是设备更替和资本开支，而这两个因素既受设备使用年限的影响，又受实体经济产能利用率及投资回报率的影响。朱格拉周期可以从设备投资占GDP的比例以及投资收益先行指数观察得到，从通用设备和专用设备工业增加值亦可以观测得到，这些指标呈现出朱格拉周期和库存周期的双特征。很多行业的兴衰更替与中周期密切相关，一些行业的工人工作10年左右可能会由于该行业的衰落而下岗失业，如钢铁、有色金属、水泥等行业。

（三）中长周期

中长周期又叫库兹涅茨周期，美国经济学家西蒙·库兹涅茨在《生产和价格的长期运动》一书中提出的平均长度为20年左右的房地产经济周期。从时间长度上来讲，两个朱格拉周期构成一个库兹涅茨周期，该周期主要以建筑业兴衰的周期性波动现象为标志加以划分，也被称为建筑周期。库兹涅茨周期由两大因素互相作用和驱动发展，一个是居民住宅的生产和购买，另一个是人口增长率的变化和人口转移。中国最近二十几年持续发展的房地产行业会不会由于2017年政府出台的"租购同权"调控政策而趋于平缓甚至下滑呢？这需要观察一个地区的人口增长率及该地区购买房地产的动力是否保持上升势头。

（四）长周期

长周期又叫康德拉季耶夫周期，是指长度平均为60年左右的经济周期，其长度大约为三个库兹涅茨周期。苏联经济学家尼古拉·德米特里耶维奇·康德拉季耶夫于1926年发表的《经济生活中的长波》一文中提出，该周期是由科学技术及生产力发展而驱动的，是生产力发展的周期。科学技术体系可以划分为科学原理、技术原理和应用技术三个层次，每一个层次驱动下一个层次的发展，科学技术的发展是一个由弱到强、再由强到弱的过程。经济萧条是技术创新迸发的前提，技术创新的结果表现为经济增长，技术创新中的各项技术在各自产业中的份额按 S 形曲线增长，整个新技术体系对经济增长的作用表现为各种技术的 S 形曲线的迭加。康德拉季耶夫认为，长波产生的根源也与资本积累密切相关。一个人的正常工作时间为 40 年左右，人们在经历一个长周期的过程中，一定会切身感受到新技术的应用对经济的振兴和生活方式的颠覆，比如移动互联网和人工智能在各行各业的广泛应用。

三、经济波动的原因

很多经济学家从不同的角度分析了经济波动的原因，并且提出了不同的观点。比如，有人认为是居民消费不足导致企业的生产过剩和整个经济的衰退，解决的办法是尽量实现社会各阶层居民的收入分配均等化，或者扩大政府消费来弥补居民消费的不足；有人认为是投资过度引起经济繁荣和过热，解决的办法是控制银行信贷规模和货币扩张，使企业的投资冲动行为得不到银行信贷和货币信用扩张的支持，尤其是要平抑资本品生产部门的过度投资，进而平缓经济的过热现象；有人认为是技术革新和发明的循环起伏导致经济的循环波动，新技术和新发明的应用导致经济的繁荣，经济产出上升到新的高度遇到瓶颈，投资和生产趋缓，经济下滑；也有人认为是企业家和公众对经济的预期变化等心理因素导致经济的波动，因为企业家的投资源于对未来经济乐观的预期和冒险，居民的消费也受未来收入增长预期的影响；还有人认为政府的更替或者换届影响了经济波动，当政府面临换届或者选举时，为了有一个好的经济答卷来争取选民或者获得上级的认同，必然采取一些扩张性的经济刺激政策，一旦当选大势已定，政府往往要整顿经济秩序，规范经济行为，采取一些紧缩性的政策。这种政策的人为变化也会导致经济产出呈现出周期性波动。

以上观点从不同的角度阐述了经济波动的原因。那么，我们有没有一套切实可行的办法来进行分析和解释呢？这就需要用到供给需求的均衡分析方法。以下是我们分析的思路：

我们把总供给曲线、总需求曲线结合在一起进行动态均衡分析。本章第一节介绍了总供给曲线，现在我们来了解总需求曲线。所谓总需求曲线是指一个经济体的总需求与价格总水平之间的关系,即当价格总水平变化时,总需求有什么样的变化。总需求曲线见图 6-10,图中变量 AD 表示总需求,AD 由四个部分组成,分别是 C(消费),I(投资),G(政府购买),NX(净出口)。从图中可以看出,当价格总水平下降时,总需求会上升。为什么呢?原因在于:首先,当价格水平下降时,居民手中同样的货币量所表示的实际财富即实际购买力上升,居民有更多的消费需求;其次,当价格水平下降时,在货币市场上,同样的名义货币供给量不变,而实际货币供给量增加,在货币需求不变的情况下,利率会下降,使得企业有更多的投资需求;最后,当国内商品价格水平下降时,国外居民在名义收入不变的情况下,对本国商品的需求会增加,使得本国的净出口上升。

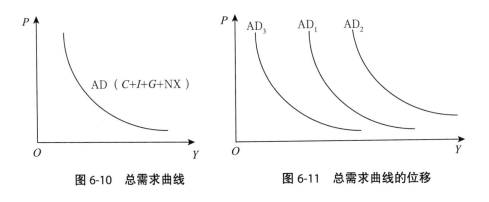

图 6-10　总需求曲线　　　　图 6-11　总需求曲线的位移

另外,我们也可以通过一个简单的货币数量方程 $MV=PY$ 来理解总需求与价格水平的反方向关系。其中,M 是货币供给,V 是货币流通速度,P 是价格水平,Y 是实际 GDP。假设 M 和 V 不变,则 Y 的任何上升都必定被 P 的下降所抵消。图 6-11 描绘了总需求曲线位移的情形。总需求曲线 AD_1 会由于扩张性的财政货币政策而向右移动到 AD_2,也可能会由于紧缩性的财政货币政策而向左移动到 AD_3。

现在,我们把总供给曲线和总需求曲线放到同一个坐标平面图上展开分析,如图 6-12。分析思路有三步:首先,由于资本的积累、劳动力的增加和技术进步等原因,长期的总供给曲线 AS 会随着时间的推移而稳定地向右移动。其次,总需求曲线 AD 会受各种影响总需求的因素的变化而变化,现实情况是,随着时间的推移,财政支出越来越多,货币供给量 M2 持续增加,那么,扩张的财政与货币政策合力的结果是总需求曲线 AD 向右移动，在移动的过程中，移动速度有可能不一样。最后，我们把总供给曲线和总需求曲线的交点即均衡点 A、B、C、D 和 E 连接起来就形成了均衡产出的时间轨迹。从 A 点到 E 点大致描绘了均衡产出的演变情况，产出一直是上升的，这也大致符合我们实际经济的情况，即 GDP 一直持续攀升。但是，从 A 点到 B 点一直到 E 点的过程中，GDP 增长速度不一样，尤其是当经济总量很大时，要保持之前的高增长速度非常困难，增长速度甚至有可能会下降，这就会形成所谓的增长型周期（见图 6-13）。此时，图中纵坐标是产出增长率。另外，从 A 点到 E 点的过程中，价格总水平 P 一直持续攀升，但是价格水平的变化率即通货膨胀率也可能会出现高低起伏的情形，这些表现也大致符合我们的现实情况。

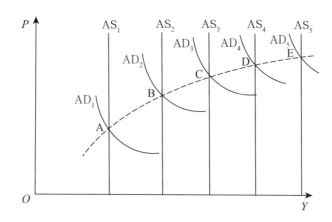

图 6-12 总需求曲线和总供给曲线的均衡分析

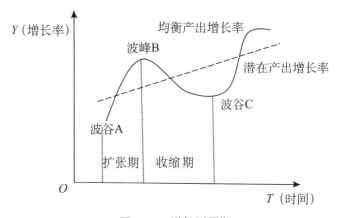

图 6-13 增长型周期

最后，我们还想强调一下，生活中所观察到的实际经济产出并不等同于理论上所推导的均衡产出。但是，我们知道，由于供求关系的作用，实际产出总是趋向于均衡产出，所以我们就可以用均衡产出的走势来理解实际产出的走势。

经济学案例 6-3

关于中国经济 L 形，你需要知道的五件事

权威人士曾在 2016 年 5 月初把脉中国经济时表示，中国经济运行将是 L 形走势，但并未给出具体解释。很快，朋友圈就被各种"L 形走势"的图形猜想给刷屏了。那么，该如何理解"L 形"呢？国泰君安宏观分析师熊义明团队给出了他们的分析。他们从 L 形的斜率、L 形的底部、L 形的变数、政策是否会随之 L 形、资产价格会否 L 形五个方面做出了详细解读。

NO.1 L 形的斜率

中国经济将进入 L 形的相对平缓阶段。这是市场力量和政策取向共同决定的。从市场力量来看，对经济冲击最大的是需求侧，但需求侧正逐步见底。房地产投资、出口增速等需求侧已经接近中期底部，企业库存也在历史低位，经济向下动能减弱。不过，供给侧未见底，产能出清、去库存、去杠杆还未大规模开展，短期经济下降压力仍大。从许多重量级的指标来看，中国经济最快速的调整应该已经过去。从政策取向来看，托底是基本取向，难有 V 形反弹，权威人士也认可 L 形。权威人士在《开局首季问大势》（人民网，2016 年）一文中提道："综合判断，我国经济运行不可能是 U 形，更不可能是 V 形，而是 L 形的走势。这个 L 型是一个阶段，不是一两年能过去的。"

NO.2 L 形的底部

经济从一个均衡向另一个均衡过渡时，所有变量均要调整到位，才能重新出发。因此，当所有变量都调整到位，L 形经济就到底了。但有些变量调整得慢，

有些调整得快。目前，房地产投资、出口、库存等快变量基本调整完毕，但慢变量（消费、基建、杠杆、产能等）仍有待调整，需等待它们调整到位。

NO.3 L形的变数

那么，L形的变数是什么呢？中国大陆经济L形是弱平衡，有三种演化情景。

第一种演变前景：平滑过渡，类似于80年代的中国台湾地区，边破边立，主动改革转型。

第二种演变前景：深蹲起跳，类似于1973年前后的日本和1998年前后的韩国，先破后立，危机倒逼改革。

第三种演变前景：蹲下去起不来，类似于部分拉美、东南亚国家，破而不立，危机后不改革而转向民粹。

对于当前中国大陆而言，最理想的情景是类似于中国台湾一样平滑过渡，次优是深蹲起跳，落入中等收入陷阱是最悲观情景。中国有庞大的制造业，在国际分工中有一席之地，和落入中等收入陷阱的拉美明显不同，它们主要靠资源出口。此外，中国体制改革和科技创新潜力还很大，全要素生产率提升空间大。

NO.4 政策会L形吗？

经济L形有三种实现方式：一是经济内生动能向上，政策偏紧，二者力量基本平衡；二是经济内生动能向下，政策偏松，二者力量也基本平衡；三是经济内生动能恰好能维持平衡，政策中性。但是，只有在第三种情况下，政策才会L形。也就是说，在经济L形情况下，政策大概率不是L形。因为经济内生动能恰好实现L形的可能性低，因为周期的存在，经济常常不是繁荣就是衰退。在当前中国经济增速换挡的背景下，第二种情况更普遍，即经济内生动能向下＋政策偏松的组合。其中，政策偏松至少有三种组合——财政和货币双松，财政松货币中性，财政中性货币松。

NO.5 资产价格会L形吗？

从国际经验来看，经济L形时期，资产价格不会L形。比较常见的有两种情形：一是从高速到中速增长的L形，股市长牛。二是低速增长的L形，股市长熊。美国第二次世界大战后经济接近L形，但股市长牛，1950—2015年股市翻了近100倍，房价大涨，债市先跌后涨。2008年次贷危机后美国的L形斜率更是异常平缓，股市也表现优异，创出历史新高，房价上涨，债市上涨。德国、日本、韩国、中国台湾和中国大陆在经济增速成功换挡到中速增长平台后（经济也接近L形），资本市场同样出现牛市。不过日本90年代初泡沫破灭后，经济呈现低速增长L形，股市震荡走熊，房价下跌，利率企稳。同样的L形，美国和日本资产价格表现迥异。这种差异源于经济增速不同，第二次世界大战后的美国L形是中速增长，日本90年代后是低速增长。因此，经济L形时期，资产价格通常不会L形，这有许多原因：政策并非L形，利率不是L形，通胀不是L形等。

资料来源：https://wallstreetcn.com/articles/246998，访问时间2018年6月1日。

看了上述材料，我们应该大致了解中国当前经济增速的状态是L形。直观来看，就是中国GDP的增速从以往的高增长如8%—10%突然掉到6%左右，然后就在L的一横的地方以6%左右的增速待着，经济增速较长时间处于低速状态，至于何时走出一横的状态往上行，还是继续下滑，一切都是未知数。所以，我们感兴趣的是，什么原因导致了中国当前较低的增长速度？是需求端还是供给侧？有何应对之策？我们可不可以在现有的理论框架内利用一些基本的工具来分析现实中的经济波动问题，这就是学习本章的主要目的。

相关链接 6-1

人生就是一场康波

中信建投首席经济学家周金涛先生到杭州参加由上海清算所等举办的第30

期清算所沙龙——"2016年债务融资工具专题"活动。周金涛阐述了康波经济周期理论及对宏观经济走势的研判。以下内容为其观点摘录：

经济周期理论实际上是一套社会发展理论。它包括了社会制度、政治方面的问题，同时也包括在座各位在经济周期的运动中应该如何进行人生的规划。康波周期，实际上是全球经济运动的决定力量，也是在座各位人生财富规划的根本理论。"人生发财靠康波"，这句话的意思就是说我们每个人的财富积累一定不要以为是你多有本事，财富积累完全来源于经济周期运动的时间给你的机会。比如过去的十年，中国暴富的典型是煤老板，大家在心里认为煤老板肯定不如我有本事。按照康德拉季耶夫理论来看这是大宗商品的牛市，给了煤老板人生发财的机会。一个人的一生中，理论上来讲只有三次机会，如果每一个机会都没抓到，你一生的财富就没有了。如果抓住其中一个机会，你就能够至少是个中产阶级。

康德拉季耶夫周期一个循环是60年，大家知道60年大致就是一个人的自然寿命，中国讲六十甲子，循环一次就是一个康德拉季耶夫周期。一个康波的运动是由技术创新推动的。供给侧结构性改革是全球进入萧条的标志，似乎没有必要兴高采烈的。

十年前你在中信建投证券找了一份工作不是太重要，而如果你十年前在中信建投证券旁边买一套房子就真的很重要，因为中信建投在北京朝阳门，现在房子涨十倍，大家挣十年也挣不到。人生的财富不是靠工资，而是靠你对于资产的投资。你对资产的投资是什么规律呢？一定是低点买进才有意义。在一个人60岁的人生中，其中30年参与经济生活，在这30年中康波给予你的财富机会只有3次，这不以你的主观意志为转移。现在40岁以上的人，人生第一次机会在2008年，如果那时候买股票、房子，你的人生是很成功的。2008年之前的上一次人生机会在1999年，现在40岁的人抓住那次机会的人不多，所以2008年是第一次机会。第二次机会在2019年，最后一次在2030年附近，能够抓住一次你就能够成为中产阶级，这就是人生发财靠康波的道理。巴菲特为什么能够投资成功，原因就在于他出生在第五次康波周期的回升阶段，所以他能成功，这个就是由你的宿命决定的。

刚才给大家讲的意思是说，我们在做人生财富规划的时候一定要知道每个人都是在社会的大系统中运行，社会大系统给你机会你就有机会。这个大系统没给你机会，你在这方面再努力也是没有用的。作为个人，你的人生财富有哪些？理论上只能有这么几类：第一类就是大宗商品，这个实际上大家不要小看，在60年的巡回中，大宗商品是最暴利的行业。正如刚才讲的，中国人觉得最暴发的是煤老板，原因就在于此。因为大宗商品的牛市是几十年出现一次，这次大宗商品的牛市是2000—2002年，是康波的衰退阶段。第二类资产是房地产，就是经济周期理论中的库兹涅茨周期，房地产周期20年轮回一次，一个人一生当中可以碰到两次房地产周期。为什么呢？一个人作为群体来讲，其一生会两次买房，第一次是结婚的时候，平均27岁，第二次是二次置业，是改善性需求，平均42岁左右。一个人的消费高峰，顶点出现在46岁，之后消费就往下走，消费逐渐由房子变成医疗养老。中国本轮房地产周期于1999年开启，按照房地产周期规律分为三波，第一波从2000—2007年，2009年之后又涨一波，2013—2014年又是一波。全国房地产周期的高点，报告中判断是在2014年，后面价格会下来。但是到2015年的时候大家突然发现，房子又好卖了，2016年一线城市核心区域房地产暴涨，但这不是房地产的重新开始。三四线城市的房子能涨才是牛市，2019年房价会是一个低点，2017年、2018年的房价是要回落的。一个房地产周期的循环就是这样，20年的循环，其中15年上升，5年下降。美国也是一样，2007年美国房子价格开始下跌，跌到2011年附近触底反弹。在人的一生中，房子是最核心的资产，商品不一定能绑住，房子至少一辈子搞两次，这是第二类资产。第三类资产是股票，股票不是长周期问题，随时波动，这个在我们周期中没法明确定义。第四类资产就是艺术品市场，像古玩、翡翠这类东西，过去一些年涨得很快，反腐之后下降厉害，总体来看就没有只涨不跌的东西，你的人生资产总会在涨涨跌跌中度过。要规划人生财富，你要明确现在这个时点应该做什么。

这个就是用康德拉季耶夫理论进行人生规划。60年运动中会套着3个房地产周期,20年波动一次,1个房地产周期套着两个固定资产投资周期,10年波动一次。1个固定资产投资周期套着3个库存周期。所以你的人生就是一次康波,3次房地产周期,6次固定资产投资周期和18次库存周期,人的一生就是这样的过程。

资料来源:https://wenku.baidu.com/view/c5d13858773231126edb6f1aff00bed5b9f3733e.html,访问时间2018年6月1日。

人生就是一场60年的康波?这听起来是不是有点宿命的感觉。现在对宏观经济的研究不仅仅存在于高校和科研院所,在券商、基金和保险等金融机构也有很多优秀的研究专家。我们不仅要从传统的课本中学习知识,也要从其他金融机构的研究报告和讲座中获取相关的知识和信息。至于说到经济波动,有句俗语"世界上唯一不变的就是变化"。在我们的经济生活中,万事万物都在变,尽管驱动变化的原因多种多样,但我们大都可以观察到一些共同的规律,那就是周期性的变化。大到一个国家的经济产出,小到一个行业的兴衰,都是有规可循。经济中的不同主体,包括政府、企业和个人要掌握经济波动的规律,才可顺势而为。对政府而言,随着"互联网+大数据"技术的应用,调控手法越来越灵活,未来经济波动的幅度可能会越来越小;对企业而言,站在一个新技术革新变化的顺周期风口上,猪都会飞,而当经济下行阶段来临时,保存实力尤为重要;对个人而言,好好把握资产配置的数个周期,个人财富才有可能跟上社会经济的发展步伐。

本章小结

1.总供给是指该地区的所有企业,包含他国在本国设立的企业,在现有的资源配置和约束条件下具有的生产意愿和生产可能性的产出能力。影响总供给的主要因素是企业的产出能力和企业的盈利情况。产出能力制约了企业的供给范围和空间,盈利状态制约了企业的供给意愿和数量。

2. 短期内经济处于资源闲置状态，供给的增加不需要价格的提高作为前提，实际产出取决于总需求的变化。长期中经济资源充分利用，总供给不再增加，实际产出处于潜在产出水平，总需求增加导致价格上升。

3. 影响总供给曲线位移的主要因素有公众对价格总水平的预期、实际产出与潜在产出之间的产出缺口、企业产出能力的变化等方面。

4. 总供给的实现不是一蹴而就的，现有总供给能否适应市场需求的变化而成为有效的总供给，资源的合理配置至关重要，必要时需要进行供给侧结构性改革，使过剩产能变为有效供给。

5. 拉动经济的"三驾马车"是指家庭的消费、企业的投资以及对国外的净出口。总需求是宏观经济中的家庭、企业、政府和国外等四个部门在未来一段时期内的计划支出。影响总需求的重要因素是各个部门的收入情况。

6. 消费是指家庭在有形的商品和无形的劳务上的需求。影响消费的因素主要有：家庭的可支配收入、金融市场的发展程度和利率水平、人们对未来的预期以及人们对未来消费和当期消费的偏好。

7. 投资是指为了提高经济的生产能力，期待未来有更多的经济产出而进行资本存量的增加。影响投资活动的因素主要有：储蓄、本国对外国的贸易差额及本国货币在全球经济中的地位、资本回报率和资金成本。在经济波动中，与家庭消费、政府购买和净出口等比较，投资的变动量和变动幅度最大。

8. 政府购买是指中央和地方政府在财政预算约束下，用于各种公务支出，包括国防、公共交通、公共教育以及公务员和事业单位人员的薪水。影响政府购买的因素主要有：该国或者地区的经济总量、政府的行政力量是否受到其他组织的制约和政府预算是否为硬约束、央行的独立性。

9. 净出口是指本国或本地区的出口减去进口，代表着外国对本国商品和劳务的净需求。影响净出口的因素主要有：他国居民和政府的收入、本国商品在国外市场上的竞争力。

10. 经济波动是指经济实际总产出围绕潜在产出上下起伏表现出来的经济扩张和

收缩。一个完整的经济波动分为两个阶段,即经济的扩张期和收缩期。

11. 经济周期可分类为四类:短周期或者基钦周期,与库存变化相关,大约 40 个月;中周期或者朱格拉周期,与设备更替和资本开支变化相关,大约 10 年;中长周期或者库兹涅茨周期,与建筑业兴衰相关,大约 20 年;长周期或者康德拉季耶夫周期,与科学技术及生产力发展相关,大约 60 年。

12. 经济波动的原因有很多,如消费不足、投资过热、技术革新、心理预期以及政府换届。我们可以从总供给和总需求两个方面归纳影响经济波动的各种因素,进而利用总供给曲线和总需求曲线的均衡分析来理解经济产出和价格总水平的变化。

思考与练习题

1. 为什么总供给的变化是缓慢的?是总供给还是总需求决定了我们的生活水平?为什么?

2. 从需求端而言,拉动经济的"三驾马车"是什么含义?你认为哪一种方式连接了经济的现在和未来?

3. 均衡产出和实际产出有何区别?为什么我们要用不能观察到的均衡产出这个工具来分析实体经济现象?

4. 作为普通百姓,你喜欢经济波动的幅度大还是小?为什么?作为投机者,你又如何看待经济波动?

5. 经济波动是很自然的现象,不可避免。但是,为什么各国政府想尽各种办法来平抑经济波动?让市场在经济波动中自动出清有什么不好?

6. 各类经济周期的驱动因素是什么?我们可以通过哪些经济指标预判经济周期?你自己有没有别的观察角度?

7. 掌握经济波动的基本内容,对你人生的职业选择、资产配置和财富规划有什么启示?

8. 有人说,经济危机往往意味着机会的来临。你如何理解这句话的含义?

参考文献

1. 〔奥〕约瑟夫·熊彼特:《经济发展理论》,中国画报出版社 2012 年版。
2. 〔奥〕约瑟夫·熊彼特:《经济周期循环论》,中国长安出版社 2009 年版。
3. 〔美〕鲁迪格·多恩布什等:《宏观经济学》,中国人民大学出版社 2010 年版。
4. 人民网:《开局首季问大势》,人民网,2016 年 5 月 8 日,http://politics.perple.com.cn/nl/2016/0509/c1001-28333725.html。

第七章 失业与通货膨胀

宏观经济运行的目标是实现经济稳定增长、充分就业、物价稳定和国际收支平衡。一个与人们密切相关的宏观经济问题是就业。如果一个经济体保持了稳定的经济增长速度，那么人们就会有更多的就业机会，人们的生活水平才能得到显著提高。从微观来看，就业是每一位劳动者从事的主要经济活动，并且就业为劳动者带来收入、自尊和自我价值的实现；从宏观来看，一个经济体的就业总量关系着它的国民收入总量，而过高的失业率意味着人力资源的浪费，虽然，一定数量的失业是一个经济体不可避免的，但是，较高的失业率意味着该国经济呈现病态，也是各国政府努力要解决的经济问题。另一个与人们生活密切相关的宏观经济问题则是通货膨胀。与很多人的看法不同的是，一些经济学家认为温和的通货膨胀对于经济的危害并没有人们估计的那么大，但是，高速的通货膨胀对经济的破坏极大。因此，控制通货膨胀上涨的幅度成为多国政府的调控目标。在20世纪70年代，美国的民意调查把通货膨胀作为美国面临的主要问题，1974年美国总统杰拉尔德·福特（Gerald Ford）将通货膨胀列为"头号公敌"。如上所言，失业与通货膨胀作为宏观经济中常见的问题，这两者之间会不会具有一定的相关性呢？本章要介绍的正是失业与通货膨胀的有关知识。

第一节 失业

一、人口与经济增长

经济发展的最终目标是人的幸福，而人又是从事经济活动的主体，就业是经济活动的主要内容与个人得以生存的基本权利，人们只有通过就业才能获得劳动收入，得到教育与培训，以实现个人发展目标。因此，就业问题是各国经济和社会发展所需解决的重要问题。

劳动力资源是经济增长最为重要的资源。劳动力是指具有劳动能力的人口。在实际统计中，一般以16—64岁的人口为劳动力。中国一般规定男子16—60岁、女子16—55岁的人口为劳动力。作为人口大国，中国有着丰富的劳动力资源。根据国家统计局的数据，2015年中国劳动年龄人口总数为91 096万人，劳动力资源仍是中国经济发展的优势。

劳动力资源对经济做出的贡献是巨大的。经济学家罗伯特·索洛（Robert Solow）对美国1909—1949年数据的研究发现，美国GDP年均增长2.9%，其中资本积累的贡献率为0.32%，劳动的贡献率为1.09%，劳动对于经济增长做出的贡献率是资本的3倍。

中国三十多年来之所以能够保持经济持续增长，是因为受益于新增劳动力为经济发展注入的活力。劳动力的增长来自于人口红利（demographic dividend）。人口红利是指我国人口中少儿抚养比例迅速下降，劳动年龄人口比例上升，在老年人口比例达到较高水平之前，形成一个劳动力资源相对丰富、抚养负担轻、对经济发展十分有利的"黄金时期"。

但是，中国的人口红利正在逐渐消失。2012年中国16—59岁劳动年龄人口在相当长时期里第一次出现了绝对下降，比2011年减少了345万人。由于劳动力数量的衰减，劳动力成本上升带来了投资收益的下降，中国依靠投资扩张的增长方式难以得到持续。日本也曾经历过这样的情况。日本经济在1955—1970年间年均增速超过10%，到了1970—1990年降到年均4%，并在1990年之后进一步下降到2%甚至接近0的水平，其人口年龄结构的变化是重要原因之一。

与人口红利相对应的是"刘易斯拐点"（Lewis Turning Point），即由劳动力过剩变为劳动力短缺的转折点，英国经济学家、诺贝尔经济学奖得主阿瑟·刘易斯（Arthur Lewis）的研究发现，在工业化的过程中，随着农村富余劳动力向非农产业的逐步转移，农村富余劳动力逐渐减少，最终枯竭。达到刘易斯拐点意味着，劳动力稀缺程度足以推动薪资大幅上涨，工业利润受到挤压，投资下降，经济增长减速。中国学者蔡昉教授表示，2016—2020年间，中国国内生产总值（GDP）增速预计将从1995—2009年的9.8%放缓至6.1%，而劳动力人口不断缩减是主要因素之一。

二、失业与失业率

（一）失业率的计算

失业（unemployment）是指有劳动能力、处于法定劳动年龄阶段并且有就业愿望的劳动者失去或没有得到有报酬的工作岗位的社会现象。

就业者是指拥有全职或者兼职的带薪工作的人，失业者则是没有带薪的工作却又在积极找工作的人，就业人口与失业人口的总和是劳动人口。

$$劳动人口 = 就业人口 + 失业人口$$

失业率（unemployment rate）是指一定时期内，社会失业人口占劳动人口的比率，可以衡量一个经济总体未能利用的劳动产能，用于反映全部劳动人口的就业情况。

$$失业率 = \frac{失业人数}{劳动人口} \times 100\%$$

很多国家与地区每个月公布一次失业率，中国是在每个月第一周的周五的20:30发布失业率数据，美国也是在每个月第一个周五公布失业率。失业率的月度经济指标可以反映宏观经济的发展状况，失业率与经济发展反向变化，即经济高速增长时，失业率会下降。失业率属于滞后性指标，其变化会慢于宏观经济的总体变化。

目前常用的失业率有两种，一是城镇登记失业率，二是调查失业率。登记失业率是基于失业登记方法获得的，由人力资源和社会保障部门负责统计，但是无法反映未登记的失业情况，最大的好处是便利。调查失业率在中国是由统计局进行的，最大的好处是灵敏、快捷。中国的调查失业率比登记失业率略高一点。

相关链接 7-1

在中国经济增速放缓时期,城镇登记失业率为什么没有变化?

2015年国际货币基金组织(IMF)发布了一项报告,该报告由 W. Raphael Lam, Xiaoguang Liu 和 Alfred Schipke 主导。报告指出,中国人力资源和社会保障部门每季度发布的城镇登记失业率,从历史数据来看,21世纪以来不论经济增速如何变化,中国的登记失业率长期保持在 4.00%—4.30%。因此,从过去的失业率数据看,中国经济增速放缓并未影响就业状况,但这种调查忽略了影响就业的一些因素。IMF 指出,失业率维持稳定主要是中国国有企业愿意容纳过剩工人;同时,失业的农民工回到了农村,不在城镇登记失业率的统计范围内。接受调查的经济学家们认为,中国失业率调查不能反映中国的经济状况,因为调查只覆盖了城镇工人,而忽略了大约 2.7 亿居住在城市的农民工以及大量农村就业人口。

尽管中国 2015 年的经济增长目标从 2014 年的 7.5% 降低至 7%,但官方就业数据显示,中国失业率仍然维持在 4.05%,比 2014 年同期 4.1% 略微下降。IMF 调查了中国东部某城市后指出,中国国有企业受到政府的压力而无法自主决定裁员。IMF 表示,尽管目前中国国有企业过剩的工人绝对数量并不大,但比例却相当高。许多大型国有企业在钢铁、矿产等产能过剩的行业,这些企业有着很高的劳动剩余比例。

IMF 还称,大量农民工聚集在低技术含量的岗位,受到经济下滑的影响比城镇工人更大。但失业后的农民工往往离开城市回到农村,这样他们就被排除在城镇失业率调查之外了。

情况正如 IMF 所言,中国的城镇登记失业率未能反映真实的失业率。原因在于,第一,20世纪 90 年代的国有企业改革带来"下岗潮",大量的下岗失业工人存在漏报。第二,隐形失业的存在,国有企业富余劳动力、农业剩余劳动力未能看作失业人员。第三,失业但是未登记者不在官方的失业统计范围之内。

1998—2004 年是中国失业率居高不下的时期，真实失业率高达 10% 左右，而 2000 年的登记失业率仅为 3.6%。

事实上，中国早已看到登记失业率的问题，并有意用调查失业率代替登记失业率。国务院办公厅称，将使用城镇新增就业、调查失业率作为宏观调控的重要指标。据《每日经济新闻》，2015 年 7 月起，劳动力就业调查范围将从 65 个大城市扩大至全国所有地级城市。

资料来源：根据《IMF 质疑中国失业率数据》改写，http://money.163.com/15/0714/09/AUFMG1G300253 B0H.html，访问时间 2017 年 1 月 4 日．

（二）什么样的失业率是合理的？

失业是痛苦的，理想的情况是充分就业。充分就业（full employment）的概念是英国经济学家约翰·凯恩斯（John Keynes）在《就业、利息和货币通论》一书中提出的，是指在某一工资水平时，所有愿意接受工作的人都获得了就业机会。经济学家把充分就业视为人力资源与其他资源配置效率的最优状态。

充分就业并不等于全部的劳动力就业，失业仍然存在。通常认为充分就业时的失业率等于自然失业率（natural rate of unemployment），自然失业率是社会经济正常状态下的失业率。

提出自然失业率的经济学家认为，任何一个社会都存在相应的自然失业水平，它取决于技术的进步、产业结构的升级与人口结构的变化。以中国台湾地区而言，一般认为自然失业率是介于 1.5%—2.5%，美国的自然失业率接近 4.75%。中国大陆地区的自然失业率在 2003 年是 5.4%，2009 年下降为 4.1%。

（三）失业的种类

出于研究的需要，下面对失业做一个大致的分类。

失业可以分为自愿失业与非自愿失业。自愿失业是指工人不愿意接受现行工资水平而形成的失业。自愿失业者宁愿选择不工作，也不愿参加他们能获得的可胜任的工作，因为工资或其他工作条件与不工作时的选择相比，缺乏吸引力。在西方高福利国家，政府为失业者支付的失业救济金过高，有的甚至比他们在职时获得的纳税后收入还要多，致使一些人宁愿失业，靠救济金生活。

非自愿失业也叫需求不足的失业，指工人愿意接受现行工资水平与工作条件，但仍找不到工作而形成的失业。凯恩斯认为，只有消除了非自愿失业，才能真正实现充分就业。非自愿失业还可以进一步划分为摩擦性失业、结构性失业与周期性失业。

摩擦性失业是指在生产过程中由于难以避免的摩擦而造成的短期失业、局部性失业，如劳动力流动性不足、工种转换困难等所导致的失业，是由于劳动力缺乏流动性、信息交流不完全以及市场组织不健全所造成的失业。

结构性失业与经济结构的变化有关，产业的每一次变动都要求劳动力的供应能迅速适应这种变动，但劳动力市场的结构特征却与社会对劳动力的需求不吻合，由此导致的失业被称为结构性失业。

周期性失业来自经济周期的循环波动。在复苏和繁荣时期，各厂商争先扩大生产规模，就业人数普遍增加。在衰退和萧条时期，由于社会总需求不足，前景黯淡，各厂商又纷纷压缩生产，大量裁减雇员，形成令人头疼的失业大军。

还有一种失业是值得关注的，那就是隐蔽性失业。隐蔽性失业是指虽然有工作岗位，但实际上对生产并没有做出贡献的劳动力，是劳动者在就业岗位上存在着劳动时间和劳动技能上的闲置。如果一个企业减少就业人员后产量并没有下降，就可以认为是存在着隐蔽性失业。隐蔽性失业大多发生在经济衰退时期，由于企业开工不足，未被解雇的工人无法被有效地使用，甚至在繁荣时期，过分膨胀的就业也会出现机构臃肿的现象。在中国经济体制转型的过程中，隐蔽性失业人数很大，20世纪80、90年代，国有企业容纳了大量的富余人员，造成了企业劳动生产率低下，这正是国有企业减员增效改革的原因所在。

三、工资是如何决定的？

为了搞清楚就业与失业的问题，我们需要了解劳动力市场的运行。我们对于劳动力的分析是在劳动力市场上进行的,经济学把劳动力、土地等市场叫作要素市场。正如商品的价格取决于供求一样,劳动力的价格取决于劳动供给与劳动需求,而劳动力的价格叫作工资,下面介绍劳动需求与劳动供给,以及工资是如何决定的。

(一)劳动需求

在劳动力市场上,劳动力的需求方是企业,而劳动力的供给方是家庭。

劳动力需求,是指企业在一定时期内,在某种工资水平下愿意并能够雇用的劳动数量。所有企业对于劳动力的需求形成社会的劳动需求总量。

就企业而言,劳动力工资构成了企业的成本,所以,劳动力工资越高,企业对于劳动力的需求越小;反之,劳动力工资越低,企业对于劳动力的需求越大,也就是说,劳动力需求与工资成反向变动的关系。劳动力需求与工资关系可以用图7-1的劳动需求曲线说明。

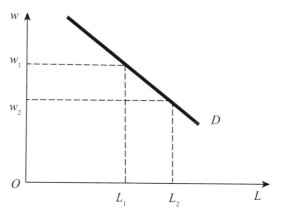

图7-1 劳动需求曲线

劳动需求曲线表示的是劳动需求量随着工资变化而变化的关系。在图7-1中,纵轴表示工资(w),横轴表示劳动需求数量(L),曲线D为劳动需求曲线,曲线D向右下方倾斜,说明劳动力需求与工资成反向变动,当工资从w_2上升为w_1时,劳动力需求沿着曲线D由L_2减少为L_1。

我们可以从富士康公司的例子里理解工资的上升如何影响劳动力需求。2010年以来,中国内地的劳动力成本明显上升,相比之下周边其他国家和城市的工人工资更低,2012年越南河内的工人工资年均为2 533美元,印度尼西亚雅加达的工人工资年均为4 780美元,比深圳市低约30%。而富士康公司计划缩减在中国雇用的劳动力规模,除了将工厂地点从沿海迁移到贵州等内陆地区外,2015年富士康公司与印度马哈拉施特拉邦政府签订协议,未来五年富士康将在该邦投资50亿美元建电子设备制造厂,此前富士康已计划在2020年前在印度新建12座工厂,并最多雇用100万当地工人。[1]

除了工资的变动外,其他因素也会改变企业对劳动力的需求。比如,科学技术的发展,使得物流快递公司采用自动分拣机来代替人工分拣,从而物流快递公司对分拣工人的需求减少。这样的情况可以用图7-2来说明,由技术进步带来对劳动的节约导致劳动需求曲线由D_1向左平行移动到D_2。如果劳动需求曲线向右移动,则表明劳动需求增加。

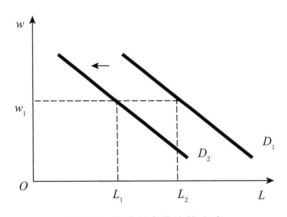

图7-2 劳动需求曲线的移动

(二)劳动供给

个人的劳动供给是指在一定的工资水平下,劳动者个人(或家庭)愿意并且能够提供的劳动时间。工作可以获得收入,工资水平越高,劳动者提供的劳动越多;相反,工资水平越低,劳动者提高的劳动越少,也就是说,单个劳动者的劳动供给

---

[1] 资料来源:凤凰国际智库,《外资大撤退,"中国制造业之都"还剩下什么?》,http://news.ifeng.com/a/20180202/55702649_0.shtml,访问时间2018年6月1日。

量与工资同方向变动。

劳动供给曲线可以用来表示工资与劳动供给量之间的关系,参见图7-3,纵轴表示工资(w),横轴表示劳动供给数量(L),曲线S为劳动供给曲线。当工资从w_1上升为w_2时,劳动供给沿着曲线S由L_1增加到L_2。由于工资上升时劳动供给会增加,所以劳动供给曲线向右上方倾斜,表示劳动供给与工资同方向变动。

在图7-3中,当工资上升到w_2以上时,个人劳动供给曲线开始向后弯曲,个人劳动供给随着工资的上升而下降。这是因为,劳动者的收入随着工资的上升而上升,当工资增加到一定程度后,劳动者收入达到更高的水平,从而更加注重闲暇,他会用闲暇替代一部分工作时间,所以,个人的劳动供给开始出现下降,劳动供给曲线表现为向后弯曲。

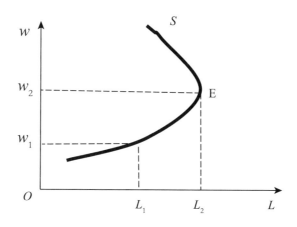

图7-3 个人的劳动供给曲线

但是,从全社会来看,当工资水平提高时,人们倾向于提供更多的劳动量,比如全职家庭主妇可能会加入到职业大军中来,所以,市场劳动供给曲线是向右上方倾斜的,表明劳动供给随着工资的提高而增加,参见图7-4,当工资从w_1上升为w_2时,劳动力供给由L_1增加为L_2。

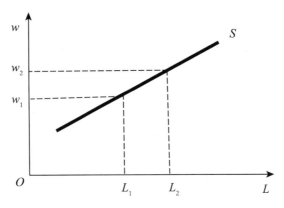

图 7-4 市场的劳动供给曲线

除了工资的变动会影响劳动供给外,其他因素也会改变劳动供给,比如人口的变化、产业结构的调整、技术进步、工作偏好的改变等。早在 2008 年,在中国的珠三角、长三角等地区,很多中小企业的订单大量增加,但是这些企业却招不到工人。中国劳动力人口总量从 2012 年起连续 5 年下降,日益加剧的劳动力短缺现象导致工资提高,2011 年全国有 24 个省提高了最低工资标准,平均增幅为 22%。2012 年北京的最低工资标准从每月 1 160 元调整为 1 260 元,深圳全日制就业劳动者最低工资标准由每月 1 320 元调整为 1 500 元,上海的最低工资标准从每月 1 280 元调整为 1 450 元。

由于劳动总人口的减少导致劳动力供给减少,劳动供给曲线 S 向左平移,如图 7-5 所示,为了获得同样多的劳动供给,企业不得不将工资从 w_1 提高为 w_2;相反,如果劳动供给曲线 S 向右平移,则表明劳动供给增加。

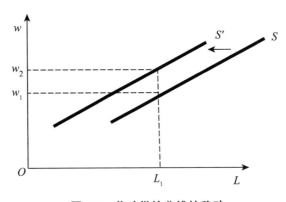

图 7-5 劳动供给曲线的移动

(三)劳动市场的均衡

劳动力市场的均衡,是指在经济中存在着某个工资水平,使得劳动需求正好等于劳动供给这样一种状况。此时的工资即为均衡工资,也叫作市场出清工资,而就业量就叫作均衡就业量。劳动力市场实现均衡,意味着每一位想要工作的人最终都会找到一份工作,每一个企业都会找到它所需要的工人,工资会调整到劳动需求量与劳动供给量相等的水平。

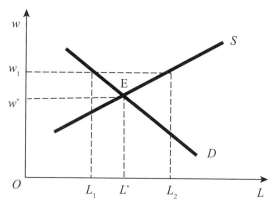

图 7-6 劳动力市场的均衡

在图 7-6 中,劳动需求曲线 D 与劳动供给曲线 S 的交点 E 就是劳动力市场的均衡点,w^* 为均衡的工资水平,L^* 为均衡的就业量。

在均衡工资 w^* 处,劳动需求量与劳动供给量相等。当工资从 w^* 上升到 w_1 时,劳动需求减少到 L_1,而劳动供给增加为 L_2,使得劳动供给超过劳动需求,从而产生了失业现象,图中 L_2 超过 L_1 的部分就是失业的数量。

市场上过剩劳动力的存在,压低了工资水平,如果工资可以降低的话,当工资每下降一些,企业就会增加雇用一些工人,一直到工资降低为 w^* 时,就业水平就回到均衡状态 L^*。

当劳动力市场供不应求时,企业为了招聘到需要的工人,不得不提高工资报酬,市场工资有上涨的趋势。较高的工资吸引更多的劳动力参与工作,劳动供给逐渐增加使得工资上涨的空间越来越小,直到劳动需求得到满足,工资就不会再上升,劳动力市场又恢复均衡。

四、为什么会失业?

在上述对于劳动力市场的分析中,劳动市场的均衡就业水平是最理想状态,劳动供给与劳动需求相等,意味着企业与工人对就业量感到满意。但是,均衡的就业水平不等于零失业率,有些失业在经济社会中根本无法消除,比如摩擦性失业、结构性失业。引起失业的原因主要有以下几种:

(一)搜寻成本

寻找工作的成本产生了摩擦性失业。经济是流动的,有些人从一个城市迁入另一个城市时不得不放弃现有的工作机会,也有的人为了寻找一个更适合的新工作而失业,就业市场有一个非常奇特的现象,就是有一部分人想找工作,但是不容易找到,另外,有一部分公司要招聘员工,也找不到。由于企业与求职者的信息无法及时沟通,企业需要寻找各种信息了解求职者,而求职者需要搜集资料了解企业,来发现哪一项工作适合自己,搜寻成本是高昂的。2010年的诺贝尔经济学奖获得者彼特·戴蒙德(Peter Diamond)等提出的搜寻—匹配理论用信息不对称、外部性、交易费用等概念分析了劳动市场的工作搜寻问题。

(二)技术进步

技术进步带来产业结构的调整,社会经济由第一产业向第二产业转型的过程中,很多农民失业;而第二产业向第三产业转变的过程中,大量的第二产业工人失业,现在西方发达国家的就业主要是在第三产业。

在经济增长的过程中,技术进步的必然结果是生产向资本密集性和技术密集性发展,用先进设备替代工人劳动,这样,对劳动需求的相对减小就会使失业增加,这是技术性失业,也是结构性失业。此外,资本品相对价格下降和劳动力价格相对上升也加剧了机器取代工人的趋势,加重了失业。

当然,新技术带来的新兴产业创造出新的劳动需求,而新的劳动需求要求工人提高教育程度与劳动技能。历史上曾出现过几次技术进步与失业率上升并存的情况。据美国 1919—1925 年间的生产率数据，这一时期美国生产率（即每个工人的平均产出）提高了 59%，而与此同时就业率大幅度下降了。美国在大萧条初期流行的观点是肯定技术性失业的存在，有人甚至提出暂停技术进步的建议，参议院和众议院甚至分别在 1939 年提出了对机器征税的议案。20 世纪 50 年代末，自动化技术的普及和失业率的上升几乎同时出现。80 年代，当欧洲失业率从 50、60 年代的 2%—3% 上升到当时的 8%—10% 时，技术进步是否会导致失业率上升成为经济学家争论的焦点问题。

相关链接 7-2

卢德分子（反对技术进步者）

新技术会导致失业吗？在中国的一个飞利浦电器工厂里，数百名员工在一条生产电动剃须刀的装配线上工作。与此同时，在荷兰，同样的剃须刀是由 128 台机械手进行装配的。凭借摄像机和计算机校准的液压系统，这些机械人不知疲倦地从事着它们的工作。遍布机器人的工厂产生了一种可能性，即技术可以降低企业对劳动的需求。纵观历史，工人们也曾抱怨技术创新减少了就业机会。

最有名的一次事件是，从 1811 年开始，一帮英国的纺织工人烧毁工厂，破坏了当时新发明的机械化织布机。这些暴徒还攻击工厂主和机械的发明者，烧毁他们的房子并暗杀了其中一个人。他们就是所谓的卢德分子，是以一名工人内德·卢德（Ned Ludd）的名字命名的。他以早在几十年前就毁坏纺织机械，反对机械化生产而成名。这帮暴徒活动频繁，破坏性极强，以至于英国军队都被召集来恢复秩序。几十名暴徒被绞死，这个事件在 1813 年宣告结束。卢德分子最终也没能阻止纺织工业的机械化。

在 1811 年，新的机器真的会破坏纺织工人的生计吗？答案似乎是肯定的。新的机器使得工人能够用几分钟的时间完成之前需要几个小时的工作，因此工厂需要更少的工人。许多技术熟练的工匠因此丢掉了工作，导致他们的家庭遭受困难，所以卢德分子认为机器的出现使部分工人失业并没有错。

技术的进步可能会毁掉像纺织业这样一个单独产业中的工作，但是历史证据表明技术进步并没有造成一个国家整体性的失业。技术的进步提高了整个经济的生产率和收入，更高的收入导致了对物资的更大需求，进而提高了对劳动的需求。结果是，在一个产业中失业的工人将会在其他的产业中重新找到工作。尽管对于大多数人（像卢德分子这样的人）来说需要很长时间，并且对一些人来说新的工作提供的薪水更低。

如今，卢德分子这一术语是反对新技术的代名词。1811年的英国纺织工人不幸地成了技术进步的受害者，然而对于大多数人来说，技术的不断进步提高了生产率和降低了他们所需商品和服务的成本，从而改善了他们的生活。

资料来源：〔美〕达龙·阿西莫格鲁、戴维·莱布森、约翰·A.李斯特主编，《经济学》（宏观部分），中国人民大学出版社，2016年版，第125页。

（三）工资刚性

工资刚性是指工资无法随着劳动需求而调整，这主要是指名义工资高于市场均衡工资，并且无法向下调整。持有这种观点的代表人物是英国经济学家凯恩斯，他认为，影响劳动供求的是名义工资，名义工资是用货币表现的工资。名义工资的调整比较缓慢，而且名义工资不能低于最低名义工资水平。

为什么名义工资不能变化呢？有几个方面的原因。第一，工资合约往往是中长期合约，一旦签订，工资不可能随市场即时变动。第二，由于工会的影响。工会为了保护工会成员的利益不受到损坏，与企业展开集体谈判，工会可以以大规模罢工为威胁，为成员工人争取高于市场均衡价的工资与较好的福利待遇。但是工会保护不了非工会成员。在2011年，美国仅有10.6%的工人是工会成员，但是，在意大利35.2%的就业工人是工会成员。第三,立法保护。许多国家都制定了最低工资保护制度,立法规定企业支付的工资不能低于当地最低工资标准。2014年美国联邦最低工资是每小时7.25美元,华盛顿州执行的最低工资是每小时9.32美元,而中国北京市的最低工资是每小时8.97元(全日制)。第四,效率工资。虽然很多企业尽可能削减工资成本,但是有些企业却主动给工人高工资,这就是效率工资(efficiency wage),是指企业付给员工高于市场平均水平的工资。企业通过支付较高的工资报酬,吸引高素质的员工,并起到激励作用。很多企业都采取了这样的策略,比如,中国的联想公司会根据物价的浮动程度,每年给基层员工涨工资,而华为公司不仅给员工高工资,还有各种福利待遇,公司向应届毕业生承担报到时的路费和行李托运费、体检费等。

经济学案例 7-1

加薪:高工资是低成本

福特汽车公司采用了效率工资的制度创新。在美国汽车迅速发展的20世纪初,汽车工人的工作流动性很强,这给企业的稳定发展带来压力。而且,劳动市场的旺盛需求在一定程度上也助长了工人在劳动过程中的机会主义。1914年1月,亨利·福特(Henry Ford)开始向其工人支付每天5美元的工资。当时流行的工资在每天2—3美元之间,福特公司的工资远远高于均衡水平。求职者在福特汽车工厂外排起了长队,为争抢工作岗位几乎发生骚乱。亨利·福特后来回忆:"我们想支付这些工资,以便公司有一个持久的基础。我们为未来而建设,低工资的企业总是无保障的。为每天8小时支付5美元是我们所做出的最好的减少成本的事之一。"[1] 高工资提高了工人积极性,增强了企业的凝聚力,福特公

---

[1] 〔美〕曼昆主编:《经济学原理》(宏观经济学分册)(第6版),梁小民、梁砾译,北京大学出版社2012年版,第130页。

司雇员的辞职率下降了87%,解雇率下降了90%,缺勤率也下降了75%。高工资带来了更高的劳动生产率,福特的汽车价格比对手便宜很多,汽车销售量从1909年的58 000辆直线上升至1916年的730 000辆。

资料来源:作者根据相关资料编写。

五、失业的成本

(一)失业的影响

失业会给个人、企业、社会带来多重不利影响。首先,失业者失去了赖以生存的工资收入,个人及其家庭的生活质量与消费水平下降,生活境况处于不稳定状态。其次,失业者会产生焦虑与自卑心理,精神上沮丧压抑,失业越久,压力越大,失业者会变得越来越不自信。最后,长期的失业阻碍劳动者提高劳动技能,甚至可能丧失劳动技能。失业意味着职业中断,据前程无忧论坛的调查,当失业时间达到6个月以上,失业者在求职时会受到企业对其个人工作能力的不信任,这是失业的隐形成本。

经济衰退下的失业给企业带来损失,企业无法实现在充分就业时的产量,工人失业伴随着机器的闲置,造成了对社会经济资源的浪费。居高不下的失业率会影响整个社会的信心,消费与投资萎缩,社会矛盾与冲突加剧,暴力事件增加,成为社会动荡的重要因素。失业对应着国民收入的下降,一方面,企业收益下降使得国家税收减少,另一方面,政府对于失业者必须支付更多的失业保险金,从而加重了政府的财政预算负担。

2008年的金融次贷危机据称是美国19世纪30年代以来最严重的经济衰退,失业率高达9.9%,2010年美联储主席本·伯南克(Ben Bernanke)指出,较高的失业率是美国经济复苏进程所面临的重大隐忧之一,高失业率给非农就业者及其家庭带来了沉重的成本,同时也是影响整个社会稳定的不利因素。

（二）奥肯定律

失业的经济损失可以用奥肯定律（Okun's law）来粗略估计。奥肯定律也叫奥肯法则，是由美国著名的经济学家阿瑟·奥肯（Arthur Okun）于1962年提出的，反映了失业率与总产出的关系。奥肯在研究美国的经济波动中发现了经济增长率和失业率之间的经验规律，失业率每高于自然失业率1%，实际总产出会低于潜在总产出2%。奥肯定律曾经相当准确地预测了美国的失业率。表7-1是美国三次经济萧条时期的失业率与GDP损失的估算。

表7-1 美国高失业率时期的经济代价

时期 \ 经济损失	产出损失		
	平均失业率（%）	GDP损失（10亿美元，2003年价格）	占GDP的百分比（%）
经济大萧条时期（1930—1939）	18.2	2 560	27.6
石油危机时期（1975—1984）	7.7	1 570	3.0
新经济后的萧条时期（2001—2003）	5.5	220	0.2

资料来源：〔美〕保罗·萨缪尔森、威廉·诺德豪斯，《宏观经济学》（第18版），人民邮电出版社2007年版，第271页。

在2010年前，中国政府曾经有个著名的"保八"目标，意思是说，将每年的GDP增速目标设为8%。西方发达国家的GDP增长率一般为2%左右，为什么中国的目标这么高呢？我们不妨从奥肯定律来思考，对于中国经济来说，如果经济增长降到8%以下，就可能出现一系列的问题，尤其是触发就业危机，能否"保八"关系到整个社会的稳定和政治的稳定。因此，"保八"成为中国政府经济政策的重要内容。经济增长是就业增长的前提，为了保证数亿劳动人口的就业，中国的经济必须保持高速度增长。

经济学案例 7-2

中国经济的高增长为什么没有带来高就业?

自20世纪90年代以来,中国经济保持了10%的年均增长率,1991—1997年,中国的GDP年均增长率为11.53%,就业增长率为1.08%,而城镇登记失业率为2.71%;1998—2002年是亚洲金融危机后的恢复时期,中国的GDP年均增长率也达到了8.25%,就业增长率为1.10%,而城镇登记失业率为3.38%;2003—2007年,中国的GDP年均增长率上升到10.81%,而就业增长率下降到0.87%,城镇登记失业率上升为4.16%。可以看出,失业率在不断上升。

为什么中国经济的高增长没有带来就业率的平衡增长呢?原因在于以下几个方面:

第一,经济体制处于转型之中,国有企业改革导致了大量的工人下岗,企业改制、破产关闭使工作岗位不断减少,1995—2005年国有企业累计减员4 773万工人。下岗工人加上新增加的劳动力导致失业率上升。

第二,经济处于第一产业向第二产业的结构转型过程中,农村剩余劳动力大量流入城市,而第二产业技术水平与资本密集度提高,吸纳的就业人数下降。再加上中国的第三产业落后,占GDP的比重仅为27%,无法吸纳更多的就业人口,可是,美国的第三产业占GDP的比重高达74%,中国产业结构的滞后使得经济增长的就业效应比较低。

第三,20世纪60年代到70年代生育高峰带来急剧增长的人口,这些人口达到劳动年龄后形成了90年代的就业大军,城镇每年新增就业人数900万。经济增长创造的工作岗位在很大程度上被人口增长吸收了。

奥肯定律无法完全解释中国的经济增长与就业的关系。很自然的,人们不禁会问奥肯定律的适用范围有多大?经济增长是否一定会带来就业增长?事实上,经济增长并不必然带来就业增长,影响劳动需求的因素是多方面的,美国也经历过"无就业增长的经济复苏"。美国在经历了 1990—1991 年的经济衰退后，在经济恢复时期出现了经济增长，但是就业没有增长，高失业率持续了 14 个月。

资料来源：作者根据相关资料整理编写。

第二节　通货膨胀

通货膨胀是和失业一样令人头疼的问题。通货膨胀可以说是一个古老的问题，它的产生比失业要早得多，据记载中国西汉初年就有通货膨胀。通货膨胀是如何产生的呢？通货膨胀是由于纸币发行过多引发的吗？下面我们将要学习这些内容。

一、通货膨胀——"钱不值钱"的经济含义

（一）通货膨胀的概念

当我们还是小孩子时，常常听老人嘴里念叨一句话"钱不值钱"。后来，我们亲身经历了这样的事情，1990 年的大米价格为每斤 0.20 元，大白菜的价格为每斤 0.04 元，2016 年大米的价格已经上涨为 4.4 元，大白菜的价格为 2.5 元。随着时间的推移，钱确实越来越不值钱了，由于物价的上涨而带来的货币购买力下降就是通货膨胀现象。经济学里，通货膨胀（inflation）是指在一段时期内一般价格水平的持续和显著的上涨。

通货膨胀表现为生活中大部分物品价格的普遍上涨，但是，并不是任何价格的变动都是通货膨胀现象。有时候，价格变动是商品的正常波动而不是通货膨胀，或者，某一类商品价格发生了上涨，但并不意味着经济中发生了通货膨胀。比如，从 2016 年 1—5 月，武汉住宅商品房价格上涨幅度很大（表 7-2），但是其他商品价格并没有显著的上涨。

表7-2 武汉住宅商品房价格变动

月份	样本平均价格（元/平方米）	环比涨跌（%）	同比涨跌（%）
2016年1月	9 051	0.80	16.62
2016年2月	9 113	0.69	16.31
2016年3月	9 149	0.40	15.14
2016年4月	9 443	3.21	17.91
2016年5月	9 659	2.29	19.25

资料来源：中国指数研究院，数据样本包含郊县区域。

没有人认为通货膨胀是一件好事情，在物价飞涨的时期通货膨胀往往被认为是严重的社会问题。但是，通货膨胀在可接受的范围内对社会经济的破坏力并不大，甚至对经济有温和的刺激作用。一般而言，1%—3%的通货膨胀率是正常的物价上涨速度，比如，英国的英格兰银行（Bank of England）使用CPI来设定货币政策，通胀目标瞄准2%。当通货膨胀率为4%—6%时，政府需要采取一定的政策手段加以调控；如果通货膨胀超过6%，人们就会感到工资的购买力大大下降，生活压力较大。

（二）通货膨胀的分类

按照价格上升的速度，可以将通货膨胀分为以下几种：通货膨胀率为1%—3%，属于爬行的通货膨胀，3%—6%属于温和的通货膨胀，6%—9%属于严重的通货膨胀。通货膨胀率在10%—100%，叫作奔腾的通货膨胀，100%以上的属于超级通货膨胀。

即使经济中发生了通货膨胀，也并不见得所有的商品价格都上涨，有的商品价格上升，而有的下降，按照对价格影响的差别，通货膨胀可以分为平衡的通货膨胀与非平衡的通货膨胀。平衡的通货膨胀是指每种商品的价格按相同比例上升，而非平衡的通货膨胀是指各种商品价格上升的比例不完全相同。现实生活中，各种商品价格的变化之比常常是不同，比如，中国在2008年后商品住宅价格上升的幅度最大，而服装的价格几乎没有多大变化。非均衡的通货膨胀由于改变了商品的相对价格比，对资源配置的影响较大。

按照人们的预期程度，通货膨胀可以分为未预期到的通货膨胀与预期到的通货膨胀。未预期到的通货膨胀是指价格上升的速度超出人们的预期，而预期到的通货膨胀有时也叫作惯性的通货膨胀，是指人们预期的通货膨胀率与现实的通货膨胀率相符。

经济学中的预期（expectation）是指人们对经济变量在未来变动的事前估计与预测。预期对经济活动的影响较大，而通货膨胀预期（inflationary expectation）是人们对未来不确定的通货膨胀的判断，是诱导通货膨胀的重要因素。人们预测的依据可能是往年的通货膨胀率，如果在签订经济契约时将预期的通货膨胀率写进去，预期的通货膨胀率有可能形成下一期真实的通货膨胀率。

著名的经济学家小罗伯特·卢卡斯（Robert Lucas, Jr.）提出了理性预期（rational expectation）学说，他认为人们可以对未来的经济形势做出合理的预期，市场比任何模型都聪明。人们会根据这个预期来确定未来的工资与其他的货币价格。美国密西根大学（University of Michigan）调查研究中心每个月都会对数百个美国民众进行调查，询问他们对未来12个月的通货膨胀率预期。另外，美国联邦储备银行（Federal Reserve Bank）费城分行则每季度对30—40名经济专家进行访查，询问他们对未来12个月的通货膨胀率预期。

（三）通货紧缩与经济衰退

人们普遍不喜欢物价上涨，可是，物价持续下跌是不是就是好事呢？物价普遍下跌的情况就是通货紧缩（deflation），CPI、工资、利率等价格指数持续下降，常常是因为需求不足或者供给过剩，与经济衰退、经济萧条、货币供给量减少有关系。1929—1933年西方主要国家发生了经济大萧条，与此相伴而生的是通货紧缩。1933年与1929年相比，美国的物价下降了33%，英国的物价下降了31%，法国下降了36%。在美国，企业主和大农场主大量销毁"过剩"的产品，用小麦和玉米代替煤炭做燃料，把牛奶倒进密西西比河，使这条河变成"银河"。当时，美国失业人口总数达到了830万，各城市排队领救济食品的穷人长达几个街区，在那些被迫以经营流动水果摊讨生活的人中，有许多从前是成功的商人和银行家。

二、通货膨胀的衡量

可以用价格指数的变动率来衡量通货膨胀。价格指数中的国内生产总值价格平减指数（GDP deflator）、生产者价格指数（Producer Price Index，PPI）、消费者价格指数（Consumer Price index，CPI）、零售价格指数（Retail Price Index，RPI）都是常用指标。物价平均水平的上升速度叫作通货膨胀率（inflation rate）。由于消费物价指数与居民日常消费联系较多，所以很多媒体都会把 CPI 作为重要的通货膨胀衡量指标。

通货膨胀率的计算方法由式（7.1）给出：

$$\pi_t = \frac{P_t - P_{t-1}}{P_{t-1}} \times 100\% \tag{7.1}$$

其中，π 表示通货膨胀率，t 表示时间，P_t 表示第 t 期的价格指数，P_{t-1} 表示第 $t-1$ 期的价格指数，即第 t 期的上一期的价格指数。

但是，每一种物价指数的编制都有其局限性，编制方法需要不断加以修正，例如，CPI 的统计不包括人们用于住房的支出，对此，英国国家统计局打算从 2017 年起让 CPIH 成为更合理的通货膨胀衡量指标，CPIH 在原先 CPI 的基础上加入了业主居住者的住房成本，比如抵押贷款、住宅保险、房地产中介费用以及维护和改造成本。

三、为什么物价年年都在上涨？

（一）货币发行量过多

为什么物价年年上涨？其根本原因在于货币发行量的增加。著名的经济学家米尔顿·弗里德曼（Milton Friedman）有一句名言：严重的通货膨胀无论在何时何地都是一种货币现象。按照这样的观点来看，通货膨胀的根本原因在于货币当局发行的纸币数量太多，当货币发行量的增速超过了生产率的增速时，造成过多的货币追逐较少的商品，必然引起商品价格的上涨。如果你去翻看一下《中国统计年鉴》的数据，就会知道物价指数在逐年升高，而且较长的时期里通货膨胀率上升幅度相当大，以 1978 年为基期价格 100，2006 年中国居民消费者价格指数 CPI 上升为 471。过去的 10 年，中国 GDP 的年均增长速度平均为 10.9%，M2 层次的货币发行量年均增速为 18.8%，而 CPI 年均上升 1.7%，GDP 平减指数年均增速为 3.5%，那么，多余的货币到哪里去了呢？

为什么货币发行量每一年都会增加？这是出于一个国家经济增长的需要。政府常常认为它有责任要为实现经济增长做些什么，为了实现这个目的政府会增发货币，刺激消费与投资。当今世上很多国家的货币发行量都在逐年上升，但是，这个速度要与本国经济增长的速度相适应。

（二）需求导致的通货膨胀

除了货币因素之外，其他原因也可能为一个经济体带来通货膨胀。比如，总需求增长超过总供给，这是由于总需求过度增长带来物价上升的情况。

经济发展中人们的需求改变比生产变化要快得多，因为企业调整生产涉及资本投资与工人聘用，需要时间，企业不可能立刻扩大产量，所以一个经济体的生产能力在短期内不会有大的提高。当经济中的总需求迅速增加时，总供给无法及时满足总需求，供不应求现象推动价格持续上升，产生通货膨胀。如果经济中的货币供给量过多，也会形成超额的总需求从而产生通货膨胀。

典型的需求拉动型的通货膨胀具有以下几个基本特征：第一，超高速的投资增长；第二，货币供给量急剧扩张；第三，出现大幅度的财政赤字和贸易赤字；第四，经济增长速度过快。

中国在 1993—1996 年经历了一场由于需求引发的通货膨胀。1994 年物价上涨率一度达到 27.4%，总需求旺盛表现为：（1）投资需求过热。投资是导致经济波动的主要原因，在 1992—1994 年间，投资增长率超过了 40%，个别时期达到了 70%。（2）财政赤字增加。1990—1995 年，5 年间财政赤字年均增长率约 31%。（3）经济增长速度过快。1993 年经济增长速度从 1990 年的低谷迅速达到了 14.2%，仅用了两年时间，增幅为 10.4 个百分点。（4）货币供给增长过快。从 1992—1994 年情况看，这一时期，M2 的增长率大约维持在 30%，而中国此前的正常水平为 16% 左右。

(三)成本推动的通货膨胀

生产成本的上升会引发供给性的通货膨胀。即使没有总需求的超额增长,供给成本的提高也可以带来通货膨胀,这属于成本推动的通货膨胀。引起成本上升的因素有进口商品价格的上升、税收的增加、资源的枯竭、工会的干预等。

工资是企业成本的重要组成成分,货币工资与价格每年都在上升,而且货币工资似乎很难下降。2010年,中国交通银行的一份研究报告指出,劳动力成本的持续上升是助推整体物价上涨的一个重要因素,工资上涨10%可能推动CPI上升约1个百分点。

保罗·萨缪尔森(Paul Samuelson)指出,价格在经济衰退时是上升的,经济繁荣时上升得更快,价格和工资在实现充分就业之前就开始上升,即使在30%的生产能力闲置、10%的劳动力失业的情况下,价格与工资也在上升。为什么在经济衰退时期,价格与工资还在上升呢?因为很多人的工资调整缓慢,并不随着经济波动而改变,而是稳定保持上升的现象,工资的这种特性叫作工资黏性。工资黏性表明工资具有稳定性,企业发展需要这种稳定性,企业与员工签订的工资合约大部分是长期合约,毕竟,优秀员工的招聘成本很高,企业为了吸引人才主动给员工提供效率工资。萨缪尔森的这种解释对于我们理解西方的滞涨问题很有帮助。

中国1994年的通货膨胀是典型的成本推动型。农产品价格上涨是很关键的因素,农产品既是消费品,也是主要的工业原材料,"一粮带百价",以农产品价格为代表的生产要素价格上涨导致了成本型通货膨胀。中国经济从1993年步入快速增长阶段,地方政府大力发展开发区和房地产行业,银行的信用规模不断扩张,新的工业项目投资过热,遇到了石油、煤炭、电力、运输等基础产业的瓶颈制约,钢材等原材料价格急剧上涨,很多生产要素价格上升40%,而生产要素价格上涨又引发了消费品价格的上涨。1993年的通货膨胀率为13.2%,1994年上升为21.7%,银行一年期存款利率上浮为12%,5年期以上的保值储蓄实际利率达到25%。政府对经济进行了"软着陆"式的治理整顿,随之而来的是海南房地产泡沫破灭,中国股市进入长达数年的熊市,GDP的增长率由11%下降到8%。

(四)心理预期的影响

通货膨胀预期虽然只是一个抽象的心理概念,却能通过自我加强影响消费者的行为,最终将预期转化为现实。假如一个工会和一个雇主正在谈判工资增加问题,双方预期的通货膨胀率是5%,工会希望获得稍高于5%的工资上涨,这样工人的实际工资会增加,雇主则希望工资增长低于5%,双方都同意工资增长将在5%左右,并以此为基础谈判,结果现实工资增加将在5%左右。预期的通货膨胀率越高,工资支付水平和价格水平越高,由此导致的通货膨胀率越高。

一旦消费者和投资者形成强烈的通胀预期,就会改变其消费与投资行为,从而加剧通胀,导致"通胀—通胀预期—通胀"螺旋式的上升。中国在1987年夏天出现的抢购商品潮、2007年股票市场疯涨等情况,都是通胀预期推动价格飙升的具体案例。

银行定期存款与活期存款的比值和房地产价格指数能够较好地反映通货膨胀预期。从资产配置的角度来看,通货膨胀预期会影响到居民和企业的储蓄存款配置。当预期通货膨胀上升时,由于名义利率变化的滞后性,实际利率下降,居民和企业储蓄定期存款的热情下降,同时对于流动性的追求将导致持有活期存款和现金的动机加强。

一旦通货膨胀的预期加强,大量资金便会流入房地产市场、股票市场,进而推动房地产市场、股票市场和大宗商品价格的上涨。因此股票指数和房地产价格指数等可以作为通货膨胀预期的衡量指标。

此外,经济各部门的不均衡发展会导致结构性通货膨胀,国际上的通货膨胀通过进口商品渠道有可能引起国内的通货膨胀,这属于输入型通货膨胀。

四、谁从通货膨胀中获益?

通货膨胀具有财富再分配效应。通货膨胀将一些人的财富转移到另一些人手里,不过,这种财富再分配效应并不是哪个人刻意所为。

(一)通货膨胀有利于债务人

经济发生了通货膨胀时,银行的实际利率下降,甚至为负值,因此,债务人获益,债权人受损。据美国普渡大学(Purdue University)经济学家唐·帕尔伯格(Don Parlberg)计算,仅1988年一年美国债权人的收入就减少了2 590亿美元,而1984年美国慈善捐赠的总额不过是1 540亿美元,帕尔伯格直称通货膨胀是"这个世界上最慷慨的施舍者"。有人无缘无故地失去,同时有人无缘无故地获得,这样的世界不应是个理想的世界。[1]

(二)通货膨胀不利于领取固定薪水的人

由于固定工资合约不会随着商品价格的变化而变化,而从事销售活动者的收入随着商品价格的上升而增加,因此,通货膨胀不利于那些依靠固定工资生活的人,比如退休老人、公务员等。

富人比穷人有更强的抵御能力。富人拥有多样化的财产,其中企业性资产、不动产在通货膨胀中会得到额外收益,而低收入者的财产主要是货币性资产——固定收益的银行存款,而固定收益资产的实际价值在通货膨胀中将会减少,穷人在通货膨胀发生时会变得更穷,中国人民银行出版的《金融知识国民读本》是这样描述的:通货膨胀尤其是恶性通货膨胀,总是"劫贫济富",让穷人更穷,富人更富[2]。

图7-7 在通货膨胀和经济衰退时期的阴影下,世界上许多国家的民众都对越来越高的物价和止步不前的薪水发出抱怨

资料来源:原载美国《圣路易斯快邮报》,http://www.92to.com/xinwen/2016/04-05/2725071.html,访问时间2017年6月4日。

---

[1] 许梦博:《被物价支配的经济史》,人民邮电出版社2009年版。
[2] 中国人民银行:《金融知识国民读本》,中国金融出版社2007年版,第13页。

(三）政府获得通货膨胀税

通货膨胀可以看作是一种税收——通货膨胀税，在经济出现通货膨胀的时候，由于受通货膨胀的影响，人们的名义货币收入增加，导致纳税人应纳税所得自动地划入较高收入级别，因而按较高适用税率纳税。这种由通货膨胀引起的税收，被称为通货膨胀税（inflation tax）。通货膨胀税比一般的税收更具有隐蔽性，人们当时不易察觉，年月久了，通货膨胀税带来的财富损失会比较大，所以有人把它喻为"税月神偷"。

既然通货膨胀税是一种税收，获益者就只能是政府了。政府除了可以从通货膨胀税中获益外，还由于握有巨额的政府债券成为最大的债务人，通货膨胀大大减少了其债务负担。凯恩斯曾经说过，通过一种持续不断的通货膨胀过程，政府能够秘密地和不被察觉地没收其公民的大量财富。这种财富剥夺尤其对于底层民众来说不可接受。

五、通货膨胀的影响

温和的通货膨胀率对于经济发展有一定的刺激作用。由前面的分析可知，工资合约中货币工资具有一定的稳定性，较高的通货膨胀降低了员工的实际工资，人力成本降低会刺激企业雇用更多的工人，带来就业的增长与产量的增长。再者，由于银行的利率调整滞后于物价的变化，实际利率随着通货膨胀的上升而下降，企业的借贷成本下降鼓励企业扩大投资，从而也可以带来产量增长。

但是通货膨胀给经济发展带来的负面影响也是严重的。如果通货膨胀属于可以预期的通货膨胀，那么其影响相对来说比较小，主要表现为皮鞋成本与菜单成本两类。

（一）皮鞋成本与菜单成本

皮鞋成本（shoe-leather cost）是指人们为了减少货币持有量而产生的成本，比喻人们牺牲的时间与精力。当发生通货膨胀时，一般会减少手中的货币持有量来避免这种损失，更多地跑去银行把现金放入有利息的账户中。这样频繁地光顾银行，鞋底磨损得较快，所以将这种成本称为鞋底成本。通货膨胀的皮鞋成本看起来可能是微不足道的，而且，实际上在近年来只有温和通货膨胀的情况下，皮鞋成本的确很少。但在经历了超速通货膨胀的国家中，这种成本就重要了。据统计，通货膨胀每高出正常值1个百分点，带来的不方便造成的成本约为GDP的0.05%。

菜单成本（menu cost）是指厂商调整价格所花费的成本。这个词来自餐馆印刷新菜单所花费的成本。菜单成本包括研究和确定新价格的成本、重新编印价目表的成本、通知销售点更换价格标签的成本、把这些新的价格表送给中间商和顾客的成本、为新价格做广告的成本，以及由于改变价格对市场影响的不确定造成的风险成本，甚至包括处理顾客对新价格抱怨的成本。有些机会成本也叫做菜单成本。

正常情况下企业并不会频繁改变产品价格，大多数企业一年改变一次产品价格，这是因为调整价格有成本。可是当通货膨胀率快速上升使企业成本不断增加时，企业不得不频繁改变价格，不得不投入时间、精力、资金改变目录、菜单或投币自动售货机上的价格。

（二）相对价格的紊乱

由于每种商品价格上升的比例不同，通货膨胀改变了商品的相对价格，价格机制配置资源的功能需要调整与适应，从而降低了经济活动的效率，这样的影响很严重。比如，由于商品住宅的价格上升了4倍，房地产业的利润率远远高于制造业，可以预见将会有更多的资源流入房地产业，想一想，如果制造业受到冷落，火爆的房地产业能够支撑起一个国家的经济吗？

（三）恶性通货膨胀导致信用体系的崩溃

恶性通货膨胀（hyperinflation）的界定没有统一的标准，若年通货膨胀率达到100%，就称一国处于恶性通货膨胀状态，一般认为每月50%以上的通货膨胀就是恶性通货膨胀。1922—1933年德国的最高通货膨胀率达到290 00%，如果把1922年1月的物价指数看作1，那么1923年11月的物价指数则为100亿。在危机最严重的时候，通货膨胀率每月上升2 500%，工人们的工资一天要分两次支付，到了傍晚，一个面包的价格等于早上一幢房屋的价格。

恶性通货膨胀的发生表明政府已经无法控制物价，而居民深受其苦。由于货币急剧贬值，居民不愿持有现金，宁可持有外币或非货币资产。在1985年安哥拉的恶性通货膨胀中，人们领到薪水后赶忙去市场买回必需的生活用品，然后赶紧到黑市上把剩下的比索换成美元。

恶性通货膨胀一般出现在战争期间以及政局动荡的环境中。20世纪多个国家发生了恶性通货膨胀，第一次世界大战后，欧洲的5个国家（奥地利、德国、匈牙利、波兰和苏联）陷入恶性通货膨胀中。第二次世界大战后，中华人民共和国成立前的中国、希腊和匈牙利都陷入了货币混乱中。20世纪80年代，阿根廷、玻利维亚、巴西、秘鲁等国家的外债危机导致了金融混乱，最近期的例子是津巴布韦。

是什么引发了恶性通货膨胀呢？政府增发大量货币是主要原因，而其目的则是为巨额的预算赤字融资。随着货币供给的大量增加，通货膨胀率就会迅速拉高。高通货膨胀率引起税收实际价值的减少，政府的财政赤字越来越大，当通货膨胀加速，且税收体制崩溃时，政府会以比人们预期更快的速度印刷钞票，从而可以暂时获得超过物价上涨速度的收入。更多的货币供给引致更高的通货膨胀率，这种恶性循环最终将导致经济的崩溃。

第三节　通货膨胀与失业的关系

宏观经济发展的四大目标分别是：经济增长、充分就业、物价稳定和国际贸易收支平衡。较高的通货膨胀与较高的失业率给经济发展造成了沉重的损失，那么，失业与通货膨胀之间有没有一定的联系呢？对这个问题，本节从短期与长期这两种不同的时间框架展开分析。

一、短期失业与通货膨胀的关系

按照凯恩斯的观点，从短期的经济波动来看，经济增长、通货膨胀与失业表现出一定的联系。当经济处于繁荣时期，通货膨胀较高，而失业率下降；当经济变得萧条，失业人数增加，消费与投资下降，通货膨胀处于低位。所以，凯恩斯认为，较高的通货膨胀与较高的失业率现象不可能同时出现。

通货膨胀与失业的关系在新西兰经济学家威廉·菲利普斯（William Phillips）那里得到了更为精确的研究。1958年菲利普斯根据英国1867—1957年间失业率和货币工资变动率的经验统计资料，提出了一条用以表示失业率和货币工资变动率之间交替关系的曲线，这就是著名的菲利普斯曲线。这条曲线表明：当失业率较低时，货币工资增长率较高；反之，当失业率较高时，货币工资增长率较低，甚至是负数。

后来，菲利普斯曲线得到了进一步的发展。1960年，萨缪尔森和索洛这两位经济学家用美国的数据换掉英国的数据，并用物价上涨率代替名义工资增长率，得出了短期内通货膨胀率和失业率之间的交替关系。美国1961—1969年的数据与菲利普斯曲线拟合得比较好，参见图7-8中的散点图，可以看到，当通货膨胀率较高时失业率比较低，这些点的分布表现了通货膨胀率与失业率反向变动的趋势。

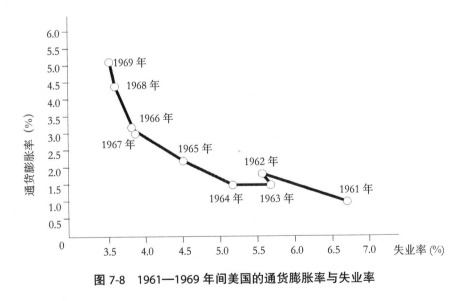

图7-8　1961—1969年间美国的通货膨胀率与失业率

在图7-9中，横轴代表失业率（u），纵轴代表通货膨胀率（π），向右下方倾斜的曲线PC即为菲利普斯曲线。这条曲线表明，当失业率高时通货膨胀率就低，当失业率低时通货膨胀率就高。曲线的负斜率意味着失业率和通货膨胀率之间存在着反方向变动的关系。

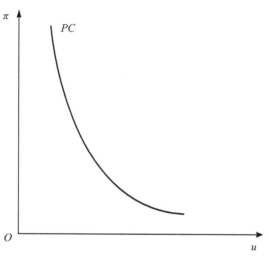

图 7-9 菲利普斯曲线

菲利普斯曲线为政府制定政策提供了一种思路,政府要想降低失业率,不妨提高通货膨胀;如果想治理通货膨胀,就要以牺牲就业为代价,那么失业率会上升。

后来,经济变化出现了与菲利普斯曲线相悖的情况。20 世纪 70 年代,英国、美国、德国等国家出现了滞胀(stagflation),滞胀就是停滞性通货膨胀,即经济停滞(stagnation)与通货膨胀并存,滞胀的特征是高通货膨胀伴随着高失业率。可是,到了 20 世纪 90 年代,情况反转过来了,美国开始了宏观经济高增长与高就业的新经济繁荣时期,再一次背离了菲利普斯曲线描述的失业率与通货膨胀率的轨迹,菲利普斯曲线失灵了!

二、长期的菲利普斯曲线

提高通货膨胀率可以降低失业率,果真如此吗?如果把时间距离拉得更长一些,答案是否定的。请看图 7-10,这是 1961—1999 年间美国的通货膨胀率与失业率之间的关系,这二者还满足菲利普斯曲线的规律吗?这些点杂乱无章,似乎没有表现出菲利普斯曲线的趋势。

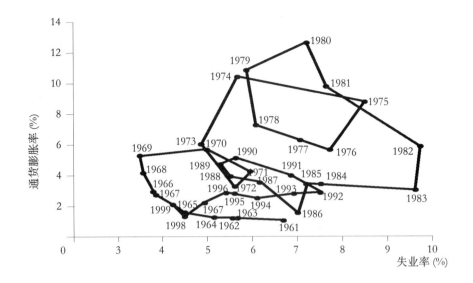

图 7-10 1961-1999 年美国的通货膨胀率与失业率

注：图中数字表示年份。

菲利普斯曲线毕竟是对过去历史数据的经验研究，而不是对未来的量身定做。时过境迁，菲利普斯曲线在实践的拷问中得到了修正，自 20 世纪 70 年代末开始，多名经济学家对于菲利普斯曲线提出了批评，其中最著名的有米尔顿·弗里德曼、埃德蒙·菲尔普斯（Edmund Phelps）与罗伯特·卢卡斯。

米尔顿·弗里德曼认为，从长期来看失业率终归会回到自然失业率，失业率的变化与通货膨胀率的变化没有必然的联系，所以，长期的菲利普斯曲线是一条竖直的直线。按照他的理论，政府想要一直降低失业率是不可能的，那样做反而会加剧通货膨胀。

埃德蒙·菲尔普斯认为通货膨胀与失业率"跷跷板"的关系只在短期成立。在长期，人们的通货膨胀预期会发生作用，无论通货膨胀率是多少，失业率会趋于一个自然的失业率。

而罗伯特·卢卡斯指出，人们的预期足够理性，无论在长期还是短期，预期通货膨胀与实际通货膨胀一致，如果政府试图通过提高通货膨胀率来降低失业率，是不可能成功的，因为人们会采取相应的对策以保证自己少受损失，政府的政策效应被完全抵消。他指出，失业率始终是自然失业率，菲利普斯曲线是一条垂直线。

由此看来，长期的菲利普斯曲线是一条从自然失业率出发的垂直线，参见图 7-11，纵轴表示通货膨胀率（π），横轴表示失业率（u），u^e 是自然失业率，PC 是长期菲利普斯曲线。长期菲利普斯曲线的政策含义在于，政府企图用拉高通货膨胀率来降低失业率的政策是无效的。

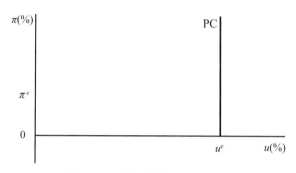

图 7-11　长期的菲利普斯曲线

本章小结

1. 就业者是指拥有全职或者兼职的带薪工作的人，失业者则是没有带薪的工作却又在积极找工作的人，就业人口与失业人口的总和是劳动人口。

2. 失业可以分为自愿失业与非自愿失业，非自愿失业还可以进一步划分为摩擦性失业、结构性失业与周期性失业，政府要着力解决的是非自愿失业问题。

3. 经济中的失业率不可能是零。即使在充分就业的状态下，也存在摩擦性失业、结构性失业。自然失业率是经济处于正常状态下的失业率。

4. 就业取决于劳动需求与劳动供给。市场的劳动需求曲线向右下方倾斜，劳动需求与工资反向变化，劳动供给曲线向右上方倾斜，劳动供给与工资同向变化。

5. 劳动市场的竞争均衡是由劳动需求曲线与劳动供给曲线的交点决定的。均衡工资叫作市场出清工资。

6. 摩擦性失业是由于劳动力流动性不足、工种转换困难、信息交流不完全以及市场组织不健全所造成的短期、局部性失业。结构性失业是经济结构的变化带来的失业，周期性失业来自经济周期的循环波动，是衰退和萧条时期企业裁减雇员而形成的失业。

7. 奥肯定律粗略估计了失业的经济损失，失业率每高于自然失业率1%，实际总产出会低于潜在总产出2%。

8. 通货膨胀是物价水平持续和显著的上涨，物价普遍下跌的情况则是通货紧缩。通货膨胀本质上是由于货币供给的过度增长，但是总需求增长过快、供给成本上升、人们的心理预期也会引发通货膨胀。

9. 货币供给量超发甚至会导致恶性的通货膨胀。恶性的通货膨胀与政府财政赤字有着紧密的联系，政府为了解决财政赤字问题会增加货币发行量，而货币增发与通货膨胀形成的恶性循环会导致经济崩溃。

10. 温和的通货膨胀对经济发展有一定的刺激作用，但是高通货膨胀会给经济带来巨大的损失，包括皮鞋成本、菜单成本和相对价格的改变。

11. 从短期来看，经济增长、通货膨胀与失业表现出一定的联系，当经济处于繁荣时期，通货膨胀较高，而失业率下降，菲利普斯曲线反映了失业率和货币工资变动率之间的交替关系。从长期来看，失业率终归会回到自然失业率，失业率的变化与通货膨胀率的变化没有必然的联系。

思考与练习题

1. 当经济正常运行时，失业率会是零吗？
2. 技术进步是否会产生大规模的失业？
3. 为什么企业的职位空缺与劳动者的个人失业会同时存在？
4. 请说出使劳动需求曲线向左移动的三种原因。
5. 个人劳动供给曲线为什么会向后弯曲？
6. 通货膨胀产生的原因是什么？
7. 通货膨胀对经济有好处吗？通货膨胀对经济造成的损失有哪些？

8. 失业的成本有哪些?

9. 请解释菲利普斯曲线的经济含义。

10. 如何理解通货膨胀与失业的关系?

参考文献

1. 〔美〕保罗·萨缪尔森、威廉·诺德豪斯:《宏观经济学》(第 19 版),人民邮电出版社 2012 年版。
2. 〔美〕达龙·阿西莫格鲁、戴维·莱布森、约翰·A. 李斯特:《经济学》(宏观部分),中国人民大学出版社 2016 年版。
3. 〔美〕N. 格里高利·曼昆:《宏观经济学》(第 9 版),中国人民大学出版社 2016 年版。
4. 〔英〕凯恩斯:《就业、利息与货币通论》,译林出版社 2014 年版。
5. 〔美〕理查德·弗罗恩:《宏观经济学:理论与政策》(第 9 版),中国人民大学出版社 2011 年版。
6. 宋鸿兵:《货币战争》,中信出版社 2011 年版。

第八章　开放经济理论与政策

在一个开放的世界里，我们每天享用着来自异国他乡的商品，我们生产的商品也远销世界各地。有关国际贸易、投资的新闻也几乎天天见诸媒体，一则新闻报道是几个国家之间达成协议，或建立自由贸易区，努力促进双方或多方的贸易投资往来。而另一则新闻又报道，一国对来自他国的商品采取进口限制。我们自然会思考，国与国之间为何要进行分工和贸易？贸易遵循什么样的原则？资本如何在国家之间进行流动？参与国际经济往来对一个国家以及每个民众会带来怎样的收益和损失？

这一章里，我们先以比较优势理论解释各国之间进行分工和贸易的理由，以及如何将本国的比较优势转化为竞争优势，然后再介绍跨国公司及产品的"全球制造"，最后概述国际收支及开放经济政策。

第一节　比较优势与竞争优势

一、各国之间为何进行分工和贸易？

国家与国家之间进行贸易的历史久远，各国的贸易往来日益频繁。我们通常看到两个名词：国际贸易和对外贸易。这两个词都涉及国家与国家之间的贸易，区别是表述的角度不同。从世界角度讲，各个国家之间进行的产品和服务交换活动统称为国际贸易或世界贸易。而站在一个国家的角度出发，该国与其他国家发生的贸易称为对外贸易,包括将本国的产品和服务出口到其他国家,以及从其他国家进口的产品和服务。将每个国家的对外贸易量加总就是国际贸易总量。

有贸易就有分工,两者相互促进,在国际范围内亦是如此。国际贸易推动了国际分工的不断深化,而国际分工又促进了国际贸易的发展。20世纪中叶以来,国际贸易和分工发展迅猛,各国之间经济联系日趋紧密。经济贸易的自由往来,生产要素在全球范围内的有效配置,不断提升各国经济增长和消费者的福利水平成为人们的基本共识。2014年,世界货物和服务进出口总额达到47.56万亿美元,占全球GDP总额的一半左右;中国对外贸易总额为4.91万亿美元,占世界贸易总额约11%,位居世界第一位。国际分工也在不断深化,分工形式沿着产业间分工—产业内分工—产品内分工演进,相当多的工业制成品制造工序在各国之间进行分工,形成全球生产网络。随之,跨国投资和中间品贸易得到迅速增大。2015年全球外国直接投资达到1.76万亿美元,比20世纪70年代增长了10倍以上。在全球总出口中,中间品出口占到50%,资本品出口占到近20%。总之,贸易自由化和经济全球化正在不断推进,成为不可逆转的世界潮流。

各国之间为何进行贸易和分工?贸易和分工的原则是什么?国际贸易和分工给世界和各国带来怎样的效应?经济学一直进行着研究。国际分工和贸易的原因,经济学理论认为主要在于两个方面,一是比较优势,二是规模经济效应。

"寸有所长,尺有所短"。每个人相比他人都会有自己的优势和不足,当我们面临两种职业:一种是有利于发挥自己优势的职业,另一种是需要不断弥补自己的短处方可适应的职业,我们选择哪一种职业更有可能成功呢?一家全球知名的研究和咨询公司——美国盖洛普公司,研究了包括销售员、经理、医生、飞行员和运动员在内的超过25万名成功者的材料,得出的结论是,当一个人从事有利于发挥自身长处的工作时,他才能获得最高的成就。国家之间亦是如此,由于自然、历史等原因,各个国家具有不同的生产效率,如果各个国家分工生产自己生产率相对高的产品,相互进行贸易,就可以节约社会劳动,提高生产效率,世界会增加产量。这就是"比较优势"理论的基本原理。

经济学用机会成本来定义"比较优势"。机会成本衡量的是对资源用于不同选择所得到的产出价值进行比较。由于资源的稀缺性，我们将资源选择用于生产一种产品，就必然同时放弃了资源使用的其他机会，在被放弃的其他机会中所能得到的最大产出价值就是机会成本。下面我们以两个国家生产两种产品为例来说明。

假设，中国和德国都生产瓷器和汽车，两国各有100名劳动力，其中50名生产瓷器，另外50名生产汽车。中国生产瓷器已有悠久的历史，50名劳动力一年可以生产瓷器100万件，其余50名劳动力一年生产汽车3万辆；德国拥有生产汽车的核心技术，50名劳动力一年可以生产汽车10万辆，其余50名劳动力一年可以生产瓷器60万件。可见，中国50名劳动力生产3万辆汽车的机会成本是放弃了生产100万件瓷器；德国50名劳动力生产60万件瓷器的机会成本是放弃了生产10万辆汽车。中国生产汽车的机会成本要高于德国，德国生产瓷器的机会成本要高于中国，说明中国生产瓷器有比较优势，德国生产汽车有比较优势。如果中国和德国之间按比较优势进行分工，中国100名劳动力全部用于生产瓷器，则一年可以生产200万件瓷器，德国100名劳动力全部用于生产汽车，一年可以生产20万辆汽车。相比分工之前，瓷器的总产量由160万件增加到200万件，汽车的总产量由13万辆增加到20万辆。我们从表8-1可以将两国的比较优势，以及分工前后的状况看得更清楚。

表8-1 比较优势数字说明

分工前			分工后		
产品 国家	瓷器 （万件）	汽车 （万辆）	产品 国家	瓷器 （万件）	汽车 （万辆）
中国	100	3	中国	200	0
德国	60	10	德国	0	20
比较优势	中国	德国	比较优势	中国	德国
总产量	160	13	总产量	200	20

可见，如果一国生产一种产品的机会成本（即等量资源生产另一种产品所能获得的产量）低于其他国家生产同种产品的机会成本，则这个国家在这种产品生产上具有比较优势。各国之间按照比较优势进行分工，世界总产量会得到提高，通

过贸易各国都能从中受益。对消费者而言，国际贸易不仅能够增加消费数量，而且能够消费来自异国他乡更多种类和更高质量的产品，从而消费者的福利水平得到提高。

对国际贸易分工和贸易发生原因的另一种解释是规模经济效应。国家之间分工和贸易，可以使各国将资源集中用于一种产品的生产，就能扩大生产规模。随着生产规模的扩大，单位生产成本能够得到降低，而且劳动者从事专业化生产，有利于积累经验、改进技术，从而提高生产率水平。各国开放市场，产品的市场范围也就比一国市场要大得多，这就为生产规模的扩大提供了需求保障。

二、比较优势下的"贫困化增长"

参与国际分工和贸易的国家都希望获得更多的贸易利益，不仅包括从参与国际贸易和分工中获得的直接贸易利益，也包括从中获得的间接利益，诸如通过国际贸易能够引进先进技术，强化竞争，提高本国社会生产力，促进国民财富的增长、产业结构的升级等等。

一国的直接贸易利益多少取决于本国的产品在世界市场上相对价格的高低。相对价格实质上反映一国出口产品所能交换的进口产品的比例，该比例越大，本国所获得的直接贸易利益也就越大；反之则直接贸易利益越小。而现实中的市场是不完全竞争的市场结构，不同类别的产品由于供求的弹性、消费者的偏好、生产技术的复杂程度等不同，市场竞争程度也不尽相同。一般而言，消费者偏好强、技术复杂程度高的产品生产厂商会对该类产品的市场形成一定的垄断势力，产品的相对价格较高。如果一国分工生产这类产品，必然从国际贸易中获得更大的直接贸易利益。

20世纪50年代，阿根廷经济学家劳尔·普雷维什（Raúl Prebisch）提出了"贸易条件"理论，用以分析不同类别产品相对价格变动状况，以及国际贸易和分工对各国直接贸易利益的影响。普雷维什计算的是"价格贸易条件"，指一类产品的价格变动率与另一类产品价格变动率之间的比例。如果一国出口等量的产品换回的进口产品数量日趋减少,意味着该国的价格贸易条件恶化;反之价格贸易条件改善。普雷维什发现初级产品相对于制成品的价格贸易条件呈长期下降趋势,即初级产品的价格贸易条件恶化。在传统的国际贸易和分工下,发展中国家更多的是出口初级产品,从发达国家进口制成品,初级产品价格贸易条件恶化使得发展中国家在国际贸易和分工中处于不利地位,发展中国家通过与发达国家之间的贸易和分工不仅难以实现贸易利益均等化,而且会拉大两者之间的获利差距。后来,印度经济学家贾格迪什·巴格沃蒂(Jagdish Bhagwati)进一步证明了发展中国家增大初级产品和劳动密集型产品的出口,反而促使价格贸易条件更为恶化,等量的出口换回更少进口量,带来"贫困化增长"。

仍以中国的瓷器和德国的汽车贸易为例。最初瓷器和汽车的交换比例(即相对价格)为100∶10,中国用100万件瓷器可以换回10万辆汽车。但是,德国垄断了汽车市场,随着技术改良以及消费者对汽车需求的增大,德国汽车价格提高。如果瓷器供给和需求状况没有改变,瓷器和汽车的相对价格变为100∶8,这意味着现在100件瓷器只能交换到8万辆汽车。若中国仍要进口10万辆汽车,就需要出口125万件瓷器。很显然,中国为进口相同数量的汽车增加了25%的瓷器出口,这使中国的价格贸易条件恶化,在国际贸易利益分配中处于不利地位。

因此,如果一国贸易条件长期处于恶化态势,国际贸易利益分配必然对其不利,以出口的数量扩张带来的经济增长也是一种"贫困化增长",本国国民的福利水平并不能由此得到真正提升。贸易条件恶化的国家会考虑调整发展模式,在发挥自身比较优势的同时,对目前处于比较劣势,但有利于贸易条件改善和有利于全社会生产力水平提高的产业进行扶持,促使比较劣势向比较优势转化以及比较优势向竞争优势转化,以防止落入"比较优势陷阱",力争在国际分工和贸易中处于有利的地位。

三、比较优势与竞争优势之争

按照比较优势原则进行国际分工和贸易,能够优化资源配置,增加产出,提高消费者福利水平，这是国际分工和贸易发生的基本动因。然而，国际贸易利益为何在不同国家之间分配并不能实现均等化呢？这是由于在国际范围内实施比较优势原则需要具备严格的前提条件，一是存在完全自由竞争的市场结构，二是实行完全的自由贸易制度。而现实的世界市场是不完全竞争的，各国出于自身的利益对贸易在自由与保护之间进行着博弈。正如前述，不同类别产品的市场竞争程度不同导致各国获得的直接贸易利益会有大的差异，仅仅具有成本和资源禀赋的比较优势并不能保证一国能够持续地获得较高的贸易利益，也难以促进本国社会生产力的持续提高，而需要使比较优势转化为竞争优势。

那么，比较优势与竞争优势是什么关系？竞争优势的来源是什么？

对于比较优势和竞争优势的关系，经济学家们有不同的看法。第一种观点认为，比较优势是基础，只有具备比较优势的产业才可能创造和维持竞争优势。第二种观点认为，比较优势理论并不能解释一国如何获得可持续的经济利益，而竞争优势理论更具有实际意义，应该用竞争优势理论取代比较优势理论。第三种观点则主张比较优势应转化为竞争优势。这三种观点虽然不尽相同，但至少有一点是共同的，即仅具有比较优势并不足以保证一国或一个产业具备可持续地获得经济利益的能力，一国应将比较优势转化为竞争优势。

对一国竞争优势的来源，美国管理学家迈克尔·波特（Michael Porter）进行了研究，引起了人们的广泛兴趣。他区分两个层次来探讨竞争优势的来源。一个是低层次的竞争优势，另一个是高层次的竞争优势。低层次的竞争优势是基于低成本的竞争优势；高层次的竞争优势是基于产品差异化的竞争优势。低层次的竞争优势来源于：特殊的资源优势（较低的劳动力和原材料成本）、通用化的生产技术和生产方法、发展规模经济。高层次的竞争优势是通过进行了持续的投资和创新而创造出了更能符合客户需求的差异化产品建立起来的。

迈克尔·波特认为影响竞争优势形成的四个关键因素是：(1) 生产要素，包括初级生产要素（天然资源、气候、地理位置、非技术人工与半技术人工、融资等）和高级生产要素（现代化通信的基础设施、高等教育人力以及各大学研究所等）。由于初级生产要素本身的供求变化，以及生产的国际化，初级生产要素已不再重要，而通过大量而持续地投资所获得的高级生产要素对竞争优势的重要性就高得多了。"企业若要以独树一帜的产品或独特的生产技术等换得高层次的竞争优势，非得借此高级生产要素不可"。[1]（2）需求条件，包括国内市场的性质、大小、成长速度，以及从国内市场需求转换为国际市场需求的能力。从竞争优势的观点来看，国内市场的质量绝对比市场需求量更重要。（3）相关支持性产业，包括纵向的支持（企业的上游产业在设备、零部件等方面的支持）和横向的支持（相似的企业在生产合作、信息共享等方面的支持）。（4）企业战略、企业结构和同业竞争，包括该如何创立、组织、管理公司，以及竞争对手的条件如何等。除了上述四个关键因素外，政府和机会这两个因素也能影响企业的竞争优势。政府可以通过影响四个关键因素达到影响企业竞争优势的目的；机会因素则为落后企业追赶先进企业提供最佳时机，但四个关键因素是不可替代的。

根据迈克尔·波特的竞争优势理论，基于生产成本、资源禀赋和规模经济等初始比较优势而形成的产业间分工和贸易，以及对劳动密集型和资源密集型产品生产的产业，即便形成了竞争优势，也是低层次的竞争优势。竞争优势是建立在生产者垄断性或独占性资产上，而劳动密集型和资源密集型产品的生产，由于对关键资产的垄断性差，这类产品仅凭初始比较优势难以具有高层次的竞争优势，或者竞争优势易于丧失。表现在与资本、技术密集型产品的贸易中，贸易利益分配或贸易条件不利于己方。因此，一国要在国际分工和贸易中处于有利的地位，就应形成高层次的竞争优势。

一国高层次竞争优势的形成，不能仅仅理解为放弃劳动密集型和资源密集型产品的生产，转向资本、技术密集型产品的生产。即便是资本技术密集型产品的生产，如果仍然采用初级生产要素单纯地追求低成本优势，国际贸易利益分配也同样对己不利。一国高层次竞争优势形成的关键是加大对人力资本和技术的投资，提升生产要素的层次，无论是劳动密集型、资源密集型，还是资本技术密集型产品的生产都能够采用高级生产要素，提高生产率和技术含量，才能在国际竞争中取得优势。

---

[1] 〔美〕迈克尔·波特：《国家竞争优势》，华夏出版社2002年版，第73页。

第二节 产品的"全球制造"

一、国际分工的形式

(一)产业间分工

第一节讲到,各国之间按照比较优势进行分工和贸易,那么,各国的比较优势又是如何形成的呢?瑞典经济学家伯蒂尔·俄林(Bertil Ohlin)、伊莱·赫格歇尔(Eli Heckscher)认为比较优势取决于各国的要素禀赋。要素禀赋是一国在自然资源、劳动、资本、技术等基本生产要素上的丰裕程度。一种要素禀赋越丰裕,其供给价格也相对越低。由于不同种类的产品生产所需耗费的生产要素比例不同,如果一国选择生产的产品所耗费比例高的生产要素是本国丰裕的生产要素,就会具有比较优势。于是,以比较优势原则决定的国际分工就体现为按要素密集度进行的产业间分工,分为资源密集型产品生产、劳动密集型产品生产、资本密集型产品生产、技术密集型产品生产。

产业间分工是20世纪中叶之前国际分工的主要形式。众多发展中国家的自然资源、劳动要素禀赋相对丰裕,资本、技术等要素欠缺,发达国家正好相反。发展中国家分工在自然资源、劳动使用比例较高的产业,如农业、矿产和部分制造业行业,生产和出口资源密集型、劳动密集型产品,从资本、技术等要素禀赋丰裕的国家进口资本密集型、技术密集型产品,这构成了传统的国际分工和贸易的基本格局。但是,正如竞争优势理论所述,仅凭借初级生产要素的比较优势只能形成低层次的竞争优势,只有在高级生产要素上具备比较优势,才能持续保持本国的核心竞争力。在国际贸易中,发展中国家生产和出口资源密集型和劳动密集型产品,与发达国家的资本密集型、技术密集型产品相交换,价格贸易条件往往出现恶化,在国际分工和贸易利益分配中处于不利地位。这也是发展中国家反对以初始的要素禀赋状态确定各国进行产业间分工,努力培育本国高级生产要素,创造新的比较优势,提高本国国际竞争力的基本原因之一。

(二) 产业内分工

20世纪60年代以后,国际分工和贸易出现新的变化,经济发展水平接近,要素禀赋相似的国家之间,相互进出口相同种类产品的规模不断上升,这被称为产业内分工和贸易。到20世纪90年代,产业内贸易总额占世界贸易总额的比重超过25%,进入21世纪后,若将零部件贸易计算在内,产业内贸易的比重已在60%以上。

对于产业内贸易发展的原因,经济学家认为主要是:(1) 产品的异质性,这是产业内贸易发展的动因。同种产品的款式、性能、质量及品牌都是有差异的。比如小轿车,美国的产品以华丽、耐用为特点,能满足消费者显示身份的偏好;日本产品则轻巧、节能,受到注重实用性的消费者的青睐。于是同一种产品由于异质性而使两国同时出口又进口。(2) 需求偏好的相似性,这是产业内贸易的需求基础。人均收入水平、消费习惯相近的国家,人们对产品的需求类型也更为接近。如果其中一国开发出新产品,该种产品在与本国类似的国家更容易找到销路,因此两国之间更有利于产业内贸易的发展。(3) 规模经济效应,这是产业内贸易利益的来源。如果一国专业化生产产业内某一类型的产品,广阔的世界市场有助于实现规模经济效应。在规模经济范围内,随着产量的增大,生产效率得以提升,平均成本得以降低,从而本国的产品竞争力得到增强。

(三) 产品内分工

伴随着现代科技的发展以及贸易和投资自由化的推进,国际分工更加精细化和复杂化,当代国际分工由产业间分工、产业内分工演进到产品内分工,表现为产品的生产环节被"碎片化",分布于世界各地。这意味着一种产品的整个生产过程由多个国家共同参与来完成,形成全球生产网络,我们消费的众多产品不再限于某一国家制造,而是"全球制造"。

理论上将产品从设计制造到销售的整个过程分为四个环节:研发设计、零部件等中间品生产、组装加工、营销服务。各个国家根据比较优势承担其中的某一个环节，各个环节之间通过进出口衔接，共同完成产品的制造和销售。整个过程如图8-1所示。

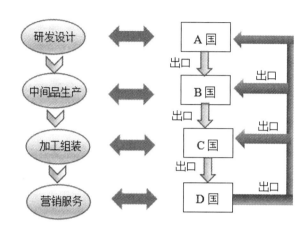

图8-1 产品内分工与贸易

在产业间分工和产业内分工下，各国之间主要是最终品相互进出口，而随着产品内分工的发展，零部件等中间品贸易得到迅速扩大，其进出口规模已占到国际贸易总规模的30%以上。

从各个环节的价值增加角度看，研发设计、中间品生产和营销服务这三个环节，一般分布在具有核心技术、品牌和资本优势的发达国家。这三个环节的增值率高，在产品内分工中处于主导地位。加工组装环节大都分布于劳动力资源丰裕的发展中国家，其增值率低。正如前述，如果一国依赖初级生产要素来生产资本和技术密集型产品，产品内分工的利益分配对发展中国家仍然不利。中国台湾企业家施振荣曾绘制了"微笑曲线"，形象地描述了不同环节增值率分布状况（见图8-2）。由于承担加工组装环节的国家往往进口中间品，根据国外研发设计来进行产品的加工组装，生产出最终产品交付给掌握营销服务的国家销售，本国只能获得少量的加工费用。而现行的国际贸易统计方法是按照各国进出口的产品价值总额进行计算的，这就容易造成重复计算，特别是夸大承担加工组装环节国家的出口总额，一些国际贸易摩擦也是由于这方面的原因引起的。因此，以产品增加值来统计各国的进出口总额才能够反映各国在产品内分工和贸易利益分配中的真实状况，OECD、欧盟等一些国际组织从 2010 年起开始统计贸易增加值数据。

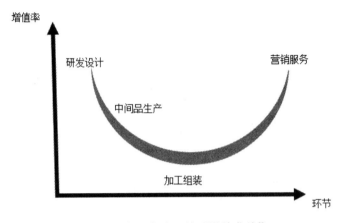

图 8-2　产品内分工的"微笑曲线"

相关链接 8-1

国际生产碎片化的发展趋势

新近的研究讨论了苹果产品如何在中国组装，其数百种零配件来自世界各地。这个生产网络由位于美国的苹果公司领导，苹果产品零售收入的 1/3 到 1/2 归其所有。亚洲公司像日本的东芝和韩国的三星通过制造高增加值附件，也能获得利润的主要部分，如硬盘驱动器、显示器、内存。相反，中国工人承担组装和测试工序估计只获得不超过 2% 的利润。药片、手机和手提电脑等产品的生产专业化分工也具有相似的类型；发达国家投入资本和高技能劳动，获取大部分价值，而新兴经济体贡献低技能活动，获得少量价值。这些研究提出了有价值的问题，国际生产碎片化过程对更广泛的产品生产是否普遍存在？生产链的要素含量是怎样随碎片化深化而变化？在参与这些生产链的高收入国家和新兴经济体之间的专业化形式有怎样的不同？

对当今世界的国际生产碎片化进程的观察和研究，可以看到四大趋势。

趋势1：国际生产碎片化正在扩展

随着通信和协调成本的大幅下降，生产工序分离越来越便利，各个工序被安排在最低成本地区。已有的一些经验文献研究了公司及其附属机构的跨境投资及其带来的国际垂直专业化分工。这里我们聚焦于最终品价值链碎片化的直接现象。

1995—2008年，40个国家的14个制造行业的560种最终品数据显示，产品生产链的85%的环节中，外国增加值份额在增加，表明国际碎片化无处不在，平均外国份额从28%上升到34%。各类产品的碎片化程度有很大不同。由于多数国家没有石油原料因而石油产品有非常高的外国增加值，电子设备的价值链被认为是国际生产碎片化的典型，这些产品的外国增加值份额高于其他产品的平均值，从33%增长到40%；食品制造有相对较低的份额，因为大多数中间品来自当地农业。但即使是这些产品，外国份额也在不断增长。

在地理分布上，20世纪90年代，碎片化主要发生在区域集团内部：北美自由贸易区（NAFTA）、欧盟和亚洲。而进入21世纪后，随着新兴经济体逐渐成为中间品的主要供应者，价值链已经开始真正全球性。这种趋势能否持续迈进取决于多种因素，包括工资和生产率、运输和贸易成本、协调成本、风险的变化以及各种活动之间的联系的增强。

趋势2：更多的增加值来自于高技能劳动和资本

全球价值链的要素含量的变化存在不一致。一方面资本和高技能劳动收入的增加，另一方面中等特别是低等技能劳动份额的下降。1995年资本和高技能劳动一起获得制造业价值的55%，而在2008年上升到63%。这个增加在90年代末和2003—2006年特别显著。后一时期与中国加入世界贸易组织后参与国际竞争是相符的。Rodrik（1997）的研究认为，国际资本市场的开放增加了快速进行资本重新分布的机会，削弱了国际上劳动力讨价还价的力量，从而限制了劳动相对资本的份额。低技能份额的下降不仅在高收入国家的链条末端可以看见，而且在作为完成国的低收入国家也一样。低技能和中技能工人的份额都下降大约4个百分点。

制造业全球价值链中的要素份额

增加值	1995年	2008年	2008年减去1995年
总增加值（亿美元）	65 860	86 840	20 980
资本份额（%）	40.9	47.4	6.5
高技能劳动份额（%）	13.8	15.4	1.6
中技能劳动份额（%）	28.7	24.4	-4.3
低技能劳动份额（%）	16.6	12.8	-3.8

趋势3：高收入国家的高技能劳动专业化得到加强

高收入国家在价值链中的份额下降，而新兴地区却快速增长。高收入国家的高技能劳动收入的份额上升，中等和低等技能劳动收入在下降。

低技能工人的收入和工作机会的下降已经引起了政策的关注，大多数人认为是因为"制造业衰退"。一些国家采取不同的措施对许多关键产业"再工业化"。重要的是随着碎片化生产，对一个国家或一个产业的经济绩效和公共政策的评价方式应有所改变。竞争力不再仅由制造业部门的国内集聚来决定，而是逐渐取决于在链条上其他任务的成功集成，既包括国内的也包括国外的。这说明最终制成品生产不仅包括在制造业部门的工作，也包括在制造业以外的工作，它们通过中间品和服务的传递而发生间接联系。事实上，2008年后者几乎占到与制造生产所有相关工作的一半。全球价值链上的专业化可能导致在传统制造业的工作岗位数量的下降，而产生制造业以外的新工作。的确，在绝大多数高收入国家，与制造业生产相关的服务性工作数量在这个时期有所增长。贸易、劳动和产业政策应很好地考虑在国内和国家间增长的生产的垂直集成。

趋势4：新兴经济体强化了在资本上的专业化

新兴经济体的低技能工人的增加值份额也出现下降，中技能工人的增加值份额有所上升，但幅度很小。这不是说在制造业的全球价值链中雇用工人的数量在下降。相反，中国增加了4 200万人，印度增加了2 000万人，巴西增加了600万人，墨西哥增加了200万人。但这些国家作为一个整体，工资保持相对低，全球价值链生产主要得益于资本。1995年,新兴经济体的资本的增加值份额已高达55%,而高收入地区只有36%。中国的资本份额增长近10个百分点。其他主要新兴经济体,像印度、印度尼西亚和墨西哥也增长了5个百分点。随着资本全球流动,它将根据利率、工资率重新定位。只要存在非技能劳动的蓄水池,能够以低于他们的边际生产率的工资雇用劳动力,利率、工资率就将保持高位。因此,资本的收入份额在发展的早期阶段将会增加,而不是下降。

资料来源:Timmer M. P., A. A. Erumban, B. Los, R. Stehrer, and G. J. de Vries, "Slicing Up Global Value Chains", *Journal of Economic Perspectives*, 2014, 28(2), 99-118. 由本章作者改编而成。

二、FDI与跨国公司

国际分工和贸易的发展带来了劳动、资本、技术等要素的跨国流动,尤其以投资形式进行的资本流动成为主旋律。国际资本流动分为间接投资和直接投资两种形式。国际间接投资(Foreign Indirect Investment, FII)是指一国将资本借贷给其他国家,或投资到其他国家的非生产性领域,如资本借贷、证券投资等;国际直接投资(Foreign Direct Investment, FDI)是指一国将资本投资到其他国家的生产性领域。国际直接投资的主体主要是跨国公司,他们以在他国设立分公司、与当地企业合资等形式进行跨国直接投资和经营,也以将产品生产环节外包给他国企业来进行全球化经营。

什么样的公司才算是跨国公司,至今在法律上并没有统一的定义,但对其基本特征有相对一致的看法。一是公司投资和经营的跨国性。一家公司的总部基地一般设在母国,被称为母公司,到其他国家即东道国设立分公司和子公司,或与当地公司合资经营。二是实施全球化经营战略和所有权控制。跨国公司以全球范围的经营、发展为战略目标,由母公司做出战略决策,并通过所有权对下属子公司实施管理控制。三是内部一体化。跨国公司的下属子公司虽分布在世界各地,但各下属子公司之间联系密切,分工协作,内部资源共享。虽然各下属子公司之间的联系也可以通过外部市场结成联系,但是跨国公司通过统一协调,采取内部化方式,可以大大节省交易成本。正因如此,跨国公司各下属子公司之间进行的内部贸易日益增大。

我们经常光顾的必胜客、肯德基餐厅就是美国跨国公司——百胜餐饮集团的全球连锁店。该集团已成为全球最大的跨国餐饮集团,在110多个国家和地区开设了超过38 000家连锁餐厅,雇用员工超过100多万人。无论在世界何地,各家连锁餐厅均由位于美国的总部授权经营管理,具有统一的经营理念,采用统一的形象设计和经营模式。食品配方、加工程序、原材料供应也由总部统一提供和调配,实行生产和服务的一致性。1987年美国百胜餐饮集团开始进入中国,至今已在中国各地开设餐饮连锁店上万家,年平均营业额超过300亿元人民币,并且这个数字还在不断增长。2004年,百胜餐饮集团还在北京专门建造了一家亚洲最大的配销中心,为北京及华北地区连锁店提供原材料物流配送。同时,百胜集团实施本地化战略,将中国的业务拆分出来。2016年,成立"百胜中国"公司,交由中国的公司来进行经营和管理,而美国百胜集团收取3%的许可使用费,预计每年可获得4.5亿美元的稳定收入。

当今世界的产品内分工主要由跨国公司主导,如果将产品制造的全过程看作由各个环节组成的链条,称为"生产链"或"价值链",那么,跨国公司就是"链主"。之所以如此,是因为跨国公司凭借掌握的核心技术和市场,能够控制着整个生产链的经营管理以及产品的销售。他们将研发设计、营销服务环节留在公司总部所在国——母国,既有利于发挥母国研发资源丰裕的优势,也有利于保密核心技术,防止技术外溢,而将中间品生产、加工组装环节外包到其他国家——东道国,利用当地自然资源、劳动力丰裕的优势,降低生产成本,增强产品的国际竞争力,追求最大化的利润。跨国公司之所以进行全球化经营,其目的除了利用东道国的比较优势,有效利用全球资源外,还能够接近产品的销售市场,规避贸易和投资壁垒,从而大大节省贸易成本,包括运输成本,并且提升东道国民众对跨国公司产品的认同感。

FDI 的发展和跨国公司全球化经营，对跨国公司所属的母国以及引进 FDI 的东道国具有不同的效应。对东道国而言，通过引进 FDI 可以弥补本国资本和技术的缺口，增加就业，促进经济增长，但同时也容易在核心技术上受到跨国公司的牵制。技术落后的国家寄希望于引进 FDI 来直接获取跨国公司的先进技术并不现实，本国长期处于产品制造的低端环节不利于本国企业的成长和产业结构的升级，并且低端环节耗费更多的自然资源以及生产过程会产生更多的污染，也给东道国带来环境保护方面的难题。对母国而言，伴随资本流出而来的产业转移和生产环节转移，使得国内实体经济比重下降，就业岗位减少，也会造成经济增长乏力、失业现象严重等问题。2008 年全球金融危机后，FDI 大国，如日本、美国等发达国家调整全球化战略，回流资本，以期重振本国的实体经济。

相关链接 8-2

FDI 与技术转移、扩散和创新

技术落后的国家引进 FDI，除了解决本国经济增长中资本不足的问题之外，更希望跨国公司能够进行技术扩散，有助于本国实现跨越式技术进步。然而，联合国贸易与发展组织的一项报告表明，现实并非如人们所愿。

1. FDI 与技术转移

跨国公司母公司在其所在的行业中一般都是领导创新的企业。它们利用内部化的方式将技术转让给生产体系内部的企业，其中包括它们所控制的国外分支机构，或利用外部化的方式，通过许可证交易、拥有合资企业的少数股份、分包、战略联盟或资本品销售，将技术转让给其他企业。

内部化的技术转移具有下述特点：

（1）相比发展中国家和转型中的东道国所具有的技术，跨国公司母公司向其子公司转让的是更现代化和生产率更高的技术。然而，所转让技术的性质既反映了每个东道国的条件（工资、技术人员、供应能力、规模等），也反映了进行转让的跨国公司的动机。先进的东道国接受的是复杂的技术，而欠发达的东道国接受的是简单的技术和工序。

（2）FDI 和外部化方式（如许可证交易）是技术转移的两种替代方式，而通过 FDI 转移技术可能比外部化方式成本更高。最新和最宝贵的技术一般是不可能通过外部化交易获得的。企业间战略技术联盟的形式各不相同，包括从合资企业到契约安排，但它们都是外国企业和当地企业进行技术转让的另一种方式。不过，这些方式主要涉及发达国家和那些已经拥有某些技术知识和能力的发展中国家的企业。此外，许多发展中国家的企业发现，那些通过许可证交易和其他契约安排而获得的成熟技术也很难有效率地使用。这些国家也许会选择 FDI，因为 FDI 提供了有效使用技术所需要的技术和知识。FDI 也能够提供通过外部市场购买不可能得到的其他利益，如出口市场渠道和品牌。FDI 能够提供使技术迅速更新的有效手段，这对那些缺乏能力对进口技术进行改进和创新的国家来说是很重要的。考虑到这些因素，FDI 可能常常被证明是技术转移最便宜的长期手段。

（3）外国子公司所使用的技术适应了当地能力并利用东道国现有的比较优势。所存在的风险是，如果东道国未能加强其能力，这些优势就可能是静态的。为了最大限度地减少子公司之间的竞争，母公司也可能限制某些子公司获得技术。母公司可能会根据公司的全球战略，阻止子公司的技术随着当地能力的增长而提升，或不对东道国的培训和研发进行足够的投资。

（4）外国子公司通常处于新的管理和组织技术、质量管理标准、培训和营销方法的应用前沿。

2. FDI 与技术扩散

外国子公司可能会通过以下四种渠道，对东道国经济产生积极的溢出效应：

（1）外国子公司和当地企业进行竞争，促使当地企业改进技术能力并提高生产率；

（2）外国子公司和当地供应商与客户合作，促使技术溢出到垂直联系的企业和服务供应商；

（3）劳动力，特别是受过高级培训的人员从外国子公司流动到国内企业，其中包括由母公司以前的雇员建立的，常常得到以前雇主支持的供应企业；

（4）外国企业与当地企业邻近，导致个人接触、反向工程、模仿等手段形成能够促进东道国技术提升的产业集群。

3. FDI 与技术创新

FDI 对发展中东道国创新能力的影响至今仍是有限的。母公司往往将研发集中于母国和其他少数几个发达工业国家，以便利用规模经济以及和技术与研究中心之间的联系。发展中东道国所吸引的只是外国子公司研究活动的很小一部分，而且他们得到的研究活动大部分仅与生产（改制和技术支持）有关，而不是与创新有关。但近年来，母公司已将一些战略性研发活动设置在已经拥有所需人力资源的发展中国家。

总之，母公司对其设在发展中国家的外国子公司进行技术转移的内容取决于有关产业的性质、技术变革的速度以及东道国的条件（即贸易和竞争体制以及当地技术人员和能力）。对其他国内企业，特别是供应商的溢出程度取决于东道国的技术能力和其他能力，另外还取决于当地技术机构的实力。在当地供应能力很低的情况下，溢出也很低。随着当地能力的增强，外国子公司熟悉了当地供应商，入乡随俗了，上述情况也会随着时间而改变。FDI 通过竞争所产生的溢出影响的强度将取决于东道国的开放程度、国内竞争政策以及当地企业承受竞争性挑战和进行重组的能力。FDI 对东道国创新能力影响很小，这是因为除了少数例外，发展中国家所吸引的母公司研发的比重很低。即使上述所有经济因素是确定的，母公司的技术轨迹也会因其战略而各异。

资料来源：作者根据联合国贸发会议编著，《1999 年世界投资报告：外国直接投资和发展的挑战》，中国财政经济出版社 2000 年版，第 7 章改编。

第三节 国际收支与开放经济政策

我们如果要到美国去旅游或留学，需要用人民币兑换成美元以便在当地使用，这就涉及两种货币之间的兑换比例，而且在不同时期兑换比例也不相同。那么各种货币之间的兑换比例是如何确定的？如何标价？回国以后，如果政府允许我们私人持有美元，那么，我们是将美元兑换回人民币，还是继续持有美元更划算呢？同时，货币之间的兑换比例的变动会对本国内外经济产生怎样的影响，政府如何进行调控？这就需要我们理解汇率与汇率制度，学会解读国际收支平衡表以及相关的开放经济政策。

一、汇率与汇率制度

各国进行经济往来，涉及不同货币之间的兑换问题，比如如何确定兑换比例？如何标价？以什么货币进行结算？这就引申出了汇率和汇率制度。

一种货币与另一种货币之间的兑换比例称为汇率。汇率有两种标价方法，一种是间接标价法，以一定单位的本国货币标示外国货币的兑换比例；另一种是直接标价法，以一定单位的外国货币标示本国货币的兑换比例。现在国际市场上欧元、英镑、澳元采取的是间接标价法，如英国标示英镑兑美元的汇率为，100 英镑 = 122.63 美元；其他货币采用直接标价法，如中国标示某日的人民币兑美元的汇率为，100 美元 = 689.40 元人民币。

那么，汇率是如何确定的呢？购买力平价理论认为，两国货币的汇率确定基础是两国货币的购买力之比。比如，美国消费者购买一件衬衫和一双皮鞋需要花费 100 美元，中国消费者购买相同的一件衬衫和一双皮鞋需要花费 689.40 元人民币，则人民币与美元之间的汇率为 100 美元 ：689.40 元人民币。而现实中，汇率不仅由货币的购买力确定，还会受到货币供求、产品供求、各国政策等多种因素影响。当本国货币购买力相对外国货币购买力下降，就会出现本国货币贬值，外币升值，直接标价法下汇率上升，即一定单位的外币兑换的本币数量增大；反之，则是本国货币升值，外币贬值，汇率下降。一国的汇率上升，意味着外国购买本国出口的产品会更便宜，而本国购买进口的产品会变得更贵，这虽然有利于本国出口增加，但也容易造成价格贸易条件恶化。

各国之间不同的汇率管理设定规则，形成了不同的汇率制度安排。汇率制度总体上分为两种：固定汇率制度和浮动汇率制度。

固定汇率制度是指由一国政府确定并维持本国货币与外国货币之间固定的兑换比率，这种汇率波动幅度很小。第二次世界大战后至20世纪70年代末，世界上实行的是固定汇率制度。这种制度是由1947年各国签订的"布雷顿森林协议"确定的，规定世界上通行的各国货币与美元挂钩，而美元与黄金挂钩，各国政府有义务对本国汇率进行干预，以保持汇率的稳定。因此，在固定汇率制度下，汇率由政府当局确定和公布，实行外汇管制，不允许货币在市场上进行自由兑换。

"布雷顿森林协定"所确定的固定汇率制度，是当时世界经济处于战后恢复，需要建立一种统一的国际经济协调机制的历史产物，在之后的数十年内形成了以美国为首的少数发达国家凭借强大的经济、政治实力控制世界的国际经济格局。而这种以美元为主导的固定汇率制度，需要美国保持国际收支巨额顺差以及黄金、外汇储备充足，保证各国货币与美元、美元与黄金能够随时兑换，以确保货币供求均衡和资本的充分流动性。进入20世纪60年代以后，随着世界各国经济的发展，美国的国际收支逆差日益严重，黄金储备大幅下降，"美元危机"频发，国际金融市场出现大量抛售美元，抢购黄金和其他国家货币的情形，造成金价急剧上升，美元贬值；而且，固定汇率制度对资本的国际流动、各国经济增长，以及国际收支调节机制的灵活性都起到很大限制作用，于是，各国逐步放弃固定汇率制度，开始实行浮动汇率制度。

浮动汇率制度是指货币之间的兑换比率由国际市场的供求关系自发确定，各国政府不对汇率的形成进行干预。严格意义上的浮动汇率制度要以完全自由竞争市场为条件，但现实世界并不具备这一条件，完全的浮动汇率制度至今尚未在任何国家和地区真正实行。大多数国家实行的是有管理的浮动汇率制度，只是管理的松紧程度有所不同，因此，现有的汇率浮动实质上是一种管理浮动，而不是完全由市场调节的自由浮动。管理浮动的形式又分为钉住汇率制和弹性汇率制。钉住汇率制是一国采取本国货币同某种外币或一篮子外币保持相对固定关系的汇率形成机制。一篮子外币是一国按照本国与主要贸易伙伴国的贸易比重来选择和设计的外币组合。这种汇率制兼有固定汇率制度和浮动汇率制度的特点。弹性浮动是一国汇率以一种外币为中心波动，或一国根据国内外相对价格、外汇储备、进出口贸易等动态性指标的变动情况及时调整本国的汇率。

中华人民共和国成立以来汇率制度经历过从固定汇率制度到浮动汇率制度的改革。1994年之前实行固定汇率制度；1994年1月1日起实行"以市场供求为基础的、单一的、有管理的浮动汇率制"。"单一的"是指人民币汇率钉住单一外币——美元进行浮动，因此这一汇率制度也称为有管理的钉住汇率制；2005年7月20日，中国再次对汇率制度进行了重大改革，开始实施"以市场供求为基础的、参考一篮子货币的、有管理的浮动汇率制"。这次改革的突出特点主要体现在两个方面，一是增强汇率形成的市场机制，人民币汇率由钉住美元改为参考一篮子外币，包括美元、欧元、日元、韩元，并且根据中国与他国之间双边经济往来的权重，逐步增加外币种类。二是人民币汇率升值，2005年7月20日，人民币兑美元的汇率由100美元：827元人民币升到100美元：811元人民币，到2016年人民币兑美元平均汇率为100美元：664.23元人民币，升值17%。这次汇率改革以来至今汇率波动频率和幅度相比改革之前均有所增大（见图8-3）。中国政府明确提出，中国的汇率制度改革方向是增强汇率形成机制的规则性、透明度和市场化水平，保持人民币在全球货币体系中的稳定地位，汇率的自由浮动是人民币汇率改革的最终目标。

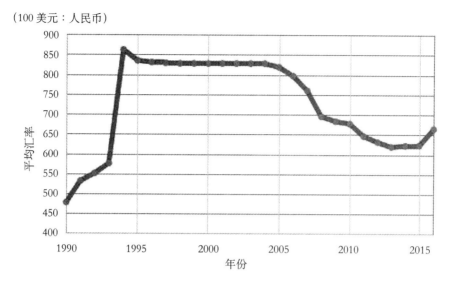

图 8-3 人民币兑美元平均汇率变动趋势

资料来源：根据国家统计局发布的历年平均汇率绘制。

二、解读国际收支平衡表

在开放经济下，一国与其他国家之间每天都会发生大量的国际经济交易，既包括产品和服务的出口和进口，也包括资本、货币的流入和流出。一国在一定时期内国际经济交易中所发生的收入与支出被称为国际收支。在国际交易中，一般以在国际市场上通用性强的货币进行结算，一国将这些货币作为外汇，将本国所发生的外汇收入与支出按特定账户分类和复式记账原则进行记录，就形成国际收支平衡表。因此，国际收支平衡表实际上是一国一定时期的国际经济交易的会计报表。从该表我们可以解读一国的国际收支状况、经济实力及其在世界经济中的地位，以及一国在国际金融市场上的融资能力和资信地位。一国政府也会依据国际收支平衡表调整相关政策，实现内外经济均衡。

国际收支平衡表包含的内容繁杂，各国的国际收支平衡表详简不一，但主要结构基本一致，大体包括四大类账户：经常账户、资本和金融账户、储备资产变动、净误差与遗漏。每个账户有三项记录，外汇流入本国的记入贷方，流出本国的记入借方，贷方减借方的数值为账户的差额。这里以2014年中国国际收支平衡表为例进行说明（见表8-2）。

（一）经常账户

经常账户包括货物和服务贸易、职工报酬和投资收益、在各级政府和其他部门之间发生的经常转移金额。表8-2中，货物贸易贷方记录金额和借方记录金额分别反映2014年中国通过货物出口获得的外汇收入为23 541亿美元，为货物进口支付外汇18 782亿美元。两者差额为4 759亿美元，表明中国货物贸易是顺差。当年服务贸易差额为-1 920亿美元，进口大于出口，表明服务贸易为逆差。收益和经常转移也为逆差，由于货物贸易顺差额远大于其他项目的逆差额，因此，经常账户仍为顺差，即当年中国经常账户下外汇的收入大于支出，外汇净收入为正。

表8-2 中国国际收支平衡表（2014年）

单位：亿美元

项目	差额	贷方	借方
一、经常账户	2197	27992	25795
A. 货物和服务	2840	25451	22611
a. 货物贸易	4759	23541	18782
b. 服务贸易	-1920	1909	3829
B. 收益	-341	2130	2471
C. 经常转移	-303	411	714
二、资本和金融账户	383	25730	25347
A. 资本账户	-1	19	20
B. 金融账户	382	25710	25328
a. 直接投资	2086	4352	2266
1. 我国在外直接投资	-804	555	1359
2. 外国在华直接投资	2891	3797	906
b. 证券投资	824	1664	840
c. 其他投资	-2528	19694	22222
三、储备资产变动	-1178	312	1490
四、净误差与遗漏	-1401	0	1401

资料来源：根据国家外汇管理局公布的《中国国际收支平衡表（2014）》缩编而成。

（二）资本和金融账户

资本和金融账户记录的是以货币表示的债权债务在国际的变动情况，包括资本、金融项目。资本项目记录债务借贷等资本性转移。金融项目包括直接投资、证券投资和其他投资。外国对本国进行直接投资意味着外汇流入本国，故记在贷方，若外国直接投资撤出本国则记在借方。本国对他国进行直接投资记在借方。2014年，外国在华直接投资差额为正，表明来华的外国直接投资数额增加；中国在外直接投资差额为负，表明中国对外直接投资数额增加。资本和金融账户差额为正，说明该账户为顺差，通过资本和金融方式流入中国的外汇额大于流出的外汇额。经常账户差额与资本和金融账户的差额成为一国的外汇储备的主要来源。近20年中绝大部分年份中国的经常账户与资本和金融账户都是顺差，称为"双顺差"，从而使中国的外汇储备额大幅增长，2016年年底中国外汇储备达到3万亿美元，为世界最大外汇储备国。

（三）储备资产变动

储备资产变动记录当年本国货币黄金、特别提款权、外汇储备、其他债权的金额变动情况。黄金是硬通货，可以作为国际交易的支付手段，因而是一国的储备资产。特别提款权是国际货币基金组织根据成员国认缴的份额分配的一种账面资产，可充当一国的储备资产，其价值目前由美元、欧元、人民币、日元和英镑组成的一篮子储备货币决定。特别提款权不能直接在国际市场上作为支付手段，各成员国在发生国际收支逆差时，可将其与国际货币基金组织指定的其他成员国换取外汇，以弥补国际收支逆差或偿还国际货币基金组织的债务贷款。外汇储备项目记录一国当年外汇储备数额变动情况。

一国储备资产变动记账是以资产为对象的，贷方和借方记录在理解上与经常账户有所不同。一国当年支取外汇购买外国的资产，如债券被记录在借方，贷方记录则是卖出资产收取外汇，因此，储备资产变动很大程度上显示的是外汇与其他资产之间转换的变动情况，并不一定意味着储备资产总量的增加或减少。

（四）净误差与遗漏

净误差与遗漏主要是对由于各种原因造成的数据统计差错和遗漏进行处理，以使国际收支平衡的贷方总额与借方总额相等，因此，净误差与遗漏并不是国际交易实际发生额，而是统计部门进行的数据调整。

总体而言，国际收支平衡是一国开放经济运行的最优状态，收大于支或者支大于收都意味着国际收支失衡。特别是一国长期处于支大于收时，往往造成该国对外支付困难，引发国内通货膨胀、经济萧条等问题，迫使一国政府采取相关政策措施改善国际收支。

三、开放经济的政策工具

一国政府出于调节经济的内外均衡，促进本国产业发展和增强国际竞争力的目的，会采取各种政策措施管理对外经济与贸易，主要有：

（一）关税和非关税措施

关税是一国对进出口商品所征收的税款，绝大多数的关税是针对进口商品征收的，为了限制重要的资源和商品出口，也会对其征收出口关税。征收关税的目的主要是提高进口商品在本国的销售价格，促使本国消费者选购国产商品，从而减少进口，扶持本国产业发展。但是，征收关税也会带来消费者福利水平损失、本国低效率生产受到保护的负效应，从长期看，关税措施违背了资源优化配置原则，并不能促进本国企业和产业提高竞争力。而且，关税措施极易引发国与国之间的贸易摩擦，竞相提高关税必然阻碍各国之间的自由竞争。因此，不断降低关税直至取消关税措施成为各国的基本共识。

关税措施日益受到限制，各国出于保护本国利益转而采取关税以外的其他贸易措施，所有关税以外的贸易措施被称为非关税措施，常见的措施有进口配额制、进口许可证制、技术和环保标准等等。相比关税措施，非关税措施具有名目繁多、隐蔽性强、"理由正当"等特点，同时又能达到限制进口的目的。20世纪90年代以后，随着人们对人类健康、自然生态平衡、社会可持续发展的关注，各国政府在对外贸易中积极采用相关技术和环保标准，执行起来也"名正言顺"。

无论是关税措施还是非关税措施，都如同一道道壁垒阻碍了贸易自由进行，因而被视为贸易壁垒。一直以来，各国政府以及国际组织都在积极协商，或成立自由贸易区，或进行国际贸易谈判，努力推进贸易自由化，关税不断降低、非关税措施不断减少成为基本趋势。除了关税和非关税措施外，各国制度差异所形成的效率高低不同对国际贸易和投资的便利性也会产生实质性的影响。有研究表明，制度造成的非效率对国际贸易和投资的影响程度甚至超过关税和非关税措施，如一国的政局动乱、政府办事程序繁杂和效率低下、非组织性制度的阻力等等，因此，如何通过提高制度效率以改善贸易和投资的便利化水平，是当今世界面对的重要议题。[1]

（二）出口鼓励政策

关税和非关税措施主要是为了限制进口，为本国产业和企业发展提供保护，同时，为了增加出口一国政府还会实施出口鼓励政策，常见的有出口补贴、出口退税等等。

出口补贴是出口国政府对本国出口商品提供补贴，以降低出口商的成本，使本国商品在国际市场竞争中更具价格优势。出口商因政府的补贴而得到更多的盈利或亏损补偿，他们会尽量增加出口直到国内价格与国外价格差额正好等于补贴额为止。因此，企业根据国内价格与国外价格的比较来选择是否出口，当国内价格高于国外价格时，企业会选择在国内市场销售；如果政府对企业出口进行补贴，就能够使企业按国外价格出口的亏损部分得到补偿，企业才会选择出口。一国通过出口增加换取更多的外汇，来保证本国所需进口的外汇支付，这对经济发展处于起步阶段、国际竞争力不强的国家尤为重要。但是，出口补贴政策是对市场自由竞争的一种人为干预，易引发贸易摩擦。进口国认为出口补贴使得商品以低于正常价格向本国市场倾销，造成了不平等竞争，进口国往往采取反倾销措施对出口补贴国进行贸易报复。

出口退税是指当商品出口时，政府将出口商品中的原材料进口税及出口商品在生产和流转过程中已缴纳的各种国内税全部或部分退还给出口商。出口退税可以

---

[1] 近年来相当多的研究关注制度效率对国际贸易和投资的影响。但研究的制度是广义的，主要指一国的经济贸易管理体制、政策及措施，而较少涉及一国产权性质层面的制度。

使出口商品的成本减少,增加出口商品的国际竞争力,由此可以达到鼓励出口的作用。出口退税实际上是对出口商品中使用的进口成分免征了关税,因而符合自由贸易原则。

> **相关链接 8-3**
>
> **一国外汇储备越多越好吗?**
>
> 当今中国吸引世界关注的,一是持续 30 多年的经济快速增长,二是巨额的外汇储备。
>
> 外汇储备是一国政府所持有的外币资产,它是一国国际储备资产中的重要组成部分。外汇储备可以随时用以支付进口、对外投资、购买外国证券,但并不能直接用于国内投资和消费。外汇储备作为货币形态本身不是财富,实质上是一种货币资本,不同于我们家庭进行的银行储蓄。资本的生命在于运动,在运用中保值增值。一国持有充足的外汇储备,有利于提升一国对外信誉度,抵御外部经济的不利冲击,维护国家经济安全,提升国际政治和经济地位,促进经济持续、快速、健康发展。但是过高的外汇储备也是国际收支不平衡的表现,意味着国内经济结构失衡,投资需求不足,需要有效利用外汇储备,实现经济的内外均衡。
>
> 中国对外贸易持续快速增长,1995 年以后除少数年份外,年年出现经常账户和资本账户"双顺差",从而累积起高额的外汇储备。2006 年 2 月底,中国超过日本成为世界最大的外汇储备国,当时中国外汇储备额为 8 537 亿美元,日本为 8 501 亿美元。近十年中国外汇储备量快速增加,2014 年 6 月底达到近 4 万亿美元,为历年最高值,高出日本(列世界第二位)3 倍,占世界各国外汇储备总额的一半左右。近两年,随着中国经济发展战略的调整,外汇储备有所下降,截至 2017 年 1 月底,中国外汇储备降至 29 982.04 亿美元,但仍远高于世界其他国家和地区。
>
> 那么,外汇储备规模过大会对中国经济产生怎样的不利影响呢?

第一,过大的外汇储备易引起汇率上升预期,国际投机资本向中国大规模流动,对中国经济造成冲击。国际投机资本被称为"热钱",它们流向中国并非是为了进行生产性投资,而是为了赚取汇率上升带来的差价,这必然造成国内货币市场和外汇市场供求失衡,要素价格扭曲,国内财富外流。而且,一旦本国汇率上升,本币升值,外币贬值,本国所持有的外汇储备也会随之缩水,本国的利益必然受损。

第二,高额的外汇储备一般是由于长期"双顺差"形成的,出口在赚取外汇的同时,也意味着大量实际资源的输出。外汇大量沉淀下来相当于我们在用稀缺的资源去换取对外国资源的未来购买,长此以往会制约一国的可持续发展,而且过大的贸易顺差也易招致伙伴国的经济对抗和制裁。国外投资的净流入,则增加了对远期利润、利息流出的资金需求,同时对国内资金的利用可能产生一定的挤出效应。

第三,外汇储备过大还会对一国金融和货币政策带来冲击。一国中央银行的货币政策的基本目标是控制通货膨胀,维持经济运行的稳定。当外汇流入过多时,为了维持汇率稳定,中央银行不得不为了购买外汇而投放大量本币,过多的货币供给如果流向商品市场,易引发通货膨胀;如果流向资本市场,就可能形成泡沫经济,这给一国主动通过货币政策调控经济运行带来困难。

第四,巨额外汇储备反而会"劫贫济富"。为了保值增值,中国用一部分的外汇储备购买了美国国债和机构债券,我们通过大量出口所赚取的外汇又回流到发达国家。实际上是中国人省吃俭用去支援了比我们富足的发达国家的经济,这在经济学意义上是不合理的。

因此,外汇储备并非越多越好,过高的外汇储备会成为一种"幸福的烦恼"。那么,一国持有多大的外汇储备才是合适的呢?国际金融理论认为,一国正常的外汇储备规模以能够保证本国三个月的进口用汇为宜,也有学者认为正常的外汇储备规模应不超过GDP的10%。按这样的标准计算,中国的外汇储备规模应保持在4 000亿—11 000亿美元,显然,目前中国的外汇储备规模明显过大。减少外汇储备的主要途径是增加进口和扩大对外投资。近几年来中国加大了进口，进口增长率超过出口增长率；同时，对外直接投资增长速度也明显加快。2015年，中国对外直接投资1 456.7亿美元，占到全球外国直接投资流量份额的9.9%，仅次于美国，位列世界第二。中国的外汇储备也随之减少，2016年相比2014年减少了1万多亿美元。

资料来源：作者编写。

本章小结

1. 比较优势原则是，各国专业化生产具有比较优势的产品，然后进行贸易，能使劳动生产率提高，产量得到增加，并能从贸易中获益。经济学采用机会成本来度量比较优势。

2. 由于现实中的不完全竞争市场结构，以及不同类别产品的差异，按比较优势进行国际分工和贸易，对发展中国家会因"贸易条件"恶化而带来"贫困化增长"。这需要将比较优势向竞争优势转化，以防止落入"比较优势陷阱"。

3. 竞争优势分为低层次的竞争优势和高层次的竞争优势。低层次的竞争优势是基于低成本的竞争优势；高层次的竞争优势是基于产品差异化的竞争优势。一国高层次竞争优势形成的关键是加大对人力资本和技术的投资，提升生产要素的层次，才能在国际竞争中取得优势。

4. 当今世界的分工形式由产业间分工、产业内分工向产品内分工演进。产品生产环节被"碎片化"，产品生产形成全球生产网络，产品属于"全球制造"。

5. 跨国公司进行跨国投资和经营，实施全球化经营战略和所有权控制。跨国公司是当今世界国际直接投资的载体，也是产业内分工和产品内分工的主导者。

6. 本币和外币之间的兑换比率是汇率。汇率制度是汇率确定的条件和制度安排，主要有固定汇率制和浮动汇率制两种形式。

7. 国际收支平衡表是一国与其他国家进行交易的所有记录的会计报表。它清楚地反映着一国的国际收支的状况。

8. 一国政府出于调节经济的内外均衡，促进本国产业发展和增强国际竞争力，采取的主要对外的政策措施有：关税和非关税措施、出口鼓励政策等。

思考与练习题

1. "发展中国家应该发展自己的比较优势产业，停止在高技术产业的发展中投入人力和物力。"请对该观点进行评价。

2. 一国某年的经常账户有60亿美元的顺差，资本账户的逆差为40亿美元。（1）该国的国际收支是逆差还是顺差？（2）该国的外汇储备增加还是减少？（3）为维持汇率稳定，中央银行是应该买入还是卖出本国货币？

3. 一国对进口商品征收关税，对本国的同类产品生产企业有何影响？对本国的消费者有何影响？

4. 请收集资料论证跨国公司在中国的产业分布状况，是否有利于提升中国相关产业的技术水平。

5. 当一国经济既处于通货膨胀又有国际收支赤字状况时，政府应当采取什么样的政策措施？

6. 如果在贸易前中国1件衣服和500克咖啡的相对价格是4，巴西这两种商品的相对价格是6，那么贸易后相对价格会落在哪个区间内？为什么？

参考文献

1. 〔美〕保罗·R.克鲁格曼、茅瑞斯·奥伯斯法尔德：《国际经济学》（第八版），中国人民大学出版社2013年版。

2. 〔美〕约翰·B.泰勒：《经济学》（第五版），中国市场出版社2007年版。

3. 〔美〕迈克尔·波特:《国家竞争优势》,华夏出版社 2002 年版。

4. 林毅夫:《中国经济专题》(第二版),北京大学出版社 2012 年版。

5. 〔美〕N.格里高利·曼昆:《经济学基础》(第二版),上海三联书店 2003 年版。

6. 〔美〕约瑟夫·E.斯蒂格利茨、沙希福·尤素福:《东亚奇迹的反思》,中国人民大学出版社 2013 年版。

7. M. P. Timmer, A. A. Erumban, B. Los, R. Stehrer, and G. J.de Vries, "Slicing Up Global Value Chains", *Journal of Economic Perspectives*, 2014, 28 (2), 99-118.

第三部分

经济发展与制度

　　前面两部分分别讲的是市场经济中的微观经济学和宏观经济学。市场经济不仅仅是一个"如何使价格正确运转"的问题，如科斯所说，这个价格体系包含一系列制度，那么，市场经济可能是一个"如何使制度正确运转的问题。"前面微观经济学和宏观经济学是告诉我们如何"使价格正确运转"，而本部分是告诉我们如何"使制度正确运转"。为了更好地理解市场经济，我们有必要分析市场经济与制度的关系。转型国家如果没有适当的制度，任何意义的市场经济都是不可能的。为了解释当今世界为什么有的国家发达，有的国家落后，我们需要探讨经济发展与制度的关系。制度如何起源，制度如何影响经济发展，这是制度经济学要解决的两大基本问题，也是经济发展中要解决的重大问题。现代增长理论可以解释短期经济增长，但要解释长期的经济发展，则需要探讨制度问题。经济发展中的关键因素是制度。

第九章 交易成本与产权

2014年9月23日,马云在回答比尔·克林顿(Bill Cliton)的千金切尔西·克林顿(Chelsea Clinton)"如何看待阿里巴巴上市将带来的价值"的问题时,给出的答案非常经典:"为什么阿里巴巴在中国能取得成功?因为中国的贸易结构实在太烂了,于是,我们就有了机会。为什么美国的电商不怎么样?因为基础结构太好了。在美国,电商就是一道甜点,但在中国却是一道主菜。"这个回答直击中国经济的痛点,虽然商品交易量极大,但交易环节过长、交易成本过高、寻租与食租者太多。阿里巴巴成功的关键是通过互联网绕开了各种管制从而大大地降低了交易成本。

罗纳德·科斯(Ronald Coase)对经济学的主要贡献就是"促使将经济体系的特征纳入我们的经济学分析"。不同制度下经济体系的特征是不一样的。这些不同经济体系的特征可以帮助我们解释为什么有些国家发达,有些国家落后。经济发展不仅是GDP的增长,而且涉及深刻的"质"变,不仅是经济层面的,也包括社会层面的。将经济发展仅仅是看作资本积累和更有效资源配置的结果,使得许多穷国陷在困难中难以自拔。本章把交易成本与产权引入经济分析之中。这里有两层含义,一是交易成本、产权与经济体系的关系,二是作为分析范式的交易成本理论和产权理论。

第一节 交易成本

一、交易成本是经济制度的运行费用

我们在前面第一、二部分所讲的新古典经济学,在科斯看来,是"没有躯体的

血液循环",必须给它们添加制度作为躯体。人类社会的生活取决于商品及服务的流量,而这些流量又取决于经济体系的生产率。亚当·斯密(Adam Smith)分析出经济体系的生产率取决于专业化(劳动分工),但专业化只有在存在交换的情况下才成为可能,所以亚当·斯密说分工受市场范围的限制。交换的成本(交易费用)越低,专业化程度越高,同时系统的生产率也越高。但交换的成本取决于一国的制度:法律体系,政治体系,社会体系,教育体系和文化等等。就结果而言,决定经济绩效的是制度,而正是这一点使得新制度经济学对经济学家显示出重要性。认识新制度经济学的目的主要有:一是提出对制度进行描述和分类的手段;二是说明制度产生和变化的原因;三是分析制度对经济发展及其结果的作用;四是提供基于政治或个人目标的制度建立的知识。

我们可以从多个角度来分析交易成本:

一是从契约角度来界定交易成本。在科斯看来,交易成本应包括:度量、界定和保障排他性权利的成本;发现交易对象和交易价格的成本;讨价还价、订立交易合同的成本;督促契约条款严格履行的成本等等。奥利弗·威廉姆森(Oliver Williamson)把交易成本分为两部分:一部分是事先的交易成本,即为签订契约、规定交易双方的权利、责任等所花费的成本;另一部分是事后的交易成本,即为签订契约后,为解决契约本身所存在的问题,从改变条款到退出契约所花费的成本。事后的交易成本包括:(1)当交易偏离了所要求的准则而引起的不适应成本;(2)为了纠正事后的偏离准则而做出了双边的努力,由此引起的争论的成本;(3)建立和运作管理机构所带来的成本,管理机构也负责解决交易纠纷;(4)使安全保证生效的抵押成本。

二是从产权角度来界定交易成本,约拉姆·巴泽尔(Yoram Barzel)把交易成本定义为与转让、获取和保护产权有关的成本[1]。交易成本就是那些发生在个体之间交换经济资产所有权的权利、并且执行这些排他性权利过程中的成本。交易成本与经济理论中的其他成本一样是一种机会成本,它也可分为可变成本与不变成本两部

---

[1] 〔以〕巴泽尔:《产权的经济分析》,上海三联书店1997年版,第3页。

分。道格拉斯·诺思（Douglass North）对交易成本的界定则相对宽泛，认为交易成本是在日益专业化和复杂的劳动分工的条件下，维持一种产权体系所必需的一般管理成本。[1]

三是从制度角度界定交易成本，在约翰·康芒斯（John Commons）看来，交易是人与人之间经济活动的基本单位，无数次交易构成经济制度的实际运转，并受到制度框架的约束。循着这一思路，肯尼斯·阿罗（Kenneth Arrow）将"交易成本"简明地定义为：交易成本是经济制度的运行成本。具体地，若从这一角度来理解，交易成本应包括制度的确立或制订的成本，运转或实施的成本，和监督或维护成本（违反制度的惩罚等）。另外，如果考虑到制度本身的创新或变革，还有制度的变革成本，因为要变革旧制度，需要进行各种活动，例如劝说、宣传、对旧制度既得利益者的保护或者对受损者的补偿，为避免社会震荡所支付的成本等等，这些都构成制度的变革成本。

从上述分析中，我们可以看出，从广义的角度，交易成本实际上是经济制度的运行成本，即所谓的"制度成本"。那么，交易成本的变化就可以体现出制度结构的变化。不同的制度结构下，交易成本是不一样的，一种好的制度具有降低交易成本的内在动力。

交易成本在本质上是专业化与劳动分工的成本。[2] 威廉姆森认为，交易成本的存在取决于三个因素的同时存在：有限理性、机会主义以及资产专用性。

机会主义。所谓的机会主义行为，就是指人们在交易过程中通过不正当的手段来谋求自身的利益。机会主义描述了"狡诈地追求利润的利己主义"。具体来讲机会主义是指在非均衡市场上，经济主体追求利益内化、成本外化，从而逃避责任的行为。机会主义行为又分为事前和事后的机会主义行为。前者是指逆向选择的情况；后者是指道德风险的情况。这也是前面提到过的隐蔽信息与隐蔽行动的问题。由于把机会主义者和非机会主义者在事前区分开来的成本一般很高，因此完全合同肯定

---

[1] 〔美〕沃尔特·W.鲍威尔等主编：《经济分析的新制度主义》，上海人民出版社2008年版，第5页。
[2] 同上，第66页。

要失败。

有限理性。有限理性是指把决策者在认识方面的局限性考虑在内的合理选择。行为决策者并非像古典及新古典模型描述的那样,在已知的效用函数或偏好序列条件下追求最大化。因为人类大脑的计算能力非常有限,只能进行有限的、实际的和内植于环境的推理,形成有限理性。人的有限理性包括两个方面的含义:一是人们面临的环境的复杂性和不确定性,使得所获得的信息也就不完全。二是人对环境的计算能力和认识能力是有限的,人不可能无所不知。在一个高度复杂的世界里,人类不能像新古典理论中所说的那样不停地忙于完全的选择权衡,即使人类拥有相应的信息,也不可能对所有可选择的方案中的可能报酬做出完全有理性的计算。奈特把理性计算的不可能归因于缺乏经验,而阿门·阿尔钦(Amen Alchian)将非最大化行为归因于不充分信息和设计不良的激励;与他们不同,赫伯特·西蒙(Herbert Simon)在其《管理行为》中推论,非最大化行为是人类智力有限能力的必然结果,他把这种理性称为有限理性。为了把有限理性的约束作用降到最小,同时保护交易免于机会主义风险的影响,经济主体就会寻求非市场形式的组织安排。

资产专用性。资产专用性是指耐用人力资产或实物资产在何种程度上被锁定且被投入到一个特定的贸易关系中,因而也就是它们在可供选择的经济活动中所具有的价值。资产专用性的水平高意味着双边垄断的存在,是相对资产通用性而言的。威廉姆森用资产专用性来解释交易成本的起源,认为资产专用性是为支持某项特殊交易而进行的耐久性投入。如果初始交易没有达成,该项投入在另一最好用途上或由其他人使用时的机会成本要低得多。这样一来,交易双方的具体身份显然很重要,也就是说,关系的持久性是有价值的。为支持这种交易各种安排就会出现。威廉姆森将资产专用性划分为五类:地理区位的专用性、人力资产的专用性、物理资产的专用性、完全为特定协约服务的资产的专用性以及名牌商标资产的专用性。

上述有限理性和人的机会主义都与人性有关。人的本性直接影响了市场的效率。市场上交易的双方不但要保护自己的利益,还要随时提防对方机会主义的行为,甚至要防范同行的侵权行为。每一方都不知道对方是否诚实,都不敢轻率地在对方提供的信息的基础上做决定。人的机会主义本性增加了市场交易的复杂性,影响了市场的效率。因此，交易过程中发生在商品检验、公证、索赔、防伪中的费用即交易费用就会增加。正如威廉姆森所说，交易成本经济学借助有限理性和投机这两个概念，把握住了人类的本质特征。

二、交易成本的类型和测量

康芒斯把"交易"分为三种类型：买卖的交易、管理的交易和限额的交易，与此相对应，可把交易成本分为三种类型：

1. 市场型交易成本。市场型交易成本主要有合约的准备成本（搜寻和信息成本）、决定签约的成本（谈判和决策成本）、监督成本以及合约义务履行成本。

2. 管理型交易成本，主要包括建立、维持或改变一个组织设计的成本以及组织运行的成本，又可以分为：（1）信息成本，即与制定决策、监管命令的执行、度量工人的绩效有关的成本和代理的成本，信息管理的成本等等；（2）与有形产品和服务在可分的技术界面之间转移的有关成本，如在企业内的运输成本等。

3. 政治型交易成本。一般来讲，政治型交易成本是集体行动提供公共品所产生的成本，可以被理解为与管理型交易成本类似的成本，主要有：建立、维持和改变一个体制中的正式与非正式政治组织的成本；政体运行的成本。[1]

这三种交易成本既相互区别，又相互联系。如市场型交易成本与管理型交易成本可以部分替代，政治型交易成本的降低也可降低市场型交易成本与管理型交易成本。政府如果出台一些政策或管制，会增加市场型交易成本与管理型交易成本，因为这些政策或管制实施的成本都会由组织或企业承担。

计量市场型交易成本、管理型交易成本及政治型交易成本可以使我们更好地认识交易成本与经济系统运行的关系。从交易成本的高低可以使我们更好地分析经济体制绩效的高低。据弗鲁博顿和芮切特（2006）的估计，每单位的市场型交易成本是最终消费者价格的40%，管理型交易成本和市场型交易成本之和可能是最终消费

---

[1] 〔美〕埃里克·弗鲁博顿、〔德〕鲁道夫·芮切特著：《新制度经济学：一个交易费用分析范式》，上海三联书店2006年版，第60—65页。

价格的 50%—70%。美国联邦贸易委员会在 1975 年的调查数据显示，在消费食品行业，生产者的媒体广告费用支出加上"其他"销售费用平均为 13.4%（非处方药市场的最大，达到 29.8%）。[1]

沃利斯和诺思最早对美国经济的交易成本进行了度量，后来一些学者采用他们的方法也对一些国家经济的交易成本进行了度量。沃利斯和诺思（1988）对 1970 年的体制所做的估算是，交易成本占 GNP 的比重大体上为 46.66%—54.71%。1870 年至 1970 年间，交易成本比重翻了一番多，由 26.09% 升至 54.71%。交易成本的相对增长是获取来自劳动分工和专业化的收益的必然结果。沃利斯和诺思在宏观层面上考察了交易成本的数量度量方式（"完成交易功能所使用的要素的经济价值"）。此后，这一工作先后被其他学者仿效。对澳大利亚（1911—1991）、法国、德国和日本（1960—1990）等国的类似研究也表明，经济发展和收入水平越高，在交易服务方面的开支就越高。

在微观层面的交易成本的计量上，贝纳姆提出交换成本（the cost of exchange）的概念，认为通过比较不同国家安装一部电话、转让房地产产权、开办新企业等的机会成本比如时间、金钱和资源耗费等，均可获得对交易成本的具体认识。比如，我们考察一下与进口大型掘土机所需的曲轴相关的交换成本。在 1989 年，与美国相比，秘鲁正式获得这种曲轴所花的货币价格是前者的 4 倍，在等候上花费的时间是前者的 280 多倍（即 41 周零 1 天）。在阿根廷，获得同种曲轴的货币价格是美国的 2 倍，等候时间是 30 天。然而，在马来西亚，货币价格和等候时间与美国大致相同。在匈牙利，在货币和进口管制被解除之前，即大约在 1989 年之前，为了替换一个西方制造的拖拉机的曲轴要花上 30—40 个星期；自由化之后，等候时间下降为 2 个星期。另外，从办事效率也可判断一个国家交易成本的高低，一个相关的指标是在港口办理清关手续（clear items）的平均等候时间。在新加坡，这一指标是 15 分钟，然而在坦桑尼亚却是 7—14 天，并且据报道还有等候时间长达 91 天的。14 天的等候时

---

[1] 〔美〕埃里克·弗鲁博顿、〔德〕鲁道夫·芮切特著：《新制度经济学：一个交易费用分析范式》，上海三联书店 2006 年版，第 55 页。

间是在新加坡平均等候时间的 1300 多倍。[1]

通过对 75 个国家开办新企业所需的程序、等待官方批准的时间和金钱成本的跨国比较发现，拥有更多管制的国家，其私人物品、公共物品的质量却更低，腐败和非正式部门比重更大。莱索托也发现发展中国家与发达国家之间普遍存在的交易成本差距。这表明针对具体交易活动成本的估计虽然不具一般性，但仍可获得对单位交易成本的认识。交易成本经济学不但可以做出预测，还可以对预测进行实证检验。2006 年，交易成本经济学的实证检验有 800 多次，而且得到了广泛的证实。

三、作为一种研究范式的交易成本理论

交易成本理论这个范式为人们研究制度安排的变化所引起的效果提供了一个基础，并且还为人们在这一领域的研究指出了方向，它说明在这一领域中什么是最为重要的，什么是迫切需要解决的问题。在 20 世纪 60 年代以前，除了科斯以外，经济学家们往往认为交易成本只限于类似于运输成本或关税或佣金，删掉这种价格成分不过是简化假设。

分析制度必须从交易成本入手。正是交易成本的存在，使得经济运行中的交易规则、合约及其履行、组织、制度安排，即"生产的制度结构"成为经济活动中不可或缺的组成部分。科斯对经济学的主要贡献，是将交易成本和产权引入了经济学分析，要求正统经济学理论分析制度的构成与运行，发现作为限制条件的制度在整个经济体系中的地位和作用，并引起经济学理论，尤其是价格理论或微观经济学结构的彻底变革。这种变革主要表现为一旦引入交易成本分析之后，使我们仅仅关注价格决定的价格理论重新扩展成为包括分析产业、市场、企业和其他组织、政府与国家，以及一般地在制度约束下所有人类行为的经济学。

标准经济学理论遗漏了一个决定性因素，那就是必须要把交易成本纳入到对

---

[1] 〔美〕埃里克·弗鲁博顿、〔德〕鲁道夫·芮切特著：《新制度经济学：一个交易费用分析范式》，上海三联书店 2006 年版，第 426—434 页。

真实世界的组织和合约条款的解释中。如果一个理论体系不把交易成本概念纳入其中，那么，使用这个理论体系的经济学家就不能理解和分析经济系统，也不能提供有用的政策建议。

在科学上，从完全未意识到交易成本的存在，到可以清楚地假定交易成本为零，再到进入对"正交易成本世界"的研究和分析，意味着完全不同的认识层面。尽管新制度经济学仍然沿袭了新古典经济学的方法，但两者之间存在重大区别。在鲁宾逊的世界里，尽管也存在物质生产活动、知识和信息问题，但交易成本是不可能有的，因为在那个假想的世界里，根本就没有交易行为发生，在这样一个"无摩擦"世界里，货币、企业等最基本的制度都是无关紧要的。因此，通过与鲁宾逊一人世界的比较，滤去单纯的物质生产过程中的成本，现实世界中所存在的交易成本便浮现出来。在现实的"有摩擦"世界里，在不同的制度安排下，交易成本也许存在天壤之别。这说明，交易成本是发生在存在利益冲突的人与人之间的社会关系中，离开了人的社会关系，交易活动不可能发生，交易成本自然也不会存在，并且，在生产成本和组织知识给定时，追求自我福利的个人必然会选择交易成本最小化的组织结构即制度。

科斯在其《社会成本问题》（科斯，1960）一文中提出了著名的"科斯定理"：若交易成本为零，无论权利如何界定，都可以通过市场交易达到资源的最佳配置。显然，现实经济生活中交易成本不可能为零，由此人们推出"科斯反定理"或"科斯第二定理"，即在交易成本为正的情况下，不同的权利界定，会带来不同效率的资源配置。由此还可推论，在不同制度下，会带来不同效率的资源配置。

在新古典经济学的完全竞争世界里，交易成本为零，私有产权是健全的，非货币收入可以忽略不计，因此，亚当·斯密的"看不见的手"能够使资源配置达到帕累托最优。正是在新古典经济学的框架中加入了正的交易费用使新制度经济学与新古典经济学相区别并改变了研究的方向：交易费用使得所有权的分配成为首要因素，提出了经济组织的问题，并使政治制度结构成为理解经济增长的关键。新古典经济学关注的核心问题是制度（组织）给定下的资源配置问题；交易成本经济学则是研究制度结构与资源配置（技术结构）之间的互动关系、合约和权利问题，以及

企业与市场的关系等,从而可以重新思考法律和政治经济学问题。交易成本经济理论有如下特点:

1. 交易成本理论的实质在于强调合约的不完备性、有关的交易成本以及对经济组织的影响。任何问题都可以直接或者间接地从最小化交易成本的角度通过某种治理机制,作为合约问题来处理。

2. 交易成本解释了覆盖在生产上的制度。生产成本决定技术性(替代性)选择,决定生产过程的哪些环节交给价格体系,哪些交给企业制度。这两种成本在逻辑上是不同的。交易成本经济学的目的在于探讨企业与市场之间的关系,企业产生和变化的根本原因,企业和市场作为管理机制的局限性和互补性等被新古典经济学所忽略的重大命题。它提出并论证了市场交易成本是组织结构和组织行为产生与变化的决定性因素,是理解上述问题的关键。

3. 交易成本概念是任何关于资本主义市场经济实际运行方式的解释可被接受的关键。威廉姆森认为,资本主义的各种经济制度的主要目标和作用都在于节省交易成本。交易成本理论使我们能够衡量人们的交换成本,同时也为我们提供了分析经济组织成本和更好地理解经济绩效来源的工具。

四、交易成本的试验和应用

在新制度经济学的创始人科斯看来,有用的经济理论和对经济生活问题的解决方法的发展只能通过更多的经验研究,但他所指的经验研究不是应用现代计量方法分析数据,而是范围广泛的探讨包括案例研究、历史和商业记录的分析、合同实践的分析、真实市场、企业、产业和政府代理的分析等等。我们来看一下几个著名的交易成本理论的经验研究。

莱索托试验。1983年,莱索托把他的学生分为两组,分别到两个国家去办服装厂。行前,莱索托对其学生约定:按程序办,万不得已,不得行贿。一个研究小组在秘鲁利马亲历了依法建立一个新的小型成衣工厂所需的官僚程序。他们试图在不行贿(仅有两次不得不行贿)或不利用政治关系的情况下进行所有的程序,详细的注释和时间耽搁被记录了下来。模拟结果显示，一个采用适度手段的人不得不花费289天才能完成依法建立这个工厂的程序。那些没有政治关系的人通常都留在非正式部门，没有依法注册。另一组在美国佛罗里达州的坦帕重复这种模拟，仅仅花了两个小时就获得了开办一个小型企业的许可。因此在秘鲁的时间费用是美国的1 000多倍。在这样一个高度官僚化的环境中，那些在城市里没有被明确规定的费用高得令人畏惧。比如在坦桑尼亚，与在首都达累斯萨拉姆注册一个合伙企业的费用相比，在首都外面的姆万扎注册同样一个合伙企业必须花费5—10倍的费用。

诺思的试验。20世纪70年代，诺思带领课题组做了一个非常简单的试验，看看一个经济体系在世界不同的地方是如何有效运行的。他们采取如下办法：他们实际完成一个对纺织品下订单的全过程（作为世界大多数国家普遍存在的一种商品，从低收入国家到高收入国家都从事该项生产活动）。当他们下了订单以后，根据各国生产产品、按照他们的要求完成订单的质量和完成订单的时间等打出分数。他们拥有一整套标准来间接反映交易成本的状况。拿到结果后，将不同收入的国家进行对比，结果和预想的一致：像美国和中国香港这样的地方按照效率来分类排在名单的前列，而诸如莫桑比克这样的地方则排在了名单的最下方。[1]

印度案例。印度是一个被管制长期困扰的国家。一直以来，印度经济发展面临的最大障碍是高昂的交易成本和官僚成本。根据世界银行收集的数据表明，印度卡车在运货过程中，60%的时间处于静止状态，主要用于在检查点缴纳税款和办理许可证。2004年度联邦预算案编制之时提出的几项改革为降低此类成本带来了希望，也有望成为经济增长的强大推动力。2015年2月在印度提交审议的联邦预算案中列出的最重要的动议为《商品与服务税动议》。根据这一动议，印度将建立全国统一的税收体系，有助于降低企业的交易成本以及商品流通成本。《商品与服务税动议》实行后，可减少此类巨大的时间浪费。

中国案例。2013年2月，中国物流与采购联合会公布数据，全国物流企业的运

---

[1] 〔美〕科斯、诺思、威廉姆森著，〔法〕克劳德·梅纳尔编：《制度、契约与组织——从新制度经济学角度的透视》，经济科学出版社2003年版，第50—52页。

输成本支出约为3万亿元,而其中,各地政府征收的过路过桥费就占到1/3,高达1万亿元。中国在1997年的跨省交易费用中,"关税"占了近46%。地方制度壁垒导致中国统一市场无法形成,而没有开放统一的市场就不可能有市场规模,同时也产生制度性交易成本。比如,由于地区分割,中国医药行业流通环节交易成本相当于市场经济国家的2—3倍,这其中大部分是地区分割导致的制度性交易成本。由此造成了中国药品零售环节连锁率较低,在全国大约40多万家零售药店当中,连锁药店占比竟不到40%。另外,信息化成本太高已经不利于中国信息化产业的发展。为什么中国信息化成本高?这主要是中国制度性交易成本高,比如说光纤基干网,以中国的人数,一条就够了,但全国已有六条了,现在正在另建一条广播电视网,是因为政府把市场分隔了。

通过考察上述这些案例我们可以发现的一个共同点是,发展中国家的交易成本比发达国家要高得多,我们把这高出的部分叫作制度性交易成本。科斯所定义的交易成本是正常市场运行(或制度环境即定)中搜集信息和签订及履行合约的成本。但制度性交易成本是指因体制或制度构建不到位而引起的社会运行成本增加。这里的制度性交易成本不是指遵循合理的制度的成本,而是指为了应对不合理的制度而引起的成本,如审批环节过多、检查评比过滥等都会产生更多的交易成本。

制度性交易成本是一种体制现象。在中国转型时期,随着改革的深入,审批和管制在不断减少,但制度性交易成本还是比较高。例如中国企业现在拿到营业执照,前置审批有34项,后置审批大类接近300项。世界银行每年对营商环境有一个评估体系,分9项指标,第一项是企业市场主体进入市场的便利化程度。中国实施商事制度改革3年以来,在世界上的位置每年提高6位,共提高了18位,但是仍在全世界189个经济体当中处在中游位置。总之,限制与反限制、设租与寻租必然导致制度性交易成本的上升,而这种高的交易成本使许多潜在的交易不能转化成现实的交易。

交易成本的价值不仅体现在上述试验上,更重要的是其作为一种经济学分析范式所引起的经济学革命。交易成本这一概念的革命意义还表现在,新制度经济学家们将交易成本的概念应用于广泛的领域,如代理关系、寻租活动、企业内部考核、外部性问题、纯粹市场与科层组织之间的各种类型的经济组织形态、经济史甚至政治制度等。

威廉姆森用交易成本来解释经济组织,较好地说明了市场与企业这种组织的边界及其相互的转换问题。在他看来,如果资产是通用的,那么,简单的市场契约就能提供有效的中间产品市场交换;但是,如果因为资产专用性和外部人的干扰形成了双边依赖关系(并由此导致了高成本的不适应),那么,科层制将变得更有优势。因此,从市场到企业,体现了不同治理结构的变化过程,这表明,随着交易具有越来越多的专用性特征,市场交易的激励机制会变得越来越弱,而一体化(即科层制)的激励机制则越来越强。这就很好地解释了从市场到企业的转变过程。威廉姆森用资产专用性解释交易成本的起源,再由交易成本而研究各类合同,从各类合同中发现相应的治理结构,由此考察各种经济制度,再从效率上对这些制度进行比较。

张五常用交易成本和风险分担来解释农业中的合约选择问题,提出了分成制也是有效率的观点。后来的一些经济学家用交易成本、规模经济和风险分担三个因素,解释了现代工业经济中从个人业主制、合伙制到股份公司的变化。在这些经济学家看来,任何一种经济组织都是为了降低交易成本、更好地分担风险或实现规模经济而存在的,因此,交易成本在解释不同经济组织存在的原因时起了重要作用。

阿尔钦和哈罗德·德姆塞茨(Harold Demsetz)用度量成本(交易成本的一种具体形式)解释了团队生产问题。团队生产是投入的一种联合,它产出了一个比投入的分别使用所得出的产出总和更大的产出(即形成了合作剩余)。由几种不同所有的联合投入所生产的产品是不可分的,引起了对每一投入所有者的资源或服务的边际生产率的评价成本。对生产率的计量与监督,以使边际生产率与投入的成本相配,从而能在企业内更经济地实现偷懒的减少。解决团队生产的这些问题的关键是把剩余索取权赋予监工,即产权归属非常重要。经济组织的一个功能就是有效地度量各种生产要素的生产率,并据此支付报酬,能否节省这种度量成本成为经济组织能否生存下来的关键。

奥尔森用组织成本(交易费用的另一种表现形式)解释了利益集团的形成及其作用。组织成本与团体规模有关。小团体的组织成本低,而每个成员获得的收益高；一个组织的成员越多，组织成本越高，每个成员获得的收益越低，由此，大团体往往是松散的，而小团体往往掌握了不成比例的大权力。组织的多少与经济发展水平密切相关。对164个国家的正规商贸经济的分析表明，一个国家的收入越高，组织增长就越多。在年收入低于2 000美元的贫穷国家，组织的平均持有量为30个，每百万居民平均拥有组织约2.8个。而年收入高于20 000美元的国家，组织的平均拥有量约为1 106个，每百万居民拥有量为64个。[1] 当然，组织的形成与多少主要取决于民主法治化程度及政治体制。

第二节　产权

经济学是研究如何有效配置资源的科学。产权理论的中心任务是要表明产权的内容如何以特定的和可预期的方式来影响资源的配置和产出（交易费用为零则无须研究产权）。能够使各种经济资源包括人力资源得到有效利用的产权系统，就是好的产权系统。

一、产权明晰：市场交易的前提

在《新帕尔格雷夫经济学大辞典》中，"产权是一种通过社会强制而实现的对某种经济物品的多种用途进行选择的权利。"[2] 产权不是指人与物之间的关系，而是指由物的存在及关于它们的使用所引起的人们之间相互认可的行为关系。

产权不仅是人们对财产使用的权利，而且确定了人们的行为规范，是社会制度。产权关系既是一种利益关系，又是一种责任关系。良好界定的产权限制人们使用资产的方式。此外，产权界定保证人们以某种方式承担他们行为的成本。价格如

---

[1]〔美〕道格拉斯·C.诺思等：《暴力与社会秩序——诠释有文字记载的人类历史的一个概念性框架》，上海三联书店2013年版，第10页。
[2]〔英〕约翰·伊特韦尔等：《新帕尔格雷夫经济学大辞典》（第三卷），经济科学出版社1996年版，第1101页。

何决定的问题，实质上是产权应如何界定与交换以及应采取怎样的形式问题。

罗马法规定了几类产权：所有权，邻接权，用益权，使用权，以及抵押权。所有权包含以下四个方面：(1) 使用资产的权利（使用权）；(2) 获得资产收益的权利（用益权）；(3) 改变资产形态和实质的权利（处分权），以及 (4) 以双方一致同意的价格把所有或部分由 (1) (2) (3) 规定的权利转让给他人的权利。

产权的清晰界定是市场交易的前提。市场只有在稀有资源的产权得到明确规定时才是有效率的。由此可知，产权明晰对市场有两大作用，一是使市场产生交易；二是提高市场的效率。或许有人会问，新古典经济学没有讨论产权和产权制度不是照样分析市场运行及市场配置资源的效率吗？但请注意，这种分析只适应产权明晰的情况，如成熟的市场经济国家。但现实生活中有好多产权不明晰的现象，如一些发展中国家经济制度中的严重问题就是产权不明晰，可以说，产权不明晰是落后国家共有的现象。

产权明晰是划定清楚权利的边界。讨论市场运行就不能不考虑产权制度的性质，因为产权制度决定了什么能买、什么能卖，而且产权制度通过影响各种市场交易的成本来影响和决定事实上买卖什么，由谁买卖。产权制度是自由市场的基石。巴泽尔困境表明，在缺乏清晰界定的产权和良好执行的产权制度时——当对可用资产的权利缺失，或没有对该权利予以详细说明，或权利的执行不充分时，人们必定争相攫取稀缺的经济资源和机会。个体将为权利而竞争，竞争的花费在总量上经常达到或超过资产本身的价值。正如俗话所说，没有主的蛋糕，很多人都会来咬一口。公共苹果树上的苹果从来没有长熟过。在巴泽尔看来，产权界定越明确，财富被无偿占有的可能性就越小，因此产权的价值就越大。

产权的存在是产生成本、价格、生产、分工、交换、储蓄、投资等一系列经济行为的前提。科斯把产权（还有制度）分析引入经济运行中，使新古典经济学过去只分析血液而没有躯体的框架得到根本改观。一般来说，成本、收益、产出价值和效率的度量必然因权利界定的不同而不同。每一权利结构都会形成一系列特定的偏好、收入、需求、成本结构等，从而导致特定的且相互不同的有效资源配置。值得指出的是，第一，这里不存在唯一的最佳解，因为每一种可能的效率产出都是特定权利结构的函数。第二，由上可知，因为效率是权利的函数。我们无法仅仅依据效率来划分权利；每一权利结构都会导致一个特定的有效产出，这些产出是不能相互比较的。

产权明晰才能使市场经济中的血液流动起来。中国与欧美国家的大分流首先要到 产权层面去找原因。彭慕兰在《大分流》中分析指出，尽管清代中国在经济上逐渐 落后于英国，但中国绝大部分土地基本上是自由流通的。当时中国的土地制度比西 欧要先进，17、18世纪时，西欧的大片土地都被限定继承（entail）等产权形式所束 缚，不能自由流通。而英国此时的土地制度变革越来越有利于经济发展。1600年之 后，随着限定继承制度的不断没落与圈地运动的兴起，英国大部分土地产权都变得 更加清晰，且易于流通。与此同时，中国并没有出现产权明晰化的倾向。当时中国 土地的自由流通是大打折扣了的。一些土地制度是不利于资源有效配置的，如"典" 产生于中国古代并早在明代就为官方的法典所正式认可。在典卖中土地的出卖人有 在未来以原始出售价格买回所卖土地的权利。江南的土地所有权往往被分割为 "田面权"与"田底权"，由佃户与地主分别拥有。这些产权规定都不利于产权明晰。

二、产权的界定：经济权利和法律权利

假如新发现了一个山洞，这山洞应该归属于谁？发现山洞的人？山洞入口处的土地所有者？还是山洞顶上的土地所有者？这些取决于财产法。但涉及这山洞的用途就与财产法无关了，这是产权经济学要探讨的问题。

由此可以将产权定义为经济权利和法律权利。经济权利就是指通过交易个人 直接或间接地期望消费商品（或资产价值）的能力。经济权利的界定取决于个人 的最优化。产权及保护产权都需要耗费资源，而清晰界定产权的成本更加高昂。因此，产权无法被清晰地界定。交易的商品有诸多属性，一个给定商品的不同属性的 产权，或一个交易的不同属性的产权，都不能很好地界定。法律权利，是影响经济权利的主要因素。资产权利的有效性不仅取决于法律保护，而且取决于"所有者" 个人保护权利的努力和他人企图攫取权利所付出的努力。因此，法律保护是最重要

的。产权明晰与限制产权明晰的冲突一直贯穿于人类社会的发展。产权明晰的技术已经不是主要问题,代价高昂的是信息,这说明了法律权利和经济权利从来没有被完全界定。

从经济权利和法律权利的关系来看:经济权利反映了个体的消费或交换商品的能力,而法律权利则是在经济权利的基础上由法律所界定和保护的权利。法律权利是由国家来界定的。在法治权利缺失的情况下经济权利也依然会存在。经济权利与法律权利是一种相互促进、相互制约的关系。在人类历史上,经济权利与法律权利的不一致是经常的,这种不一致也是诺思所说的人类历史上大多数时期产权制度效率低下的原因之一。如果那山洞的法律权利不清楚,那么其经济权利也难以发挥作用。法律在决定市场的运行和范围方面发挥了根本作用。科斯说,在市场上交易的不是物质产品,而是权利集,执行特定行为的权利。交易什么,交易多少,依赖于个体和组织所拥有的权利和义务,而这是由法律制度确立的。法律制度对经济体制的运行产生深刻的影响,并且可能在某些方面可以说是控制了它。

我们以专利法为例来分析经济权利和法律权利的关系。在美国,一般对药品专利的保护期限为17年。因此,在这种情况下,法律权利强化了经济权利。当对药品的保护过期时,仿制生产者开始出现。但是,之前受保护的药品比仿制品的售价要高不少。尽管法律权利丧失了,但经济权利仍然存在。

另外一个例子是中国的小产权房。2007年中国小产权房共有66亿平方米,按人均30平方米计算,能住下2.2亿人。从经济权利来看,小产权房是指在农村集体土地上建设的房屋,未缴纳土地出让金等费用,其产权证不是由国家的房管部门颁发,而是由乡政府或村政府颁发,亦称"乡产权房"。从法律权利来看,"小产权房"不是法律概念,而是人们在社会实践中形成的一种约定俗成的称谓。该类房产没有国家发放的土地使用证和预售许可证,购房合同在国土资源和房屋管理局不会给予备案。所谓的"产权证"亦不是真正合法有效的产权证。按照国家的相关要求,"小产权房"不得确权发证,不受法律保护。由此,可以看出,中国小产权房是经济权利与法律权利不一致的典型表现。经济权利与法律权利的不一致引起一系列问题:保护个人财产的成本上升,不利于投资结构的优化,不利于房地产市场的发展,不

利于创新 等。小产权房拖的时间越长，积累的问题会越多。

一般来说，强化产权的法律权利比政府直接操办效率更高。英国工业化比法国更早是因为英国的专利法比法国的政府奖励科技制度更具有优越性，更有利于创新。有半数的新技术在英国不是靠专利法保护，而是靠保护私人企业剩余权的普通法来保护。英国的制度优势还在于其自由企业制度。所谓自由企业制度就是私人企业自动注册，不需政府批准。自由企业制度可以使创新收益内在化，并且它也是一种产权保护的制度。从世界范围看，与创新有关的财产权利直到19世纪才开始受到法律的保护。专利权、版权和商标权的发展旨在保护知识财产。英国在1623年成为首个大量发布专利权的国家。

不同的法律体系对产权保护的效果也有诸多差异。保护投资者（法律及其执行的实效性）与各国的法律制度起源密切相关。法律体系以英国判例法为起源的国家表现最强，以法国成文法为起源的国家表现最弱，以德国、北欧各国法律体系为起源的国家的表现居中。为什么法国成文法保护较差？一是以法国法为起源的国家，其资本市场的发展速度最慢。二是法国式的大陆法国家比普通法国家表现出更高的程序形式主义特征，而同时却没有为司法体系带来更高的效率、更多的一致性和更大的公平。三是大陆法国家对经济活动干预较多，但更多的干预并没有带来更好的经济和社会效果。不仅如此，采纳法国大陆法系的国家通常伴随着更为糟糕的公共部门和更多的腐败。这也可以看出产权中经济权利与法律权利互动的重要性，英国判例法能把产权的经济权利与法律权利保护以最低成本匹配起来。而法国成文法却有点"高高在上"的感觉。

在英国，大约从14世纪开始，已故人的遗嘱首先要在郡法院登记并检验后才能生效，这些遗嘱材料包括已故人的年龄、子女及其他亲属、职业、各类财产、收入、教育、社会地位等情况。英国各郡基本把自14世纪以来的遗嘱材料完整保留至今。通过对英国人遗嘱研究发现，在工业革命之前和工业革命之后，英国人的生育率与财富水平之间的关系是不一样的。在工业革命之前，是富人的生育率高，而工业革命之后，是穷人的生育率高。

诺思等人更为倾向于将产权的界定依赖于政府的作用，而科斯等人则更倾向于法律。产权界定问题的实质在于界定标准。芝加哥学派提出了产权界定的"效率标准"。理查德·波斯纳（Richard Posner）将新古典分析方法和科斯的社会成本思想用于法律领域，实际上是以"效率标准"提出了新的法律原则。

波斯纳指出"对财产权的法律保护创造了有效率地使用资源的激励"。[1] 波斯纳把科斯定理和他的法律市场结合起来考虑，认为在科斯定理的条件（零交易成本和合作行为同时具备）得到满足的地方，法律不需要配置任何特定的产权，市场交易总能保证效率的实现。在这里，产权的经济权利是可自我实施的，当交易成本为正时，法律必须通过"模拟市场"来促进效率。这里"模拟市场"是指有关的法律机关应该把产权配置给那些通过市场交易可能获得这些产权的团体，只有这样，才能实现资源的有效配置。在交易费用为正的现实世界中，这种过程会极端昂贵，并且即使是被允许的，也会使大量有关法律的缔约无利可图。由此，个人拥有的权利，连同他们的责任和特权，在很大程度上由法律决定。一个有效的体制应该是，这些权利应该配置给那些能够最富有生产性地使用它们的人。而要做到这一点，一是法律要简化，二是交易成本要低。如前所述，英国判例法就具有这些特点。

从历史来看，产权形成过程也是一个经济权利与法律权利相互作用的过程。在美国，从1785年的土地法到1862年的公地放领法案，都大开取得边疆土地的门。虽然原住民一直被排挤在外，但这些发展创造了平等且经济上充满活力的边疆。美国的产权界定是建立在非人格化交易基础上的，这种条件下产权的经济权利与法律权利的不断互动会优化产权结构，从而为经济社会发展建立稳固的微观基础。然而，在大多数拉丁美洲国家，政治制度制造出极为不同的结果，边疆土地被分配给有政治权势者、有钱人和有关系者，让这些人变得更有权势。而拉丁美洲国家的产权界定是建立在人格化交易基础上的，这种产权结构会有利于少数人，从而会使社会经济处于不稳定之中。

---

[1]〔美〕理查德·A.波斯纳：《法律的经济分析》（上），中国大百科全书出版社1997年版，第43页。

相关链接 9-1

在中国，孙中山为了厘清产权，减少纠纷，呼吁进行不动产登记。让当地业主都主动去法院申报房屋位置、房屋面积、房屋质量和房屋现值，登记处或者登记局先审查，再公告，确信没有产权纠纷了，再登记备案，最后发给业主一张《不动产登记证》。公布了不动产登记的收费标准：土地房屋每价值一千块大洋，登记费只收一块大洋，千分之一的收费率。怎样来确定"土地房屋价值"呢？那时候的做法特别简单，法院不去估价，完全靠老百姓自己申报，报多少钱就是多少钱。我的房子价值100万，我只报100块好了。您可千万别这样，因为孙中山先生给民国每一部《土地法》都定下一个基调：只要业主申报的房价明显低于市价，政府就有权利按照他申报的价格强行征收房子。

资料来源：《中国历史上的"不动产登记"：孙中山曾呼吁厘清产权》，载《大连日报》，2015年5月13日。

经济学案例 9-1

一只狐狸"创造"一种规则

在现实生活中，人们越来越认识到规则的重要性。有效的规则可以大大地降低人们在社会经济活动中的交易成本，减少摩擦和矛盾。如何选择有效的规则呢？我们可以以一个案例来探讨这个问题。

这是美国财产法历史上引人瞩目的案件，由这个案件产生了财产法上的占据规则。如何取得始初的财产权？这是财产法必须解决的问题。美国的判例法和有关的财产法理论对此提出了许多规则，其中占主导地位的是"占据"（occupancy）规则。它来源于一则有趣的著名案例"1805年皮尔逊诉波斯特案"。一天，风和日丽，波斯特先生牵着猎狗在一处无主的海滩边游玩。突然，他发现不远处有一只狐狸，便驱赶猎狗去追捕。不料此时，附近的皮尔逊先生也看见这只狐狸，在明知他人在追捕的情况下，先下手为强，举枪射死了狐狸，并占为己有。这只狐狸究竟应归谁所有？双方争执不下，并打起了官司。

波斯特先生首先向纽约市皇后区法院起诉，要求获得该狐狸，结果胜诉。皮尔逊先生不服一审判决，向纽约州最高法院提起上诉。受理该上诉案件的五位法官都赫赫有名，其中多数意见代表丹尼尔·汤普金斯（1774—1825），后任纽约州州长和美国副总统。少数意见代表布罗克霍斯特·利文斯通（1757—1823），后升任美国联邦最高法院大法官。汤普金斯认为，该案诉讼标的是一只野生动物（即无主物）。此类无主物只有通过占有才能取得始初财产权。由于渊源于英国判例法的美国财产法尚无令人满意的先例可循，因此汤普金斯就只得旁征博引，寻找理由。第一，古罗马《查士丁尼法典》规定，追赶行为并不构成猎人对被追赶动物的初始所有权；第二，近代德国著名法学家普芬道夫提出过占有原则，即野生动物的占有是指占有者对该物的实际占有。由于皮尔逊射死并第一个实际占有狐狸，因此享有对该无主物的初始所有权。这种观点获得了多数法官的支持。于是，一审判决被推翻，一个确立占有规则的先例诞生了。

虽然，"皮尔逊诉波斯特"案涉及的仅是野生动物（动产范畴之物）的初始所有权，但是，占有原则也适用于土地之类不动产的初始取得。因此，该案对19世纪以来美国财产法具有深远的影响。这里可分三种情况来讨论——一是两种规则都可以，即谁先看到就归谁和占据规则。这时法官的权力就大了，两人都可以找法官，甚至行贿法官，最终的结果是不确定的。另外，从社会来看，也会浪费许多时间与精力。这说明执行规则者的权力不能太大，并且要受到制约。执法者的权力太大，就容易导致司法腐败。执法者权力太大，主要表现为执法者可以在多种规则中选择，规则太复杂和不明确等。因此，有效率的规则就是最简单的规则。

二是确定谁先看到就归谁的规则。这个规则行不行呢？这个不是不行，但会带来一些问题，会增大解决纠纷的费用，因为在海滩看到狐狸的可能不止波斯特先生一个人，还有许多人看到，这些人都会以这个规则去获得狐狸，最终谁获得之，也是不确定的，并且费用很高。因为如以当事人的主观意向（此案中，波斯特先生有捕捉狐狸之意向）作为取得财产权的根据，今后势必徒增许多纠缠不休的纷争。这说明，有效的规则必须是实施成本低的规则。

三是确定占据原则。这就是本文案例所确定的关于财产所有的一个基本规则。这种规则有两个好处，一是成本很低，就一个人实际占有了狐狸，取证容易。如果确定谁先看到就归谁的规则，那取证的成本就很高了，如果那天海滩上的人越多，那么看到的人就越多。二是避免了许多麻烦。确定了占据规则，以后遇到类似问题，就有先例可遵循了。在实际生活中，人们再遇到此类情况，就会"私了"，一般就不去找法官了。从经济学分析法学角度看，占有原则反映了普通法内在的经济逻辑。由此我们可以得出有效规则的两个方面，一是规则要简化，二是实施规则的成本要低。

资料来源：卢现祥，《一只狐狸"创造"一种规则》，载《读者》，2013年第3期。

三、为什么产权难以明晰？

明晰的财产权鼓励高效率和创造性行为，用较低的成本执行这些法律的司法体系，作为这种正式规则之补充的内化于人心的行为规范，构成了高效率的支柱。而明晰的产权和有效的司法体系，都是政治结构的产物。

如前所述，产权明晰实际上是产权的经济权利与法律权利相互作用的过程。我们重点探讨一下经济权利的形成过程及内在机制。"新的产权的形成是相互作用的人们对新的收益—成本的可能渴望进行调整的回应。"[1] 当内在化的收益大于成本时，产权就会产生，将外部性内在化。内在化的动力主要源于经济价值的变化、技术革新、新市场的开辟和对旧的不协调的产权的调整。在社会偏好既定的条件下（对于私人所有还是社会所有的偏好），新的私有或国有产权的出现总是根源于技术变革和相对价格的变化。[2]

在18世纪之前，印第安人猎取海狸获得肉和毛皮只为了自己消费，自取所需，这时海狸没有什么商业价值，排他性权利也没有出现，因而土地使用的机会成本为零。随着毛皮贸易的发展，对海狸需求的增加提高了其相对价格，因而大大刺激了狩猎活动，这时如果没有产权的界定就会产生"公共地的悲剧"，即谁都可以去自由猎取海狸，最终谁也猎取不到海狸了。这就要求增加保护海狸资源的投资（例如对野生动物的驯养）以实现海狸价值的最大化。这时最关键的就是对狩猎者的行为加以一定的控制，从而实现对海狸资源的最优化利用。于是在18世纪早期，这些印第安部落之间就通过划分狩猎区的方式逐步确立了获取海狸的毛皮的排他性权利。

我们可以将影响产权变动的因素归结为以下几点：

1. 要素和产品相对价格的长期变动。要素和产品相对价格的长期变动是历史上多次产权制度安排变迁的主要原因之一。如前所述，随着毛皮贸易的发展，对加拿大北部海狸需求的增加提高了其相对价格，因而大大刺激了狩猎活动，因为海狸比以前更有价值了。以前海狸是公共的，谁需要谁猎取。现有如果海狸还是公共所有的，最终这个地方的海狸就会绝种。因此，相对价格的变化要求产权更加明晰。某种要素价格的上升，会使这种要素的所有者相比其他要素而言能获得相对更多的利益。某种产品价格的上升，也会导致用来生产这种产品的要素的独占性（包括建立更明确的排他性产权）使用更加具有吸引力。此外，相对价格的变动还会影响产权变迁的方向、速度及其规模。

2. 技术和生产力发展。相对价格变动引起的产权变革还必须建立在技术和生产

---

[1] 〔美〕哈罗德·德姆塞茨：《关于产权的理论》，载〔美〕R.科斯等著《财产权利与制度变迁》（中译本），上海三联书店1991年版，第100页。
[2] 〔冰〕思拉恩·埃格特森著：《新制度经济学》，商务印书馆1996年版，第224—225页。

力发展的基础上。只有当产权所有者得自产权的收益大于他排除其他人使用这一产权的费用时，排他性产权才会被确立。当费用过高时，财产将成为共同所有。

在原始社会里生产力水平很低，一个猎人出去打猎不一定能够打到猎物，打到猎物之后也没有办法保存。在那样的生产力水平和储存条件下，部落里一个猎人让大家分享他的猎物，他也有权利分享别人的猎物，是使每个人生存最大化的最好的制度安排。

人类历史上最早的土地产权是从山区开始的，因为当时界定和保护产权的技术还比较落后。我们前述加拿大北部人对有海狸的土地的产权界定是在山区。只有在技术进步后，土地界定才从山区扩展到平原等地方。例如，历史上，用带铁蒺藜的铁丝构成的低费用围栏的创新，使得美国西部公共牧场中出现私人所有和牧场出租。在人类社会技术因素是制约产权制度演变的一个重要因素。

当然，今天界定产权的技术发展比较快，技术已经不成问题。为了达到对产权的控制，测量成本－效益的技术、监控是必不可少的。如果没有适当的技术来完成辨别资源数量任务，那么资源是不可能被占有和交易的。今天相对低廉的地理信息系统（GIS）技术，包括手持全球定位系统（GPS）设备已经帮助人们划出非常精确的土地边界。这项技术的优点是随着精确度的上升，有关资源的争议和冲突将会减少。

3. 排他性费用。我们在前面分析了加拿大北部印第安部落成功界定产权的例子。而同时期美国西南部的印第安部落却没有发展起相似的产权是为什么？这是因为建立私有狩猎区对他们来说成本太高而收益较小，在那里没有具有重要商业价值的海狸，平原动物都是一些活动范围很广的食草类品种。创建产权是昂贵的，人们必须付出时间和努力，去界定一项权利由哪些因素构成，去辨别什么人可能以及不可能拥有这些权利，更重要的是，还要执行并维护这些权利。只有当潜在的所有者对于排他性权利的期望收益为正时，对于一项资产的排他性权利才会被界定。如果强制的边际成本上升和边际收益下降，那么排他性权利很少是完全的，而且所有者一般也只在度量和强制成本较低的方面实施这一权利。

4. 人口压力和资源的稀缺程度。人口压力和资源的稀缺程度对产权的影响表现在以下几个方面:一是在影响制度和产权的成本与收益的多种参数中,"那种最重要的参数的变化就是人口的增长,它可以导致制度的创新从而给西方世界的起源提供一种说明。"[1] 人口变化还会通过影响土地和劳动的相对价格,从而在改变经济组织和产权中起着同样的决定作用。二是随着人口的增长,一些资源也逐步开始变得稀缺起来。人口与资源的矛盾必然促使人们建立排他性的产权。资源的稀缺程度是人口变化的函数。某一资源稀缺程度的增加也必然伴随其价值的上升,从而对其产权的界定是合算的。三是随着人口数量的增长,资源配置问题的复杂性增加。这些发展迫切需要建立社会法律制度,推动独立行动者之间的交易,因为行动者之间在绝大多数情况下都是相互陌生的,而且在交易环境里,有效利用问题的复杂性已经"超出"了集体控制制度所固有的计算能力和动机倾向。

诺思强调了人口、知识存量和社会制度之间的相互关系:"物理环境对人类发展的有差别的慷慨解释了在人类福祉上存在的大量历史差异。但是由于科技减缓了物理环境上的差异,人口、知识存量和社会制度之间的复杂的交互作用就逐渐地决定了绩效。"[2]

人口与社会制度是相互作用的,人口的变化会影响制度变化,我们可以从黑死病如何导致制度变化中略见一斑;反过来,制度也会决定人口的变化,很典型的事例是中国实施的计划生育制度使人口总量和结构发生了重大的变化。

相关链接 9-2

黑死病如何导致制度变化

1346 年,俗称黑死病的腺鼠疫抵达顿河流入黑海的入海口城市塔纳(Tana)。这场以老鼠身上的跳蚤为媒介的瘟疫源自中国,经由当时横越亚洲商业动脉丝绸

---

[1] 〔冰〕思拉恩·埃格特森著:《新制度经济学》,商务印书馆1996年版,第11页。
[2] 〔美〕道格拉斯·C.诺思:《理解经济变迁过程》,中国人民大学出版社2008年版,第85页。

之路的商旅传播。到 1347 年，瘟疫已传至法国、北非，并从意大利南部蔓延到北部。这场瘟疫杀死所经地区的约一半人口。这种大灾难可能对社会制度产生重大影响。进入 14 世纪时，欧洲维持着一种封建秩序，这是罗马帝国崩溃后从西欧兴起的社会组织。它以国王与他辖下的领主间的等级次序关系为基础，底层是农民。瘟疫造成劳动力大规模短缺，摇撼了封建秩序的基础，并鼓励农民要求改变。农民开始从强制劳动服务和许多对领主的义务中自我解放。工资水平开始上扬，政府尝试阻止这个趋势，并在 1351 年通过劳动法。英格兰政府尝试阻止黑死病引发的制度与薪资改变并未奏效。封建劳动服务逐渐式微，广纳式劳动市场开始在英格兰兴起，工资水平随之上扬。虽然西欧和东欧的政治与经济制度在 1346 年没有多大差异，但到 1600 年已是截然不同的两个世界。在西欧，劳工已不受封建税金、罚款和规范的束缚，逐渐变成勃兴的市场经济中一个重要的部分。

资料来源：摘自〔美〕达龙·阿西莫格鲁、詹姆斯·A. 罗宾逊，《国家为什么失败》，李增刚译，湖南科学技术出版社 2015 年版。

四、产权是经济发展的基础

产权及制度是经济发展的基础。我们可以从一则有趣的故事引出产权的功能或作用。保罗·萨缪尔森（Paul Samuelson）在 1950 年曾预言，经济发展最快的将是南美，因为那里资源丰富，劳动力受教育程度高，但后来他发现自己错了。因为他原先预计产权制度并不是经济结构最基本的问题。但事实上，第二次世界大战后欧洲以及东南亚地区经济发展最快。尽管这些国家资源贫乏，但由于产权制度合理，产权管理得当，因而经济得到了高速发展。这个事例说明，产权的功能和作用是非常大的。没有产权制度、法治、合同规则和规范的关键组合，一个社会就不可能经历经济的增长。如果人们能自由地开发和使用财产并有权利订立合同,市场就会得到发展。自由市场经济内的开放贸易能促进经济增长。人们在他们的权利稳妥可靠的情况下会增加对资产的投资。在允许商业交易和广泛的劳动分工社会里,一般都伴随着经济的增长与繁荣。产权是经济发展的基础可以从以下四种方式体现出来:

(一)产权的资源配置功能

一般的财产关系制度的变迁必然会影响人们的行为方式,进而影响资源的配置、产出的构成和收入的分配等。

产权能有效分配资源。产权为商贸和市场经济提供了制度基础。如私有产权赋予了人们拿他们所拥有的时间、创造力、技能以及由这些所产生的产品,与他人进行商业交易的权利。如果他们的产品或服务没有产权的保障,企业家是无法与消费者进行商业交易的。契约规则和规范的联结,为人们提供了社会共同认可的交换准则,这样的商业交易催生了市场,而市场是经济增长的基础。

产权能建立有效的激励机制。财产权为创造、创新、保持和保护财产提供了积极的动机。没有产权,人们不会有对实物或人力资源进行投资或采纳更先进的技术的动机。产权通过把投资和其他努力与回报捆绑在一起,提供了激励机制,而这种激励机制,主要适用于产权明晰的情况下。产权与个人利益紧密联系在一起。无论是个人还是群体,当他们拥有财物时,只要能因善用资源而获得利益,他们就会努力去经营。对经济最重要的是产权(制度)资产的激励,而更重要的是维持激励。

不同的产权制度其资源配置功能及产出是不一样的。有私有权条件下生产的产品的价值,与在资源的共同使用条件下生产的产品的价值之间的全部差别,可以称之为"社会租金",它产生于私有财的制度化。这种租金在一个场合度量出私有财产制度的生产率,在另一场合度量出君主制度的生产率。[1] 排他性激励着拥有财产的人将之用于带来最高价值的用途。莱索托认为所有权有六大功能,即确定资产的经

---

[1] 〔美〕詹姆斯·布坎南:《财产与自由》,中国社会科学出版社2002年版,第6页。

济 潜能；把分散的信息综合融入一个制度；建立责任制度；使资本能够互换；建立人际关系网络；保护贸易。

美国有学者曾经对资源在公有和私有两种体制下的资源利用效率进行调查，具体是比较实行不同资源所有制的州的牡蛎产业。通过分析马里兰州、弗吉尼亚州、路易斯安那州、密西西比州的数据资料，他们发现：(1) 对比 1945—1970 年在收获季节前期和后期的产量比例，在资源公有的州（马里兰州）是 1.35，而在邻近的资源私有的州（弗吉尼亚州）则为 1.01。也就是说，资源私有的州不会为了争夺牡蛎去提前打捞那些未成熟的牡蛎。(2) 在 1950—1969 年间，弗吉尼亚州的渔夫的平均年收入为 2 453 美元，而在马里兰州则是 1 606 美元。在资源差不多的条件下，为什么收入差距这么大？这验证了布坎南所说的不同产权下社会租金的大小不同。

产权中的经济权利与法律权利一样"硬"才能有效发挥其资源配置功能，而发展中国家中产权的法律权利往往是"软"的。一个奇怪的现象是，一方面发展中国家接受外界的国际援助，另一方面，国内穷人却有大量的"死资本"无法利用。据估算，全世界的穷人拥有的财产大约在 9 万亿美元，主要集中在住宅，这远远高于外界给予发展中国家的援助。[1] 为什么这么庞大的资源成了"死资本"？这主要根源于发展中国家产权中的法律权利大多是"软"的。由于这些财产没有任何记录，所以他们不能以此作为担保去银行借贷。西方标准化的法律能够使人们用分期付款的方式购房置产，用房屋作为抵押向银行贷款，允许一个公司的资产分割成很多部分，可以公开上市进行股票交易，并使财产评估成为可能。由于发展中国家的法律制度赶不上人口流动、城市化等社会变化的步伐，社会大多数成员的财产只能游离于法律系统之外，因而成为"死资本"。这也说明产权没有法律权利，其价值会大打折扣，甚至成为"死资本"。发展中国家经济权利与法律权利的严重脱节，即产权制度的缺失是发展中国家落后的重要原因。

相关研究发现所有发展中国家都有一个惊人的相似之处："这些国家绝大多数的贫困居民确实拥有财产，但他们缺乏代表其财产并进而创造活资本的机制。他们有

---

[1] 〔秘鲁〕赫尔南多·德·索托：《资本的秘密》，江苏人民出版社 2001 年版，第 27 页。

房屋，却没有产权；他们有庄稼，却没有契约；他们有企业，却没有公司章程。"[1]

莱索托的解决方案很简单：对穷人事实上拥有的财产予以法律承认，这样他们的国家就能够变得资本充裕。政府应该提供和实施产权的法律权利。19世纪美国国会和最高法院承认了西部移民和金矿占有者的财产权，从而使美国资本主义一跃而居世界前列。正是靠着把不正规的财产权制度转化成正规的制度安排，西方才得以在19—20世纪从第三世界发展到第一世界。

（二）产权保护的价值功能

产权保护的价值功能是指有产权保护的财产与无产权保护的财产之间的差额。这个差额是他们自己直接努力加以保护、他人企图夺取和政府予以保护程度的函数。在这三个因素中，政府保护是最重要的，政府既可以限制他人对财产的夺取，又可以降低自己的成本，其在产权保护方面有规模经济的优势。

英国国会在1662年通过法案以鼓励投资，要让萨尔韦伯河变成可航行的河道；柏德文家族为此投资了6 000英镑，换得向航行于该河道的人收费的权利。1693年国会审议一项法案，准备把收取航行费的权利转移给希鲁斯贝里伯爵和柯温特里伯爵。这项法案遭到柏德文爵士的反对，他立刻向国会请愿，宣称这项议案等于没收他父亲的财产，因为他父亲投入许多资金在开发这条河上，为的就是可以收取费用。柏德文指出"这项新法案企图取消旧法案，并夺走在过程中所有完成的工作和物资"。像这类重新分配权利的例子就是斯图亚特王室常做的事。柏德文指出："未经同意而夺走任何人根据国会的法案所购得的权利，将带来危险的后果。"[2]在这个事件中，新法案未能通过，柏德文的权利得以确保。

通过这个案例我们可以发现对产权的保护有两个关键因素：一是实施产权保护、便利私人契约和公平司法的积极的政府。在英国国会面前，柏德文家族通过请愿既 保护了自己向航行于该河道的人收费的权利，保证了合同的实施，又保证了司

---

[1] 〔秘鲁〕赫尔南多·德·索托：《资本的秘密》，江苏人民出版社2001年版，第221页。
[2] 〔美〕达龙·阿西莫格鲁、詹姆斯·A. 罗宾逊：《国家为什么会失败》，湖南科学技术出版社2015年版，第85页。

法的公平，即"未经同意而夺走任何人根据国会的法案所购得的权利，将带来危险的后果。"[1] 二是同时这个政府也应该受到充分的约束以避免强制和掠夺。在上述事件中，新法案未能通过，柏德文的权利得以确保。意义重大的技术进步一般都发生在能够较好地保护私有产权的国家。实现对产权保护需要建立两种制度：促进交易的法律制度和限制政府官员权利的政治制度。

诺思和温加斯特进一步拓展了可信承诺、产权保护和政治力量之间关系的研究。假如实际上产权保护是经济增长的一个关键因素，那么在过去，这种保护在由那些有军权的、地位高于其臣民的国王所统治的社会里是如何实现的呢？诺思和温加斯特认为，1688年英国的光荣革命使得国王对产权保护的承诺为经济发展提供了制度基础。诺思等的研究表明，一定的制度设计和制度安排是可信承诺的前提和基础。可信承诺约束了国家机会主义和国家掠夺的行为，从而创造了安全的投资环境。建立可信的承诺要求建立一种能够改变对政治官员激励机制的政治制度，使得他们能把维护公民的相关权利变成自己的利益。统治者只有在违约和没收其臣民财产会使统治者遭受净损失时，才会约束自己的权力。繁荣的市场不仅需要合适的产权体系、自由的价格机制以及一部合同法，同样也需要一个安全的政治基础来限制国家通过改变这些权利和体系而征用财富的能力。

产权保护的价值主要表现在两个方面：一是无形的价值。产权保护价值是无法计量的。亚当·斯密强调保护私人契约是自愿和互利交易的关键前提条件之一，这些交易促进了专业化、创新和经济发展。哈耶克认为保护私有产权对阻止强制、保障自由和促进个人福利是至关重要的。人类繁荣依赖于赋予每个个体决定如何最佳实现其独特能力的权利。如果我们相信每个人都有权过上他想要的美好生活，那么我们必须认识到，缺少财产权是无法实现这样的愿望的。因为产权制度为商业交易和市场提供了基础，它成为脱贫运动中的关键因素。

产权保护的范围及程度将会影响人们的行为。产权保护不好的国家更多地使人们致力于保护财富，而不是获取，而产权保护好的国家更多地致力于获取财富，而

---

[1] 〔美〕E.赫尔普曼：《经济增长的秘密》，中国人民大学出版社2003年版，第121页。

不是保护。[1] 产权保护不好的国家人们会选择粮食采集、手工艺品制造等劳动密集型的生产活动。而产权保护好的国家人们可以选择资本密集型生产。为什么会有这种不同的选择？这与制度性质有关，选择前者是因为这些类型的生产或多或少具有自我保护的性质，从而减少被汲取。而选择后者，如这种资本密集型生产的生产要求有价值昂贵的资产，如机器和工厂，它们无法被藏匿起来，因此就有被攫取或充公的可能，只有在产权保护好的国家才能从事资本密集型生产。[2]

二是有形的价值。赫尔普曼（2003）表明，一国私有产权的保护程度和该国的经济发展正相关。通过对 150 个国家的经验分析表明，总体上说，产权保护最好的国家的人均收入（按购买力平价）是保护较好国家的人均收入的两倍。在知识产权保护严格的美国，研发投资的私人回报率是物质资本投资回报率的两倍多。研发的私人回报率的高低取决于专利保护的时间长度、商标保护的范围、司法系统的效力、企业运营监管制度等。[3]

产权保护程度越高越有利于经济发展和社会和谐。产权保护程度与经济发展水平是相匹配的。撒哈拉以南非洲国家作为世界上最贫穷的地区，在 2006 年人均 GDP 为 1 984 美元。这种平均收入水平是美洲及欧洲国家的 1/10。撒哈拉以南非洲国家在产权保护上平均分为 34，与此同时欧洲国家平均分为 61.7，美洲国家为 45。在产权保护上，撒哈拉以南非洲地区没有一个国家得分高于 70，且半数的国家的得分仅有 30。得分最低的国家是津巴布韦，2007 年在产权保护上得分仅有 10。由于受到种种产权保护、政府提供安全及维护权益能力上的限制，撒哈拉以南非洲国家的人民面临着越来越弱的贸易约束。

产权保护是有成本的。人们对资产的权利（包括他们自己的和他人的）不是永久不变的，在富裕的国家更容易进行产权的公共执行，因为人们愿意负担执行的成本。完善产权执行能够加快经济增长，这样可以让人们愿意长期实施产权保护。为了有效生产，他们需要一些可以保护财产权的制度安排。为了从相互贸易中获得利

---

[1] 〔美〕安德烈·施莱弗、〔美〕罗伯特·维什尼：《掠夺之手》，中信出版社 2004 年版，第 18 页。
[2] 〔美〕曼瑟尔·奥尔森：《权力与繁荣》，上海人民出版社 2005 年版，第 144 页。
[3] 〔美〕E. 赫尔普曼：《经济增长的秘密》，中国人民大学出版社 2003 年版，第 40 页。

益，还需要一个第三方的执行机构，因为社会中的个人需要确立制度安排以确保合约的执行。因此，界定和保护财产权，以及执行合约和解决纠纷的机制就成为大家的共同利益。[1] 但是，产权保护不力会大大增加人们保护产权的成本。

在一国制度基础上，产权制度比契约制度还要重要。阿西莫格鲁等进一步将诺思意义上的"制度"细分为"产权制度"和"契约制度"，尽管这一思路早已存在于之前的研究论文中，但如此明确地划分制度与经济绩效之间的相关作用仍属于一项创新性研究。他们的实证研究发现，产权制度对私人投资的激励、金融市场的发展乃至长期的经济增长来说，都具有至关重要的决定性影响，而契约制度仅仅影响经济发展中金融纠纷的调解形式而已。因而，产权制度对于经济增长来说，较之契约制度则更加重要。他们对此给出了一个非常简单的解释：个人往往能找到改变他们正式和非正式契约的各种方法，从而避免遭受恶劣的契约制度安排所带来的不良影响作用，但他们很难以这种方式减少政府被没收的投资风险。由此，他们也强调，产权保护制度将会有利于私人投资的增加，从而影响到一国经济的长期增长。

（三）产权转让的经济功能

可转让性促使资源从低生产力所有者向高生产力所有者转移。某一块土地在张三手中只价值 200 万元，但若卖给李四这块地就价值 220 万元，扣除各种费用 10 万元，也增值了 10 万元。这增值的原因就是资源从低生产力所有者转向高生产力所有者。

是什么阻碍了产权的转让？所有权的残缺不利于产权的转让。不可转让的产权不能被他人出售和使用，并因此不能充分发挥其潜能。也就是说，在禁止出售产权的地方，尽管其他人对该财产具备更好的知识和技能而可以更好地利用该财产，使该财产的价值更高，但由于产权被束缚在一个既有的所有者手里——不可转让，结果，减少了这些财产对其所有者的价值。除非产权是可转让的，否则我们不能把资源从低价值使用者手里转移到高价值使用者手里。如果出售权或进行资本化的权利

---

[1] 〔美〕曼瑟尔·奥尔森：《权力与繁荣》，上海人民出版社 2005 年版，第 29 页。

受法律或其他制度安排的限制，财产的价值就会下降。如前所述，历史上中国的"典"就不利于土地产权的转让。"典"产生于中国古代并早在明代就为官方的法典所正式认可。在典卖中土地的出卖人有在未来以原始出售价格买回所卖土地的权利。这一回赎权可以继承。这种不利于产权转让的制度一直延续到现在。目前中国的政策对土地买卖的限制也比较多。

中国庞大的集体资产由于制度缺陷难以发挥作用。2015年国务院发展研究中心农村经济研究部课题组首次对中国农村总资产进行了量化评估，得出中国农村总净资产高达127万亿元，其中所有权属于集体的为87.35万亿元，占农村总净资产的68.62%；土地资产共达88.81万亿元，占农村总净资产的69.76%的结论。农民拥有如此巨额的集体资产但大多处于沉睡状态。推进集体产权制度改革，赋予和保障农村以土地为核心的财产权利，是新一轮改革的重中之重。应当在修订《土地管理法》的同时，加快制定《土地法》，明确和保障土地财产权利。

英国在1688年以前，对土地的法律假设甚至还是"所有英格兰的土地最终归皇室拥有"，是一个直接承袭自封建社会组织的观念。许多土地被无数古老的财产权形式和许多交叉的所有权主张所捆绑。还有许多土地以所谓的衡平法产权（equitable estates）的形式持有，即地主不能抵押、租赁或销售该土地。一般土地往往只能用于传统用途，有无数障碍阻止人们以合乎经济理想的方式利用土地。后来国会开始改变这种情况，允许团体向国会请愿，以便简化和重新界定财产权，这些修改后来在国会被整合进数百项法案，从而形成了英国现代产权制度。

我们比较一下中国与英国在土地产权制度上转让的不同点。中国历史上的典制度及当代的家庭承包制度等都是不利于土地转让的。其深层次原因是什么？中国农村总净资产高达127万亿元但大多处于"沉睡状态"，这巨额的集体资产谁也不敢转让，谁也不能转让。即使农民承包的土地也像历史上的"典"一样，不知什么时候会收回。中国农村经营达不到规模经济，也不能按现代产业和农业模式来经营，中国现有土地制度不允许采用现代农业经营方式。中国三农问题的根源就在于落后的土地产权制度已经不适应生产力发展了。反观英国，从1688年开始，从产权的法律权利入手，不断通过法律变革清理阻碍农村经济发展的土地制度或非正式制度，从而建立起有利于现代农业发展的产权制度。

（四）产权的政治秩序功能

产权的形成与控制资源的自由使用是紧密联系的，从某种意义上说，产权的起源就是为了避免资源的过度自由使用。随着人口数量的增长，如果不建立对资源利用的排他性权利体系，就不会有任何经济秩序，社会将通行托马斯·霍布斯（Thomas Hobbes）的"丛林规则"，即处于"一切人反对一切人的战争"状态。产权的政治秩序功能就在于产权是政治与经济之间的"隔离带"，从而使政治与经济协调发展。

所有权的立宪保证把经济财富的积累与政治权力的积累分离开来。宪法必须要约束政府的经济权力，确保当选的政治家根据既定的法律程序行使其政治权力；宪法必须要限制集体行动，从而才能约束集体行动的结果。宪法还必须明确个体的权利，这有双重功能。一是产权明晰使人们实现了专业化和交易，因而获得了产权带来的效率的收益，二是产权明晰也使人们得到了某种保护和隔离措施，以免遭受到市场的"盲目力量"的冲击，而不管这些"盲目力量"来源于哪里。罗斯福"新政"期间，政府行为大规模干预经济，许多大公司以自己的"法人"权利受政府侵犯为由，控告政府管制经济的法律侵犯他们的宪法权利即财产权。后经最高法院审理，新政的主要立法几乎全被否决。

相关链接 9-3

中世纪欧洲的国会跟现在的概念很不一样。那时的国会是代表地方势力，或通俗地说是地方的土豪劣绅。以前召开国会也仅仅是在皇帝需要钱的时候，召集地方精英协商加税。这和欧洲特别是英国自中世纪大宪章以来的传统有关，皇帝征用子民财产的权力受到制约，精英们的产权也由渐渐发展起来的普通法来界定与保护，地方的自治权力也提高。皇帝加税需要召集国会，国会在一开始就跟税收联系起来，也就是所谓的"税收与代议制的关联"，这也是美国独立战争最重要的口号。国会制度在中世纪大部分欧洲国家都有，但在有些国家不那么系统，唯独英国和荷兰有一个全国性的框架，而它们的商人组织及其影响在大西洋贸易发展之后越来越强大。

资料来源：马德斌，《为什么工业革命发生在18世纪的英国？》，载《文汇报》，2016年12月5日。

所有权缺失的重要后果是政治权力与财富的结合，而所有权存在的重要结果则是政治权力与财富的分离。所有权缺失也是因为有人可从不明晰中得到好处从而阻碍产权明晰。苏联改革中出现了两种因素，导致了所有权的缺失，一是抑制国家部门中的分权化管理，即国家部门支配非排他性拥有的资源，实际上是把租金占为己有。他们通过对财富创造过程的控制而获取租金。各国家部门的关注点就在于从无效率的经济体制中获取更多利益的位置。各国家部门都想控制更多的资源和掌握更多制定规则的权力。[1] 二是抑制扩大私人部门。从国有部门向私人部门的转移活动减少了经济官员们获取租金的可能性。为什么国有企业改革阻力重重？产权不清晰会导致人们争相攫取稀缺的经济资源和机会。国有经济产权不明晰就会产生大量的租金，国有经济在市场中的腐败成为国有资产流失的重要因素。

现代产权经济学的产权"稀释"理论能为我们揭示公共权力的真正来源。巴泽尔认为，在任何制度条件下，任何公民都享有一定程度与范围的个人私有财产权力，但每个人的私有财产又是受到限制的，这就是权利的残缺或稀释。产权的稀释是指，每个人都会将个人享有私人财产权利的一部分置于公共领域中，所有置于领域中的这部分权利需要一个人来保证执行并获得相应的经济利益，于是来保证并执

---

[1] 〔美〕李·J. 阿尔斯通、道格拉斯·C. 诺思、张五常、思拉恩著：《制度变革的经验研究》，经济科学出版社2003年版，第82页。

行这部分的人就获得了所有广大民众委托的公共权力,这个人就是政府,政府接手全体社会民众第一层委托代理的公共权力就这样出现了。

相关链接 9-4

中国历史上没有产生过严格意义上的公债。西方的公债跟战争有很大关系。但中国也不缺少战争,为什么中国的战争不会产生公债?这个问题最早是马克斯·韦伯提出来的。有一种简单的说法:中国的皇权是至高无上的,产权是绝对的,正像在晚清的时候,大臣跟皇帝提议要建立大清银行,发行公债,皇帝说所有的东西都是我的,我怎么还要去借呢?这个说法其实不完全,欧洲也有根深蒂固的绝对王权与产权的传统。区别在于,给欧洲王权贷款的银行家往往在这些国家的疆域之外。所以,要想继续向银行家贷款,这些欧洲皇帝就必须遵守"有借有还"的原则,这当然和欧洲政治分裂的架构有关。中国政治上的大一统始于秦朝,宋朝后得到巩固,也许是大一统和绝对皇权这两个条件并存制约了国债的发展。

资料来源:马德斌,《为什么工业革命发生在18世纪的英国?》,载《文汇报》,2016年12月5日。

经济学案例 9-2

重新界定产权之路:工业革命时期的英国与议会

传统观点认为:工业革命的产生离不开良好的产权保护,因为良好的产权保护可以为投资提供充分的激励,鼓励创新。那么,良好的产权保护是英国一开始就具备的吗？Dan Bogart 和 Gary Richardson 于 2011 年在 *Journal of Law and Economics* 上发表的论文 "Property Rights and Parliament in Industrializing Britain" 中给予了否定的答案。他们指出 18 世纪以前的英国法律体系很难说是鼓励创新的。由于受到传统法律思维的限制，英国的产权体系十分僵化，无法针对市场需求的变化来灵活地调整产权配置。在 18 世纪后，这种情况才逐渐开始改善。这种改善离不开议会在法律修订中的关键作用。

一、英国产权相关法律的变迁

18 世纪以前，英国法律体系的基本原则是尊重传统与维持法律体系的稳定，因此大量的法条脱离了市场发展的实际需求。由于法律的限制，这些法条无法做出灵活调整。例如，(1) 英国的继承法规定遗产（尤其是地产）的继承人不得肆意改变所出租土地的租期，除非等到继承人的子女长大成人，再由土地所有者与其子女共同商议是否更改租期。由于一般子女到 21 岁才能算成年，因此所继承的土地可能要等二十多年甚至几代人才能改变其租约。另外，土地的使用也受到严格限制，比如出租土地的租期不能超过拥有者的生命长度，更不能以牺牲后代利益的方式（如抵押、出卖等）使用土地。这些规定的初衷是为了尊重其祖先的意愿，使得家族的土地能永远地传承下去，同时所有家族成员（包括未出生的后代）都应该享有该遗产带来的好处，但是这些僵化的规定使得土地的使用无法反映市场需求的变化和优化资源的配置。(2) 另一个降低土地使用效率的法律制度就是英国的敞地制。在该制度下，平时土地分散耕种，到休耕时期，所有土地都用作牧场，以供集体使用。这一制度弱化了农民投资土地的积极性，同时产生了经典的公共地悲剧问题，使得土地利用效率大大下降。(3) 对于经济发展必不可少的公共物品投资，英国缺乏正式的法律来确立与鼓励这种投资。比如政府或公益组织是否有权购买私人的土地以建造公共物品，道路的修建者是否有权对使用该道路的人收费等问题，都缺乏明确的法律授权和规定。总而言之，18 世纪以前，英国的法律体系充满着僵化教条的规定。这些规定的存在弱化了产权的交易效率，同时也阻碍了投资激励。

但是，进入18世纪后，上述情况得到极大的改观。面对市场的强烈需求，英国议会出台一系列法律规定，重新界定产权，以灵活应对市场需求的变化。比如，财产法案（Estate Acts）界定个人与家庭之间的产权，排除之前法律对财产使用的约束，产权所有者有出租、抵押、出卖等权利，便于契约执行；圈地法案（Enclosure Acts）解散集体主义管理的村庄，在利益相关方协商同意的条件下将公用土地的产权分为若干份界定给个人，也包括将公共农地转换用途，如住房或厂房；法定机构法案（Statutory Authority Acts）法定的公共机关，用于建设、运行和维护基础设施和公共服务，也相应地产生了征收奢侈税、征地、发行公债、收费等权利。（包括交通法案、城市改进法案、济贫法案、政府建造法案与收费公路法案等）对公共物品投资的相关程序做了详细规定，使得公共物品的投资与受益都有法可依。如图9-1所示，上述三类法案的数量在1700年后出现了显著的增长。

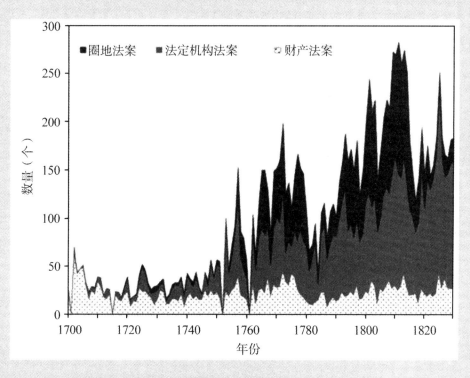

图9-1：重新界定产权的法案数量（1700—1830）

二、重新界定法律法案出现的机制：议会

如何解释这些重新界定产权的法案会密集出现在18世纪至19世纪呢？作者认为，光荣革命后，议会权力得到巩固，这使得英国出现了一个可以反映社会利益变化的政治市场。当要素价格变动后，相关利益方可以通过议会中的政治代表来推动原来落后法律的修改，以提高资源配置的效率。因此，经济机会的变动通过政治市场反映了出来，政治市场的自由与经济市场的自由携手而进。

为了检验产权调整议案的变动是否是由于市场机会的变动，作者用市场实际利率以及国家贸易额作为解释变量，法案通过数量的滞后两期值（考虑到法案提出、制定到通过所需要的时间）作为被解释变量，实证了经济机会的变动对议案通过的影响，发现两者呈现显著正相关关系。

同时，作者利用其他类型的议案，比如婚姻类的法案及其修正案等作为安慰剂检验，发现只有调整产权的法案才会对市场机会做出反应，其他法案与以实际利率与国家贸易额衡量的经济机会之间则不存在显著关系。为了检验上述关系的因果性，作者利用树木年轮的宽度作为工具变量（与经济机会直接相关，与议案通过不相关），重新估计了上述命题，发现结果依然稳健。

该研究表明，资源的有效配置离不开竞争性政治市场的建立。经济机会的变动不仅要反映在要素价格上，还要通过法律体系的调整以重新界定产权，释放经济活力。经济体系的灵活性需要一个可以将社会利益转化为公共政策的政治博弈机制，英国议会无疑充当了这一机制。

18世纪初的英国议会充当了土地和多种要素重新配置产权的平台。这个平台让个人、家庭和社区能够利用一些发展机会，而这些发展机会曾因为在旧英国法律传统中刚性的产权界定而不能被利用。这种重新界定产权的过程是快速、廉价、意见一致的。英国议会这个平台的运行是弹性的。如果重新界定产权的收益上升，那么公众就会要求议会通过大量的法案。上述产权重新界定恰巧就发生在工业革命前。从1700年至1830年，财产法案、圈地法案、法定机构法案等构成了英国议会一半的立法内容。产权变革为英国经济起飞奠定了基础，而同时期欧

洲其他国家由于不能很好地保护产权从而失去了发展契机。

三、为何英国议会能够重新设定产权制度

为何英国议会能够建立新的产权制度呢？作者认为有以下几个可能的答案：第一，1688年的光荣革命。经过光荣革命，英国成了君主立宪制国家。议会至高无上的权威激发了政治和文化空前的繁荣。1689年英国《权利法案》及其随后立法激励了立法行为。议会开始每年定期召开，自己设定议程，建立了一个永久的官僚体系和程序。程序化大幅降低了立法成本，提高了法案通过的可预测性。大批律师和职员精英帮助议案通过议会程序。第二，地主、商人、宫廷和贵族力量的相互平衡，让政治体系比较稳定。这种状态一方面可以让个人关注经济发展，寻求通过立法保证自己的利益；另一方面，政治稳定也有利于维护议会的权威，即使政府更迭也不会影响法律被确立。第三，英国启蒙运动下的知识革命。自然法被确立起来，用于社会改良。约翰·洛克等英国启蒙思想家也为有关立法提供了思想源泉。

科斯（1974）曾言，在交易成本不为零的社会，有的产权配置会提高效率，而有的产权配置则可能让民众陷入贫穷。议会和普通法院承担了这个角色，努力将产权进行更好的配置，以便实现财富最大化。英国议会事实上在18世纪初承担了这个使命。

资料来源：Bogart, D., and G. Richardson, "Property Rights and Parliament in Industrializing Britain", *The Journal of Law and Economics*, 2011, 54（2）, pp.241-274.

本章小结

1. 交易费用实际上是经济制度的运行费用，交易费用就是所谓的"制度成本"。那么，交易费用的变化也就可以体现出制度结构的变化。交易费用在本质上是专业化与劳动分工的费用。威廉姆森认为，交易费用的存在取决于三个因素的同时存

在：有限理性、机会主义以及资产专用性。

2. 交易费用可分为市场型交易费用、管理型交易费用及政治型交易费用。从这些交易费用视角我们能够更好地认识交易费用与经济系统运行的关系。

3. 交易费用理论这个范式为人们研究制度由安排的变化而引起的效果提供了一个基础，并且还为人们在这一领域的研究指出了方向，它说明在这一领域中什么是最为重要的，什么是迫切需要解决的问题，这样就为科学研究指定了研究方向。

4. 产权的清晰界定是市场交易的前提。市场只有在稀有资源的产权得到明确规定时才是有效率的。

5. 产权可定义为经济权利和法律权利。经济权利就是指通过交易个人直接地或间接地消费商品（或资产价值）的期望能力。法律权利是国家对财产的正式保护。经济权利与法律权利是一种相互促进、相互制约的关系。在人类历史上，经济权利与法律权利的不一致是经常的，这种不一致也是诺思所说的人类历史上大多数时期产权制度效率低下的原因之一。

6. 影响产权变动的因素主要有：要素和产品相对价格的长期变动；技术和生产力发展；排他性费用；人口压力和资源的稀缺程度。

7. 产权是经济发展的基础，可以从以下四个功能体现出来：产权的资源配置功能；产权保护的价值功能；产权转让的经济功能；产权的政治秩序功能。

思考与练习题

1. 为什么说交易成本是经济制度的运行费用？
2. 交易成本产生的原因是什么？交易成本有哪些类型？
3. 如何理解作为一种研究范式的交易成本理论？
4. 为什么说产权明晰是市场交易的前提？
5. 如何理解产权界定中的经济权利与法律权利？
6. 影响产权变动的因素有哪些？
7. 为什么说产权是经济发展的基础？

参考文献

1. 〔美〕R. 科斯等著:《财产权利与制度变迁》(中译本),上海三联书店 1991 年版。
2. 〔美〕埃里克·弗鲁博顿、〔德〕鲁道夫·芮切特:《新制度经济学:一个交易费用分析范式》,上海三联书店 2006 年版。
3. 〔以〕巴泽尔:《产权的经济分析》(第二版),上海三联书店 2017 年版。
4. 〔美〕道格拉斯·C.诺思等:《暴力与社会秩序——诠释有文字记载的人类历史的一个概念性框架》,上海三联书店 2013 年版。
5. 〔美〕赫伯特·西蒙:《管理行为》,机械工业出版社 2007 年版。
6. 卢现祥、朱巧玲:《新制度经济学》(第二版),北京大学出版社 2012 年版。
7. 〔美〕曼瑟尔·奥尔森:《权力与繁荣》,上海人民出版社 2005 年版。
8. 〔美〕彭慕兰:《大分流》,江苏人民出版社 2012 年版。
9. 〔冰〕思拉恩·埃格特森著:《新制度经济学》,商务印书馆 1996 年版。
10. 〔美〕威廉姆森:《资本主义经济制度——论企业签约与市场签约》,商务印书馆 2002 年版。

第十章　契约与企业理论

现代契约经济学是新制度经济学的重要内容,在过去的30年里,契约经济学发展非常快,不过,它并没有得到应有的关注,直到2016年的诺贝尔经济学奖令契约经济学大放异彩。哈佛大学的奥利弗·哈特(Oliver Hart)与麻省理工学院的本特·霍姆斯特龙(Bengt Holmstrom)凭借他们对契约理论所取得的成就获此殊荣,而契约经济学也在分支众多的经济学中占据了一席之地。契约经济学从契约角度解释了企业的存在以及企业与市场的关系,对于设计更好的企业制度和市场制度做出了很大的贡献。本章中,我们将学习契约理论的基本概念与分析方法,了解契约理论对于企业活动所做的不同于古典经济学的解释。

第一节　交易与契约

一、契约——交易的载体

契约理论研究什么内容?它与人们的经济活动和生活有何关系?其实,契约与人们的活动紧紧相连,比如,学校、医院以及监狱这样的公共服务究竟应当是公有还是私有?教师、医务人员和狱卒是应当享有固定工资还是绩效工资?一个学校的教师薪酬是否要与学生的考试成绩挂钩?为什么京东商城的物流配送要采用自己的货物配送网络,而淘宝网的卖家却将物流配送外包给顺丰、申通等快递公司?为什么中国商业银行给高级管理人员的薪酬采取年薪制,而大多数的上市公司对其高级管理人员却要用股票股权激励？为什么法国的供水部门要采用政府直营、政府与私人合营和对私人的特许经营多种不同的方式向居民供水？这些都是契约理论的研究内容。契约是交易的载体，所以，经济学家建议，分析交易应该从契约入手。

什么是契约（contract）呢？契约，人们常常称为合同、合约或协约，是指几个人（至少两人）或几个方面（至少两方）之间达成某种协议。从现代法律经济学的角度看，契约就是资源流转方式的一种制度安排，它规定了交易当事人之间的各种关系，或限定了当事人各方的权利与义务。一般来说，契约是当事人（两人以上）在地位平等、意念自由的前提下，各方同时为改进自己的经济状况而在交易过程中确立的一种权利流转关系。[1]

西方的契约思想有着古老的学说传统，早在两千多年前的古希腊哲学家伊壁鸠鲁（Epicurus）的著作就涉及了社会契约问题。契约的含义比较丰富，我们可以从几个不同的层次去理解。第一，契约可以指社会秩序。一个社会的秩序不是自然原生的状态，而是建立在社会成员的约定之上。这个层面的契约是指社会契约，包括制度、宪法、国家建制、公权力等内容，比如多数表决的规则，其本身就是一种约定，并且假定至少是有过一次全体一致的同意。如果没有事先约定的话，"少数人服从多数人的抉择"这一义务又从何而来呢？[2] 托马斯·霍布斯（Thomas Hobbes）认为人在自然状态下是彼此敌意的，通过社会契约使得个体向集体转让其全部自然权利才能进入社会状态。让—雅克·卢梭（Jean-Jacques Rousseau）认为，由于人类只有结合才能生存，社会契约就是要每个结合者将一切权利转让给集体，形成共同力量保护每个结合者人身安全和财富，并像以往一样自由。第二，契约与组织的形式有关。对此，罗纳德·科斯（Ronald Coase）曾指出企业是一系列契约的联结。兰·麦克尼尔（Lan Macneil）把企业组织视为关系契约的典型，他认为，公司不仅是契约主体，而且这种组织本身也是契约关系体。企业的横向联合与纵向一体化、相互持股、边界等问题都可以从契约的角度做出解释。第三，契约指交易。人们常常提及

---

[1] 易宪容：《现代合约经济学导论》，中国社会科学出版社1997年版，第9页。
[2] 〔法〕卢梭：《社会契约论》，商务印书馆2003年版，第18页。

的合同就是这个层次上的契约，每一份合同都是一个交易的外在形式。无论是从什么层次去看，无论契约的外在形式如何，其实质为当事人几方达成的某种合意或者约定。

经济学中的契约概念与法律规定的契约概念有所不同。这两者有一定联系，但有很大的区别。从某种程度上来说，现代经济学中的契约比法学上的契约范围更广，它不仅包括具有法律效力的契约，也包括一些默认契约（比如心理契约、关系契约）。现代经济学中的契约概念，实际上是将所有的市场交易（无论是长期的还是短期的、显性的还是隐性的）都看作是一种契约关系，并将此作为经济分析的基本要素。

经济学分析契约的维度与法学不同。奥利弗·威廉姆森（Oliver Williamson）使用三个变量来刻画契约的特征：价格、资产专用性和安全措施条款。价格是激励的一个关键成分（加上对暗含的信息处理的强调）；资产专用形式（更一般的是交易的特征）是契约的持久性和完备性的主要决定因素；安全措施条款是实施的一种手段。[1]

二、不完全契约——为什么订合同都要留有余地？

在汽车保险合约中，我们可以读到这样的文字"附加险条款未尽事宜，以本条款为主"，货运合约中也经常写有："本合同如有未尽事宜，双方可协商修订或补充"。合约中的未尽事宜是指契约的不完全性。

契约可以分为完全契约与不完全契约。完全契约（complete contract）就是契约条款详细地表明了在契约行为相应的未来不可预测事件出现时每一个契约当事人在不同情况下的权利与义务、风险分担的情况、契约强制履行的方式及契约所要达到的最终结果。也就是说，如果契约是能够履行的，那么完全契约就能最优地实现契

---

[1] 〔美〕科斯、诺思、威廉姆森：《制度、契约与组织：从新制度经济学角度的透视》，经济科学出版社2003年版，第279页。

约当事人的协议所要达到的目标。如果交易中签订的契约都是完全契约,交易价格与数量将是市场最优价格与数量。新古典经济学可以被看作是完全契约理论,比如完全竞争市场中的均衡价格决定可以被看作是完全契约。在完全竞争市场上人们拥有完全的理性与完全的信息,交易者事前可以预见一切事项,市场的成交价格就是均衡价格,交易的实现不需要额外成本,交易中不存在毁约、欺诈,人们不需要为交易的后续事项费心。

然而,现实中的合约大多是不完全契约。不完全契约(incomplete contract)与完全契约正好相反,由于个人的有限理性,外在环境的复杂性和不确定性,信息的不对称和不完全性,契约当事人或契约的仲裁者无法证实或观察一切,从而契约条款是不完全的,需要设计不同的机制以对付契约条款的不完全性,并处理由于不确定性事件引发的有关契约条款带来的问题。[1] 导致非最优合约或无效率合约的原因主要有两个,一是商品属性集合中各属性数量与质量的易变性,二是高昂的度量成本。如果每一个商品属性集合都完全一致,人们就可以通过计量商品属性数量并对每个属性进行度量,从而获得所有的信息。不完全契约的存在可能带来市场非效率与市场失灵,需要交易者事后谈判,采取补救措施。

尽管不完全合约留下很多可乘之机,带来交易的非效率结果,但也会带来更大的灵活性,很多情况下,经济交易契约并非越详尽越好。麦当劳与可口可乐都是全球著名的跨国企业,而它们长达六十多年的合作竟然是以"君子协定"的口头承诺开始,合作领域分布在联合使用商标、开拓市场、开发新项目上,双方达成的是一种非常松散的不完全契约,依靠的是共识与彼此信任,这种自由的结盟方式带来的内耗小,交易成本低。

三、不完全契约产生的原因

既然完全竞争市场中的契约假设条件与现实的经济生活相去甚远,而且人们在

---

[1] 〔美〕科斯、哈特、斯蒂格利茨:《契约经济学》,经济科学出版社2003年版,第14页。

交往中的契约总是不完全的，那么是什么原因导致了契约的不完全性呢？人们为什么宁可签订不完全契约也不签订完全契约呢？在不完全契约的情况下，契约又是怎样运行的呢？这些都是不完全契约理论要回答的问题。下面从个人理性假设入手来讨论：

（一）有限理性

人的有限理性（bounded rationality）是导致契约不完全的重要原因。古典经济学对于人性的假设是完全理性，事实上，人不可能做到完全理性。由于人在生理和语言方面的能力和外在事物的不确定性、复杂性，从事经济活动的人在愿望上是追求理性的，但是在实际中只能有限地做到这一点，人类的理性总是有限的。由于人的有限理性以及外在环境的不确定性，人们既不能在事前把与契约相关的全部信息写入到契约条款中，也无法预测到将来可能出现的各种不同的偶然事件，更无法在契约中为各种偶然事件确定相应的对策并且计算出契约事后的结果。

（二）交易成本

交易成本的存在是导致契约不完全的重要原因。在零交易成本的假设条件下，契约的信息收集、谈判、签订与履行不需要花费成本。契约当事人能够把所有的意外情况都详细地写入契约条款中，并对每一种意外情况的解决措施做出规定，这样也就不会发生任何事后纷争。

在现实经济生活中，契约当事人是"契约人"，其交易活动通过契约实现，任何契约的运作要花费成本。"契约人"具有有限理性与机会主义倾向，在交易过程中设计契约的事前成本是昂贵的，因此，无法在契约中列出将来所有的或然事件。但是，事前没有考虑到的可能事件会增加事后成本，因为，一旦这些事件出现，就需要重新谈判与重新签订契约；因此，当事人预期到将来一定会出现某些事前没有估计到的偶发事件时，他们又会在最初的契约中增加相应条款，从而增加了相应的契约成本。

契约当事人将会相当理性地忽略掉许多可能意外发生的事情，宁愿等待和观望，也不愿将大量具体的不太可能发生的事情包含在契约条款中。此外，当事人对契约条款发生争议需要第三方来裁决时，其契约履行成本更高。可以说，交易成本的存在是契约不完全的根源。

（三）不完全信息

信息不对称是导致契约不完全的重要原因。信息不对称是指契约当事人一方所拥有而另一方不知道的，尤其是他方无法验证的信息或知识。由于信息不对称的存在，具有机会主义倾向的交易者会尽量逃避风险，把交易成本转移到他方身上。产生交易成本的重要原因就是信息不对称，要获得与契约相关的信息就得付出成本，有时这个成本相当高，要完全消除信息不对称是不可能的。

信息不对称的种类可从时间和内容上来划分。一是根据信息不对称所发生的时间的不同，可能发生在事件的开始，也可能发生在事件的中间或事后。发生在当事人缔约前的，叫作事前不对称；发生在当事人缔约以后的，叫作事后不对称。研究事前当事人之间博弈的信息不对称的模型叫作逆向选择（adverse selection）模型，研究事后当事人之间博弈的信息不对称的模型叫作道德风险（moral hazard）模型。二是根据信息不对称的内容的不同。信息不对称的发生可能是由于当事人的行动只被他自己知道，或只被契约中所有的签约人知道，而局外人不能观察到，这叫作隐藏行动或隐蔽行动（hidden action）。信息不对称也可能发生在信息分布的不平衡上，签约一方对他本人的知识（个人特征）知道得很清楚，而其他人不知道或知之甚少，或者可能影响契约的自然状态的知识某个人知道而另外的人不知道，这叫作隐藏信息或隐藏知识（hidden information）。[1]

（四）语言的模糊性

一个契约有时因为语言表达的模棱两可或不清晰而造成契约的不清晰。语言只能对事件、状况进行大致的描述，而不能对它们进行完全精确的描述。这就意味着语言对任何复杂事件的陈述都可能是模糊的。例如，《契约法》的商业可预见性条款

---

[1] 〔美〕科斯、哈特、斯蒂格利茨：《契约经济学》，经济科学出版社2003年版，第19页。

表明，当一个同意签订契约的企业可能预见到其行为时，契约就应该强制履行。但是，契约中关于条款所适用环境的语言表述并不清楚。如果把未来可能的事件用更多的专门条款加入到契约中，就意味着给实际的环境划定了更多的边界，而明确哪一条款可以适用这些环境会出现更多的问题。因此，由于语言使用的模糊性，在契约中增加许多更为详细的条款可能会导致契约履行的更多争议。可见，语言使用的模糊性造成了契约的不完全性。[1]

（五）垄断的交易方

只要至少市场一方是异质的，且存在足够数量的偏好垄断经营的当事人时，契约就是不完全的。一个契约是否完全契约，取决于当事人的类型。当不知情方不了解对方类型的分布，或知情方不能令人信服地披露他的类型时，契约将肯定是不完全的。[2]

关于不完全契约存在的原因，仍是契约理论研究的前沿领域。第三方能否验证、能否成为契约不完全的原因是争论的焦点。即使某些内容是第三者无法验证的，只要缔约者知道彼此的预期成本和收入，就不需要把不可验证的内容写入契约。在这种情况下，就可以设计出一份完全契约。这个结果被称为"不相关定理"（irrelevance theorem）。契约理论与古典经济学的"经济人"假设不同，它建立在"契约人"概念基础上。因为他们无不处于交易之中，并用或明或暗的契约来协调他们的交易活动。而"契约人"的行为特征不同于经济人的理性行为，具体表现为有限理性与机会主义（opportunism）。所谓的机会主义行为，是指人们在交易过程中通过不正当的手段来谋求自身的利益。机会主义行为又分为事前的机会主义行为和事后的机会主义行为。前者是指逆向选择的情况；后者是指道德风险的情况。这也是前面提到过的隐蔽信息与隐蔽行动的问题。

契约人的第一个特征表明，由于人的有限理性，交易双方要想签订一个完全契约是不可能的；契约人的第二个特征表明，仅仅相信缔约者的口头承诺无法保证契

---

[1] 易宪容：《现代合约经济学导论》，中国社会科学出版社1997年版，第98页。
[2] 〔美〕科斯、哈特、斯蒂格利茨：《契约经济学》，经济科学出版社2003年版，第103页。

约会自动履行。由于机会主义的存在，缔约各方都会采取各种策略来谋取自己的利益，因此不可避免地会出现拒绝合作、协调失败、成本高昂的再谈判等危及契约关系持续下去的情况。

四、契约的履行

（一）契约的自我履行

所有的契约都包括对履约机制的规定，同时所有的契约理论都强调协议应尽可能有效地嵌入履约机制的作用。不确定性是决定契约履行机制的关键因素。

契约的自我履行适合在稳定的环境中，例如技术是稳定的，需求是可预测的，则博弈的规则保持不变。另外，契约的自我履行还适合于通过市场进行的交易、完全契约或者古典契约，和在频繁的交易中，交易的特点为各方所熟悉的情形。最后，契约的自我履行适合于专用性资产程度不高的情形，如果条款不被任何一方遵守，就可以很容易地提出终止契约。

自我履行的契约被理解为是一组基于合作方的合意并且在执行中没有争端的条款，因此，第三方没有必要介入（例如，延迟罚金是自动实施的）。特尔泽（Telser）提出了一个关于自我履行的契约观点，并得到大家的认同，他认为：一个自我履行的契约是如果一方违反契约的条款，另一方的唯一追索权是终止协议。也就是说契约不会由政府或任何第三方来强制执行。

自我履行的契约，或者契约中的自我履行条款都有实施的自动程序。如果非常松散地理解，那么所有的契约都可以说成是自我履行的，因为它们都包含实施条款的机制、解决争端的机制和万一发生违规惩罚相应方的机制。法庭是这样的一个机构，"黑手党"也是，一个独裁者要求他的选举人尊重某种"社会契约"也是。

（二）契约履行的第三方监督

当契约的自我履约机制失效时，契约的履行依赖于第三方的监督。如果交易环境的不确定性很大，资产的专用性程度很高，风险会显著上升，在这些条件下，自我履行机制倾向于无效。可能是自我履行的条款太昂贵以至于不能签订和执行，也可能是因为形势要求太灵活，或者形势变得太复杂以至于无法通过事先设定的条款来进行管理，契约的失败产生了，这就要求辅助性的机制，即来自契约外的第三方的干预。解决争端的程序是事前由各方商定的，参与调解行动的第三方可以是私人的，也可以是公共的，或者是二者的混合。

如果第三方介入是以私人秩序的形式，它将可以采取以下几种不同的方式。第一，最小限度的方式是契约双方都同意通过一个纯粹外生的措施解决冲突的程序。一个例子是解释模糊条款的联合委员会，它们会补充契约的空白，或者对无法预测的事件进行调解。第二，当市场交易受到不确定性威胁时，一个更为正式的安排是将契约的规则强加在所有交易者身上，例如商业法体系中的私人审判。第三，当不确定性和资产专用性水平结合在一起时，私人秩序倾向于更加严厉，大多数情况下，会出现一个"权威"组织，来管理契约化的安排。正式的规则将由该权威实施，以限制各方随着发展起来的相互依赖的资产而出现的机会主义，调整不完全的契约，裁定由于事后的不确定性而产生的冲突。有一个很好的例子，法国的磨坊主通过一组契约，联合起来生产和销售高质量烘烤面包的面粉，因此所形成的网络创造出了一个私人的"法庭"，由三个磨坊主负责约束和控制这个"法庭"，包括实施惩罚的权力。

第三方的介入还可以采取公共秩序的形式，法庭和相关的机构（司法管理部门、政策、监狱）是将私人秩序嵌入公共秩序的最杰出的机制。私人秩序几乎总是嵌入在一个制度环境中，而这个制度环境通过特定设置表现出来，并且可以被确认为潜在于公共秩序之下，私人秩序几乎总是被公共秩序的形式所支持和限制。公共秩序不仅仅为私人秩序领域制定规则，而且也贯彻一套为执行契约和支持交易而设计出来的机制。公共秩序持续不断地介入私人秩序，保证了私人秩序的可信性，一旦私人秩序失败时它可以提供辅助性的措施，其结果是大多数契约都是通过公共和私人秩序的一个混合物得以执行的。[1]

---

[1] 〔美〕科斯、诺思、威廉姆森：《制度、契约与组织》，经济科学出版社2003年版，第286页。

(三) 一体化手段

当不确定性水平和所包含资产的专用性程度很高时，契约的履行要求采用一体化的形式。对于一体化来说，通过对资产使用权和剩余控制权的配置，所有权能够消除非所有者隐匿资产的能力，进而约束敲竹杠等机会主义行为。通过消除潜在的第二个交易者，所有权可以有效地免于被敲诈。在一体化中，企业的高层管理者将对企业内部各部门之间的纠纷施加最终的权威，这是企业自身的最终法庭。

五、交易中如何选择契约计划？

根据交易的性质，可以把交易分解为三个维度：(1) 交易的不确定性；(2) 资产专用性，对长期交易专有投资程度要求实现供应成本最小化；(3) 交易发生的频率。

第一个交易维度是交易的不确定性。交易作为人们的一种经济决策活动，只要人们决策的可能不止一种结果，就会产生不确定性。正是因为不确定性存在，人们的选择才成为必然。当交易受到不同程度的不确定性影响时，人们就会在交易成本尽量低的情况下对不同的交易协调方式进行选择。在不确定性较低的交易中人们的选择较为明确，也不需要对交易协调方式进行选择。对于不确定性，佳林·科普曼斯（Tjalling Koopmans）把它分为两类：一种是初级的不确定性，指的是由于自然的随机变化和消费者偏好的不可预料的变化所带来的不确定性，另一种是次级的不确定性，这是由于信息不对称而引起的不确定性。此外，奥利弗·威廉姆森还指出了行为的不确定性，即由于人的机会主义行为以及这些行为的千差万别，人们因无法预见而产生的不确定性。不确定性在不同的交易中所起的作用和约束交易协调方式的程度是不相同的。因此，这也给交易协调方式的选择留下广阔的空间。

第二个交易维度是资产专用性（asset specificity）。资产专用性是指某些投资一旦形成某种专门用途的资产就难以改变为其他作用，如果要改变为其他用途肯定会造成较大的经济损失。与资产专用性相对应的是资产通用性（asset homogeneity），这时资产专用性接近或等于零。资产的专用性是与沉淀成本概念有关的。资产专用性的细节只有在不完全契约背景下才会清楚地表现出来，而人们在谈论交易成本之前是不容易发现的。

资产专用性至少可以分为四类：(1) 物质资本专用性 (physical-asset specificity)，是指专为特定用户设计制作工具或模具等装备的投资产生的专用性。(2) 场地或区位专用性 (site or location specificity)，当买主或者卖主将其设施建立在毗邻对方的地方以节约运输成本时，就产生这种专用性。(3) 人力资本专用性 (human-asset specificity)，如果交易者学到的技能和知识只在与特定交易伙伴交易时才有价值，而在该关系之外价值就会减少，就产生这种专用性。(4) 特定资产专用性 (dedicated assets)，为了维持与特定顾客生意上的往来而进行的投资，虽然不是专用于该顾客的，但是一旦该顾客终止采购所生产的产品，就会使这种产品的生产能力严重过剩。

另外，资产专用性还可能表现为时空专用性 (temporal specificity)。时空专用性发生在契约履行时间或按时履约是至关重要的环境中。比如，一件产品的价值天生就与时间有关，报纸就是这样一种商品；生产过程的连续性质也将导致这种专用性，例如建筑工程；时空专用性在易腐烂的产品那里很明显，例如农产品经常出现这种专用性；或者，如天然气和电力等产品的储藏成本很高，也易产生时空专用性。在这些情况下，拖延履约就是榨取准租金的有效武器。[1]

在资产专用性的情况下，契约关系的连续性显得特别重要。当契约双方中有一方投入专用性资产时，一旦另一方采取机会主义的行为来终止契约，投资方就可能会遭受损失；反之，在资产通用性的环境中，买方能轻易转移他所选择的资源，卖者能够有目的且轻易地把他的产品由一个买者转移到另一个买者。而且当当事人的专用资产识别有一个重要的成本承担结果时，非市场的能力问题就产生了。这种交易也就称为特异性 (idiosyncratic)。

在具有专用性资产安排的契约关系中，产生了一种可占用的专用性准租金，出现了一种事后的机会主义行为，这就是前面所提到的道德风险问题。在交易费用经济学中，人们把这种行为叫作"敲竹杠" (hold-up) 问题、"套牢""要挟"。所谓"敲竹杠"问题，就是当交易中的某一方一旦做出专有资本投资后，在事后重新谈判中

---

[1]〔美〕Scott E. Masten 主编：《契约和组织案例研究》，中国人民大学出版社 2005 年版，第 14 页。

被迫接受不利于自己的契约条款或由于他人的行为使自己的投资贬值。

交易的第三个维度是交易发生的频率。由于任何交易协调方式的确立与运作都是要花成本的，而这些成本能够在哪一点上为所产生的收益所抵消，又取决于这种交易协调方式中所发生的交易频率。频率越高，建立与运作交易协调方式的成本就越能得到补偿，多次发生的交易要好于一次性交易，因此，交易频率对交易协调方式的选择也有重要影响。可见，该维度并不影响交易成本的绝对值，而只影响进行交易的各种方式的相对成本。

契约的三个维度中最为关键的是不确定性，它与交易发生的频率和投资特异性程度相关。

奥利弗·威廉姆森建立了一个交易契约经济学的分析模型。这里，用 K 来表示交易中资产的专用性的程度。应用通用性技术时，所形成的资产也是通用性的，即 $K=0$；应用专用性技术时，相应的资产具有专用性，$K>0$。在后一种情况下，为了满足契约关系中一方的特定需要而采用了专用性技术，就形成了专用性资产。这也就意味着，如果这项交易被终止，那么专用性投资就会受到损失。可见，专用性资产投资具有很大的风险性。为了降低这种风险性，当事人在进行专用性资产投资时，契约各方当事人有动机设计某种保障机制来维护契约关系中的专用性资产价值。

用 S 来表示这种保障机制的强弱程度。如果在契约关系中没有建立保障机制，则 $S=0$；如果在契约关系中建立了保障机制，则 $S>0$。模型中的保障机制，包括了三类情况：建立契约赔偿规则，设立交易中的契约协调机制，制定交易过程中的限制性条款，以此来使当事人的交易风险达到均衡。把交易中的价格 P，资产的专用性 K 与保障机制 S 三者相互关系做整体分析，就构成了交易中的契约关系模型。

(1) 当 $K=0$ 时，在这种交易关系中，买方可以在市场上找到很多的卖方，卖方也可以方便并没有损失的把他的资产转移到其他地方。在这种理想的竞争市场上，交易双方是相互独立的，没有任何依赖关系，交易往往是一次性完成，因此在契约关系中不需要交易保障机制。(2) 当 $K>0$，$S=0$ 时，在这种契约关系中，卖方进行专用性资产投资，但是没有保障机制来维护交易的持续进行。一旦交易关系中止，专用性资产的价值将受到重大损失。因此，专用性资产的投资者为了降低自己在交易中的风险,往往会把产品的价格定在较高的水平 P_0 上。这自然增加了买方的成本。(3) 当 $K>0$,$S>0$ 时,在这种契约关系中,应用专用性技术,进行专用性资产投资。同时契约双方建立某种形式的契约保障机制,能较好协调契约关系的纷争。因此,交易价格较低,即 $P_0>P_2$。这个契约关系模型也表明:在交易中,资产专用性 K,保障机制 S 和交易价格 P 三者是相互联系相互作用的。它揭示了交易中的技术选择、经济组织和市场价格三者之间的关系。

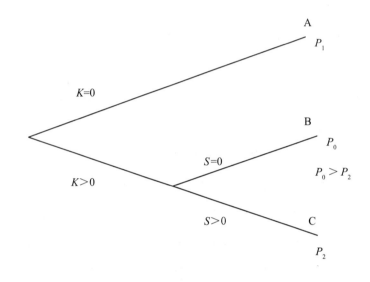

图 10-1 多种签约选择计划

奥利弗·威廉姆森采用契约计划图来表示多样性契约关系的形成。图 10-1 中,A、B、C 三点各代表一种价格,各种价格可以进行比较。(1) 分支 A 表示的是 $K=0$ 条件下的供给量,其预期均衡价格应为 P_1。(2) 分支 B 表示的是用于专用资产交易,即 $K>0$,但无须安全措施,即 $S=0$,预期均衡价格为 P_0。(3) 分支 C 表示的也是用于专用资产交易,由于在这类契约中提供了安全措施,即 $S>0$,因此预期均衡价格 P_2 将低于 P_0。对于上述三种情况,在第一种情况中就需要调整激励契约计划;在第二种情况下应建立并使用某种专门的契约计划,以应付并解决有关的契约纠纷。从分支 C 所对应的契约计划来看,其特点是通过调解仲裁来解决各种纠纷;在第三种情况下应依靠贸易规则,判断并鼓励双方持续合作的意向,用双边互惠方式解决贸易不平衡的贸易计划。契约计划图说明了多样性契约的关系形成,而且用途非常广泛。由此可以得到奥利弗·威廉姆森最基本的命题：交易者将选择那种使交易费用最小的交易协调机制。而哪种交易协调机制使交易费用最小，则要视交易过程中的特征而定，即要根据资产专用性程度、不确定性和交易频率这些变量而定。(1) 如果资产的专用性程度低，无论交易频率大小或是否存在不确定性，只要采用古典契约就可以了，因为在这种情况下，交易各方都能够根据市场价格竞争机制容易且低成本地寻找到自己的交易伙伴，达成各自交易。(2) 当资产的专用性或不确定性较高但不是最高时，可以采用不同的关系性契约[1]，例如，双头式、三头式，以及等级式契约[2]，至于实际中采用哪种还要看交易频率。(3) 当资产专用性与不确定性非常高时，一般会采取关系式契约。但是，这种契约关系并不能防止过高的交易费用，这也许会出现一体化联合。当然，这仅是从静态角度来考虑的，如果一旦加入动态的因素，例如，产品的质量控制、企业市场开发能力等，问题就复杂得多了。[3]

第二节　企业与契约

一、企业是一系列契约的联结

企业是什么？企业的含义是多层面的。企业是通过提供产品与服务以获得盈利的组织，是资源配置的一种机制。在新古典经济学里，企业是追求利润最大化的经济主体，是把投入转化为产出的一个生产函数。在法学中，企业可能是一个从事经济活动的法人。

而罗纳德·科斯的开创性研究拓展了新的研究空间与视角，他对于企业的解读

---

[1] 关系性契约是一种长期性的契约安排，在这种安排中，过去、现在和预期未来的个人之间的关系在契约各方之间非常重要。关系性契约不仅涉及交换，还涉及契约方关系，因此，这种契约在某种程度上是隐性的、非正式的和非约束性的。
[2] 双头式契约是指契约的应变事宜均由交易双方借助自身的力量来协商解决，三头式契约是指契约的履行除了契约双方以外，还加入了第三方（比如法庭），从而形成了三边治理机制，等级式契约是指交易双方中的一方具有某种决定性权利，而另一方也具有一定的权利，具有决定性权利的一方决定交易如何进行。
[3] 易宪容：《现代合约经济学导论》，中国社会科学出版社1997年版，第296页。

与古典经济学不同。他指出企业是一系列契约的联结,从交易成本与产权的视角,指出企业与市场的替代关系,开启了现代企业理论之门。罗纳德·科斯观察到,有的交易活动在市场上实现,而有的交易却在企业内完成,从而引起他的思考,如果市场可以协调分工,为什么还需要企业呢?他指出,市场价格机制配置资源存在着交易成本,企业则是在内部采用"权威"的协调管理来代替市场机制,由于企业是用一个契约替代了一组契约,从而节省了交易成本。企业活动与市场交易不同,采用市场形式完成交易,需要交易者签订一系列契约。比如,一位房主决定自己装修房子,这就需要他亲自去购买每一样装修材料,亲自去雇用装修工人。但是,如果将装修工作交给企业,这位房主就只需要与装修公司签订一个合约即可。市场中的交易是价格机制指挥下的分散生产,间断性与短暂性是市场交易的特性,而企业则是科层制度下的团队生产,长期性与连续性是企业内部交易的特征。

企业包含着各种复杂的契约内容,譬如薪酬契约、融资契约、供货契约等。股份公司自组建日起就在股东之间达成了协议;企业为了获得投资需要的资本,要与银行签约;企业在招聘员工时要与员工签约,企业的生产活动要与供货商、运输商、营销商签约……所以,从企业要素投入的活动来看,企业就是一系列契约的组合体,是要素产权交换的契约联结,而不仅仅是物的简单组合。

与罗纳德·科斯及其追随者的解释有所不同,阿门·阿尔钦(Armen Alchian)和哈罗德·德姆塞茨(Harold Demsetz)(1972)[1]认为,企业的本质特征并不是以命令或权威控制下的长期劳动雇佣契约关系,而是生产的团队性质和中心签约人的存在。企业的产生也不是为了节约交易成本,而是因为团队生产能带来利益。

二、委托—代理问题

为什么在现代企业公司,CEO 的年薪如此之高?为什么股东要对经理进行激

---

[1] Alchian, A. A., and H. Demsetz, "Production, Information Costs and Economic Organization", *American Economic Review*, 1972, 62(5), pp.777–795.

励？委托—代理理论可以回答上述问题。

委托—代理（principal-agency）关系是一种契约关系，是合约中的一方雇用另一方为其服务，授予后者一定的决策权利，并对其支付相应的报酬。在委托代理关系中，授权者是委托人（principal），被授权者则是代理人（agent）。在一份保险合同中，保险公司是委托人，而投保人是代理人。企业的股东与经理之间，股东是委托人，经理是代理人。委托-代理关系就是委托人与代理人之间责任、权力、利益的关系。由于代理人的目标与委托人的目标不一致，以及不确定性和信息不对称，委托人难以观察和监督代理人的行为，从而代理人有可能偏离委托人目标，出现代理人损害委托人利益的现象。现实中，委托—代理问题广泛存在，公司股东与经理，政府与官员，医生与病人，保险公司与被保险人都可能存在委托—代理问题。1932年，美国学者阿道夫·伯利（Adolf Berle）和加德纳·米恩斯（Gardiner Means）对美国200家大公司进行了分析[1]，发现其中约44%的公司是由未握有公司股权的经理人员控制。他们指出，现代公司已经发生了"所有与控制"的分离，公司实际上由职业经理人控制。后来人们把这个现象称为"经理人革命"。

企业中的委托—代理问题是现代公司治理的逻辑起点。现代企业中，社会分工深化带来了职业经理人的产生，企业的所有权与经营权随之发生分离，出现经理人目标与所有者目标不一致。第一，企业所有者追求的是企业利润最大化，而经理人一般比较注重任职期间的收益而忽视企业长期发展的目标。比如，企业为了在未来得到长期发展应该加大研发支出以进行技术创新活动，但是技术创新活动有很大的风险，而且研发投入的收益在短期内难以看到。所以，经理人在其任期内从事研发活动的动力不足，长期如此就会影响企业的竞争力。第二，经理人可能更看重个人收入、在职消费、公费旅行、闲暇等个人享受，这损坏了股东的利益，不利于企业价值的提升。这种现象在我国国有企业中更加严重。由于国有企业所有者虚化，经理人公款消费、谋取私利、侵蚀国有资产的现象比私营企业更为严重，因此国有

---

[1]〔美〕阿道夫·A.伯利、加德纳·C.米恩斯著，甘华鸣等译：《现代公司与私有财产》，商务印书馆2005年版，第78页、第129页。

企业如何设计对于经理人的激励机制一直是公司治理理论研究的难题。

信息不对称是导致委托—代理问题的重要原因。信息不对称是指合约双方拥有的信息量不对等,一般认为委托人拥有的信息较少,而代理人拥有的信息量较多,即代理人拥有的私人信息不为委托人所知。如果委托人可以不费成本地监督代理人,或者,代理人没有机会主义行为,以委托人的最大化收益为自己的唯一目标,或者,委托人与代理人之间达成一项完全契约,将未来一切可能发生的情况及应对措施无一遗漏地写进契约中,委托—代理问题就不会存在了。

不确定性也是导致委托—代理问题的重要原因之一。不确定性可能来自于交易主体,交易作为人们经济决策的活动,只要人们决策的可能结果不止一种,就会产生不确定性。而外部环境的不确定性也是难以预见的,自然界的变化、消费者的需求、贸易国的进口管制政策等带来的变化使得人们当初达成的契约不得不做出更改,不确定性正是风险的来源之一。

三、企业内部的权利分配与治理结构

企业内部的权利体系是科层制度或者说是官僚制度。在企业的内部,经济资源以命令方式来实现配置,在工作中下级员工必须服从上级的安排。那么,企业的控制权由什么来决定呢?大概有两种观点:第一,企业的控制权由物资资本的所有者拥有。1986年,桑福德·格罗斯曼(Sanford Grossman)和奥利弗·哈特从契约的不完全性出发,认为剩余控制权的合理配置才是企业契约的核心,他们指出企业资本所有者应该成为企业剩余控制者。第二,企业的控制权由能力所有者决定。企业的控制权安排是企业内部契约中的重要内容,而控制权的核心是剩余控制权与剩余所有权,企业的权利结构决定着公司内部治理的效率。1972年,阿门·阿尔钦和哈罗德·德姆塞茨提出了剩余索取权理论。他们认为,为了解决偷懒问题,企业的监督者应该享有企业剩余权。2000年,格赫拉姆·拉詹(Raghuram Rajan)和路易吉·辛格尔斯(Luigi Zingales)指出对任何关键资源的控制权都是权力的一个来源,关键资源可以是非人力资本,也可以是人力资本,比如天才、创意等。

企业内部的权利安排给我们提出了一个问题：为什么是资本雇用劳动，而不是劳动雇用资本？经济学的解释是企业家是敢于承担风险的人，而工人则是风险厌恶的，企业里的工人与企业家达成了劳动契约，将市场不确定性的风险转移给了资本家，同时向资本家支付风险佣金，自愿领取一份固定工资；相反，偏好风险的资本家因承担了市场不确定性风险而取得经营管理权威，并成为剩余索取者，享有风险佣金。对此，也有经济学者加以驳斥，他们认为现代企业非人力资本证券化已经普及，企业所有者以转让股份的形式更容易退出企业，而人力资本所有者才是企业风险与企业财富真正的承担者，人力资本所有者拥有企业所有权是一个趋势。

企业的产权结构实质上就是企业的内部治理结构。企业的内部治理主要是指股东、董事会和高级经理人员之间的相互制衡。现代企业由于所有权和经营权的分离，出现了委托—代理问题，公司治理结构就是在复杂的契约中界定企业各方的权利与义务，对经营者尤其是高级经理人员的责任、权力、利益的制衡主要体现为对企业剩余索取权和剩余控制权的安排，目的就在于保证出资人的投资收益最大化。不同的产权契约对应着不同的激励机制。美国著名的苹果公司前 CEO 史蒂夫·乔布斯（Steve Jobs）在任的时候只拿 1 美元年薪，自 1997 年起，连续 13 年都只是领取象征性的年薪报酬，而史蒂夫·乔布斯持有的苹果公司限制性股票数量达到 550 万股。

可见，苹果公司对史蒂夫·乔布斯的激励是股权激励。而 2007 年中国平安保险公司的年报中，董事长马明哲的年薪（税前报酬）是 4 616 万元，中国平安保险公司采用的是年薪激励制度。

四、企业的边界在哪？

企业的边界在哪里？这个问题有两层意思，一是企业的最优规模是什么。二是企业与市场的边界区分在哪里，一个经济交易是放在市场上实现，还是在企业内完成。

企业的规模越大越好吗？企业的目的是获得最大化利润，而不是最大化生产规模，当然企业的生产规模会影响企业的利润。有的企业为了扩大生产规模，会造成亏损。20世纪90年代韩国的大宇集团是韩国的第二大企业，企业高层采取了世界化经营的扩张战略，在全球进行大收购，包括很多发展中国家的不良资产，从而导致负债过高，1998年大宇集团的负债是净资产的5倍。在规模急剧膨胀的同时利润并没有增长，因无法偿还银行贷款而陷于困境，如今，大宇集团主要经营其核心业务——生产与销售汽车。

那么，企业的最佳规模是什么？古典经济学基于生产论，从产量与成本两个维度做出了回答：当企业实现最优产量与最低成本时的规模就是最优规模，企业的最优规模处于规模经济与规模不经济的临界点。

与古典经济学不同，罗纳德·科斯另辟蹊径，他以交易成本的范式解释了企业的扩张临界点与边界问题。企业由于节省了交易成本成为市场的替代，如果说，企业比市场有效率，为什么全世界的企业不合并为一个超级大企业呢？企业的边界应该在哪里比较合理呢？显然，企业并不能完全取代市场，企业与市场是并存的，企业的规模与市场规模都在扩大，因为，企业也存在着交易成本。罗纳德·科斯指出，市场交易与企业内部都存在交易成本，一个交易是在市场上完成还是在企业内部完成，取决于两种交易成本的比较。如果在企业内完成的交易成本低于市场，那么企业的范围会扩大，直到在企业内完成的交易成本与在市场完成的交易成本相等，企业的边界达到最佳。罗纳德·科斯说：当追加的交易由企业家来组织时，企业就变大；当企业家放弃对这些交易的组织时，企业就变小。企业将倾向于扩张到直到在企业内部组织一笔额外交易的成本等于通过在公开市场上完成同一笔交易的成本或在另一个企业中组织同样交易的成本为止[1]。奥利弗·威廉姆森认为企业的边界受到机会主义与有限理性的影响，这两种影响越大，企业的边界越大，企业内部的组织结构与自身能力决定了企业的边界，企业内部的科层级别越多，管理与协调越困难，由此产生的交易成本越大，从而影响企业的生产力，最优的科层结构决定了企业的最优规模。

---

[1] 〔美〕罗纳德·科斯：《企业的性质》，载《论生产的制度结构》，上海三联书店1994年版，第10页。

（一）是外包还是自制？

在经济与科技飞速发展的今天，企业出现了扁平化、网络化、柔性化、去工厂化的趋势。一方面，企业的规模越来越大，以至于发生了许多跨国"强强联合"的企业并购；另一方面，企业不断地提高专业化程度，将生产过程拆分，专注于自身的强项，而把其中的某些非核心业务外包给其他企业完成，其目的也是为了加强自身的竞争优势，充分运用专业化分工带来的好处。比如，麦当劳从来不用生产饮料，其出售的饮料都是可口可乐公司生产的，这两家公司在与各国银行关系和生产设备的设计上一直协同行动，它们的合作自20世纪50年代开始，持续至今。而可口可乐公司在中国的业务从原材料、包装到销售基本上都外包给了中国的公司，这两家公司都可谓是集中80%的精力，做20%的事。

是生产，还是外包？罗纳德·科斯是从交易成本的角度来回答的。他最早把市场交易产生的成本与企业组织内部交易的成本进行了比较，给出的基本逻辑是：一个企业将扩大到在企业内部组织一笔额外交易的成本等于利用公开市场的交换进行这笔交易的成本或者等于另立一家企业的成本。由此，产品的自制还是外购取决于交易成本与组织成本之间的比较。

经济学案例 10-1

案例：自营还是购买？——天猫与京东的物流配送模式比较

随着互联网与移动互联网的普及，电子商务与网络购物得到了飞速的发展，全球网络购物的渗透率不断上升，中国的增长最快。早在2005年，当当网全年销售额仅为4.4亿元，淘宝网总成交额为80.2亿元。到了2016年，中国网络购物市场规模就达到5万亿元，其中当当网的交易额达到140亿元，天猫仅"双十一"交易金额就实现了1207亿元。目前，中国电子商务交易市场规模已经成为全球第一，占中国社会消费品零售总额的比例超过10%。

网络购物的飞速发展依赖于物流快递行业的爆发式增长。中国物流快递行业虽然增长很快，但是基础设施与设备落后制约了行业发展。发货速度慢、物流运输慢，大大降低用户体验，对电商品牌造成巨大损伤。根据调查[1]，影响消费者网购选择最大的两个因素是质量和物流，其中约49.2%的消费者提及发货速度慢影响网购满意度。另一项调研结果表明[2]，约55%的网购消费者希望下单当天能收货，希望两天内收货的占到95%之多，尤其在3C[计算机（Computer）、通信（Communication）和消费类电子产品（Consumer Electronics）]、化妆品等冲动型消费领域，发货速度对消费选择的影响更大。

京东商城与天猫商城都是中国著名的电商企业。京东是中国最大的自营式3C电商企业，天猫则是中国最大的企业对消费者的购物网站，是阿里巴巴集团的子公司，天猫是2012年由淘宝易名而来。

这两家企业的经营模式完全不同，天猫商城是一个开放的B2C交易平台，有些像一个集贸市场，它整合了数万个商家，为商家与消费者之间搭建了一个开放的交易平台，同时提供品质保证、支付、7天无理由退货的售后服务，天猫获得的是其为商家提供增值服务的收益。天猫本身并不参与商品的销售和服务，商品的销售、配送和售后服务均由卖家自己负责，天猫的物流方式采用第三方物流，没有专门的物流配送渠道，由商家自行选择快递公司投递。该模式的优势在于大大降低了商城的配送和售后服务成本，劣势在于物流配送服务质量差，货物破损和损失时有发生，降低了用户体验值。

而京东商城的经营模式既有自营，也有合作商家。京东商城的优势在它的自营商品上，犹如一个大型超市，自己采购商品再自己销售，赚取的是差价。不论是自营商品还是合作商家，京东商城采用统一的物流配送体系。在3C商品的销售领域，京东有着更高的信誉。京东以销售正品来保障商品质量，做到同类产

---

[1] 朱茜：《电商零售爆发增长，主流电商加大物流仓储投资》，http://www.qianzhan.com/analyst/detail/220/170629-0ed76ff6.html。

[2] 同上。

品价格较低，而且提供专业便捷的物流配送服务。

为什么京东采取了自营模式？京东自建物流体系时众人纷纷不看好，现在却成为京东区别于其他电商的竞争优势。京东早期是以销售电子产品起家，与衣服食品这样的商品相比，电子产品价格较高，其运送过程需要特别关注，京东在以往采用第三方物流过程中商品被盗率高，很多物流公司不是很愿意接单送货。京东的 CEO 刘强东曾经说过，选择自建物流是因为 75% 的投诉都是针对配送物流服务的。京东的"211 限时达"服务——用户在晚上 11 点前下单，就能在次日下午 3 点前收到货，在中午 11 点前下单就能在当天收到货。"闪电发货"、"上午下单下午送达"已经成为京东近年迅速崛起的最重要的竞争手段之一。京东加大投资，升级仓储物流系统，提高自动化在仓储中的应用，物流仓储自动化成为京东提高核心竞争力的一种优势。

资料来源：此案例由作者根据相关资料编写。

（二）企业的一体化

一体化（integrated）是指多个相互独立的主权实体通过某种方式逐步结合成为一个单一实体的过程。企业的纵向一体化[1]也叫作垂直一体化（vertical integration），是指企业充分利用在产品、技术与市场上的优势，将外部市场的交易内部化，不断向深度、广度发展的一种战略。例如，IBM 公司一直采用生产与销售的纵向一体化战略，该公司生产微机的微处理器和记忆芯片，设计和组装微机，生产微机所需要的软件，并直接销售最终产品给用户。企业的纵向一体化是处于产业链上不同环节的企业合并，如果企业需要的原料发生短缺，将会考虑自行解决原料供货，将原料

---

[1] 企业的一体化包括横向一体化与纵向一体化，横向一体化也叫作水平一体化，主要是指同一生产阶段的企业扩展，它往往是通过建立与原有企业相同性质的新企业或兼并行业中的老企业来扩大生产规模，占有市场份额，从而获取更大的利润。本章主要讨论企业纵向一体化与资产专用性的关系。

供应合并到企业内部生产中,这叫作后向一体化(backward integration)。例如,伊利奶业已经向后进入到了奶源基地的建设。如果企业生产的产品缺乏有保证的销售与售后服务,企业将会建立自己的物流运输与销售网络,将生产与产品的销售服务联合提供,这叫作前向一体化(forward integration)。

企业是否采取一体化战略由多种因素决定。其原因可能是出于企业双方的自愿,也可能是政府主张。威廉姆森说"完整的纵向一体化取决于需要对内部组织的限度与力量做出估计"。[1]

契约理论对于企业的纵向一体化是用资产专用性来解释的,企业为了避免由专用性资产投资而产生的"敲竹杠"问题,采取了纵向一体化策略。涉及专用性投资的企业之间,如果专用性投资程度很高而且数额越大,那么投资方的沉淀成本越大。专用性投资的特点在于,一旦做出投资,该投资日后改作他用的价值几乎为零,而且,投资方在市场上的合作伙伴与交易方很少,所以,投资方极有可能由于巨额的专用性投资被"绑架"。企业的交易契约往往是不完备的,对方由于具备机会主义倾向会发生毁约、恶意要挟等行动,从而给投资方带来损失。在这样的背景下,纵向一体化成为企业避免准租金被占用的一种选择。

一体化之后,合并的两个企业会取得联合所有权,产权结构的重新安排形成新的必要激励,有效地解决了企业专用性资产的投资不足问题。但是,一体化也会给企业带来新的问题,比如,合并后的企业规模扩大以及内部层级越来越多,委托—代理问题更严重,企业的管理成本增加,合并后的企业生产不够专业从而带来成本增加。

---

[1] 〔美〕奥利弗·威廉姆森:《生产的纵向一体化》,载《反托拉斯经济学》,经济科学出版社1999年版,第29页。

经济学案例 10-2

"敲诈"与纵向一体化

1919年，美国通用公司与费舍尔车身制造公司签订了一份为期10年的供货契约。在这项契约里双方就汽车的主要生产程序达成协议，约定通用公司在其后的10年中只能从费舍尔车身公司购买采用手工制造、木质结构为主的敞开式车身。为通用公司生产汽车车身，费舍尔车身公司需要配置只适合通用公司的冲压机和磨具，不得不对这两项设备进行大额的专用性投资。由此，就带来了潜在的敲竹杠问题，因为在费舍尔车身公司做出专用性投资以后，通用公司可以减少购买量，甚至以终止合作为借口，胁迫费舍尔车身公司降低产品价格。双方在契约中签订了排他性交易条款来解决这个问题，契约规定通用公司10年内必须从费舍尔车身公司购买所有的车身，这样就限制了通用公司的机会主义行为，鼓励了费舍尔车身公司进行专用性投资。

但是，通用公司也面临着被费舍尔车身公司"敲竹杠"的可能。这是因为，契约规定通用公司10年内只能从费舍尔车身公司购买所需要的车身，不能购买其他生产商的车身。这样一来，费舍尔车身公司就可以通过涨价或降低产品质量从中获利而通用公司会受到损失。为了避免通用公司遭受反向的勒索，双方详细制定了一个定价方案，规定车身价格采用成本加成的办法，契约将价格设定为可变成本的117.6%，签约的10年内通用公司的车身购买价格只能维持在市场竞争水平上，而且，费舍尔车身公司向通用公司索要的价格，不能高于费舍尔车身公司向其他汽车生产厂商出售类似产品的价格。

契约签订的时代正处于从过去的开顶式木质车身向封闭式金属车身过渡时期。随后几年，封闭金属车身的需求量迅速增长，截至1924年，封闭金属车身占通用公司汽车生产中的65%以上。将车身从费舍尔车身公司搬运到通用汽车公司装备厂的成本大幅上升，通用汽车公司向费舍尔车身公司提出在通用公司装备厂附近建造车身生产工厂，但是费舍尔车身公司拒绝了这个提议。由于需求上的这种超过预期的变化增加了通用公司对于费舍尔公司的依赖性，费舍尔公司对通用公司采取"敲竹杠"行为有利可图，它可以采取低效的劳动密集型技术，将合约增加的成本转移到运输成本上。通用公司意识到维持与费舍尔公司的交易契约成本太高，于是开始收购费舍尔公司的股权，于1926年完成收购。

罗纳德·科斯曾经说过，长期契约与声誉机制可以约束交易双方，能够预防机会主义的发生，并且激励专用性投资。事实上，只要一方的机会主义行为带来的好处足够大，哪怕剩余会受到损害，敲诈行为仍会发生。上面的例子就告诉我们长期契约也可能出现"敲竹杠"问题。本杰明·克莱因（Benjamin Klein）认为，由于专用性投资，通用公司与费舍尔公司选择了长期契约，尽管契约中对于交易双方都制定了保护性措施，但是市场需求的变化超过了人们的预期。而运用市场机制来解决敲诈问题会带来巨大的交易成本，这些成本包括：错误车间地点的成本、纵向一体化前资本密集度较低导致的成本、契约谈判中消耗的资源，最后，通用公司采取了纵向一体化的解决策略。

由于交易费用的存在，契约总是不完全的。人们在签订一个可能被"敲诈"的契约时，可能产生一个更大的"敲诈"问题。长期契约中更严格的条款可能会产生更严重的问题，为了避免这种严重后果的出现，人们宁可签订一份不太严密的契约，以便在实际行动中通过自我实施机制使得被"敲诈"的可能性降到最低。

资料来源：本案例根据本杰明·克莱因《作为组织所有权的纵向一体化：费舍尔公司与通用公司之间关系的重新考察》（载 Scott E. Masten：《契约和组织案例研究》，中国人民大学出版社2005年版）与易宪容《交易行为与合约选择》（经济科学出版社1998年版）编写。

本章小结

1. 完全契约是指缔约双方都能完全预见契约期内可能发生的重要事件，愿意遵守双方所签订的契约条款，当缔约方对契约条款产生争议时，第三方能够强制其执行。完全契约是以完全竞争市场的假设条件为前提的。

2. 不完全契约与完全契约正好相反，不完全契约是指缔约双方不能完全预见契约履行期内可能出现的各种情况，从而无法达成内容完备、设计周详的契约条款。由于个人的有限理性，外在环境的不确定性，信息的不对称性，契约当事人或契约的仲裁者无法证实或观察一切，就造成契约条款是不完全的。

3. 契约的履行有几种方式：自我履行、第三方强制履行与一体化手段。契约的自我履行成本最低，主要是依赖于交易者的声誉。大部分契约都是自我履行的，契约的自我履行适合于通过市场进行的交易、频繁的交易、不包括很高程度专用资产的交易。当契约的自我履约机制失效时，契约的执行必须依赖于第三方监督。

4. 契约理论根据交易的性质把交易分解为三个维度：(1) 不确定性；(2) 交易发生的频率；(3) 资产专有性。威廉姆森以资产专有性为参考依据，建立了一个契约选择的模型，它揭示了交易中的技术选择、经济组织和市场价格三者之间的关系，用途非常广泛。

5. 企业是一系列契约的联结，由于交易成本的存在，企业成为市场的一种替代。市场机制配置资源存在着交易成本，企业则是在内部采用"权威"的协调管理来代替市场机制，由于企业是用一个契约替代了一组契约，从而节省了交易成本。

6. 企业中的委托—代理问题是现代公司治理的逻辑起点。由于不确定性与信息不对称，由于企业的所有权与经营权的分离，经理人目标与所有者目标不一致，所有者难以观察和监督经理人的行为，出现经理人损害企业所有者利益的现象。

7. "敲竹杠"问题是在具有专用性资产安排的契约关系中出现的一种事后机会主义行为。当人们一旦做出专用资本投资后，在不完全契约的情况下，由于契约存在漏洞，交易的一方可能利用这些漏洞使自己利益最大化，而对方在事后重新谈判中被迫接受不利的契约条款或者使他的投资贬值。要应对"敲竹杠"问题，可以采取签订更为灵活的契约、收益分享契约、成本分享契约、长期契约一体化以及第三方仲裁等手段。

思考与练习题

1. 什么是完全契约与不完全契约?
2. 试述不完全契约产生的原因。
3. 委托—代理问题产生的原因是什么?
4. 威廉姆森用来分析契约的三个变量是什么?
5. 威廉姆森是如何分析交易计划的选择的?
6. 什么是"敲竹杠"问题?其产生的原因是什么?

参考文献

1. 〔美〕S. E. Masten:《契约和组织案例研究》,中国人民大学出版社 2005 年版。
2. 〔美〕埃里克·弗鲁博顿、鲁道夫·芮切特:《新制度经济学》,上海三联书店、上海人民出版社 2006 年版。
3. 〔美〕科斯、哈特、斯蒂格利茨:《契约经济学》,经济科学出版社 2003 年版。
4. 〔美〕科斯、诺思、威廉姆森:《制度、契约与组织》,经济科学出版社 2003 年版。
5. 〔美〕科斯:《财产权利与制度变迁》,上海三联书店 1991 年版。
6. 〔美〕麦克尼尔:《新社会契约论》,中国政法大学出版社 1994 年版。
7. 易宪容:《交易行为与合约选择》,经济科学出版社 1998 年版。

第十一章　什么样的制度有利于经济发展？

地理、文化等因素在一国经济发展中都起着重要的作用,但决定一国经济发展的是制度。什么制度决定一国繁荣,而什么制度决定一国落后? 这正是本章要探讨的问题。我们前面分析的交易成本、产权、契约、企业等都将作为本章制度的重要组成部分。人类社会发展的过程,也是一个制度不断变革的过程。制度与人类社会经济发展的关系是制度经济学乃至整个社会科学都在探讨的问题。

制度会促成社会的激励结构,因而,政治经济制度也就是决定经济表现的基础性因素。一个社会的经济政治表现并不仅仅由可利用的资源及相关的制约条件所决定,而是取决于制度的成功或者失败。穷国与富国的关键区别在于体制,富国培育了富有"包容性"的政治经济体制,而穷国则将权力和机会集中在少数精英手中。历史证明,如果解决不好政治问题,就解决不好经济问题。

相关链接 11-1

制度的不同对一国经济社会发展的影响是多方面的。以国债为例,1688年以后发行的英国国债都是议会举债,因此和法国由国王举债相比,英国国债的政府违约可能性小得多,因此尽管英国国债的收益率只及法国国债的1/5甚至更低,但英国国债仍然供不应求;而法国国王举债却经常赖账,因此收益率虽高,但是人们却不愿意购买法国国债。体制差异导致两国国债在市场上的表现不同,因此英国在紧急情况下总是能够迅速调动大量社会资源。从1688—1815年，英法之间一共进行了6次战争，英国获胜5场，法国只在美洲独立战争期间获得对英国的胜利，但正是这场胜利让法国政府破产并间接导致了法国大革命的爆发。需要指出的是，假定两个国家初始条件相同（经济发展水平、资本和劳动等要素禀赋相同），一个采用了汲取性的政治制度和经济制度，另一个则采用了包容性的政治制度和经济制度。采用汲取性制度和包容性制度的国家都可以实现经济增长，并且采取汲取性制度的国家的经济增长很可能快于采取包容性制度的国家，因为在汲取性制度下国家动员资源的能力非常强，比如第一次世界大战之后的苏联，其经济增长的速度非常快。然而，经过一段时间的增长之后，汲取性制度的弊端开始显现，经济增长率开始下降，并且会逐渐下降到低于包容性制度下的经济增长率。在包容性制度下，经济增长的速度可能不是非常快，但是以一个相对比较稳定的速度持续增长。在汲取性制度下，经济增长的速度可能会越来越慢，最终不再增长，即负增长。它不仅慢于包容性制度下的增长或没有了增长，甚至出现经济的停滞或倒退。

资料来源：李晓律、李阳，《光荣革命后的英国议会：有产精英主导选举》，载《文汇报》，2016年12月5日。

第一节 到底什么因素决定一国的经济发展？

当今世界为什么有的国家发达，有的国家落后？这其中有两个现象值得我们关注，一是今天的低收入水平国家与高收入水平国家和200年前的低收入水平国家与高收入水平国家基本没有太大的改变。为什么这些国家达到中等收入水平后只有少数国家从穷国变成了富国，而大多数则停滞不前，甚至陷入中等收入陷阱？二是俱乐部收敛现象。即俱乐部内部的国家（如经济合作与发展组织国家）的经济发展差距越来越小，但是它们和俱乐部外面的国家之间的收入差距是扩大的。在什么情况下俱乐部内部的国家之间的差距会缩小，俱乐部之间的差距会扩大？是什么原因导致这些现象？

一、地理决定论

地理决定论强调一国经济发展是由该国的地理、气候和生态条件决定的。自亚当·斯密（Adam Smith）以来，经济学家们一直在试图解答为何一些国家如此发达，而一些国家如此落后。哈佛大学的戴维·兰德斯（David Landes）在《国富国穷》（*The Wealth and Poverty of Nations*）一书中把这归因于国家的地理位置。富国位于温带，特别是北半球的温带；穷国则位于热带和亚热带。全部国土都位于热带的国家的经济增长率比非热带国家低 0.3 个百分点。在投入相同的情况下，热带和干旱生态带的农业产量比温带生态带国家的产量低 30%—40%，而且这两个生态带农业产量的年增长率也比温带生态带低 2%。

地理环境是决定人们的工作动力、成就以及生产力的重要因素。早在 18 世纪伟大的法国政治哲学家孟德斯鸠（Montesquieu）就已发现，富裕与贫穷呈现出地理的集中，并为这种现象提出一种解释。他宣称热带气候下的人民较懒惰，缺乏探究的精神，因此不努力工作，不知创新，这是他们贫穷的原因。孟德斯鸠也推论，懒惰的人倾向于被专制君主统治，例如独裁政治。经济学家杰弗里·萨克斯（Jeffery Sachs）不强调气候对努力工作或思考过程的直接影响，而是强调两项额外的论点：第一，疟疾等热带疾病对健康有极不利的影响，因此也影响劳动生产力；第二，热带土壤不容许高生产力的农耕。因此，温带地区比热带和亚热带地区有气候相对优势。地理假说的其他部分是，热带较贫穷是因为热带农业原本就不具生产力。热带土壤较薄，无法保持养分；这个假说还强调，这种土壤也容易被暴雨侵蚀。这种说法当然有一定道理。

地理位置决定各国今天的经济发展水平。世界上最早的几个文明基本上都诞生在北温带地区。中东、美洲、欧亚大陆等基本上都是在北温带这条走廊上，而赤道国家的经济水平大都比较低。这样看来地理因素就是很重要的因素了,纬度太高了(比如北冰洋)就很难有文明出现。但是在同样的地理条件下,为什么还有国家之间发展差距如此之大呢?就以中国为例。为什么地理条件很相似的省份经济差异会如此之大?在大的方向上(比如以一万年甚至五万年为单位)也许地理决定论是对的,北冰洋、南极洲、赤道附近都很难有很好的经济发展。但是这个长期到底有多长?在长期的时间里,人人都会死去。如果以一百年或者五十年为单位,我们发现地理决定论无法解释国与国之间的经济差异。

历史显示,气候或地理与经济成功没有单纯或持久的关联。例如,热带并非总是比温带贫穷。许多贫穷国家(尤其是在撒哈拉以南非洲)的农业生产力——每英亩土地的农业产出低的主要原因,与土壤品质无关,而是土地所有权结构的结果。世界的不平等无法以农业生产力的差异来解释。现代世界从19世纪开始发生的不平等扩大,是由工业科技与制造业生产的散播不平均所造成,而非源自农业生产表现的分歧。

生态学家兼演化生物学家贾里德·戴蒙德(Jared Diamond)(2006)宣称五百年前的现代初期的跨越各大陆的不平等,根源于动植物物种具备的不同历史特性,并因此影响了农业生产力。在某些地方如今日中东的肥沃新月地区,有许多物种可被人类驯化。而在其他地方如美洲,却缺少这类物种。有许多物种可供驯化对社会从狩猎采集生活转型为农业生活帮助很大。其结果是,肥沃新月地区发展农耕比美洲早。人口密度增加,有助于促进劳动专业化、贸易、都市化和政治的发展。重要的是,在以农业为主的地方,科技创新发展比世界其他地方更快。因此,根据戴蒙德的说法,动物和植物物种可得性的差异制造了农业发展程度的差异,导致不同大陆间的技术发展与富裕程度的不同。在戴蒙德看来,"欧洲之所以能够征服美洲,最直接的原因在于二者在技术方面存在差距。而之所以会存在技术差距,最根本的原因在于欧亚大陆在更长的历史时期里都面临着人口密集、高度依赖粮食生产的状态。"[1]而这种人口和粮食生产方面的差异又是由欧洲和美洲不同的地理环境决定的。

---

[1] 〔美〕贾里德·戴蒙德:《枪炮、病菌与钢铁》,上海世纪出版集团2006年版,第56页。

为什么温带地区的国家比热带地区的国家要富裕？欧洲殖民主义者对热带地区国家采取了汲取性制度，即通过制度来掠夺当地人的财富，而对温带地区国家采取的是包容性制度，即通过好的制度以促进当地经济发展。比较肯尼亚、牙买加的殖民化与美国的殖民化，就会发现，制度才是肯尼亚、牙买加比美国穷得多的主要原因。

地理环境对制度形成有影响。戴蒙德曾比较欧洲与中国的地理。他认为，中国某种程度上乃是一个大陆孤岛。在这个孤岛之中，是从南至北几乎贯通的连续耕作地。而欧洲则是破碎的地形，在地理上几座高山将欧洲分割成了几个大块。这种地理条件造就了大陆孤岛形成了统一国家，而欧洲地形导致了地域分裂，形成了多个国家。恩格曼等人则认为初始资源禀赋的差异（比如矿产、农作物的不同）使得殖民者在不同地区建立平等程度有所差异的制度（比如在拉丁美洲等物产富饶、经济繁荣的地区建立不平等制度以便于掠夺，而在人口稀少、资源禀赋相对贫瘠以及经济相对落后的北美地区则建立相对平等的制度）。这还是地理环境决定论的观点。

随着世界经济全球化与区域一体化的发展，主流经济学理论在解释现有经济现象时遇到越来越多的困难。未来经济增长对自然地理的依赖程度会越来越小，初始地理优势会促进经济网络的发展。但在经济网络形成以后，自然地理对经济行为的影响力会消失。经济积聚的力量会产生出一种经济地理，它虽然看起来与一般的地理概念没有什么差别，但实质上却完全不同。如果一个完全位于热带的国家从人均收入高出其他热带国家两倍的基础上开始发展，其增长率将高出 0.7 个百分点左右。这表明一个国家越富裕，自然地理造成的限制就越小。以保罗·克鲁格曼（Paul Krugman）为代表的西方经济学家又重新回归到经济地理学视角，以边际收益递增、不完全竞争与路径依赖为基础，拓展分析经济活动的空间集聚与全球化等经济现象，借此开创了"新经济地理学"。

二、文化决定论

文化决定论认为一个社会的信仰和价值观等决定一国经济发展。从经济发展的角度来看，"文化很重要"的论断要成立就需要搞清楚文化通过什么机制影响经济发展。马克斯·韦伯（Max Web）在他写的《新教伦理与资本主义精神》（*The Protestant Ethic and the Spirit of Capitalism*）一书中非常强调新教作为宗教的重要性。

但是韦伯只是说他做的这件事情是无限因果链条中的一段。这主要涉及两个问题，一是文化对经济有没有影响？二是文化对经济有多大影响？通过对世界上100多个国家宗教与经济的关系所做的实证研究发现，有宗教信仰的国家（地区）更容易建立起共同遵守的制度、法律。

韦伯在考察欧洲的职业统计中发现，在近代企业所有者、经营者和高级熟练工人等中，新教徒所占的比例较非新教徒比重更大。新教徒在精神方面具有经济合理主义的特质。韦伯断言拥有更多新教徒的国家或地区将获得更好的经济发展，而导致这一结果的主要原因在于新教信徒信仰中有更多增加储蓄与努力工作的倾向。韦伯提出一个具有高度争议性的论点：信仰基督新教的地区，与近代资本主义的主要区域，有密切的重叠。韦伯还证明，只有等到新教伦理到来才会产生"市场经济"。

文化与经济发展的关系还需要得到实证分析的支持。研究发现，信仰基督新教的人口比例，与平均每人的财富、证券交易所的成立时间、19世纪70年代的铁路网密度、19世纪50年代的婴儿死亡率、农业的男性劳动力、工业的男性劳动力都不相关，换言之，19世纪的欧洲各国信仰新教与否，与平均所得、金融市场的建立等重要经济结果并无统计的显著关系，因而这就明确地反驳了韦伯的论点。如果铁路网是发展的重要指标，20世纪初的证据是：整体来说，新教区的铁路网比天主教区的落后，这与韦伯论点完全抵触。

但是也有研究发现，导致新教对经济发展产生影响的决定因素可能在于新教信徒比其他宗教信徒具有更高的识字率。他们利用1900年普鲁士人口普查数据揭示了不同地区新教信徒占当地人口比例与人均GDP之间的关系，发现韦伯得出的新教与经济发展存在显著的正向相关关系的确有其合理之处。但将地区识字率与新教同时用于考察对经济发展的影响时，发现新教对经济发展的正向影响消失了，仅识字率起到了关键作用。其中原因在于，新教徒比例较高的地方识字率也普遍较高。因此，引起新教对经济发展起促进作用的并非是"新教伦理"，而是新教通过提高识字率间接带来的人力资本的投资和积累最终促进了韦伯所说的资本主义发展。

第十一章 什么样的制度有利于经济发展？

经济学家有三种方法来测度文化：一是使用调查数据；二是控制经济和制度环境后，通过观察二代移民来剥离出文化的影响；三是搜集实验证据。这三种方法中调查数据的方法是运用得最广泛的。

第一种测量方法是在国别层面来测度文化和信念，并且这些测度总是和经济效果相联系的。这种研究方法的缺陷在于内生性问题（反向因果和遗失变量）。经济学家们既可运用工具变量方法解决这一问题，也可构建一个地区水平的文化变量，运用国家固定效应捕获遗失的跨国文化差异。塔贝利尼用语言作为检验制度和文化关系的工具变量。一个既会随着观念的变化不断进化，又不会与当前制度发生直接作用的机制只有一个——语言。于是塔贝利尼（Tambellini）运用了若干语法规则考量文化的变化怎样影响制度。如使用第一人称代词的文化更加重视个人和他的权利；在有些文化中，人们用称谓首字母 T-V 的变化区别人与人之间的不同关系，这实质上体现更加重视等级差异的文化。运用这样的方法，塔贝利尼得出了文化影响制度的结论。此外，莫罗（Moreau）选取语言的多样性指标作为前欧洲殖民地区各国腐败程度和政府效率的工具变量。莫罗认为原殖民地国家目前使用西欧殖民者语言的人口比重在一定程度上代表了西欧对当地的影响，而现代市场经济以及民主制度等是起源于西欧的。因此，西欧对殖民地的影响可以作为制度好坏的解释之一。

第二种测量方法是控制住制度变量，考察来自不同国家的移民在同一目的地国家的行为。这一方法有利于发现文化特征的垂直传递（长辈传递给晚辈）。文献大多以二代移民为样本，这有助于排除移民的自选择问题。该方法通常以二代移民的产出（outcome）为被解释变量，以其在原国家的产出为解释变量。回归模型展示了移民面临相同制度环境时的那种文化关联性（relevance of culture）。文化特征的持久性在二代移民的妇女参与劳动率方面被证实。那些来自高福利国家的移民也更偏好再分配政策。例如，美国郡县的犯罪率与定居在此的苏格兰牧人有关。这些研究均表明文化特征的持久性，它不会随人们进入新的制度环境而改变。我们将研究对象推至两代以上的移民，就可以发现随着时间的推移，移民中有的文化特征保存了下来有的却消失了。接下来的研究需要弄清的是，为什么一些文化特征容易保存而其他的却快速消失。

相关链接 11-2

我们可以通过分析驻纽约的联合国外交官们的行为，揭示各国的公民资本的差异。在 2002 年修订法律之前，来自其他国家的驻联合国外交官不需要支付违章停车罚款。但纽约警察局还是会经常给他们开罚单，只是长期收不到付款而已。因此对是否乱停车的唯一约束是各位外交官的公民责任感。这项研究发现，在 5 年时间里，意大利人平均攒下了 15 张罚单，德国人是 1 张，瑞典人和加拿大人均为 0。巴西的外交官们每人得到的罚单是 30 张，而垫底的科威特是 246 张。

资料来源：〔美〕路易吉·津加莱斯，《繁荣的真谛》，余江译，中信出版社 2015 年版，第 152 页。

测量文化特征的第三种方法是实验数据法。主要做法是让不同文化背景的人参与到信任博弈、最后通牒博弈、公共品博弈等游戏中来，并考察他们的不同行为选择。这些研究都只涉及一个小范围的社会，但问题的关键是从一个小群体博弈中导出的结果是否适应于更大范围的真实社会呢？

当然，文化与制度并没有直接的联系，不能说有什么样的文化就一定有什么样的制度，也有人说文化与制度的关系就像先有鸡还是先有蛋一样。中华文化中存在着许多有利于经济发展的美德，如节俭（这是韦伯认为的"资本主义精神"的一个重要因素）、勤奋、适应性强、善于处理人际关系、重视教育等等，这与韦伯新教伦理所提倡的美德是差不多的。但中华文化的一个基本弱点是不注重制度的理性化，只能适应人格化交换和熟人圈子交易。而西方基督教文化传统，尽管存在这样那样的问题，但它的优点是强调"自然法则"，能适应非人格化交换，并坚持按既定的规则办事，显然有利于形成稳定的制度，使人们得以在一种长期稳定的规则与约束中，节省交易费用，发展市场交换和社会化生产。

三、制度决定论

制度决定论认为对社会个体产生激励和制约作用的规则和规范等决定着一国经济的发展。制度包括正式规则、非正式规则及实施机制。制度不仅影响经济增长的因素，而且影响经济社会文化发展的其他因素。我们在分析地理环境决定论和文化决定论时都已经涉及制度了。道格拉斯·诺思（Douglass North）和罗伯特·托马斯（Robert Thomas）在《西方世界的兴起》（The Rise of the Western World：A New Economic History）一书中指出，有效率的经济组织（制度）是西方经济增长和西方世界兴起的原因所在。制度是经济发展的最直接原因。在很多情况下，制度还被证明是推动社会发展的物质条件出现的外在原因。诺思对制度定义如下：

制度是社会中的博弈规则，或者更正式地说，制度是人们设计的影响人们互动的约束。这个制度的定义有三个重要因素：（1）它们由社会成员博弈决定。（2）它们对行为施加约束。（3）它们通过决定激励影响行为。

在西奥多·舒尔茨（Theodore Schultz）看来，制度是为经济提供服务的。他对制度做了经典性的分类：（1）用于降低交易费用的制度，如货币、期货市场等。（2）用于影响生产要素的所有者之间配置风险的制度，如合约、分成制、合作社、公司、保险、公共社会安全计划等。（3）用于提供职能组织与个人收入流之间的联系的制度，如财产、遗产法、资历和劳动者的其他权利等。（4）用于确立公共品和服务的生产与分配的框架的制度，如高速公路、飞机场、学校和农业试验站等。

制度是一个有序的、能发挥作用的社会和经济体系存在所必需的。制度经常被表述成约束自利行为、防止社会堕入霍布斯式"所有人与所有人开战"的手段。制度提供"解决跟资源稀缺有关的社会问题"以及相关的利益冲突方式，制度"帮助人形成那种在他与别人的交易中可以合理把握的预期"。[1]制度提供人在世上行为的基础，没有这个基础，世界将充满无知和不确定性；制度使行为达到一定程度的标

---

[1] 〔美〕科斯、诺思、阿尔钦著：《财产权利与制度变迁——产权学派与新制度学派译文集》，上海三联书店1991年版，第96页。

准化和可预见性;制度解决经常出现的协调问题、囚犯困境问题。制度的功能是多方面的。如降低交易费用、为实现合作创造条件及为个人选择提供激励系统。惩罚或奖励某些类型的行为的政策、规章和法律自然会对行为产生影响。制度对个人施加的约束,无论是禁止某些活动的正式约束还是通过习俗和社会规范抑制某些类型的行为的非正式约束,都影响人们的互动,并对人们的行为产生激励。哈佛大学教授威廉·詹姆斯从一项调查研究中发现,按时计酬的员工每天一般只需要发挥20%—30%的能力用于工作就足以保住饭碗。如果能充分调动其积极性,那么他们的潜力将发挥到80%—90%,显然其中50%—60%是激励的作用。[1] 激励人的方式很多,其中,制度的激励作用构成了制度假说的基本内涵。

制度假说认为,人们为组织社会所选择制度的差别——即那些影响社会中的个人和企业面临的激励差别——是导致他们的相对繁荣程度有所差别的原因。如在其他条件没有发生大的变化的情况下,中国采取的家庭承包责任制比以前农村集体制度带来了更多的粮食和 GDP 的增长。由制度假设可得出以下推论:(1) 不同社会有不同的制度。(2) 不同制度下的激励机制是不一样的。(3) 激励决定社会积累生产要素和采用新技术的程度。

世界各地的单位资本收益有很大差异,标准增长理论的主流模型中的有关变量不能解释这种差异,相反,这些差异应该由制度环境差异来解释。正如曼瑟尔·奥尔森(Mancur Olson)所说:

"尽管低收入社会得到从强化贸易中所得的大部分收入,但他们并没有实现专业化和贸易中所能得到的最大收入。他们没有公正执行合同的制度,所以,他们失去了从那些要求公正的第三方强制的交易中所能得到的收益的大部分。他们没有保护产权在长时期安全的制度,因此,他们失去了从资本密集产品中所能得到的收益的大部分。这些社会中的产品和贸易进一步被错误的经济政策以及个人的、公共的掠夺行为所阻碍。当存在复杂系列的市场时,就会出现错综复杂的社会合作,这就

---

[1] 敬辉蓉:《基于共同价值观的员工激励管理》,载《商场现代化》,2007年第16期,第251—253页。

第十一章 什么样的制度有利于经济发展？

要求比其他大部分国家好得多的制度和经济政策。"[1]

自诺思和托马斯等提出制度变迁与经济增长的关系问题以来，制度对于经济增长的作用机制成为研究热点，涌现了大量文献。关于制度对于经济增长的作用机制的研究表明，制度导致了各国间人力资本积累、物质资本积累以及生产效率的差异。对制度变迁与经济增长之间的关系进行实证研究表明，制度质量越高人均收入水平越高，间接说明经济增长水平也越高。

美国马里兰大学的两位经济学家默瑞尔和奥尔森指出，为更准确地衡量一国经济的真实绩效，需要考虑其实际人均国民收入增长率和潜在人均国民收入增长率的差距，即良好的经济绩效意味着一国能尽可能地挖掘该国经济增长的潜在能力，缩小其实际人均国民收入增长率和潜在人均国民收入增长率的差距。根据他们的研究，计划经济体制国家和市场经济国家在1950—1965年、1965—1980年这两个时期的经济绩效如表11-1所示。

表11-1　计划经济体制国家和市场经济国家1950—1980年间经济绩效比较

(单位：%)

	实际增长率 (1)	潜在增长率 (2)	增长率差距 (2)－(1)
	1950—1965 年		
市场经济国家	3.75	5.49	1.74
计划经济国家	4.43	6.05	1.62
	1965—1980 年		
市场经济国家	3.36	5.13	1.76
计划经济国家	3.24	5.71	2.48

根据表11-1可以看出，在1965—1980年间，市场经济国家人均国民收入增长率和潜在增长率的差距（1.76%）和1950—1965年间（1.74%）的基本相同。但计划经济体制国家人均国民收入增长率和潜在增长率的差距从1950—1965年间的1.62%

---
[1] 〔美〕曼瑟尔·奥尔森：《权力与繁荣》，上海人民出版社2005年版，第89页。

扩大到 2.48%，市场经济国家的差距仅扩大了 2%，而计划经济国家的差距则扩大了 86%。这表明，与计划经济体制相比，市场经济体制更有利于资源配置。而计划经济体制和市场经济体制的差距实质上是制度的差距。

巴罗在论文"经济增长的决定因素——多国经验研究"（NBER，1994 年）中考察了 1960—1990 年间约 100 个国家的经验数据发现，在给定的真实人均 GDP 的初始水平下，那些教育水平较高、出生率与政府支出水平较低以及法治较好的国家，经济增长率更高。他用法治测量产权保护程度，用自由选举测量民主，然后考察这两个指标与经济增长的联系，他发现"法治对于增长的效果相当大，而民主与经济增长的关系则相当弱"。同时，巴罗还在论文中强调了制度的重要性，他说："经验证明，制度差异是各国经济增长率、投资最重要的决定因素，体制改革为一国从贫穷走向繁荣提供了最佳捷径。"[1]

相关链接 11-3

铁路和电报打开了美国中部和西部辽阔的草原和牧场，使之成为美国工业化的东海岸的肉库和粮仓，并打入了欧洲庞大市场。新鲜牛肉供应链的建立是由 GF 斯威夫特这家公司完成的。GF 斯威夫特原是波士顿一家小型屠宰批发公司，靠着垂直整合整条供应链（从牧场放养到牛肉上餐桌），建立起横跨北美大陆的经济帝国。它不仅缩短、规范化了 GF 牛肉运输的时间，还极大地提高了信息传递的速度和质量。GF 斯威夫特在建立这个供应链过程中推动了以下进程：
（1）电报和铁路是一起建设的，它们的传递线路紧紧挨着。1849 年，纽约和伊利铁路率先使用电报来控制列车运行。5 年后，这成了各家铁路公司的标准做法。
（2）统一了时间和价格。19 世纪中叶，美国有两百多种不同的当地时间，就连贯穿城市的美国铁路公司也采用了将近 80 多种不同的时间，既麻烦，还容易出

---

[1] 〔美〕巴罗：《经济增长的决定因素——跨国经验研究》，中国人民大学出版社 2004 年版，第 85 页。

错。于是，在 1883 年，铁路实行统一时刻，并采用了延续至今的 4 个时区。与此同时，同种商品在美国东西海岸各城市之间的成本越来越一致了。商品价格不仅下跌了，而且对买卖双方来说，变得越来越容易预测了。这时芝加哥开始出现了期货市场。(3) 从运活牛到运冻牛肉。运活牛的问题有，运到目的地总有一定比例的死牛；运输活牛还意味着运送毫无价值的重量和空间，因为一头牛有 55% 的部分是不能食用的；每一个城镇都有自己的屠宰场，造成规模效率低下等。后来 GF 斯威夫特建立了冷藏火车运输冻肉系统，其特点为，一是大量货物通过以快速运输和通信为基础的系统；二是系统靠需求拉动，而非受供给推动。利用电报，零售屠户所下订单传递到总部和驻守牲畜棚的采购员，告知每天所需的品种、等级和数量。电报有效地平衡了供给和需求。到 1903 年，GF 斯威夫特成为全世界最大的肉类加工厂。

在供应链的创建中，技术和创新都重要，但政府的支持和制度保障也很重要。当时，东部的批发屠宰户试图保护自己的垄断地位，于是，他们要求制定法律，由牛肉食用地的官方出面，在屠宰之前 24 小时内对活牛进行检查。这种制度就是试图阻止冷藏火车运输冻肉系统的形成。1890 年，美国最高法院宣布，这类法律违背了跨州贸易。在最高法院的支持下，冷冻牛肉市场才得以继续存活。

资料来源：卢现祥、朱巧玲主编，《新制度经济学》（第 2 版），北京大学出版社 2012 年版，第 403 页。

第二节　贫富逆转与中等收入陷阱

一、何谓"贫富逆转"？

在 1700 年，墨西哥的人均收入与最早成为美国的 13 个州的英属殖民地的人均收入大致相同。古巴和巴巴多斯显然更富裕。到了18世纪末，古巴的人均收入略高于美国，而海地则可能是世界上最富裕的社会。然而，到了21世纪初，墨西哥的人均收入还不到美国的1/3，海地则更低。贫富逆转说明原来富裕的地方有可能变穷，而穷的地方有可能变富。是什么导致了这种贫富的逆转呢？这涉及两个问题，一是如何准确地量度贫富逆转，二是为什么会出现贫富逆转。

要判断是否有贫富逆转，我们需要比较不同时期的国民收入账户，由于历史上好长时间没有国民收入账户，我们无法用国民收入账户直接测度500年前各个地方的人均GDP。但我们可以使用城市化测度作为测度一国繁荣程度的代理变量。这是因为，只有能生产足够多的剩余农产品并建立交通和贸易网络把这些农产品带到城市的国家才能维持很多城市人口的生存。许多历史记录证明了城市化和繁荣程度之间的因果关系。500年前，南美、南亚、北非和撒哈拉以南非洲的许多地区比北美、澳大利亚和新西兰更发达，但是今天却贫困得多。地理条件是固定的。导致贫富逆转的原因是多方面的，我们主要从地理和制度两个方面去探讨。

二、贫富逆转是地理原因，还是制度原因？

达龙·阿西莫格鲁（Daron Acemoglu）等找到了一个因素，它能将制度和增长的因果关系分离开来。这个因素只会影响制度而不会影响经济增长本身。这篇文章于2001年发表在《美国经济评论》（The American Economic Review）上。阿西莫格鲁、西蒙·约翰逊（Simon Johnson）以及詹姆斯·罗宾逊（James Robinson）在这篇《贫富逆转——现代世界贫富格局中地理和制度的作用》中对殖民史、制度以及经济绩效做了细致的探讨并提出了一个新的工具变量来解开制度与增长之间的因果链条。

文章的开篇就指出了贫富逆转的事实。"例如，印度的莫卧儿地区，美洲的阿芝台克、印加地区在1500年就有最灿烂的物质文明，而此时的北美、新西兰以及澳大利亚等地则是十分贫困的。而今天的美国、加拿大、新西兰以及澳大利亚却远比当初的莫卧儿、阿芝台克以及印加地区要富强得多。"[1]

究竟是什么原因导致了这种"逆转"？萨克斯等人在 2001 年提出观点，认为在 1 500 年以前低纬度地区的繁荣是由于当地的气候及土壤与当地农作物种植的农业技术水平十分匹配；但是当与温带作物种植相匹配的技术出现之后，低纬度地区的农业技术优势也就随之丧失了。但阿西莫格鲁等（2001）驳斥了这种观点：（1）为何北美在欧洲人到来之前并没有出现繁荣；（2）北美出现繁荣是在 18 世纪末 19 世纪初，比欧洲农业技术传入北美要晚 200 多年；（3）并没有证据可以证明工业化的发生与地理位置有关。

为了衡量地理因素对发达和落后程度差别的重要性，我们可以观察有相同地理条件的国家在其制度变化前后，它们的相对繁荣程度是否大幅改变了。这方面的例子我们在地图上都可以找到。诺加利斯地跨两个国家，被一道栅栏隔开，北边属于美国的亚利桑那州，南边属于墨西哥。虽然边界线两边的人地理环境和文化背景都一样，但是经过最近两三百年的发展，几米之遥的邻居，情况却截然不同。一个很繁荣，一个却还是处在贫困之中。

为什么南美和北美存在这么大的差别呢？不是地理原因，也不是文化原因，而是与制度密切相关。是什么导致这些地方制度上的差异呢？阿西莫格鲁等（2011）将传教士由水土不服导致的死亡率作为工具变量来解释南美和北美制度上的差异。为什么是水土不服这样的疾病呢？因为水土不服对当地人没有影响，只是对外来人有影响。到底殖民对经济发展有没有好处？能否带来好处取决于殖民带来的遗产是什么。而能否带来好的政治遗产又取决于那个地方是否适宜居住。如果这个地方适宜居住，那么殖民者会像坐寇一样，带来好的制度；如果这个地方不适宜居住，那么殖民者会像流寇一样，带来不好的制度。如果 18 世纪的传教士和殖民军队的死亡率对今天这些国家的经济发展仍然有影响，那一定是影响了当时殖民者给当地留下的政治遗产从而影响了经济发展。

---

[1] 〔美〕阿西莫格鲁、约翰逊·罗宾逊：《贫富的逆转——现代世界贫富格局中地理和制度的作用》，载吴敬琏主编《比较》（第 23 辑），中信出版社 2006 年版。

阿西莫格鲁等（2001）想说明的问题本质是那些殖民者的死亡率会决定他们是想在当地长期居住还是想捞一票就走。这会影响到殖民者在当地的初始制度安排。这些初始制度的安排具有长期性，从而影响了今天当地的制度，进而影响了今天当地的经济发展。他们认为制度的好坏的决定性因素是殖民类型的不同：那些独立后取得辉煌经济成就的殖民地，一个共同的特点是当初的殖民母国对其采取的是"移民殖民"。由于北美的气候与欧洲比较类似，且关键是北美没有诸如拉丁美洲与非洲令欧洲人害怕的疟疾与黄热病，所以殖民者在北美会面临一个小得多的死亡率，这表示在北美进行移民的风险要小得多，于是殖民者更加倾向于"移民殖民"。在这些地方，来自欧洲的大量移民渴望在新的环境中过上和自己在母国同样的生活，包括产权保护、自由平等、民主法治等各个方面的要求。他们往往会向殖民母国提出建立一套和母国同样的制度，而母国在考虑受益最大化的情况下一般都会采取同意或默认的态度（比如澳大利亚）。在美国、澳大利亚、新西兰和加拿大这些殖民地，殖民者把他们殖民母国的政治制度和行政管理体系搬到了当地，在当地模仿母国建立起了一套比较好的行政体系。虽然在亚洲、非洲和拉丁美洲部分地区和北美地区都建立了与殖民母国相类似的制度体系。但在北美与澳大利亚，随着制度的建立带来了大规模的移民潮，这些移民长期在欧洲生活，对于欧洲的制度依然十分稔熟，他们很快融入到了这套博弈规则之中，从而使得制度得以有效地运行。

与之相反的是对亚洲、非洲以及拉丁美洲的殖民经历。这些地区的殖民者通常来自西班牙和葡萄牙。殖民者的目标往往是攫取黄金等资源，在征服殖民地之后，迅速建立起所谓的"掠夺殖民"——植入本国的经济和政治选举体系并建立一套复杂的垄断商业体系。在这些地区（比如加勒比海地区、非洲国家、南美国家）的殖民母国只是一味地掠夺当地的自然资源，没有留下好的政治遗产。这样一来，18世纪的政治遗产和制度遗产就影响了今天这些国家的经济发展。在拉丁美洲、非洲和亚洲，殖民者在建立制度的同时并没有伴随大规模的移民涌入，与当地的统治者形成了一个少数人的利益集团。为了集团的利益，他们将自身置于制度体系之上，对殖民地进行掠夺与奴役。而制度的受众却又大多是当地土著，不同的文化与习俗使得当地的非正式制度与正式制度格格不入，期间伴随着频繁的政治斗争、欺诈哄骗以及贪腐，使得制度效率十分低下。在新大陆能够种植甘蔗和其他农作物（如古巴、海地）的地区或者矿产资源及本地劳动力丰富（如墨西哥）的地区，经济精英依靠的是奴隶。通过把其他人排斥在他们所享有的机会之外而巩固自己的权力和物质特权。他们构建的制度限制了当地人民享有的学校教育、专利权、企业家机会和政治参与的权利。

为什么这些殖民地国家在独立之后仍然坚持原有的制度？初始制度的敏感性需要我们对制度的持续性做出讨论。阿西莫格鲁等（2001）提出了三种可能的原因：（1）"建立新制度可能需要太大的成本"；（2）"原有的由殖民母国授权代为管理殖民地的小团体可能会坚持原有的制度"；（3）"原有的制度已经对与制度相关的社会基础结构做了互补性投资从而形成大量的沉没成本"。这就可以从理论上解释初始的制度安排（包括包容性制度和汲取性制度）为什么会持续存在下来，从而形成制度上的路径依赖。

除了前面提出的用死亡率这个工具变量解释制度的差异外，随后阿西莫格鲁等（2001）进一步完善制度假说。他们认为殖民者在其殖民地建立的不同制度以实现其殖民策略是导致这些地区贫富逆转的重要原因。而为了找出导致这种策略差异的原因，阿西莫格鲁等人再次运用二阶最小二乘法找寻更为合适的工具变量。在文章中除了验证他们之前所提出的"死亡率"这样一个工具变量之外，还提出了一个新的工具变量——人口密度。

殖民者在选择是移民还是掠夺的时候，除了考虑当地死亡率之外，还需要考虑的是当地的人口密度。越低人口密度说明殖民者拥有越大的移民空间，而且越高的人口密度还意味着殖民者需要付出越大的代价。殖民者因此会倾向于建立一个成本相对较低的剥削制度——在殖民地建立一个授权利益集团代为管理的制度，这看来是一个很好的选择。

值得指出的是，制度假说和贫富逆转现象并不排斥某些地理因素在早期发挥了巨大作用，并且通过制度产生着影响。如前所述，决定欧洲移民和后来的制度发展的一个主要因素是欧洲移民在当地的死亡率，这是一个地理因素。研究表明，某个地区是否适合糖类作物的种植，对于欧洲移民可能引进的制度选择具有十分重要的影响。不过,地理和制度因素之间的这种相互作用说明,某些地区(例如中美洲)今天的贫困并不是地理位置决定的,而应该归根于它们的制度,地理位置和经济发展之间不存在必然和普遍的联系。

经济学案例 11-1

<h2 style="text-align:center">热那亚商人为什么成功?</h2>

1 000年前的地中海是一个活跃的商业圈,在其南北两面分别有马格里布商人和热那亚商人两大群体。马格里布商人是犹太商人的后代,在公元10世纪这些犹太商人离开了政治环境上日益不安全的巴格达,最初移民到了由法蒂玛王朝控制的北非的突尼斯(属于西穆斯林地区,称为马格里布)。在公元10世纪末,法蒂玛王朝迁都到了开罗。这些从马格里布跟随来的犹太商人在埃及被称为马格里布商人。

在公元11世纪的地中海商业活动中,贸易是自由、私营和竞争的,在地中海范围内,人口的迁移、原材料、制成品和资金的流动很少受到官方的限制。在每个贸易中心,商业交易是有竞争的,但是由于价格、航行的时间、海上安全、货到时的状况以及储存成本等一些因素,商业交易还存在着不确定性。

为了应付贸易的不确定性和复杂性,出现了最初的贸易代理人。比如马格里布商人通过海外代理人进行操作。海外代理人是能够为商业风险提供服务的人,并与位于另一个贸易中心的商人分担和分享资本或利润。马格里布商人一般从事远距离贸易,依靠移民各地的马格里布商人作为贸易代理人。非马格里布商人几乎没有可能进入马格里布商圈,这形成了一种封闭的"联盟"。

……

维系马格里布商人与代理人之间合约执行的机制并不是合同与契约,而是根据地缘、亲缘形成的"多边惩罚机制",一旦有某个贸易代理商出现欺诈行为,整个马格里布商人联盟将集体对他做出永久而且彻底的惩罚。在这种情况下，商人联盟只会雇用自己的成员作为代理人，而且会给代理人足够的回报来保证他的诚实。同时所有的联盟商人都被要求决不雇用曾经欺骗过其他联盟成员的代理人。

马格里布商人的商业网络最终成为靠声誉维持代理人与商人之间关系的贸易机制，或许是限于当时的交通、通信等条件，马格里布商人没有选择依靠合同、法庭等来规范商业活动中代理人和商人之间的一些行为，而是以一种大家都能接受的道德规范来对双方进行约束。

在这种以声誉为基础的商业关系中，马格里布商人成功地把握住了地中海的商业霸权。这主要是因为马格里布商人建立商业网络的速度非常快，而且极为有效，其交易成本非常低。但其也有一定的负面作用，比如相对封闭，因此造成边际成本相对比较高，也影响了整个商人群落的转型与进一步发展。

同时期在地中海北岸的热那亚商人却建立了另外一种商业模式，他们建立商业网络速度缓慢且成本非常高，但是这种耗时耗力建成的网络边际成本却非常低，具有很强的复制性与扩张性。热那亚商人并不排斥与非热那亚人合作和从事贸易活动。但中世纪后期信仰的崩塌导致了一定程度上道德危机的出现，对欧洲商人来说，似乎鲜有人可以信赖。于是通过创立合约与法庭来维系与陌生人之间的交易合约的执行成了热那亚商人的选择。

在这种情况下，商业行会出现了。商业行会为商人提供了协调行动所需要的领导力和信息传递机制。行会决定何时强化以及何时取消贸易禁运。当行会成员和贸易中心当局，或是成员与其他商人之间发生争执的时候，行会的作用就更加明显。

中世纪的统治者和商人都认识到了在贸易得到扩展前保护外来商人产权的需要，历史反复证明了这一点。基督教商人不敢到伊斯兰世界进行贸易，除非他们得到适当的安全保证。在欧洲同样如此，商人不会在没有合适的安全协定的方进行贸易。比如只有在商定好适当的安全协议后，意大利人才开始去欧洲其他城邦。

……

热那亚人与北非的贸易，也说明了在贸易扩张中安全协定的重要性。1161年，热那亚总督Otobonus d'Albericis和北非当地的统治者Abd alMumin签订了一份为期15年的协议，保护热那亚人的产权。在协议签订之后，贸易得到了扩展。1160年前，热那亚人与北非每年的贸易额从未超过500里拉，但在协议签订之后却翻了一倍多，达到每年1 057里拉，并且一直保持在这个水平上。

欧洲的商业行会更加注重为内部商人在贸易中的安全提供保障，通过统一的内部协作对政府施加压力，使商人在远程贸易中更少受到政府的压迫。而其开放性的交易则通过创立合约与法庭来维系。最终这一商业习惯催生了近代资本主义制度，使得欧洲在远程商业活动上取得了巨大成功。

热那亚和马格里布在中世纪晚期虽然同样经历了商业革命的经济贸易繁荣，但在后来长期的经济与社会发展中却走上了完全不同的道路：以热那亚为代表的意大利实现了贸易和经济的长期增长，成为西方世界兴起的发源地；而以马格里布为代表的伊斯兰世界却从此进入了经济的长期衰落。是什么因素导致了热那亚和马格里布的经济与社会发展走上了不同的道路？根据格瑞夫的观点，是不同的制度选择把热那亚和马格里布的经济与社会引上了不同的发展轨道。

历史事实清楚地表明，在中世纪晚期诸多事关未来经济长期增长的制度安排上，热那亚和马格里布人都做出了截然不同的选择。例如，在面对海外贸易代理关系中的代理商"承诺问题"时，热那亚商人实行了以个人主义惩罚机制为基础的"第二方实施制度"，而马格里布人却选择了以集体主义的惩罚机制为基础的"第三方实施制度"。在海外贸易扩张的过程中，热那亚商人采取了无社区限制的"开放"的方式扩大海外贸易代理关系，而马格里布商人则采取了仅限社区内的"封闭"的方式来扩大海外贸易代理关系。随着海外贸易的扩大和经济的繁荣，

> 热那亚逐渐孕育并建立了许多与现代市场经济体制相配套的制度安排,如提货单制度、保险制度、具有无限连带责任和永久合伙制性质的家族企业形式,等等;而马格里布虽然也经历了相似的经济贸易繁荣,却并没有建立起类似的制度。在经济贸易发展的过程中,热那亚建立了一整套比较完善的法律体系来规范经济行为,人们也习惯于通过法庭来解决争议和纠纷,而马格里布的政府和法律却很少能对经济行为提供有效的约束,商人们也习惯于非正式地签署契约和解决争端。这些完全不同的制度选择和制度安排表明,在中世纪晚期的商业革命中,热那亚逐渐建立起了一套足以支持经济长期增长的市场制度、相应的法律体系和保障体制,而马格里布却没有建立类似的制度安排。这便是导致两个地区经济走上不同发展道路的原因所在。
>
> 资料来源:沈时伯、彭峰,《热那亚商人为什么成功?》,载《新世纪周刊》,2008年10月28日。http://www.sina.com.cn。

三、中等收入陷阱

如前所述,今天的穷国与富国和200年前的穷国与富国基本没有太大的改变。只有少数国家从穷国变成了富国,但是整个的穷国和富国的圈子是比较稳定的。其实中等收入国家的圈子也是比较稳定的。按照世界银行的划分标准,1960年全世界共有101个处于中等收入水平的经济体。到了2008年,其中只有13个经济体成功地从中等收入晋升为高等收入,而绝大多数中等收入国家依旧陷在中等收入状态。这个经济增长过程中的非收敛现象,被称之为"中等收入陷阱"。

"中等收入陷阱"是世界银行在2006年明确提出的一个概念。它指的是当一个国家的人均收入达到世界中等水平后,由于其转变经济发展方式缓慢,导致经济增长乏力和创新不足,最终出现经济停滞的一种状态。换言之,一个国家突破人均

GDP 1 000 美元的"低收入陷阱"后，经过一定时期的发展，人均收入达到世界中等水平后，快速发展中积聚的矛盾集中爆发，导致体制与机制的更新进入临界点。"中等收入陷阱"国家的特征是：经济增长速度回落或停滞、贫富分化、腐败多发、过度城市化造成畸形发展、社会公共服务短缺、就业难、社会动荡、金融体系脆弱等等。这其中的许多特征相互之间具有内在联系，并会相互强化。

中等收入陷阱的特征表现，第一是非收敛现象，即中等收入经济体是否足够快地向发达国家收敛。这13个由中等收入晋升为高等收入的经济体包括日本和"亚洲四小龙"（韩国、中国台湾、中国香港、新加坡）。也就是说有87%的中等收入国家依旧在中等收入水平，它们没有变成高收入国家，这样的经济增长的非收敛现象，被称为中等收入陷阱。第二，中等收入陷阱是一个相对增长速度的概念，因此"中等收入陷阱"指的是中等收入国家中有很高比例的国家的平均增长速度没有系统性地表现出明显高于发达国家（比如美国）在同等时段里的平均增速。按照这种相对增长速度的概念，的确存在"中等收入陷阱"这种非收敛的增长现象。"陷阱"并不是指绝对增长速度为零。比如，给定一个中等收入国家的经济增长速度等于甚至低于美国的经济增长速度，这时发展中国家和发达国家差距就会越来越大或者保持不变。这就表现为中等收入陷阱。第三，中等收入陷阱也是一种均衡状态。所谓收入陷阱，是指在一个促进人均收入提高的因素发挥作用之后，由于这个因素具有某种程度的不可持续性，其他制约因素又会将其作用抵消，把人均收入拉回到原来的（生存）水平上面（图11-1），从而达到一种均衡状态。

对于一国是否能跨越中等收入陷阱可以从两个方面分析：一是国内体制或制度层面。一个基本的判断是：包容性制度有利于一国跨过中等收入陷阱，而汲取性制度是使一些国家陷入中等收入陷阱或使一些国家难以跨越 中等收入陷阱的重要原因。那些陷入中等收入陷阱的国家大多具有汲取性制度的特 点，这类国家的特点突出表现为两个方面，一方面收入差距比较大，社会经济内在 矛盾越来越多，社会稳定成本高，从而大大地降低了国际竞争力；另一方面，在汲 取性制度下靠资源重新配置来追赶的空间越来越小，数量型增长的效率越来越低，更重要的是在汲取性经济制度下无法实现革命性的、创造性的及创新性的增长。

第十一章 什么样的制度有利于经济发展？

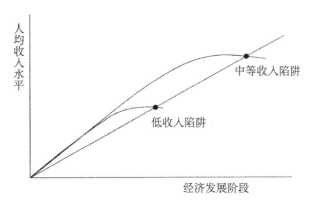

图 11-1　低收入陷阱与中等收入陷阱

资料来源：蔡昉，《中国经济如何跨越"低中等收入陷阱"？》，中国社会科学院研究生院学报，2008 年第 1 期。

二是从国际环境来分析，是否陷入中等收入陷阱是一个相对增长速度下降的问题，因此，必须要进行国与国之间的比较。研究中等收入陷阱可能需要将其置放在一个贸易全球化的开放环境里去理解。一个中等收入国家是否陷入中等收入陷阱，不仅取决于自身体制、制度、政策与禀赋，而且还取决于外部的贸易伙伴国的特征与行为。

王勇和魏尚进提出了解释中等收入陷阱的"三明治"理论。[1] 这个模型世界里有三个国家：进行技术创新的 N 国（高收入国家），进行技术模仿的 S 国（低收入国家），还有像三明治一样被夹在中间的 M 国（中等收入国家）。中等收入国家随时可能受到"追逐效应"与"压制效应"这两个不同方向的挤压。

"追逐效应"。与低收入国家相比，中等收入国家已经逐渐失去劳动力低成本的优势，特别是在技术要求与附加值都比较低、比较劳动密集型的可贸易产品或产业上的国际竞争力逐渐降低。对于中等收入国家来说，当 S 国的劳动生产率足够低的时候，该国对夹在中间的 M 国并不产生"追逐效应"，但是当 S 国的劳动生产率变大至处于某一段中间值的时候，"追逐效应"就会产生，即提高 S 国的劳动生产率会放大 M 国与 N 国之间的收入差距，换言之，它使得 M 国更加容易跌入"中等收入

---

[1] 王勇：《多种危机可能把中国拖入中等收入陷阱》，凤凰卫视，2016 年 5 月 23 日。

陷阱"。

"压制效应"。与发达国家相比，中等收入国家在研发创新能力方面通常不具备比较优势，在附加值较高的、技术与资本相对更加密集的产品与产业上又受到来自发达国家的"打压"。发达国家 N 国对中等收入国家 M 国产生"压制效应"。只要 N 国的生产率提高，它与 M 国之间的距离就会放大，也就是说使得 M 国更倾向于跌入"中等收入陷阱"。

上述模型中，国内体制与国际竞争关系是有着内在联系的。汲取性制度会大大地降低一国的国际竞争力，而包容性制度则是一国跨越中等收入陷阱的必要条件。

面对"中等收入陷阱"有三种情况：

一是掉入"中等收入陷阱"难以自拔的国家，如拉美一些国家在 20 世纪 70 年代已进入中等收入国家行列，却因为没有处理好经济发展、贫富差距和对外经济关系等问题，而一直陷于低谷。到目前为止，巴西、阿根廷、墨西哥、智利等国仍然处在人均 GDP 3 000—5 000 美元的发展阶段，并且还看不到突破的动力和希望。依据世界银行的统计，在拉美和加勒比地区，有 3/4 以上的国家都属于中等收入经济体。如前所述，拉美国家自然资源、地理环境都不错，在历史上一些国家也繁荣过，但后来出现了贫富大逆转。因为其历史上就存在过汲取性制度，而制度变革存在路径依赖。大多数拉美国家并没有从汲取性制度转型到包容性制度上来。拉美国家普遍推行的"进口替代"发展模式在长期实施过程中逐渐形成了规模庞大、效率低下的国有部门和过度的国家保护主义等弊端。从中等收入陷阱的"三明治"理论看，中国作为低收入国家（S）利用在劳动力上的比较优势逐渐成为出口贸易大国，对墨西哥（M）产生了"追逐效应"，而墨西哥在促进创新和提高生产率方面又恰好没有很好地调整过来，因此，中国的"追逐效应"可能无意间对墨西哥跌入"中等收入陷阱"产生了促进作用。

二是成功跨越"中等收入陷阱"的国家，如日本、韩国等新兴工业化国家分别在 20 世纪 60 年代和 70 年代成功跨越 "中等收入陷阱"，迈进了高收入国家行列。从国内条件来看，这些国家都是包容性制度为主。从中等收入陷阱的"三明治"理论看，在 20 世纪 50 年代到 70 年代，当时中国实施计划经济体制生产率非常低，同时中国基本上被隔离于世界主流贸易体系之外，中国对日本与亚洲四小龙并未形成有效的"追逐效应"，这就在一定程度上有利于这些经济体摆脱中等收入陷阱。此外，20世纪90年代，韩国（M）发现马来西亚（S）在电子产品上追得非常紧，并发现在很多产业上已经没有优势了，这个时候该怎么办？韩国政府非常重视技术链条从低端到高端的创新，以摆脱马来西亚从后面的进攻，从而在竞争中成功跨越"中等收入陷阱"。

三是正在努力摆脱"中等收入陷阱"的国家，如马来西亚、泰国等东南亚国家。从国内制度来看，私营企业活力不足是马来西亚陷入发展瓶颈和走向"中等收入陷阱"的重要原因。而私营企业活力不足的原因，主要是政府行政开支过大而发展开支不足，有限的发展开支、项目和银行贷款又主要流向与政府权贵有关系的少数朋党企业，此外私营企业遭受多重盘剥、运营成本沉重也是一个重要原因。所以努力摆脱"中等收入陷阱"的国家首要的任务是制度转型，即从汲取性制度向包容性制度转变。马来西亚过高的收入差距及创新能力不足都与汲取性制度有关。中国也是正在跨越中等收入陷阱的国家。目前摆在中国面前的新问题是"中等收入陷阱"，即从中等收入过渡到高收入，比从低收入过渡到中等收入更难。跨国研究表明，制度因素是中国经济增长面临的最严重的威胁，可能导致中国落入中等收入陷阱。[1] 跨越中等收入陷阱的关键是制度转型。从汲取性制度转向包容性制度的国家更容易跨越中等收入陷阱。一批东欧国家经过10多年的转型发展，从汲取性制度成功转型到包容性制度，从而陆续成了"高收入国家"。从2010年的人均国民收入数据看，斯洛文尼亚是23 860美元，捷克是17 890美元，斯洛伐克是16 830美元，克罗地亚是13 870美元，匈牙利是12 850美元，波兰是12 440美元。

第三节　制度转型

当代世界不少国家达到中等收入水平后由于没有完成制度转型而陷入了中等收

---

[1]　〔美〕乐文睿：《中国创新的挑战：克服中等收入陷阱》，北京大学出版社2016年版，第320页。

入陷阱。如诺思所说，我们现在比较清楚的是，什么样的制度有利于经济发展（如包容性制度有利于经济发展），不太清楚的是，怎样才能从一个不利于经济发展的传统制度（汲取性制度），过渡到一个有利于经济发展的好制度（包容性制度）。制度转型的难点有以下四个方面：

一、正式制度与非正式制度的冲突

一国制度转型的难点不仅在于正式制度的确立，还在于非正式制度的相互适应。制度结构的内在冲突，即正式制度与非正式制度的冲突是制度转型需要面对的首要问题。

正式制度是指人们有意识建立起来的并以正式方式加以确定的各种制度安排，包括政治规则、经济规则和契约，以及由这一系列的规则构成一种等级结构，从宪法、成文法和不成文法，到特殊的细则，最后到个别契约等，它们共同约束着人们的行为。人们常常将正式制度称为正式规则和硬制度。

非正式制度是指人们在长期的社会生活中逐步形成的习惯习俗、伦理道德、文化传统、价值观念、意识形态等这些对人们行为产生非正式约束的规则，是那些对人的行为的不成文的限制，是与法律等正式制度相对的概念，诺思常用非正式规则来表述。

在人的行为约束体系中，非正式制度具有十分重要的地位，即使在最发达的经济体系中，正式规则也只是决定行为选择的总体约束中的一小部分，人们行为选择的大部分空间是由非正式制度来约束的。[1]日本的法律明确规定，父母亲的遗产由子女共同继承。也就是说，不管你是否已经出嫁，还是在国外生活，父母亲的财产，每一位子女都拥有继承权，都可以平均分配获得。但日本的地方城市尤其是在农村，还保留着兄弟姐妹不分家产，全由大哥继承的习俗。

诺思把非正式制度分成三类：（1）对正式制度的扩展、丰富和修改；（2）社会

---

[1] 〔美〕道格拉斯·C.诺思：《制度、制度变迁与经济绩效》，上海三联书店、上海人民出版社1994年版，第49页。

所认可的行为准则；(3) 自我实施的行为标准。正式制度与非正式制度协同，则制度有利于经济发展；否则，这两者的冲突会不利于经济发展。

为什么许多不符合个体经济利益的社会习俗能够得以延续？通过对"信仰规范"和"遵守规范"的分析，以及对"声誉函数"和"效用函数"的界定，社会中信仰某种规范的人数越多，则一个人不遵守规范的行为所引起的声誉损失越大。[1]

当今世界正式制度越来越趋同，如市场经济制度、法治制度及民主制度等，复制这些正式制度并不难，但是每个国家的非正式制度又有其独特性，这种一般性与独特性的冲突就不可避免。一种非正式制度尤其是意识形态能否被移植，其本身的性质决定了它不仅取决于所移植国家技术变迁的状况，而且更重要的是取决于后者的文化遗产对移植对象的相容程度。由此可见，正式制度只有在社会认可，即与非正式制度相容的情况下，才能发挥作用。

在人类社会的发展过程中，各民族和国家形成了自己有特色的非正式制度。在许多非洲国家，主要是氏族约束；在中国主要是家庭约束；在许多伊斯兰国家，在氏族约束之外，受宗教规则影响较大；在美国，宗教意识形态规则则发挥重要作用；而在德国，法律强制规则则是主要的秩序因素。这些非正式制度的不同特点对这些国家制度体系的形成起到了基础性作用。

正式制度与非正式制度之间的互补非常重要。当正式制度体系被强加于一个与之不协调的社会时，法律本身的推行力就受到侵蚀，外部的变革动机也难以达到预期的效果。一般来讲，正式制度是源自于非正式制度的，但是在一些国家或民族中，自身的非正式制度不易产生有竞争力的正式制度（或规则），于是不得不从外部引进，这样引进的正式制度与原有的非正式制度必然产生冲突。在短期内，两者的冲突不大，但时间长了，这种冲突就会越来越明显。如诺思所说，正式规则和非正式约束的某种组合能够提高经济绩效，而我们的任务就是要找到哪种组合能够在某一个时点或者在不同时期产生合意的结果。

当今各国制度体系的差异要到非正式制度的起源及非正式制度的特点中去寻找

---

[1] 〔美〕阿克洛夫:《一位经济理论家讲述的故事》，首都经济贸易大学出版社2006年版，第55页。

原因。正式制度与非正式制度的冲突是客观存在的，表现在以下几个方面：

一是正式制度与非正式制度的传递方式不一样。从知识表达和传导方式看，非正式制度是心照不宣的默认的知识，它只能通过双方的共同理解和信任在实践中获得。而正式制度则是编码化的显性知识，它可以通过语言或符号形式进行表述、传递和存储。

二是从两种制度的连续性来看，正式制度面对外部环境的变化在不断调整和变化，而非正式制度，如文化渗透是怎样带来连续性的，以至于以往那些解决交换问题的非正式制度延续到现在，并且，这些非正式制度还成为长期社会变迁的连续性的重要来源。[1]

三是从长期的演化路径来看，非正式约束在制度渐进演化方面起着重要的作用，从而成为路径依赖的根源。[2] 如诺思所说，美国在过去的几个世纪里的运行相对成功，必须关注和正式规则一同起作用的非正式约束所发挥的关键作用。

四是从制度变迁过程来看，改变旧的正式规则可能与持续的非正式约束并不相容，这种不相容的程度既取决于改变了的正式规则与持续的（或传统的）非正式约束的偏离程度，也可能还取决于新旧正式规则"破"与"立"的吻合程度，这种不相容达到一定程度会导致秩序混乱或无秩序状态。正式制度只有在与非正式制度相容的情况下，才能发挥作用。离开了非正式制度的匹配，再"先进"的正式制度也无法发挥作用。

在那些人们交互作用仅限于小范围、人格化水平的社会中，非正式规则就普遍存在；只有当存在非人格化交换，并且对外部符号储存系统的使用日益增多时，非正式规则才能转变为正式规则。

对"贫富反转"的现象有各种各样的解释，阿西莫格鲁提出了制度假说，认为殖民者在其殖民地建立的不同制度（包容性制度和汲取性制度）以实现其殖民的策略是导致这些地区贫富反转的重要原因。值得指出的是，殖民移民下制度成功的原因在于移民解决了非正式规则不能移植的问题，非正式制度只有伴随大量的移民才

---

[1] 〔美〕道格拉斯·C.诺思：《制度、制度变迁与经济绩效》，上海三联书店1994年版，第52页。
[2] 〔美〕道格拉斯·C.诺思：《制度、制度变迁与经济绩效》，上海三联书店1994年版，第62页。

能转移过去。这表明，非正式约束是与人联系在一起的，非正式制度是一国制度的长期积淀，其"基因"和特点将会决定一国正式制度的构建。仅仅移植正式制度是不够的，必须要考虑其与非正式制度的兼容性。在制度转型方面，有失败的案例，也有成功的案例（相关链接11-4）。

相关链接 11-4

引进制度有失败也有成功的

美国于1898年占领菲律宾，并把它变为自己的殖民地。1935年菲律宾成立自治政府时，其宪法便是由一批熟悉美国宪法的学者效仿美国宪法制定的，且通过美国总统罗斯福的批准。1946年菲律宾独立后，这部宪法也在1946—1973年间适用。根据这部宪法，除了没实行联邦制外，菲律宾的政体几乎与美国一模一样。即使按照现行的1987年宪法（全世界最长的宪法之一），菲律宾的政体仍与美国高度相似，同样设置三权分立。被视为美国在亚洲的"民主橱窗"的菲律宾，用马科斯总统的女儿艾米的话说，实行的是"（美国）制度的拷贝"。但美式的民主架构并没有让菲律宾逃过马科斯的独裁；自1986年"人民力量"推翻马科斯政权后，这套美式制度也没有让菲律宾避免长期的纷争与动荡。20世纪50—60年代，菲律宾人均国民生产总值仅次于日本，居亚洲第二；但现在它不仅被"四小龙"远远抛在后面，也落到不少其他亚洲国家后面，包括中国。日本在历史上有两次著名变革。在古代，有一次"大化革新"，以中国的唐朝为楷模重塑日本治理体系，出现过惊人一跃；在现代，日本又有一次"明治维新"，以"脱亚入欧"的决绝，放弃传统政经体制，融入现代世界，日本再次成为跳跃式进入现代的国家。两次维新，分别奠定了日本传统的农耕文明和现代的工业文明。

据日本近代史料描述，日本明治维新的功臣伊藤博文，年轻时就被英国"君主立宪"深深吸引，但做了日本首任首相后，还是就日本具体走什么道路陷入了苦苦冥思。身为"总理"的他，带着"教育部长"森有礼走遍欧洲各国，寻找最适合日本的发展道路。譬如在国民教育上，他首先尝试了英国模式、法国模式，但都没有取得预期效果，甚至后来还尝试了美国模式，也没有成功。最后，普鲁士德国的出现，令日本这些政治精英眼前一亮。尤其是《德意志帝国宪法》令他们找到了方向，那就是：走德国人的道路，开启军国政教模式。日本从1868年明治维新到1889年颁布宪法，中间达21年之久，其间举国处于"国家大法饥渴中"。而《德意志帝国宪法》的出现，就像是一场及时雨，令日本天皇和内阁如获至宝。1889年2月11日，《大日本帝国宪法》依此颁布。有学者在经过比照后发现，该宪法除第一条、第三十一条和第七十二条这三条是日本独创的之外，其余多达46条与普鲁士及德意志各邦的宪法类同。宪法的"天皇总揽大权"、"内阁从属天皇"、"军事统帅权独立于内阁"三大特点，更是得到《德意志帝国宪法》的真传。

从上面引进正式制度不成功（菲律宾）和成功（日本）的案例来看，菲律宾全盘复制了美国的正式制度（包容性），但是其制度实质上还是汲取性的。为什么同样的法律和制度在不同国家和社会有不同的社会功能和社会作用？为什么"除了没实行联邦制外，菲律宾的政体几乎与美国一模一样"却实际上还是汲取性制度？按照诺思等人的理论分析，这主要还是在于社会秩序是"有限准入的"还是"开放进入的"。换言之，菲律宾是在社会秩序"有限准入的"情况下复制了美国的所谓包容性制度，但实际上由于缺乏政治竞争及对权力的制约体系，菲律宾实际上还是汲取性制度。我们要把"纸质的制度"与"实际的制度"区别开来。换言之，菲律宾从形式上看是包容性制度，但实质上还是汲取性制度。

在引进制度时除正式制度与非正式制度的相容性外，信念在制度选择及制度成功转型中也发挥着极为重要的作用。诺思在分析现实、信念与制度等的关系时，有一个相互作用的框架，即可感知的现实—信念—制度—政策—变化了的可感知现实。日本"谁好谁适合我就学谁"的信念是日本引进制度能成功的重要原因。制度是人们施加给人类行为的结构,以达到人们希望的结果。信念体系是内在表现,制度是这种内在表现的外在显示。因此,经济市场的结构反映了制定游戏规则的那些人的信念。当人们的信念存在冲突时,制度会反映那些有能力实现目标的人们的信念。[1]非正式制度的变化非常缓慢,但并不是不可变化的。像日本、韩国等国在建立市场经济制度的过程中,对非正式规则进行了改造,日本甚至在制度层面提出了"脱亚进欧"。人们持有的信念决定了他们做出的选择。之后,这些选择建构了人类行为的变化。[2]在不同社会中有不同的行为信念,导致了不同形式的制度和组织。一个好的制度至少应该反映本社会共有的信念。当我们的信念与从外边引进的制度相冲突时,那么制度引进就难以成功。

二、政治制度与经济制度的相互性

阿西莫格鲁和罗宾逊用包容性与汲取性、政治与经济这两个维度对制度进行刻画,从而提出了包容性政治制度、包容性经济制度、汲取性政治制度和汲取性经济制度等概念。他们没有对这些概念进行界定,而是借用历史上不同国家或地区的政治经济制度进行了描述性说明。

经济制度分为汲取性经济制度和包容性经济制度。汲取性经济制度的特点包括(1)弱产权保护,(2)行业进入壁垒,(3)不公平竞争,包括阻碍市场运行的管制和合同得不到有效实施。汲取性制度的结果是往往有利于某些内部人或是社会中某些有权有势的政治群体,是一种再分配型经济。

与汲取性经济制度相反,包容型经济制度包括:(1)安全的产权保障;(2)零壁垒的行业进入;(3)政府支持市场,维护合同,创造一个公平竞争的环境。包容型经济制度使得具有不同家庭背景和能力、来自社会各阶层的公民都能公平参与经

---

[1] 〔美〕诺思:《理解经济变迁过程》,中国人民大学出版社2008年版,第47页。
[2] 〔美〕诺思:《理解经济变迁过程》,中国人民大学出版社2008年版,第22页。

济活动，是一种共享经济。

政治制度也分为汲取性政治制度和包容性政治制度。汲取性政治制度指的是权力集中于社会中一小部分人手里，缺乏权力的约束、监督和平衡，缺乏法治，这种制度支持的往往是汲取性的经济制度。

与汲取性政治制度相对应的是包容性政治制度，可以用"多元主义"来概括：权力在社会中广泛分布，无论谁当权，政治权力都要受到不同集团、不同形式的约束和监督，包括选举、公民社会组织、媒体等等。只有足够集中化和多元化的政治制度才称为包容性政治制度。如果这两种条件有任何一种付之阙如，我们会把这套制度称为汲取性政治制度。如索马里，各派势力都有权，但"集中"不起来，只能是一种汲取性政治制度。包容性政治制度也是曼瑟尔·奥尔森（Mancur Olson）所讲的强化市场型政府，即政府的权力足够强大到能够保护私人财产同时政府的权力又是受到限制的。

包容性政治制度是指满足以下两个要件的国家制度：一是足够的集中；二是足够的多元。其中，"足够的集中"条件是马克斯·韦伯、奥尔森、诺思等都强调过的，这是现代国家治理体系必须具备的条件。韦伯曾将国家定义为"合法暴力的垄断者"。如果没有这种合法暴力垄断，国家无法发挥实施法律和秩序中的作用，更不要说提供公共服务和鼓励、规制经济活动。比如索马里政治权力广泛分布在相互敌对的部族手中，没有足够的集中，这样是无法支持最低程度的法律和秩序的。"足够的多元"条件要求政治权力的社会分布广泛，而不是控制在单个个人或小集团手中，并且权力的运用受到约束。如果权力分布狭窄和不受约束，那么这类政治制度就是专制主义的。上述两个条件缺一不可。缺少任何一个条件，就属于所谓的"汲取性政治制度"。包容性经济制度得到包容性政治制度的支持，往往会更加稳固；而汲取性经济制度得到汲取性政治制度的支持，也会更难改变。

汲取性经济制度、包容性经济制度、汲取性政治制度、包容性政治制度有四种组合。用图 11-2 的 2×2 矩阵来描述，这里有 4 种不同的经济和政治制度组合：

第十一章 什么样的制度有利于经济发展？

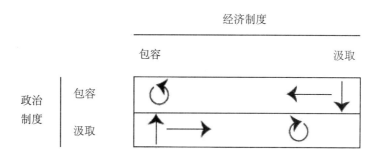

图 11-2　经济制度和政治制度的组合

首先，图 11-2 的左上角，包容性政治制度和包容性经济制度的组合。从历史上看，许多国家通过革命建立起了包容性政治制度和包容性经济制度，现在大多数发达的民主国家采取的就是包容性政治制度和包容性经济制度，如美国、英国、法国、日本、韩国、澳大利亚等。所谓包容性，从政治和经济上讲，是强调人民或者说广大群众具有政治权利，任何人都有成为领导人、当权者或政策制定者的机会或可能。强调自由进入和竞争，不论是谁都没有垄断权，甚至像世界首富比尔·盖茨也会受到联邦法院的反垄断调查。人们都可以获得生产性收益的绝大部分或者全部，因此具有很高的生产性激励。从包容性政治制度和包容性经济制度的关系来看，它们是一种良性循环，在阿西莫格鲁和罗宾逊看来，富国之所以富有，主要原因就是这些国家在过去三百年的某个时间点上建立了包容性的制度，这些制度又通过良性循环过程得以延续和扩展。

其次，图 11-2 的右下角，汲取性政治制度和汲取性经济制度这种组合是稳定的，即制度类型相同的国家往往稳定。从历史上看，大部分国家在大部分时期内采取的是汲取性政治制度和汲取性经济制度。比如，光荣革命前的英国、大革命前的法国、殖民地时期的北美、南美及拉美、非洲以及亚洲。所谓汲取性，从政治经济上说，是指人民或者广大公众没有决策权或表决权，精英人物或者既得利益者在制度的选择或政策制定中起着重要作用，结果所选择的制度或者制定出来的政策成为一部分人汲取利益的工具；所有的经济制度或者经济政策都是由当权者、统治者或者精英人物制定出来的，他们通过各种垄断权、专卖权、市场控制等掠夺生产者，使得生产者只能够得到所生产产品的一小部分甚至得不到所生产的产品，结果就是生产性激励的不足。比如，历史上欧洲殖民者对南美洲秘鲁、巴西和北美洲墨西哥等的殖民，欧洲殖民者从非洲大量贩运奴隶到美洲、亚洲等国家或地区进行奴役等，殖民地的土著居民被剥夺了所有的政治权利和经济权利，被迫为殖民者工作，他们建立起来的是典型的汲取性政治制度和汲取性经济制度。汲取性政治制度和汲取性经济制度这种组合是一种恶性循环，穷国之所以穷，主要原因就在于这些国家无法摆脱汲取性制度的恶性循环，权力与机会都只集中于很小一部分人身上，这样的国家便会衰败。

再次，图11-2的右上角，包容性的政治制度和汲取性的经济制度这种组合在现实中比较少，因为政治制度决定经济制度，如果政治制度是包容的，那么经济制度是汲取性的可能性比较小。如果一个国家采取的是包容性的政治制度，那么它就不会采取汲取性经济制度了，所以这样的国家不可能存在。

最后，图11-2的左下角，这种组合是汲取性的政治制度和包容性的经济制度。阿西莫格鲁和罗宾逊认为，采取汲取性政治制度和包容性经济制度的国家是存在的，比如只进行了经济改革而没有进行政治改革的国家，但是这种国家的包容性经济制度难以长期存在，很快就会由于汲取性政治制度而发展成为汲取性经济制度。这种国家往往是为了刺激人们的生产性激励而制定包容性经济制度，但是不会从根本上触动既得利益者或者当权者的利益，而他们刺激生产的目的是为了能够有更多可以汲取的资源。

后两种组合是不稳定的，因为政治制度和经济制度类型不相同，即使在短期内这两种制度可以共存，但随着时间的推移，不相同的制度矛盾和冲突会越来越明显。这两种情况意味着政治经济制度存在内在冲突的过渡性体制，结果既可能蜕化为汲取性政治经济制度，也可能发展为包容性政治经济制度。如果政治制度将所有的政治权力给予一个人或小部分人，则向其余的人提供产权保护和机会均等的经济制度就难以持久，所以包容性经济制度与包容性政治制度的蜕化比较容易。

政治制度和经济制度是一种互动关系。在研究经济系统时必须同时研究政治制度和经济制度。仅仅研究经济制度而不研究政治制度是很难搞清楚制度的起源及性质的。在这里政治制度和经济制度的关系有点类似经济基础与上层建筑的关系。繁

第十一章 什么样的制度有利于经济发展？

荣的国家和社会就是建立在包容性经济制度和包容性政治制度基础上的。包容性制度保障财产权，鼓励对新技术的投资，从而为经济主体提供公平的竞争环境和安全的制度结构，这样的制度有利于经济的增长。而历史上那些落后的国家就是一种汲取性制度，这种汲取性制度以汲干多数人的利益而为极少数人服务为目的。这种制度不保障大众的财产权利，也不鼓励创新，因为提供这样的权利不符合利益集团的利益。

政治和经济制度之间的关系是互为保障的，仅仅有经济包容性制度，没有政治包容性制度，经济发展就没有持续性，经济的发展必定会停滞以致失败；包容性政治制度为包容性经济制度开路，并促使其进一步发展，一个国家的政治制度最终决定这个国家是否能走向繁荣和富强。包容性政治制度最大的特点是广泛地授予权力，通常能消除剥夺多数人资源、建立进入障碍、压制市场机能以为少数人谋利的经济制度。在18世纪末美国宪法开始运作不久，政治人物尝试建立州层次的银行独占，以便授予他们的朋友和伙伴，交换部分独占获利。这些银行也很快开始放款给制订法规的政治人物。但这种情况在美国无法长久持续，因为尝试建立这种银行垄断的政治人物必须面对选举和改选。

对于制度转型来讲，政治制度与经济制度的相互性是关键性因素。包容性制度与汲取性制度并非存在于真空之中，二者是互相支持的。包容性政治制度平等地分配政治权力，从而确保包容性经济制度的生存。只有平等地分配政治权力才能保障平等地分配经济权力。在包容性政治制度中，政治权力通过多种方式进行广泛的分配，建立法治和秩序作为保障私有财产和市场经济的基础，才能实现一定程度上的政治集权。汲取性政治制度则将政治权力集中到少数精英手中，进一步加强了对经济体系的控制，从而使其成为一个专为精英利益服务的制度。在一定意义上讲，政治制度决定经济制度。这些分析与马克思经济基础与上层建筑关系的分析基本上是一致的。

制度转型理论的核心是包容性经济制度和包容性政治制度与繁荣之间的联系。比起少数人构建出来的只是为了从多数人那里汲取资源且不能够保护产权或者为经济活动提供激励的汲取性制度，实施产权、创造公平竞争的环境并鼓励在新技术和新技能上进行投资的包容性经济制度，更有利于经济增长。包容性经济制度和包容性政治制度是相互支持的，也就是说，以多元方式广泛分配政治权力并能够实现一定政治集权以建立法律和秩序的制度是安全的产权和包容性市场经济的基础。同样，汲取性经济制度跟汲取性政治制度是协同联系的，它们将权力集中在少数人手中，然后这少数人又有为他们自己的利益保持并发展汲取性经济制度的激励，同时运用获得的资源巩固他们对政治权力的控制。包容性制度与汲取性制度都有其再生产逻辑。

包容性制度是一种有效率的制度并能够实现社会经济的繁荣，但是采取包容性制度的国家并不多。许多经济学家和政策制定者聚焦于发达国家采用包容性制度"使其正确"，然而真正需要解释的是穷国为什么采用汲取性制度"使其错误"。"使其错误"主要是不是由于无知或文化差异？穷国之所以贫穷是因为掌权者选择了造成贫穷的政策。他们"使其错误"并非是由于错误或无知，而是有目的的。为了理解这一点，最好是研究决策实际上是如何做出的、谁做出了决策、他们为什么决定这样做。这是政治学和政治过程的研究内容。

为什么汲取性经济制度能够长存？一是"经济利益集团阻力"观点，比如那些可能因为新技术而失去垄断地位的企业，它们往往会认为，取代汲取性制度的新变革将使其在经济利益上受损，因而尽力阻碍变革。二是"政治利益集团阻力"观点。既得利益集团认为那些"创造性破坏"及其相关的政治变革将侵蚀其政治权力，改变使其拥有巨大政治权力的社会结构。这两大利益集团还会联合起来阻碍变革。三是这些经济利益集团和政治利益集团的联合会形成更大的制度变革阻力。综上所述，没有理由认为汲取性经济制度会自动消失。

阿西莫格鲁提出政治制度和经济制度都可能具有黏性，只有当政治权力分配格局有重大变化时，制度变迁才会发生。他的制度变迁动力学可以概括为：t时期的政治制度和资源分配格局分别决定了t时期各利益群体的法定政治权力和事实政治权力，二者共同形成实际政治权力，从而决定t时期的经济制度和$t+1$时期的政治制度，t时期的经济制度又决定了$t+1$时期的资源分配格局，如此循环往复。阿西莫格鲁实证证明英国与荷兰相较于西班牙、葡萄牙等国家在大西洋贸易中收获了更显著的经济增长，是因为英国和荷兰的封建统治者受到了有效的约束，产权制度更加完善。阿西莫格鲁是从社会冲突的角度出发，着重研究政治权力在不同社会群体之间的分配格局及其对政治、经济制度和经济增长的影响，因而他特别强调政治的决定性作用。

制度的选择从根本上说是政治选择。制度的选择是建立在政治的基础上的，并且关于要做什么选择经常包含一些重要的矛盾冲突，有的是因为人们的看法各不相同而带来的意识形态上的冲突；也可能是因为一个社会发生制度性变革而产生的一些赢家和一些输家政治利益上的冲突。阿西莫格鲁等人研究了自然实验（即韩国和朝鲜的分裂以及欧洲人开拓殖民地的过程）并得出结论，他们认为经济制度和政治制度都对经济增长产生了重要的影响。经济制度影响经济增长的原因在于它们制定了社会中经济参与者的激励机制，而这有力地解释了国家间的经济增长差异；政治制度影响经济增长的原因在于它决定了经济制度的质量。

相关链接 11–5

在阿西莫格鲁广为引证的论文《欧洲的兴起：大西洋贸易、制度变迁与经济增长》中，他阐明了这样的观点：在 1500—1850 年之间，大西洋贸易促进了欧洲的兴起，这不是因为对外贸易的直接利益，而是因为贸易改变了政治权力的分配格局。政治权力的变化导致经济制度的改变并最终决定了社会产出的变化。16 世纪初期，英国和荷兰的专制控制相对较弱，从事大西洋贸易的机会被赋予广泛的社会阶层，而在西班牙和葡萄牙，对外贸易权却一直被王室垄断。大西洋贸易为英国和荷兰造就了一个王室之外的富裕阶层，他们与国王存在利益上的冲突，要求限制王权保护私人财产的安全。在 1642 年的英国内战和 1688 年的英国光荣革命中，富裕的商人、贵族都支付了大量的军费来支持议会打败国王。西班牙和葡萄牙尽管也从事大西洋贸易，但贸易没有改变政治权力格局并引发制度变革。

三、路径依赖

从一种制度转型到另一种制度都面临着路径依赖。路径依赖意味着现在的选择要受到从过去积累而成的制度传统的约束。在整个结构中，信念、制度和组织的相互作用使得路径依赖成为社会连续性中的一个基本因素。

路径依赖的概念最初来源于自然科学中对生物物种进化路径的描述，它关注的是历史偶然事件对未来技术或制度选择的影响。在经济学中，路径依赖是指"人们过去的选择决定了他们现在可能的选择"[1]。类似于物理学中的"惯性"，经济系统一旦进入某一路径（无论是"好"的还是"坏"的），就可能对这种路径产生依赖。这意味着，历史是至关重要的，我们今天的各种选择，实际上受到历史因素的影响。从简单意义上来看，路径依赖也意味着"无效率"，即一旦我们选择了某种路径就意味着我们将会被长久地锁定在这一路径上，即使在此之外存在其他更加有效的路径。由于转换成本的存在，经济系统只能被锁定在这种已经被历史上的"小概率事件"或者是"无关紧要的事件"所引导的路径上。

相关链接 11-6

　　大家知道，美国铁路两条铁轨之间的标准轨距是四英尺八点五英寸。为何是这样一个标准呢？它源自英国铁路标准。因为英国人是修建美国铁路的指挥者。英国人又从哪里得到这样一个标准呢？英国的铁路标准是从电车车轨标准中来的。电车车轨为何采用这样一个标准？原来最先造电车的人以前是造马车的，他们把马车的轮宽标准直接搬用过来。为何马车要用这样一个标准？因为英国传统路程上的辙迹的宽度为四英尺八点五英寸。这一宽度又是谁制造的呢？是古罗马军队的战车。古罗马军队为何以这一数字为轮距宽度呢？答案极为简单：两匹拉

---

[1] 〔美〕诺思：《经济史中的结构与变迁》，上海人民出版社 1991 年版，第 1—2 页。

战车的战马的屁股的宽度。这样一个宽度有利于战马的驰骋。这就是典型的"路径依赖"。美国在 20 世纪上半叶在海军中引入航空母舰时，遭到强烈的反对，认为航空母舰没有什么意义；再例如 20 世纪 80 年代美国政府要求政府机构与商业机构一样采用计算机技术，同样遭到政府部门的反对，认为计算机技术只是一种无用的摆设。

在制度变迁的历程中，一个国家的初始禀赋状况深刻影响着制度变迁路径的选择，这种初始禀赋产生路径依赖。确切地说，制度变迁的路径依赖是指，一种制度一旦形成，不管是否有效，都会在一定时期内持续存在并影响其后的制度选择，就好像进入一种特定的路径，制度变迁只能按照这种路径走下去。

制度向量的相互联系网络会产生大量的递增报酬，而递增的报酬又使特定制度的路径保持下去，从而决定经济长期运行的轨迹。由以上因素决定了制度变迁路径依赖的结果具有以下四个特征：（1）多重均衡。它表明经济演化的最终结果即使趋于定态，可能趋于的定态也并非唯一，具体达到哪个均衡可能取决于外界随机因素，简言之，即可能存在多重解而结果又不确定；（2）可能的非效率。即经济演化最后趋向的结果可能不是效率最优的，高效率的制度可能因为一些历史原因而未能被采纳，从而替代一些非效率的制度；（3）锁定。当经济系统达到一个均衡态后，由于它在一定范围是稳定的，因而很难从中摆脱出来，即被锁定；（4）路径依赖。一些小事件或随机环境的结果决定某些解，而这些特定的解一旦形成，就导致一种特定的制度变迁路径。

坎贝尔（Campbell et al.1991）[1]尝试性地构建了一个描述渐进式演变的模型（L-C 模型），并得出与诺思的论点十分相似的结论：制度变迁的渐进性特征主要植根于历史给定的政治、经济、文化环境，它们制约甚至规定了制度的后续变迁。豪斯纳

---

[1] Campbell, J., Hollingsworth, J., Lindberg, L., eds., *Governance of the American Economy*, Cam Bridge University Press, 1991.

(Hausner et al.1995)接受了制度变迁的路径依赖观的核心理论,即制度进化受制度遗产约束,但同时又声称这种模式不能解释引起锁定的机制。他们认为制度变迁是"路径依赖 的路径定型"(path dependent path shaping)的结果。[1]

要想理解变迁过程,就必须理解路径依赖的本质,以确定在各种环境中路径依赖对变迁所施加的限制的本质。政治体制的路径依赖是美洲独立后政治和经济风貌的一个关键特征。英格兰殖民地拥有相当多的政治和经济自由。一旦独立,政治利益就引导它们寻找那种能保护其政治、经济和宗教自由的体制,并且这些利益基本上是可以协调的。而西班牙殖民地居民面对的则是对他们政治和经济自由的大量限制。

包容性制度和汲取性制度都存在路径依赖。诺思用路径依赖理论分析了美洲的经验,他把南北美后殖民地时期的表现与它们各自的殖民地传统联系起来了。独立后,美国和拉美诸共和国都享有着宪政民主、丰富的自然资源和相似的国际机遇。

但是,北美得益于其分权的、议会制的英国遗产(包容性制度);而拉美则深受集权专制、家族主义和庇护制之苦,所有这些都来自中世纪晚期的西班牙(汲取性制度)。换言之,北美继承的是公民传统,而拉美得到的则是垂直的依赖和剥削。导致差别的不是南北美洲的个人偏好,而是源自历史的社会环境给这些个人提供了一整套不同的机遇和激励。[2]

制度变迁存在"路径依赖"和"锁定"。这意味着,历史和制度均是重要的。制度在社会中起着根本性的作用,是决定长期经济绩效的基本因素。如果一国的经济发展进入某种歧途,那么该国可能还会沿着歧途走,而不能摆脱这种路径"锁定"。要打破路径依赖或者锁定,需要引入新的制度、思想和意识形态,以改变激励结构,并由此为制度变迁的转向提供动力。

---

[1] Hausner, J., Jessop, B., Nielsen, K., eds., 1995, "Strategic Choice and Path-Dependency in Post-Socialism", *Institutional Dynamics in the Transformation Process*, Elgar, Aldershot, 1995.

[2] 〔美〕罗伯特·D. 帕特南:《使民主运转起来》,江西人民出版社 2001 年版,第 211 页。

> **相关链接 11-7**
>
> 1798年,奥斯曼帝国在埃及的统治被拿破仑·波拿巴推翻了,但是这个国家后来又陷入英国殖民主义的统治,它像奥斯曼帝国一样对推动埃及繁荣毫无兴趣。尽管埃及人摆脱了奥斯曼帝国和不列颠帝国的枷锁,并且在1952年推翻君主制,但这些都不是1688年英国所进行的那种革命,它们没有从根本上改变埃及政治,而是把权力交给另一批精英,这些人像奥斯曼和不列颠帝国的统治者一样对埃及普通人的富足没有兴趣。因此,社会的基本结构没有改变,埃及依旧贫穷。埃及过去发生过多次革命,但没有改变现状,因为发动革命的人只是把他们废黜的那些人手中的政权接了过来,然后再照原样建立起来。普通公民要获得实质性的政治权利并改变他们社会的运转方式确实很难。但这是可以做到的,而且我们看到这在英国、法国、美国、日本、博茨瓦纳和巴西,确实做到了。从根本上讲,这种政治变革正是一个贫穷社会变成富裕社会所需要的。

四、生产技术与社会技术

制度转型还涉及生产技术和社会技术及相互关系的问题。什么是社会技术?什么是生产技术?社会技术描述了社会制度创造行为模式的方法或机制。生产技术描述了将投入转化为产出的方法。但是,生产过程也只有在适当的制度框架下才会产生效率。生产技术在国家之间是容易移植的,而社会制度的移植却是相当困难的。

社会技术和生产技术是互补的,生产技术要有效地发挥作用,需要合适的社会制度支持。经济发展中社会技术和生产技术的互补和互动关系的表现是多方面的,第一,生产技术创新有时同时要求社会技术创新。例如,新的生产、运输、通信、消费方式有可能使改变产权界定或调整商务惯例和工作常规成为必要。例如19世纪的铁路建设热潮不仅带来了技术变革,还带来了治理股票证券市场的新制度[1]。第二,社会技术影响竞争的结果和技术进步的内容与进程[2]。第三,一些技术的使用和推广需要有社会技术的配套。奖惩程度和新技术的引进和扩散的速度取决于环境与制度的综合考虑,环境与制度因素在不同部门、国家和时期存在明显差异。一些相对独立的技术的应用比较快,而另外一些取决于互补技术和社会技术的应用则较缓慢,例如奥利弗·埃文斯于1785年发明的蒸汽货车,但由于没有道路和轨道,一直没用;克拉伦斯·伯宰发明的速冻技术可以显著地改善保存水果和蔬菜的质量,但是在多年后建立了商店和家庭冰柜等其他系统之后才发挥作用[3]。新的技术使用不仅需要想象力和推动力,而且还需要社会技术保障。

相对于新生产技术的移植,新社会技术的成功移植或引进是一种更为复杂的社会现象。这是由于已有的制度安排通常会破坏人们为引进新社会技术而做出的各种努力。制度转型是一个系统工程。渐进式改革都涉及优先转型的偏好问题。转型国家会选择技术追赶及加强管理作为优先转型的重点,这会形成技术上的后发优势,而制度转型往往会被忽视或延迟,从而会导致制度上的后发劣势。后发劣势一般产生在汲取性制度的国家。

经济学家沃森提出"后发劣势"的概念。他提出的英文名称叫"curse to the late comer",就是"对后来者的诅咒"。在他看来,落后国家由于发展比较迟,所以有很多东西可以模仿发达国家。模仿有两种形式,一种是模仿制度,另一种是模仿技术和工业化的模式。由于是后发国家,所以可以在没有基础制度的情况下通过技术模仿实现快速发展。

为什么说是"诅咒"呢?由于落后国家模仿的空间很大,所以可以在没有好的制度的条件下,通过对发达国家技术和管理模式的模仿,取得发达国家必须在一定制度下才能取得的成就。特别是落后国家模仿技术比较容易,模仿制度比较困难,因为要改革制度会触犯一些既得利益,因此落后国家会倾向于技术模仿。但是,这

---

[1] 〔德〕柯武刚、史漫飞著:《制度经济学——经济秩序与公共政策》,商务印书馆2000年版,482页。
[2] 〔美〕阿兰·斯密德:《制度与行为经济学》,中国人民大学出版社2004年版,290页。
[3] 〔美〕阿兰·斯密德:《制度与行为经济学》,中国人民大学出版社2004年版,282页。

第十一章 什么样的制度有利于经济发展？

样做的落后国家虽然可以在短期内取得非常好的发展，但是会给长期的发展留下许多隐患，甚至可能造成长期发展的失败。

在18、19世纪，当时的英国是发达国家，而法国是发展中国家，二者最根本的差距就是制度的差距。法国大革命前实行专制制度，而英国是比较早地建立包容性制度的国家。英国1688年之后就实现了宪政制度。宪政制度在当时来说并不是一种民主的制度，而是一种共和制度。所谓共和制度就是参加选举的主要是一些上层阶层，只有少数有钱缴税的人才有选举权，因此你很难说它是民主的。但它是"共和"的，就是说有分权制衡制度，分权制衡比民主制度还要重要。

无法应用新社会技术成为贫穷国家经济增长的主要障碍。为什么会产生后发劣势？是不是所有转型国家都会有后发劣势？这不一定。后发劣势的产生可以用阿西莫格鲁提出并验证了制度决定的"社会矛盾论"去解释。他认为经济制度作为一种集体产品，体现的不是个人偏好而是集体选择。由于经济制度具有再分配功能，不同的利益集团偏好不同，最终什么样的制度会被选择，就取决于该社会中政治权利的分配。掌握政治权利的集团会按照自身偏好来设计和实施经济制度，通过再分配政策（制度）来抽租。经济制度是由掌握政治权利的集团供给的，他们只在不会导致其权力丧失的范围内供给经济制度，其他集团只有通过改变权力的分配状况才有可能改变经济制度。如前所述，穷国之所以贫穷是因为掌权者选择了造成贫穷的政策。他们"使其错误"并非是由于错误或无知，而是有目的的。

市场经济最优的制度是包容性制度。如果不用制度制衡国家的权力，少数政治精英就会滥用国家的权力，产生国家机会主义，使发展的果实落到少数政治精英手中，经济发展就会失败。这也是我们讲的"要把权力关进制度的笼子里"。英国从光荣革命开始，就形成了议会与国王的权力制衡，从而有了共和制。这样，对国王权力有限制，对私有产权有保护，然后才会出现工业革命，经济的发展才会那么快。从深层次看，制度转型的难点在于特殊利益集团通过推行某些措施来最好地实现自己利益的事实，很容易不为人了解或者一般不大可能为人注意，这种行为对经济效率造成的损失要比他们得到直接与无条件的补贴要大得多。[1] 所以,对于转型国家来讲,除了技术上的追赶以外,也要进行制度上的追赶,从而避免后发劣势。

相关链接 11-8

制度与蚊子

1730 年 6 月 28 日,法国科学院院士白晋(Joachim Bouvet)去世,这位备受康熙帝信任的传教士在华四十多年,不仅在数学、测绘、历法、宗教等方面为中国做出重大贡献,还为康熙治好了疟疾——人类历史上最大的凶手。事实上,历史告诉我们,伟大的人物、发现和发明,最终都离不开伟大的制度。在人类与蚊子的战争中,制度才是获胜的真正武器。

公元 1693 年,39 岁的康熙已经诛鳌拜、平三藩、逐沙俄,迈上了帝王功业的巅峰,本该是意气风发、志得意满之时,一场疾病却击倒了他——当时令人闻风丧胆的疟疾。纵然身被伏尸百万、血流千里的帝王之威,在小小的蚊子面前却毫无办法。当时最高明的御医们都束手无策,在试过各种方子和巫术后,皇帝失去耐心,召来白晋和洪若翰(Joanes de Fontaney)两位神父,打算尝试他们带来的金鸡纳霜。

这遭到御医们的激烈反对:西药能吃么?能和老祖宗的方子比么?但排外的偏见最终战胜不了事实,中国古代最高等级的药物试验开始了,在治好了一群作为小白鼠的太监之后,皇帝喝下新药,高烧终于退了,命保住了。康熙龙颜大悦,赐给传教士一套房子名为"救世堂",并允许他们在京城传教。

这场难倒了整个中国的疾病,其实牵扯到一个世界性的千古之谜:人类的最大杀手是什么?比尔·盖茨曾在推特上对此做出了回答,老虎、狮子、鲨鱼

---

[1] 〔美〕曼瑟尔·奥尔森:《权力与繁荣》,上海人民出版社 2005 年版,第 75 页。

这些危险动物造成的死亡只有寥寥几十上百人,而人类的自相残杀却要导致每年47.5万的同类身亡,比猛兽凶残成千上万倍。然而,这一次比尔·盖茨恐怕是错了,人类文明史显示,对于人类而言,最大杀手是看上去不起眼的蚊子:曾每年导致72.5万人丧生。

小小的蚊子带给人类的灾难正是疟疾,被它叮咬不仅会起包,还会传播疟原虫,一会儿发热一会儿发冷,满头大汗全身发抖,民间称之为"打摆子"。不可战胜的亚历山大大帝、横扫匈奴封狼居胥的霍去病、文艺复兴时期的大诗人但丁、英国革命的核心人物克伦威尔都在它面前倒下了。

然而,古印度人口中的"疾病之王"远非这么简单,它可以如蝗虫般吃光一切,其食物就是一个地区甚至整个国家的无数人命,其在历史上造成的灾难,超过一切恐怖电影。公元5世纪,死神来到古罗马帝国,人口因此锐减1/3,君士坦丁堡就死了一半以上,遍地都是"无人埋葬而在街道上开裂腐烂的尸体"。悲剧中也有喜剧,趁机跑来攻占罗马城的蛮族首领阿拉里克也得疟疾死了。上海交大历史系教授李玉尚说:"传染病足以亡国,罗马亡于疟疾。"

古代人们不懂疟疾的病因,将其称之为"瘴气",岭南西南常被称为"瘴疠之地",发生在这些地方的战争往往有着"士卒多疫死"、"兵未血刃而疫死者十之六七"的记载,地方官听说去那里任职都要先写好遗书。在古人的想象中,这些荒蛮之地阳气过重,炎热又潮湿,滋生了大量有毒的山溪、草木、虫蛇和疠鬼,毒气到处弥漫,接触和呼吸即致病死亡,流传下来许多离奇而可怕的传说。疟疾带来的梦魇如此恐怖,研究和对抗疟疾,就成为拯救人类的超级工程,也代表了人类探寻和推广真理的过程。在这场东西方竞赛中,西方起点很晚,却走上了正确的道路,从而实现了"弯道超车"。

1638年,西班牙传教士鲁柏来到印第安人部落,发现当地土人用金鸡纳树的树皮治疗疟疾,这个小小的例子很快得到注意,并且得到试验,秘鲁总督的夫人辛可娜成为第一个被治疗成功的名人。特效药迅速得到推广,拯救了成千上万人的生命。1820年,法国科学家从中提取出有效抗疟成分,命名为奎宁

（Quinine）。随后100多年，西方有四位科学家因为疟疾相关研究获得诺贝尔奖。事实上，早在一千年前，东晋的葛洪在《肘后备急方》中就记载了绞取青蒿汁以治疗疟疾的药方，但长期以来受到忽视，和古代的众多科学发明一样被束之高阁。直到20世纪70年代，国内有2400万人患疟疾，屠呦呦团队研究了六百多个古代中药药方，终于注意到了"青蒿方"，并因此发现和提取出青蒿素，获得2015年诺贝尔生理学或医学奖，成为中国大陆迄今唯一的科学类诺贝尔奖得主。

在诞生了青蒿方的国度，却无人知道如何治疗皇帝的疾病，最终靠的是西来的传教士，接下来发生的事情道出了一个轮回般的历史逻辑：康熙将金鸡纳霜视为圣药，但却无意推广它，而是秘藏于皇宫。曹雪芹的祖父曹寅得了疟疾，康熙立即派人星夜赶去送药，却依然迟了一步，曹寅已经病逝。此时已是1712年，康熙病愈近二十年，曹寅是皇帝的亲信和密探，监管江宁织造和两淮盐务，权势熏天，富可敌国，《红楼梦》描述的就是他宅子里的奢华生活，连他都搞不到治疗疟疾的药，更别说普通百姓了。

无独有偶，西方传教士自明末利玛窦来华，在康熙年间风云一时，带来的不仅仅是金鸡纳霜，还有各种科学知识和工程发明，数学、物理、化学、天文、历法、医学、枪炮、蒸汽机无所不含，却如石子投入一潭死水般，激起些许涟漪后又重归沉寂。这不由让人想起著名的李约瑟难题，"为什么科学和工业革命没有在近代的中国发生？"

科学成果造福于人类，其过程一是研究，二是推广。西方在文艺复兴后，思想的自由和独立得到尊重，诸国林立的欧洲也使得异见者可以容身，大学成为思想家和科学家的摇篮。而随着民主运动对言论自由的保护，学者们可不受压制地发表意见，引发了科学的突飞猛进。在这种环境下，葛洪的方子就不会埋没在浩如烟海的药方中，而是会在学者们广泛讨论和研究中得到验证，将其余六百张无效药方淘汰，从而选出青蒿方作为学术成果得以肯定，为众人所知。科举制度约束下的中国，最优秀的知识分子想的是读儒家经典，考试做官，做统治者的奴才，为王朝千秋万代服务。官方推崇的价值观和学问成为知识分子的信仰，异议难以容身，独立思考不见踪影，科学和技艺被视为奇技淫巧和末流，不仅为世人所轻，甚至被看作离经叛道。清道光年间，管同写下杀气腾腾的《禁用洋货议》："昔者，圣王之世，服饰有定制，而作奇技淫巧者有诛。"

但在地球的另一边，自亚当·斯密《国富论》出版以来，自由市场的观念深入人心，市场可以发现需求，激励企业家根据需求来创新和生产。在这种环境下，受疟疾之苦的人类成千上万，巨大的赚钱机会让青蒿方不可能被束之高阁，葛洪的门槛会被企业家踏破，争相购买专利而迅速将新药推向市场。病人们有福了，他们能吃到特供康熙的药物而救命；企业家和员工有福了，他们赚到了钱拿到了工资；葛洪们也有福了，赚钱的机会会激励他们继续研究新的产品，从而让造福于人类的成果源源不绝。历史最终把机会给了金鸡纳霜和奎宁，而非发明了上千年的青蒿方。

这一切，都需要新的观念和包容开放的制度。

资料来源：文章经授权转自微信公号思想酷（sixiangku2016）。群学书院，2017年06月30日。

本章小结

1. 到底什么因素决定一国经济发展？有地理决定论、文化决定论和制度决定论。国富国穷的决定性因素是制度，地理因素其实是次要的。自然资源的重要性只有在制度的作用下才能表现出来，比如为某种制度的出现或维持提供有利的条件。

2. 地理决定论强调一国经济发展是由该国的地理、气候和生态条件决定的。

3. 文化决定论认为一个社会的信仰和价值观等决定一国经济发展。

4. 制度决定论认为对社会个体产生激励和制约作用的规则和规范等决定着一国经济的发展。

5. 贫富逆转是指过去繁荣的地区现在变成较落后的地区（国家），而过去贫困的地区现在变成了繁荣的地区（国家）。

6. "中等收入陷阱"是指的是当一个国家的人均收入达到世界中等水平后，由于其转变经济发展方式缓慢，导致经济增长乏力和创新不足，最终出现经济停滞的一种状态。

7. 制度转型的难点有以下三个方面：正式制度与非正式制度的冲突；政治制度与经济制度的相互性；路径依赖及后发劣势。

思考与练习题

1. 为什么温带地区的国家比热带地区的国家要富裕？

2. 如何正确理解新教伦理与资本主义经济发展的关系？

3. 如何理解奥尔森所说的这段话："尽管低收入社会得到自强化贸易中所得的大部分收入，但他们并没有实现专业化和贸易中所能得到的最大收入。他们没有公正执行合同的制度，所以，他们失去了从那些要求公正的第三方强制的交易中所能得到的收益的大部分，他们没有保护产权在长时期安全的制度，因此，他们失去了从资本密集产品中所能得到的收益的大部分。这些社会中的产品和贸易进一步被错误的经济政策以及个人的、公共的掠夺行为所阻碍。当存在复杂系列的市场时，就会出现错综复杂的社会合作，这就要求比其他大部分国家好得多的制度和经济政策。"

4. 为什么会产生贫富逆转？你认为是地理原因为主，还是制度原因为主？

5. 试比较地理决定论、文化决定论与制度决定论。

6. 请用本章理论或观点分析为什么"没有伟大的制度，人类连蚊子都战胜不了"？

7. 中等收入国家如何跨过中等收入陷阱？

参考文献

1. 〔美〕阿西莫格鲁、约翰逊、罗宾逊：《贫富逆转——现代世界贫富格局中地理和制度的作用》，载吴敬琏主编《比较》（23期），中信出版社2006年版。
2. 〔美〕巴罗：《经济增长的决定因素——跨国经济研究》，中国人民大学出版社2004年版。
3. 〔美〕戴维·兰德斯：《国富国穷》，新华出版社2007年版。
4. 〔美〕道格拉斯·诺思、罗伯特·托马斯：《西方世界的兴起》，华夏出版社2009年版。
5. 〔美〕贾里德·戴蒙德：《枪炮、病菌与钢铁》，上海世纪出版集团2006年版。
6. 〔美〕科斯、诺思等：《财产权利与制度变迁——产权学派与新制度学派译文集》，上海三联书店出版社1991年版。
7. 〔德〕马克斯·韦伯：《新教伦理与资本主义精神》，社会科学文献出版社2010年版。
8. 美洲开发银行：《影响经济发展的非经济因素》，世界知识出版社2007年版。
9. 〔美〕阿西莫格鲁、罗宾逊：《政治发展的经济分析》，上海财经大学出版社2008年版。
10. 〔美〕达龙·阿西莫格鲁、詹姆斯·A.罗宾逊：《国家为什么会失败》，湖南科学技术出版社2015年版。
11. 〔美〕达龙·阿西莫格鲁等：《经济学》（宏观部分），中国人民大学出版社2016年版。
12. 〔美〕道格拉斯·C.诺思：《交易费用政治学》，中国人民大学出版社2013年版。
13. 〔美〕道格拉斯·C.诺思：《理解经济变迁过程》，中国人民大学出版社2008年版。
14. 〔美〕道格拉斯·C.诺思：《制度、制度变迁与经济绩效》，上海三联书店、上海人民出版社1994年版。
15. 〔美〕曼瑟尔·奥尔森：《权力与繁荣》，上海人民出版社2005年版。
16. 李增刚：《包容性制度与长期经济增长》，载《经济社会体制比较》，2013年第1期。
17. 〔冰〕思拉恩·埃格特森：《并非完美的制度——改革的可能性与局限性》，中国人民大学出版社2017年版。

教辅申请说明

　　北京大学出版社本着"教材优先、学术为本"的出版宗旨，竭诚为广大高等院校师生服务。为更有针对性地提供服务，请您按照以下步骤在微信后台提交教辅申请，我们会在 1~2 个工作日内将配套教辅资料，发送到您的邮箱。

◎手机扫描下方二维码，或直接微信搜索公众号"北京大学经管书苑"，进行关注；

◎点击菜单栏"在线申请"—"教辅申请"，出现如右下界面：

◎将表格上的信息填写准确、完整后，点击提交；

◎信息核对无误后，教辅资源会及时发送给您；
如果填写有问题，工作人员会同您联系。

温馨提示： 如果您不使用微信，您可以通过下方的联系方式（任选其一），将您的姓名、院校、邮箱及教材使用信息反馈给我们，工作人员会同您进一步联系。

我们的联系方式：

北京大学出版社经济与管理图书事业部
北京市海淀区成府路 205 号，100871
联 系 人： 周莹
电　　话： 010-62767312 / 62757146
电子邮件： em@pup.cn
Q Q： 5520 63295（推荐使用）
微信：北京大学经管书苑（pupembook）
网址： www.pup.cn